普通高等教育经管类专业系列教材

市场营销学

（第3版）

主　编　谭俊华　李诗珍　陈　莉

副主编　汪　澜　王　萍　孙长虹

清华大学出版社
北　京

内 容 简 介

根据现代市场营销学的理论体系,本书用通俗易懂的语言对市场营销学的基本理论进行了整理和归纳,共分十三章,主要包括市场营销学概述、营销环境分析、消费者购买行为分析、市场营销调查、目标市场营销战略、竞争性市场营销战略、营销组合策略、市场营销组织与管理、市场营销新概念等内容。

本书在编排上既注重市场营销学理论基础的完整性,又强调突出市场营销实践的应用性;既有一般营销学著作所包含的基本内容,又吸收了当今市场营销学界最先进的理论研究成果,使内容更加丰富、体系更为完整,有助于读者及时把握市场营销理论研究的新动态。此外,本书每一章都结合实际安排了思考题和案例分析题,有助于教师进行案例教学和启发式教学,培养学生独立分析和解决实际问题的能力。

本书既可作为高等院校市场营销相关专业的教材,也可作为企业管理等在职人员的专业培训教材,还可供广大营销实践者使用和阅读。

本书封面贴有清华大学出版社防伪标签,无标签者不得销售。
版权所有,侵权必究。举报:010-62782989,beiqinquan@tup.tsinghua.edu.cn。

图书在版编目(CIP)数据

市场营销学 / 谭俊华,李诗珍,陈莉主编. —3版. —北京:清华大学出版社,2022.8(2024.9重印)
普通高等教育经管类专业系列教材
ISBN 978-7-302-61342-8

Ⅰ.①市… Ⅱ.①谭… ②李… ③陈… Ⅲ.①市场营销学—高等学校—教材 Ⅳ.①F713.50

中国版本图书馆CIP数据核字(2022)第113810号

责任编辑:王 定
封面设计:周晓亮
版式设计:思创景点
责任校对:马遥遥
责任印制:曹婉颖

出版发行:清华大学出版社
网　　址:https://www.tup.com.cn, https://www.wqxuetang.com
地　　址:北京清华大学学研大厦A座　　邮　编:100084
社 总 机:010-83470000　　邮　购:010-62786544
投稿与读者服务:010-62776969, c-service@tup.tsinghua.edu.cn
质 量 反 馈:010-62772015, zhiliang@tup.tsinghua.edu.cn

印 装 者:三河市龙大印装有限公司
经　　销:全国新华书店
开　　本:185mm×260mm　　印 张:20.75　　字　数:532千字
版　　次:2013年7月第1版　　2022年8月第3版　　印　次:2024年9月第2次印刷
定　　价:69.80元

产品编号:092434-01

前 言

近年来,随着经济的发展和社会的进步,越来越多的企业认识到——企业必须坚持以"顾客为中心"的市场营销理念,营销基础理论在实践中得到了广泛的推广和应用,极大增强了我国企业的市场竞争力。目前,在新的国际市场营销环境中,日趋激烈的竞争态势以及消费者需求的个性化和多样化发展特点,都对我国企业营销提出了新的要求。同时,科学技术与互联网的发展促使企业的营销实践必须加以调整。消费者心理、顾客购买方式、企业营销模式更加复杂多变,出现了许多营销新方式、新技术、新方法和新动向。只有更好地掌这些新动向,我国企业的营销活动才能更好地服务于整个企业营销战略,为顾客、社会创造更多的价值。

我国企业要应对上述种种挑战,关键在于了解市场环境变化,识别各种需求,开发更好的产品并有效地进行信息沟通,提升顾客价值和消费体验。企业也能在此过程中获得发展的空间,为自身发展打好基础。国内外大量企业实践证明,市场营销是企业将潜在市场机会转化为现实市场机会的最有效手段,而从某种意义上讲,"市场营销学正是一门企业用来将人类需求转化为公司盈利机会的学科"(菲利普·科特勒语)。正因如此,目前市场营销学已成为高等院校经济管理类专业的核心课程,是当今社会非常受欢迎和重视的学科之一。

为了适应社会主义市场经济的发展,满足学校和社会对市场营销学教学的需要,我们组织了几位在高校长期从事市场营销教学和研究的教师编写了本书。

本书力求理论和实践相结合,在系统、完整地阐明营销基本理论知识的基础上,重点突出本土企业营销管理实践。

全书用通俗易懂的语言对市场营销学的基本理论进行了整理和归纳。既有一般营销学著作所包含的内容,又吸收了国内外最新的研究成果及营销理念的新发展,从而使教材内容更加丰富,体系更为完整。在编排上既注重市场营销学理论的完整性,又强调市场营销实践的应用性。

本书每一章都结合实际安排了案例分析题,有助于开展案例教学和启发式教学,培养学生独立分析和解决实际问题的能力。本书既可作为高等院校相关专业的教材,也可作为企业管理等在职人员的专业培训教材。

本书共分十三章,主要包括市场营销学概述、营销环境分析、消费者购买行为分析、市场营销调查、目标市场营销战略、竞争性市场营销战略、营销组合策略、市场营销组织与管理、市场营销新概念等内容。其中,谭俊华、陈莉编写了第一章、第二章、第三章、第五章、第十二章,李诗珍、沈金菊编写了第八章、第九章、第十章,汪澜编写了第四章,纪海芹、陈莉编写了第六章,王萍编写了第七章,李诗珍、陈莉编写了第十一章,孙长虹编写了第十三章。全书由谭俊华、李诗珍、陈莉负责统稿。

本书在写作过程中学习和借鉴了前辈们的大量资料,不少学者给予了我们相当多的启示,书后虽然列有长长的参考书目,但也难免有所疏漏,在此向他们表示深深的谢意!

　　由于时间仓促和编者水平有限,兼之市场营销学是一门发展较快的学科,许多理论和实践问题尚处于发展之中,书中不足之处在所难免,恳请有关专家和广大读者批评指正。

　　本书提供免费教学大纲、教学课件和电子教案,读者可扫描下列二维码下载学习。

教学大纲

教学课件

电子教案

编者

2022 年 5 月

目　录

第一章　导论 …………………………………… 1
　第一节　市场及市场营销 …………………… 1
　　一、市场的概念、构成要素及其功能 …… 2
　　二、市场营销的含义及作用 ……………… 4
　　三、市场营销的相关概念 ………………… 6
　　四、市场营销组合 ………………………… 9
　第二节　市场营销学的产生和发展 ………… 13
　　一、市场营销学在国际上的产生和
　　　　发展 ……………………………………… 13
　　二、市场营销学在我国的引进和
　　　　发展 ……………………………………… 15
　第三节　市场营销哲学 ……………………… 16
　　一、生产观念 ……………………………… 17
　　二、产品观念 ……………………………… 17
　　三、推销观念 ……………………………… 18
　　四、市场营销观念 ………………………… 18
　　五、社会营销观念 ………………………… 19
　　六、大市场营销观念 ……………………… 20
　　七、旧市场营销观念到新市场营销
　　　　观念的转变 …………………………… 20
　第四节　顾客满意和顾客价值 ……………… 20
　　一、顾客满意 ……………………………… 21
　　二、顾客价值 ……………………………… 24
　思考题 ………………………………………… 28

第二章　市场营销环境 ……………………… 29
　第一节　市场营销环境概述 ………………… 29
　　一、市场营销环境的概念及分类 ………… 30
　　二、市场营销环境的特征 ………………… 30
　　三、研究市场营销环境的意义 …………… 31
　　四、市场营销环境与企业营销的
　　　　关系 …………………………………… 32

　第二节　市场营销宏观环境分析 …………… 32
　　一、人口环境 ……………………………… 32
　　二、经济环境 ……………………………… 35
　　三、自然环境 ……………………………… 38
　　四、科技环境 ……………………………… 39
　　五、政治与法律环境 ……………………… 41
　　六、社会文化环境 ………………………… 43
　第三节　市场营销微观环境分析 …………… 44
　　一、企业 …………………………………… 44
　　二、供应商 ………………………………… 45
　　三、顾客 …………………………………… 45
　　四、营销中介 ……………………………… 46
　　五、竞争者 ………………………………… 47
　　六、社会公众 ……………………………… 47
　第四节　环境分析和评价 …………………… 48
　　一、SWOT 分析法 ………………………… 48
　　二、市场机会和市场威胁分析 …………… 49
　　三、企业应对营销环境影响的对策 ……… 51
　思考题 ………………………………………… 52

第三章　消费者购买行为 …………………… 54
　第一节　消费者市场概述 …………………… 54
　　一、市场的分类 …………………………… 55
　　二、消费品的分类 ………………………… 57
　　三、消费者的购买行为模式 ……………… 59
　第二节　影响消费者购买行为因素
　　　　　分析 ………………………………… 62
　　一、文化因素 ……………………………… 62
　　二、社会因素 ……………………………… 64
　　三、个人因素 ……………………………… 66
　　四、心理因素 ……………………………… 68
　第三节　消费者购买决策过程 ……………… 74

一、消费者市场购买决策的参与者……74
　　二、消费者市场购买决策的类型……74
　　三、消费者购买的心理活动和决策
　　　　过程………………………………77
　思考题………………………………………81

第四章　组织市场购买行为……………83
第一节　组织市场概述…………………83
　　一、组织市场的概念及分类……………84
　　二、组织市场的特征……………………85
第二节　生产者市场购买行为分析……88
　　一、生产者市场的购买对象……………89
　　二、生产者市场购买决策的类型………90
　　三、生产者市场购买决策的参与者……91
　　四、生产者市场购买决策的影响
　　　　因素………………………………93
　　五、生产者市场购买决策过程…………96
第三节　中间商市场购买行为
　　　　分析………………………………100
　　一、中间商市场的特点…………………100
　　二、中间商市场购买决策的类型………100
　　三、中间商市场购买决策的参与者……101
　　四、中间商市场购买决策的影响
　　　　因素………………………………102
　　五、中间商市场购买决策的内容………104
　　六、中间商采购方式……………………105
第四节　政府市场购买行为分析……105
　　一、政府采购的含义及特点……………106
　　二、政府市场购买决策的参与者………107
　　三、政府市场购买决策的影响因素……108
　　四、政府采购方式………………………110
　　五、面向政府市场的营销工作…………111
　思考题………………………………………112

第五章　市场营销调查…………………115
第一节　市场营销调查概述…………115
　　一、市场营销调查的定义………………115
　　二、市场营销调查的功能………………117
　　三、市场营销调查的原则………………117
　　四、市场营销调查的重要性……………118
　　五、市场营销调查的内容………………119

　　六、市场营销调查的类型………………124
第二节　市场营销调查过程…………128
　　一、市场营销调查过程的特点…………128
　　二、市场营销调查的步骤………………128
第三节　市场营销调查方法…………137
　　一、文案调查法…………………………137
　　二、实地调查法…………………………139
第四节　问卷设计……………………146
　　一、问卷设计的含义……………………146
　　二、问卷设计的原则……………………146
　　三、问卷的一般结构……………………148
　　四、问卷问题的类型……………………150
　　五、问卷设计注意事项…………………153
　思考题………………………………………154

第六章　目标市场营销战略……………156
第一节　市场细分……………………157
　　一、市场细分的概念与作用……………157
　　二、市场细分的依据……………………159
　　三、市场细分的原则……………………161
　　四、市场细分的程序与方法……………162
第二节　目标市场选择………………163
　　一、影响目标市场选择的因素…………164
　　二、目标市场选择的五种模式…………164
　　三、目标市场营销战略的种类…………166
　　四、选择目标市场营销战略的
　　　　条件………………………………167
第三节　市场定位……………………168
　　一、市场定位的概念与作用……………168
　　二、市场定位的方式……………………169
　　三、市场定位的步骤……………………170
　　四、市场定位战略实施…………………171
　　五、市场定位策略………………………172
　思考题………………………………………174

第七章　竞争性市场营销战略…………176
第一节　竞争者分析…………………176
　　一、识别竞争者…………………………177
　　二、竞争者类型…………………………179
　　三、市场竞争者优劣势分析……………180
　　四、判定竞争者的战略和目标…………181

五、评估竞争者的实力和反应……… 182
　　六、确定攻击对象和回避对象……… 184
　　七、企业市场竞争的总体战略……… 185
　　八、竞争性地位分析及市场竞争策略……………………………… 186
第二节　市场领导者战略…………… 186
　　一、扩大总需求…………………… 187
　　二、保持现有市场份额…………… 188
　　三、扩大市场份额………………… 189
第三节　市场挑战者战略…………… 189
　　一、确定战略目标与竞争对手…… 190
　　二、选择挑战策略………………… 190
第四节　市场追随者战略与市场利基者战略………………………… 192
　　一、市场追随者战略……………… 192
　　二、市场利基者战略……………… 192
思考题………………………………… 193

第八章　产品策略………………196
第一节　产品的整体概念…………… 196
　　一、产品整体概念及其层次……… 196
　　二、产品整体概念对企业营销管理的意义……………………………… 198
　　三、产品分类……………………… 198
　　四、生产资料分类………………… 199
第二节　产品组合…………………… 200
　　一、产品组合的有关概念………… 200
　　二、产品组合的类型……………… 201
　　三、产品组合调整策略…………… 201
第三节　产品生命周期……………… 203
　　一、产品生命周期概述…………… 203
　　二、产品生命周期各阶段的市场特征及策略………………………… 204
第四节　新产品开发策略…………… 207
　　一、新产品的概念及分类………… 207
　　二、新产品开发的原则和方法…… 208
　　三、新产品开发程序……………… 209
　　四、新产品开发策略……………… 210
第五节　品牌策略和包装策略……… 211
　　一、品牌策略……………………… 212

　　二、包装策略……………………… 216
思考题………………………………… 217

第九章　价格策略………………219
第一节　影响定价的因素…………… 219
　　一、成本因素……………………… 219
　　二、供求状况因素………………… 220
　　三、市场竞争因素………………… 221
　　四、货币价值和流通量的影响因素… 221
　　五、政策法规因素………………… 221
　　六、产品差异性因素……………… 222
　　七、产品生命周期因素…………… 222
　　八、营销组合市场因素…………… 222
第二节　定价目标…………………… 222
　　一、利润目标……………………… 222
　　二、市场占有率目标……………… 223
　　三、竞争目标……………………… 223
　　四、生存目标……………………… 224
　　五、质量领先目标………………… 224
　　六、企业信誉目标………………… 224
第三节　定价方法…………………… 225
　　一、成本导向定价法……………… 225
　　二、需求导向定价法……………… 227
　　三、竞争导向定价法……………… 228
第四节　定价策略…………………… 229
　　一、新产品定价策略……………… 229
　　二、心理定价策略………………… 231
　　三、地理定价策略………………… 232
　　四、折扣折让策略………………… 232
　　五、促销定价策略………………… 234
　　六、需求差别定价策略…………… 234
　　七、产品组合定价策略…………… 234
第五节　调价策略…………………… 235
　　一、降价策略……………………… 235
　　二、提价策略……………………… 235
　　三、市场对企业调价的可能反应… 236
　　四、企业应付竞争者调价的策略… 237
思考题………………………………… 237

第十章　分销渠道策略…………239
第一节　分销渠道…………………… 239

一、分销渠道的概念 ……………… 240
　　二、分销渠道的功能 ……………… 240
　　三、分销渠道的长度与宽度 ……… 241
第二节　分销渠道的选择、设计和
　　　　调整 …………………………… 242
　　一、分销渠道的选择 ……………… 242
　　二、分销渠道的设计步骤 ………… 244
　　三、分销渠道的管理 ……………… 244
　　四、分销渠道的调整 ……………… 246
第三节　分销渠道的中间商 …………… 246
　　一、中间商的作用 ………………… 246
　　二、中间商的类型 ………………… 247
第四节　分销渠道中的物流管理 ……… 251
　　一、物流管理概述 ………………… 252
　　二、物流管理的目标和原则 ……… 252
　　三、物流管理的决策 ……………… 253
思考题 …………………………………… 255

第十一章　促销策略 …………………… 257
第一节　促销和促销组合 ……………… 257
　　一、促销 …………………………… 258
　　二、促销组合 ……………………… 258
　　三、促销的主要步骤 ……………… 261
第二节　广告策略 ……………………… 261
　　一、广告 …………………………… 261
　　二、广告设计的原则 ……………… 265
　　三、广告媒体选择策略 …………… 266
　　四、广告预算 ……………………… 267
　　五、广告效果的检验 ……………… 268
第三节　人员推销策略 ………………… 270
　　一、人员推销的内涵及特点 ……… 270
　　二、人员推销的程序 ……………… 271
　　三、人员推销的基本类型和技巧 … 272
　　四、人员推销的管理 ……………… 273
第四节　营业推广策略 ………………… 275
　　一、营业推广的定义及特征 ……… 275
　　二、营业推广的方式 ……………… 275
　　三、营业推广的作用及注意事项 … 277
第五节　公共关系策略 ………………… 277
　　一、公共关系的含义和特征 ……… 278

　　二、公共关系的职能 ……………… 278
　　三、公共关系的工作程序 ………… 279
思考题 …………………………………… 279

第十二章　市场营销计划、组织、执行与
　　　　　　控制 ……………………… 281
第一节　市场营销计划 ………………… 281
　　一、市场营销计划的含义及主要
　　　　内容 …………………………… 282
　　二、市场营销计划的作用 ………… 284
　　三、市场营销计划的类型 ………… 284
　　四、市场营销计划的编制程序 …… 286
第二节　市场营销组织 ………………… 286
　　一、市场营销组织的演变 ………… 287
　　二、市场营销组织的形式及特征 … 288
　　三、市场营销组织设计的影响因素及
　　　　原则 …………………………… 291
　　四、企业营销组织的变化 ………… 292
第三节　市场营销执行 ………………… 292
　　一、市场营销执行的含义 ………… 292
　　二、市场营销执行中产生问题的
　　　　原因 …………………………… 292
　　三、市场营销执行的过程 ………… 293
第四节　市场营销控制 ………………… 294
　　一、市场营销控制的定义 ………… 294
　　二、市场营销控制的基本步骤 …… 294
　　三、市场营销控制的方式 ………… 295
　　四、市场营销审计 ………………… 298
思考题 …………………………………… 300

第十三章　市场营销新概念 …………… 302
第一节　绿色营销 ……………………… 302
　　一、绿色营销的含义 ……………… 302
　　二、绿色营销的特征 ……………… 303
　　三、绿色营销的实施 ……………… 303
　　四、绿色营销的发展趋势 ………… 306
第二节　服务营销 ……………………… 306
　　一、服务营销的概念 ……………… 306
　　二、服务及服务营销的特点 ……… 307
　　三、服务营销组合要素 …………… 308
　　四、服务营销7P策略 ……………… 310

第三节　关系营销 ……………… 312
　　一、关系营销的概念及特征 ………… 312
　　二、关系营销的类型 ………………… 313
　　三、关系营销的原则 ………………… 314
　　四、关系营销的实施策略 …………… 314
第四节　网络营销 ……………………… 316
　　一、网络营销的含义 ………………… 316
　　二、网络营销的主要内容 …………… 316
　　三、网络营销的特征 ………………… 317
　　四、网络营销的主要手段 …………… 318
思考题 …………………………………… 321

第一章 导论

随着我国经济的发展和社会的进步，市场营销基本知识和理论已经渗入我国各类商业机构和企业，并得到了推广和应用。越来越多的企业将市场营销理论知识应用于具体实践，坚持以顾客为中心、以市场为导向，通过提升顾客满意度和顾客忠诚度来实现企业的经营目标。在新的发展时期，我们企业应该高度重视市场营销工作，加强技术创新和产品开发工作，制定和实施科学的营销组合策略，在满足顾客需要的同时，促进整个国民经济的发展和民生的改善。

学习目标

1. 掌握市场和市场营销的概念、作用及其相关概念。
2. 了解市场营销学的产生和发展历程。
3. 掌握六种市场营销哲学的具体内容。
4. 掌握顾客满意和顾客满意度的含义。
5. 掌握顾客价值的含义和特征，以及顾客价值模型。

第一节 市场及市场营销

彼得·德鲁克被誉为现代管理之父，他在管理理论的每个方面都做出了开创性的贡献。他在《德鲁克60年管理学经典》(*The Essential Drucker: The Best of Sixty Years of Peter Drucker's Essential Writings on Management*)一书中论述了企业的目标和其最重要的功能。因为企业的目标是创造客户，所以企业有两个并且只有两个基本功能，即市场营销和创新。

当前，随着市场竞争的加剧，市场营销已成为各行各业研究的重点，越来越多的企业认识到，一个企业，除了要有好的产品或者产品设计之外，还需要整合企业资源，树立营销观念，帮助企业赢得顾客的青睐。在此背景下，国内外研究市场营销的热情高涨，取得了丰硕的理论和实践成果。实践证明，做好市场营销工作，不仅有利于促进国家的经济增长和民生的改善，优化国家经济结构，促进科技创新；还有利于提高企业的整体竞争力，培养优秀的企业管理人才，降低企业经营风险，为企业开拓更大的市场空间。

研究市场营销，首先要了解什么是市场。只有在明确了解市场的基础上，才能进一步探讨市场营销的其他相关知识。

一、市场的概念、构成要素及其功能

(一) 市场的概念

市场起源于社会分工和商品交换。由于有了社会分工，人们就会对别人的物品产生需求，便产生了供求关系；通过商品交换，人们各自的需求愿望得以实现，便产生了商品交换活动。人类最初的商品交换是以物易物，要进行交换，就要求双方在同一时间相逢于同一地点，并通过交换满足各自需要，从而形成原始市场的最初模型。所以说，市场的基本关系是商品供求关系，基本活动是商品交换活动。

1. 市场的含义

一般来说，市场主要有以下几种含义。

(1) 市场是商品交换的场所，即买主和卖主聚集在一起进行交换的地点或地区，这通常被称为狭义的市场。各个商品生产者之间、商品生产者与消费者之间，彼此必须通过交换或买卖形式才能取得对方的产品，因此就促使商品交换逐步在一定时期和地点形成市场，即形成商品交换的场所。这种认识主要是把市场理解为特定的空间，人们在这个特定的空间内进行商品买卖活动。《周易》中记载，"日中为市，致天下之民，聚天下之货，交易而退，各得其所"，这是我国关于"市场"概念的最早论述。随着社会分工的复杂化和商品生产的专业化，商品交换日益频繁，市场在人们生活中扮演着越来越重要的角色，如量贩店(原指超市、自选自助)、农产品批发市场、国际展销会等。

(2) 市场是商品交换关系的总和，这通常被称为广义的市场。列宁说："哪里有社会分工和商品生产，哪里就有市场。"这句话深刻表明社会分工、商品生产与市场有着密切的联系。因社会分工而发生的交换关系，就是市场。市场是指商品交换全过程，包括许多抽象的、具体的交易活动和手段，即买卖行为关系的总和。随着商品经济的发展，商品的品种、数量日益增多，交易次数日益频繁，交换的范围和规模日益扩大，商品交换的形式也日益多样化。这些反映着交换当事人的关系日益复杂，社会各部门之间的经济联系也正是通过这些错综复杂的交换关系来实现的。

(3) 市场是买主和卖主力量的集合，是商品供求双方的力量相互作用的总和。这是从商品供求关系的角度提出的市场概念，是供求双方的力量相互作用的总和。一般用"买方市场"或"卖方市场"反映市场上供求力量的相对强度。在买方市场中，商品供给量大于需求量，消费者支配着销售关系，居于主动地位，商品价格较低；在卖方市场中，商品的需求量大于供给量，卖方在交易过程中起着支配作用，居于主动地位，商品价格往往高于正常水平。因此，判断市场供求力量的相对强度和变化趋势，对于企业进行营销决策是十分重要的。

市场的形成与发展是由社会生产力发展水平决定的。社会生产力既决定着市场的规模与容量，又决定着市场的社会性质。当社会生产力发展到出现社会分工和商品生产时，才形成商品交换，进而形成市场。因此，市场并不是一个永恒的范畴，它同商品经济密切联系在一起。

2. 企业经营与市场的关系

根据市场的含义,企业的经营活动必须围绕市场展开。

(1) 认识社会需要什么(包括现在和将来),进行市场营销环境分析,发现市场机会并进行评估。

(2) 根据社会分工的需要、自己的专业特长来选择为之服务的目标市场,使自己有能力在特定的范围内满足顾客需求。

(3) 制定和实施一整套经营计划和手段来满足这些需求,以实现企业的经营目标。

(二) 市场的构成要素

具体而言,市场包括人口、购买力和购买欲望三个主要因素,用公式表示为

$$市场=人口+购买力+购买欲望$$

人口是构成市场的基本因素,哪里有人,哪里有消费者群,哪里就有形成市场的可能。人口是市场的首要因素,人口的多少决定着市场容量的大小,人口的状况影响着市场需求的内容和结构。例如,我国人口已经达到 14 亿(2020 年数据),我国已经成为全球最大的消费市场。构成市场的人口因素包括总人口、性别和年龄结构、家庭户数和家庭人口数、民族与宗教信仰、职业和文化程度、地理分布等具体因素。

购买力是构成市场的必备因素。购买力指人们购买商品的货币支付能力。人们的消费需求是通过利用手中的货币购买商品实现的,因此,在人口状况既定的条件下,购买力就成为决定市场容量的重要因素之一。市场的规模,在很大程度上取决于消费者的购买力。一般情况下,购买力受到当地经济发展状况和水平、人均收入、个人总收入、个人可以任意支配的收入、平均消费水平、消费结构等因素的影响。近几年,我国经济快速发展,人们的收入水平日益提高,人均可支配的收入越来越多,一些奢侈品企业也将中国视为最具有发展潜力的市场。

购买欲望是人们购买商品的动机、愿望和要求,它是潜在的购买需求转变为现实的购买行为的重要条件。倘若仅具备了一定的人口和购买力,顾客却缺乏强烈的购买欲望或消费动机,商品交易仍然不能发生,市场也无从存在。因此,购买欲望也是市场不可缺少的构成因素。人们的购买欲望受多方面因素的影响,其中价格是影响购买欲望的最重要因素。对于一般商品来说,价格越低,人们的购买欲望越强烈;反之,人们的购买欲望越低。大多数企业都清楚地认识到了这一点,所以它们频频采用降低商品价格、折扣、优惠等手段刺激需求,提高人们的购买欲望,最终促进产品销售。此外,品牌营销、广告、人员推销、营业推广、电子商务、新媒体营销等营销手段也可以刺激顾客的购买欲望,促进市场的健康发展。

市场的这三个主要因素是相互制约、缺一不可的,只有三者结合起来才能构成现实的市场,才能决定市场的规模和容量。例如,一个国家或地区人口很多,但人均收入低,购买力有限,则不能构成容量很大的市场;或者,人们的购买力虽然很强,但人口很少,也不能成为很大的市场。只有人口多且购买力强,才能成为一个有潜力的大市场;同时,只有这个大市场有需求并愿意购买某产品或劳务,才能成为现实的市场。否则,对于该产品或劳务的提供者来说,仍然不能成为现实的市场。当企业向市场提供产品或劳务时,要顺利实现交易,就必须弄清楚有多少人员、谁来买、购买能力如何、为什么买等问题。所以,从营销的角度分析,市场是人口、购买力和购买欲望的统一,是指具有特定需要和欲望,而且愿意并能够通过交换来满足这种需要和欲望的全部潜在人口。

（三）市场的功能

市场的功能包括以下三个方面。

(1) 交换功能。市场不仅是商品交换的场所，而且能通过等价交换的方式促成商品所有权在各当事人之间让渡和转移，从而实现商品所有权的交换。与此同时，市场通过提供流通渠道，组织商品存储和运输，推动商品实体从生产者手中向消费者手中转移，完成商品实体的交换。通过市场上的商品交换，实现生产劳动过程中创造的价值。这种促成和实现商品所有权交换与实体转移的活动，是市场最基本的功能。

(2) 调节功能。市场是经济竞争的场所。市场作为商品经济的运行载体和现实表现，本质上是价值规律发生作用的实现形式。价值规律通过价格、供求、竞争等作用形式转化为经济活动的内在机制，通过供求与价格的相互作用、供求形式的变化和竞争的开展，对生产者、经营者和消费者的买卖行为起到调节作用，使生产、经营规模和结构与消费需求相适应，从而促进社会资源的合理配置，即通过信息反馈调节商品属性，满足市场需求。

(3) 反馈功能。市场是信息汇集的场所。买卖双方的接触以及影响市场供求关系等诸因素信息的传递，有利于企业对消费偏好和需求潜力做出判断和预测，从而决定和调整企业的经营方向，以更好地组织生产经营活动。在为企业的微观决策提供依据的同时，国家也可以根据市场商品总量及其结构的信息反馈，判断国民经济各部门之间的比例关系是否有利于促进整个国民经济的发展，也为国家宏观经济决策提供重要依据。

二、市场营销的含义及作用

（一）市场营销的含义

对于什么是企业的市场营销，有许多不同的表述。市场营销的含义不是固定不变的，它源自企业的市场营销活动和实践。因此，它会随着企业市场营销活动和实践的发展而发展。

1. 具有代表性的市场营销含义

近几十年来，关于市场营销的含义，众多学者表述各异，具有代表性的有以下几种。

(1) 美国市场营销协会下的定义。市场营销是创造、沟通与传送价值给顾客，经营顾客关系，以便让组织与其利益关系人受益的一种组织功能与程序，是一种最直接、最有效的营销手段。

(2) 著名营销学者杰罗姆·麦卡锡于 1960 年对微观市场营销下的定义。市场营销是企业经营活动的职责，它将产品及劳务从生产者直接引向消费者或使用者，以便满足顾客需求及实现公司利润；它也是一种社会经济活动过程，其目的在于满足社会或人类需要，实现社会目标。这一定义虽比美国市场营销协会所下的定义前进了一步，指出了满足顾客需求及实现企业盈利成为公司的经营目标，但这两种定义都说明，市场营销活动是在产品生产活动结束时开始的，中间经过一系列经营销售活动，当商品转到用户手中就结束了。这两种定义把企业营销活动局限在了流通领域的狭窄范围，而不是将其视为企业整个经营销售的全过程，即不包括市场营销调研、产品开发、定价、分销广告、宣传报道、销售促进、人员推销、售后服务等。

(3) 格隆罗斯对市场营销下的定义。该定义强调了营销的目的：营销是在一种利益的上下，通过相互交换和承诺，建立、维持、巩固与消费者及其他参与者的关系，实现各方的目的。

(4) 菲利普·科特勒(Philip Kotler)于1984年对市场营销下的定义。市场营销是指企业的这种职能：认识目前未满足的需求和欲望，估量和确定需求量大小，选择和决定企业能最好地为其服务的目标市场，并决定适当的产品、劳务和计划(方案)，以便为目标市场服务。科特勒下的定义强调了营销的价值导向——市场营销是个人和集体通过创造并同他人交换产品和价值，以满足需求和欲望的一种社会管理过程。

2. 对市场营销含义的理解

本书采用科特勒的观点。此外，我们可以从以下三个方面来理解这一概念。

(1) 市场营销的目的。市场营销的目的是达成交易并取得良好的经济效益。企业开展生产经营活动的一个重要目的就是获取利润，实现企业的经营目标，为此，企业必须将自己生产或经营的产品或提供的劳务通过市场销售出去，收回投资并保证生产经营活动连续不断地进行下去。实现利润增长既是企业开展营销活动的直接目的，也是维护企业生存、促进企业发展壮大的物质保证，还是提高人们物质文化生活水平的重要保证。所以，我们应鼓励企业通过开展合法的营销活动获利，并尽可能多地获利。当然，我们这里所说的企业效益是企业经济效益和社会经济效益的统一，也只有这种统一的效益，才能保证企业获得持续的、健康的发展。

(2) 市场营销的中心。市场营销的中心是满足顾客的现实需要和潜在需要，这既是由社会主义企业的性质决定的，也是企业开展经营销售活动的客观要求。企业不仅要满足顾客的现实需要，而且要满足顾客的潜在需要；不仅要满足顾客物质上的需要，而且要满足顾客精神上的需要；不仅要满足顾客商品性的需求，而且要满足顾客劳务性的需求；不仅要满足顾客个人的需求，而且要满足社会的需求。

(3) 市场营销的内容。市场营销的内容主要包括市场调研、选择和确定目标市场、产品开发和产品定价、分销渠道选择、推销促销、储存和运输、提供信息和服务等一系列活动。除此之外，还包括生产过程之前的产前活动和流通过程结束之后的售后活动，不仅以顾客为全过程的终点，更重要的是以顾客的需要为全过程的起点，即按照一定的程序和方式进行和实现交易。

(二) 市场营销的作用

市场营销的基本作用在于解决生产与消费的矛盾，满足顾客生活消费和生产消费的需要。通过企业市场营销工作，生产者方面各种不同的供给可与顾客各种不同的需求和欲望相适应，实现生产与消费的统一。企业市场营销工作的意义重大，其具体作用表现在以下方面。

(1) 营销工作是实现企业生产目的的必要条件，对企业再生产过程的正常运行起着保证作用。企业的再生产过程是生产过程和流通过程的统一，产品销售正是通过流通过程这个中间环节把商品卖给顾客，以换回货币，再购买生产资料，进入下一个生产过程。通过营销工作不仅可以满足顾客的需要，实现商品的使用价值，而且使生产过程中创造的商品价值得以实现，销售使商品转化为货币，企业便能以收抵支，取得利润，既能保证上交国家税收；又能增加企业积累，满足企业扩大再生产的需要。

(2) 营销工作是联系生产和消费的纽带，是开拓市场的先锋，起着桥梁作用。企业通过营销工作，一方面，把自己生产的产品和信息输送给顾客，帮助顾客选择商品；另一方面，把顾客对商品的意见和新的需求反馈给企业，促进企业不断开发新产品，满足顾客不断发展的需要。营销工作通过商品交换和信息沟通，发现和开拓新的市场，起着联系企业和用户的桥梁作用。

(3) 营销工作为企业各项经营决策提供客观依据，起着指导作用。营销工作是企业的"耳目"，营销工作不是单纯地推销产品，营销人员在推销商品的同时还要进行市场调查，了解供需动态，即了解用户的需求及其变化趋势，掌握商品供给情况及其竞争趋势，为企业进行产品决策、生产安排、销售决策、财务决策以及其他决策提供有关信息，保证企业经营决策的科学性。

(4) 营销工作对企业改进各方面工作、提高经济效益和社会效益起着促进作用。商品在市场上的销售有助于本企业扬长避短，从而促进本企业改善人员素质，提高经营管理水平，改进生产，提高技术，努力降低成本，减少物耗，节约能源，提高产品质量，加速产品的更新换代，生产出价廉物美、适销对路的产品供顾客进行选择，提高企业的竞争优势和经济效益。

三、市场营销的相关概念

(一) 需要、欲望和需求

顾客的需要、欲望和需求是市场营销的出发点，满足顾客的需要、欲望和需求是市场营销活动的目的。

所谓需要，是指没有得到某些基本满足的感受状态，既包括物质的、生理的需要，也包括精神的、心理的需要，具有多元化、层次化、个性化、发展化的特性。需要是抽象的概念，它存在于人类自身和所处的社会环境中；需要是笼统的概念，心理学家亚伯拉罕·马斯洛(Abraham H. Maslow)提出的需要层次论(生理的需要、安全的需要、社交的需要、尊重的需要和自我实现的需要)说明了人类的需要；需要是相对稳定的，在相当长的时间里，有几种需要是人们的主要需要。需要是不能由市场营销者创造的，也很少受到市场营销者的影响，它存在于人自身的生理结构和情感条件中。

人的需要是有限的，而人的欲望是无限的，强烈的欲望能激励人的主动购买行为。欲望是指想得到某种更为具体的东西以满足或部分满足某种需要的特定愿望。欲望是具体的概念，必须同具体的东西相联系；欲望趋于变换，会经常在多种选择之间跳跃；欲望会受到广告、推销和相关群体的较大影响；欲望是丰富的，它与无数的产品相联系。人类的需要并不多，但他们的欲望却是多种多样的。各种社会力量和各种机构，如教会、学校、家庭和商业公司等，不断地激发人类形成和再形成种种欲望。营销虽然无法创造人的基本需要，却可以运用各种营销手段改变人的欲望，并且可以开发、销售特定的产品和服务来满足这种欲望。

未满足的需要和欲望代表着市场机会，因此，企业要善于识别市场上未满足的需要和欲望，并在此基础上生产适销对路的产品。只有这样，才有可能赢得顾客、赢得市场。同时，企业必须根据对需求水平和需求时间的预测，决定产品的生产数量和供给时间。

需求是经济学概念，是指针对特定目标的具有购买能力(支付能力)的欲望。当人们对某种产品有欲望并有购买能力时，就称为对这种产品有需求；有欲望而没有购买能力或者有购买能力而没有欲望，则称为没有需求。例如，许多人都想要一套高级别墅，但只有少数人能够并愿意购买。因此，现代市场营销不仅要估量有多少人想要本企业的产品，更重要的是应该了解有多少人真正愿意购买并且有购买能力。

人的需要和欲望是市场营销学的出发点，但营销者并不创造需要，需要早就存在于营销活动出现之前。营销者，连同社会上的其他因素，只是影响了人们的欲望，只是试图指出一个什么样的特定的产品可以满足他们这方面的需求，力图通过各种营销活动使产品富有吸引力，适应顾客的支付能力来满足需求。根据需求水平、时间和性质的不同，可归纳出以下八种不同的需求状况。

(1) 负需求。负需求是指全部或大部分顾客对某种产品或劳务不仅不喜欢，没有需求，甚至有厌恶情绪。在此情况下，企业要进行市场调研，分析市场为何不喜欢这种产品，可否通过对产品的重新设计、定价和积极促销，改变顾客对某些产品或服务的信念，改变该类产品在市场上的状况，从而使负需求变为正需求，即所谓改变市场营销。例如，针对有些顾客害怕冒险而不敢乘飞机，可以向这些顾客宣传飞机的安全性能等。

(2) 无需求。无需求是指目标市场对产品毫无兴趣或漠不关心的一种需求状况。例如，有些国家的居民从不穿鞋子，对鞋子无需求。一般情况下，市场对下列产品无需求：人们一般认为无价值的废旧物资；人们一般认为有价值，但在特定市场无价值的东西；新产品或人们平常不熟悉的物品；等等。在无需求的情况下，市场营销管理的任务是刺激市场，即通过大力促销及其他市场营销措施，努力将产品所能提供的利益与人的自然需要和兴趣联系起来，以激发其需求。

(3) 潜在需求。潜在需求是指消费者虽然有明确意识的欲望，但由于种种原因还没有明确显示出来的需求。一旦条件成熟，潜在需求就会转化为显现需求，为企业提供无穷商机。潜在需求是十分重要的，在顾客的购买行为中，大部分需求是由顾客的潜在需求引起的。因此，企业要想在激烈的市场竞争中取胜，不但要着眼于显现需求，更要捕捉市场的潜在需求，进而采取行之有效的开发措施。潜在需求主要有四种表现形式：①购买力不足型的潜在需求；②适销商品短缺型的潜在需求(包括一些产品没有研发出来，而导致的潜在需求)；③对商品不熟悉型的潜在需求；④市场竞争倾向型的潜在需求。

(4) 下降需求。下降需求是指目标市场顾客对某些产品或服务的需求出现了下降趋势的一种需求状况，如近年来城市居民对相机的需求已饱和，需求相对减少。在这种情况下，市场营销者必须分析市场需求下降的原因，决定是否通过改变目标市场，改变产品特色，或者采取更有效的营销组合刺激需求。市场营销的任务是设法使已下降的需求重新回升，使人们已经冷淡下去的兴趣得以恢复，即实行恢复性营销。

(5) 不规则需求。不规则需求是指因季节、月份、周、日、时等原因，顾客对产品或服务上下波动很大的一种需求状况。这种情况在我国消费市场上出现频率一直比较高。例如，在公共交通工具方面，在运输高峰时不够用，在非高峰时则闲置不用。又如，在旅游旺季时，旅馆紧张和短缺；在旅游淡季时，旅馆空闲。在不规则需求情况下，市场营销的任务是通过灵活的定价、促销及其他激励因素来改变需求时间模式，使物品或服务的市场供给与需求在时间上协调一致，这称为同步营销。

(6) 充分需求。充分需求是指某种物品或服务的目前需求水平和时间等于预期的需求水平和时间的一种需求状况，这是企业最理想的一种需求状况。但是，在动态市场上，消费者偏好会不断变化，竞争也会日益激烈。因此，在充分需求情况下，市场营销管理的任务是维持市场需求，努力保持产品质量的同时，不断提升顾客满意程度，通过降低成本来保持合理价格，并激励推销人员和经销商大力推销，千方百计地维持目前的需求水平。

(7) 过度需求。过度需求是指市场对某种产品或劳务的需求量超过了卖方所能供给和所愿供给的水平，这可能是由于暂时性缺货，也可能是由于价格太低，还可能是由于产品长期过分受欢迎。在过量需求的情况下，企业营销管理的任务是减缓营销，可以通过提高价格、减少促销和服务等方式暂时或永久地降低市场需求水平，或者设法降低来自盈利较少或服务需要不大的市场的需求水平。减缓营销的目的不是破坏需求，而是暂缓需求水平。

(8) 有害需求。有害需求是指市场对某些有害物品或服务的需求，如烟、酒、毒品、枪等。在这种需求情况下，根据不同产品和服务的需求，市场销售的任务会有两种状况：一是降低市场销售，如烟、酒等产品，可以采用大幅提高价格、宣传有害产品和服务的危害性、降低供应能力等手段；二是反销售，如对毒品、枪等产品和服务采取立即禁止销售措施。降低市场营销与反市场营销的区别在于：前者是采取措施减少需求，后者是采取措施消灭需求。

(二) 交换和交易

1. 交换

人们有了需求和欲求，企业将产品生产出来，还不能解释为市场营销。产品只有通过交换才产生市场营销。人们通过自给自足或自我生产方式，或通过偷抢方式，或通过乞求方式获得产品都不是市场营销，只有通过等价交换，买卖双方彼此获得所需的产品，才产生市场营销。交换是市场营销的核心概念，当人们决定以交换方式来满足需要或欲望时，就产生了市场营销。交换的发生，必须具备以下五个条件。

(1) 至少有两方参与。
(2) 每一方都有被对方认为有价值的东西。
(3) 每一方都能沟通信息和传送物品。
(4) 每一方都可以自由接受或拒绝对方的产品。
(5) 每一方都认为与另一方进行交换是适当的或称心如意的。

具备了上述条件，就有可能发生交换行为。但交换能否真正发生，取决于双方能否找到交换条件，即交换以后双方都比交换以前好(至少不比交换以前差)。交换应看作一个过程而不是一个事件。如果双方正在进行谈判，并趋于达成协议，这就意味着他们正在进行交换。

2. 交易

交易是一个过程，而不是一个事件。如果双方通过谈判并达成协议，交易便发生。交易是交换的基本组成部分。交易是指买卖双方价值的交换，它以货币为媒介的；而交换不一定以货币为媒介，它可以是物物交换。交易涉及几个方面，即两件有价值的物品，双方同意的条件、时间、地点，以及来维护和迫使交易双方执行承诺的法律制度。一次交易包括三个可以量度的实质内容。

(1) 至少有两个有价值的事物。
(2) 买卖双方所同意的条件。
(3) 协议时间和地点。

为了促使交易成功，作为一个企业的营销人员，要仔细地分析交易对方需要什么产品，自己能够提供什么产品，从中发现一致之处，找到交易的基础，然后再进行各种努力，达成协议，实现交易。

交易与转让不同。在转让过程中，甲将某物给乙，并不接受任何实物作为回报。市场营销管理不仅要考察交易行为，还要研究转让行为。

(三) 产品

产品是指用来满足顾客需求和欲望的物体。市场营销选用"产品"这个词来泛指商品和劳务，因此我们在这里把能够满足人的需要和欲望的东西统称为产品。产品包括有形产品与无形产品、可触摸产品与不可触摸产品。有形产品是为顾客提供服务的载体，也叫实体产品；而无形产品或服务通过其他载体来传递。实体产品的重要性不仅在于拥有它们，更在于使用它们来满足人们的欲望。例如，人们购买小汽车不是为了观赏，而是因为它可以提供一种叫作交通的服务。所以，实体产品实际上是向人们传送服务的工具。如果生产者关心产品的实用性而较少关心产品所提供的服务，就会降低企业的产品竞争优势。过分迷恋自己的产品的实用性，往往会导致忽略顾客购买产品是为了满足某种需要这一事实。人们不是为了产品的实体而购买产品，而是因为产品实体是服务的外壳，即通过购买某种产品实体能够获得自己所需要的服务。市场营销者的任务，是向市场展示产品实体中所包含的利益或服务，而不能仅限于描述产品的外观。否则，企业将产生"市场营销近视"，即在市场营销管理中缺乏远见，只看见自己的产品质量好，看不见市场需求在变化，最终失去市场。

(四) 服务营销

服务营销是企业在充分认识满足顾客需求的前提下，为充分满足顾客需求在营销过程中所开展的一系列活动。

在当今科学技术相当普及以及信息快速传播的条件下，不同企业生产的同类或近似产品，其设计、制造水准已不相上下，使得一些有形产品的有形部分的属性(如品质、功能、特征等方面)的差异较小。顾客对商品的判断和选择也不再单单依据商品的有形属性。顾客购买了产品仅仅意味着销售工作的开始而不是结束，企业不仅关心产品的成功售出，更注重顾客在享受企业通过产品所提供的服务的全过程中的感受。顾客是否愿意购买某企业的产品，往往取决于企业能否提供更优质的服务。良好的服务精神和服务态度能够使顾客身心愉悦，提高顾客的满意度和忠诚度。服务营销将企业间的竞争引向更高层次的竞争领域。所以，未来的市场竞争，就是"优质产品优质服务"的竞争。服务营销将越来越显示出它的重要意义。

(五) 市场营销与市场营销者

市场营销是指人与市场有关的一切活动，即以满足人类各种需要和欲望为目的，通过市场使潜在交换变为现实交换的活动。其活动范围十分广泛，从流通领域的商品销售活动到整个社会再生产领域，包括生产、交换、分配、消费的一切活动环节，其基本内容包括本书涉及的所有范围。它是一个社会管理过程，在交换双方中，如果一方比另一方更主动、更积极地寻求交换，则前者称为市场营销者，后者称为潜在顾客。我们可以将市场营销理解为与市场有关的人类活动，市场营销者则是从事市场营销活动的人。市场营销者既可以是卖方，也可以是买方。作为卖方，他力图在市场上推销自己，以获取买者的青睐，这样卖方就是在进行市场营销。当买卖双方都在积极寻求交换时，他们都可称为市场营销者，并称这种市场营销为互惠的市场营销。

四、市场营销组合

(一) 营销组合的构成

"营销组合"这一概念是由美国哈佛大学教授尼尔·博登于 1964 年率先提出来的。4Ps

营销理论是随着营销组合理论的提出而出现的。4Ps 理论的提出奠定了营销管理的基础理论框架。该理论以单个企业作为分析单位，认为影响企业营销活动效果的因素有两种：一种是企业不能够控制的，如政治、法律、经济、人文、地理等环境因素，称为不可控因素，这也是企业所面临的外部环境；另一种是企业能够控制的，如生产、定价、分销、促销等营销因素，称为企业可控因素。企业营销活动的实质是一个利用内部可控因素适应外部环境的过程，即通过对产品、价格、分销、促销的计划和实施，对外部不可控因素做出积极动态的反应，从而促成交易的实现和满足个人与组织的目标，用科特勒的话说就是"如果公司生产出适当的产品，定出适当的价格，利用适当的分销渠道，并辅之以适当的促销活动，那么该公司就会获得成功"，所以市场营销活动的核心就在于制定并实施有效的市场营销组合。经麦卡锡概括，现已形成了现代市场营销学中的 4Ps 营销理论，它包括产品策略、价格策略、渠道策略和促销策略。

(1) 产品策略。产品是满足顾客需求的重要载体。市场营销学研究产品，不是研究其生产技术的革新与革命，而是从充分满足顾客的需要出发，研究企业的产品营销策略如何适应市场形势的要求，研究产品生命周期各阶段的特征以及应采取的市场营销策略，研究新产品开发程序和策略。研究产品的品牌、商标、包装策略以及产品的品名、造型、色泽等因素。

(2) 定价策略。定价是对企业具有重要意义的决策，需要审慎从事。这一决策包括估量顾客的需求和分析成本，以便选定一种既能吸引顾客又能实现市场营销目的的价格。同时，定价不仅要考虑法律政策因素、目标市场上的竞争性质、顾客对价格的可能反应，还要考虑折扣、折让、支付形式、支付期限、信用条件等相关问题。当然定价属于营销组合中最为活跃的因素，企业可以根据市场的不断变化来调整价格，但所有的价格调整必须不违反国家的相关规定以及社会公共利益和商业伦理道德。

(3) 渠道策略。渠道策略是指企业如何使产品进入和达到目标市场、接近目标顾客、转移给顾客的营销决策。大量的市场营销职能是在市场营销渠道中完成的。渠道的计划与决策，是通过渠道的选择、调整、新建和对中间商的协调安排来控制相互关联的市场营销机构，以利于更顺畅地达成交易。

(4) 促销策略。促销策略是指企业如何通过人员推销、广告、公共关系和营销推广等各种促销手段向顾客传递产品信息，引起他们的注意和兴趣，激发他们的购买欲望和购买行为，以达到扩大销售的目的。一个好的促销策略往往能起到多方面作用。例如，提供信息情况，及时引导采购；激发购买欲望，扩大产品需求；突出产品特点，建立产品形象；维持市场份额，巩固市场地位；等等。

(二) 市场营销组合的特点及评价

1. 市场营销组合的特点

(1) 对企业来说市场营销组合因素都是"可控因素"。也就是说，企业根据目标市场的需要，可以决定自己的产品结构，制定产品价格，选择分销渠道和促销方法等，对这些市场营销手段的运作和搭配，企业有自主权。但这种自主权是相对的，是不能随心所欲的，因为企业市场营销过程不仅要受本身资源和目标的制约，而且要受各种微观和宏观环境因素的影响与制约，这些是企业不可控制的变量，它们构成了企业市场营销环境。

(2) 市场营销组合是一个复合型的多因素组合体，四个 P 之中各自包含若干小的因素。因此，市场营销组合至少包括两个层次的复合结构。企业在确定市场营销组合时，不但应考虑四个P之间的搭配，而且要注意安排好每个P内部的工具搭配，使所有因素灵活运用和有效组合，以求得到最佳效果。

(3) 市场营销组合是一个动态的组合。每一个组合因素都是不断变化的，是一个变量；同时是互相联系的，每个因素都是另一因素的潜在影响者。在四个大的变量中，又各自包含若干个小的变量，每一个变量的变动，都会引起整个市场营销组合或大或小的变化，形成一个新的组合。

(4) 市场营销组合要受企业整体营销战略的约束，即企业需要根据企业的营销发展规划，在总体战略的指导下安排相应的市场营销组合。

(5) 市场营销组合的整体性。营销组合不是简单地把四大策略叠加在一起，所起的作用也不是它们简单相加的结果，而是要将四大策略相互配合协调，产生有机整体，其效果要远远超过简单相加的结果。

2. 市场营销组合的评价

尽管营销组合概念和4Ps观点被迅速和广泛地传播开来，但它们也在有些方面受到了一些营销学者特别是欧洲学派的批评。这主要体现在以下几点。

(1) 一个简简单单的要素清单是不足以涵盖所有的营销变量的，也不可能对任何情况都适用。

(2) 将四个P从企业其他部门的工作中分离出来，由市场营销部门专门负责，既有违营销组合的原意，也不利于企业从事市场营销工作。

(3) 4P组合模型只适合于指导制造业中消费品的营销活动，而不太适合指导其他产品(如工业品和服务)和其他行业(如零售业、金融业、公共事业等)的营销活动。

(4) 4Ps理论主要关注的是生产和仅仅代表商业交换一部分迅速流转的消费品的销售。况且，消费品生产者的顾客关系大多是与零售商和批发商的工业型关系，消费品零售商越来越把自己看成服务的提供者。在这种情况下，4Ps理论在消费品领域的作用要受到限制。

(三) 市场营销组合的新发展——4Cs营销理论

随着市场竞争日趋激烈，媒介传播速度越来越快，以及消费者向个性化方向发展，4Ps理论越来越受到挑战。人们感到仅仅着眼于企业内部可控制的4Ps市场基本因素，已不能达到预期目的，还必须和外部环境（如政治的、经济的、文化的等不可控因素）有机结合起来，才能获得最优效果。到20世纪80年代，美国学者针对4Ps理论存在的问题提出了4Cs营销理论。4Cs营销理论最早是由美国营销专家劳特朋教授在1990年提出的，与传统的4Ps理论相对应的4Cs理论以顾客需求为导向，重新设定了市场营销组合的四个基本要素，即顾客(consumer)、成本(cost)、便利性(convenience)和沟通(communication)。一般认为，4Ps理论基本上是厂商的本位主义，而4Cs理论则是以顾客为导向的理论，对应4Ps理论中的产品、价格、渠道和促销。

(1) 顾客，即顾客需求的满足。

在从事营销活动时，顾客是与企业进行交换的对象，他们希望的是交换到自己满意的商品或服务。对于企业来说，了解顾客及其核心需求是其首要任务。

通常，顾客就是向企业购买产品或服务的个人或团体。按照国际标准化组织对顾客的界定，我们可以将顾客分为内部顾客和外部顾客两类。前者主要包括股东、经营者和员工，后者主要包括最终消费者、使用者、受益者或采购方。

随着市场环境的不断变化,企业越来越深刻地认识到顾客尤其是外部顾客对其生存与发展的重要意义。从市场竞争的角度来看,市场竞争实际上就是争夺顾客的竞争,谁赢得了顾客,谁就赢得了市场。

为此,要做好市场营销工作,企业首先要了解、研究、分析顾客的需要与欲求,企业提供给顾客的不仅仅是合适的产品和服务,更重要的是要满足顾客的需求和欲望,创造更多的顾客价值。

(2) 成本,即顾客的购买成本。

成本包括企业生产成本和顾客购买成本。成本不单是企业的生产成本,或者说 4Ps 中的价格(price),它还包括顾客的购买成本。同时,它意味着产品定价的理想情况,应该是既低于顾客的心理价格,又能够让企业实现盈利。此外,顾客购买成本不仅包括其货币支出,还包括其为此耗费的时间、体力和精力等。

近年来出现了一种新的定价方式,即"顾客接受价格-适当的利润=成本上限"。在顾客接受价格这一固定的情况下,企业要获得更高的利润,就必须加强成本控制,想方设法地降低企业成本,确保实现企业目标。这种定价方式目前在市场上被越来越多的企业所采用。

(3) 便利性,即为顾客提供的最大的购物和使用便利性。

4Cs 组合强调企业提供给顾客的便利比营销渠道更重要。便利原则应贯穿于企业营销的全过程,新的 4Cs 组合更重视产品交换过程中的物流、配送等环节。为顾客提供便利,既有利于提高顾客的满意度和忠诚度,又有利于扩大企业的市场份额。

最大限度地便利顾客是目前企业获取竞争优势的一项重要因素。例如,零售企业在选择地理位置时,应考虑顾客地域、顾客购物习惯等因素,减少顾客购物时所消耗的时间和精力成本,使顾客容易到达商店。即使是远程的顾客,也能通过先进的物流系统实现交易并顺利完成。同时,在商店的设计和布局上要考虑方便顾客进出、上下,方便顾客参观、浏览、挑选,方便顾客付款结算,等等。

(4) 沟通,即与顾客的双向交流。

4Cs 营销理论认为,企业应通过同顾客进行积极有效的双向沟通,建立基于共同利益的新型企业/顾客关系。这不再是企业单向的促销和劝导顾客,而是在双方的沟通中找到能同时实现各自目标的有效途径。对企业而言,以顾客为中心,以市场为导向,加强与顾客之间的沟通是十分重要的,通过互动、沟通等方式,可以将企业内外营销不断进行整合,把顾客和企业的利益整合在一起。

4Cs 营销理论也有欠缺,其被动适应顾客需求的色彩较浓。根据市场的发展,需要从更高层次以更有效的方式在企业与顾客之间建立起有别于传统的新型主动性关系,如互动关系、双赢关系、关联关系等。同时,4Cs 营销理论没有解决满足顾客需求的操作性问题,如提供集成解决方案、快速反应等。4Cs 营销理论是顾客导向,而市场经济要求的是竞争导向,中国的企业营销也已经转向了市场竞争导向阶段。顾客导向与市场竞争导向的本质区别是:前者看到的是新的顾客需求;后者不仅看到了需求,还更多地注意到了竞争对手,冷静分析自身在竞争中的优劣势并采取相应的策略,在竞争中谋求发展。

(四) 营销理论的最新进展——4Rs 营销理论

美国唐·舒尔茨针对 4Cs 存在的不足提出了 4Rs(关联、反应、关系、回报)营销理论,阐述了一个全新的营销理念。

(1) 关联(relevance)。在竞争性市场中，顾客具有动态性。顾客的忠诚度是变化的，他们会转向其他企业。要提高顾客的忠诚度，赢得长期而稳定的市场，重要的营销策略是通过某些有效的方式在业务、需求等方面与顾客建立关联，形成一种互助、互求、互需的关系。

(2) 反应(reaction)。企业要站在顾客的角度及时地倾听顾客的希望、渴望和需求，并及时答复和迅速做出反应，满足顾客的需求。企业必须建立快速反应机制，提高反应速度和回应力，最大限度地减少抱怨，稳定顾客，减少顾客转移的概率。

(3) 关系(relationship)。在企业与顾客的关系发生了本质性变化的市场环境中，抢占市场的关键已转变为与顾客建立长期而稳固的关系，即从交易变成责任，从顾客变成朋友，从管理营销组合变成管理和顾客的互动关系。

(4) 回报(return)。回报是营销的源泉。对企业来说，市场营销的真正价值在于其为企业带来短期或长期的收入和利润的能力。一方面，追求回报是营销发展的动力；另一方面，回报是企业从事营销活动、满足顾客价值需求和其他相关主体利益要求的必然结果。企业要满足顾客需求，为顾客提供价值，顾客必然予以货币、信任、支持、赞誉、忠诚与合作等物质和精神的回报，而最终又必然会归结到企业利润上。

(五) 4Ps、4Cs 和 4Rs 三者关系

4Ps、4Cs 和 4Rs 三者不是取代关系而是完善与发展的关系。由于企业层次不同，情况千差万别，市场、企业营销还处于发展之中，所以至少在一个时期内，4Ps 还是营销的一个基础框架，4Cs 也是很有价值的理论和思路。因而，这两种理论仍具有适用性和可借鉴性。4Rs 不是取代 4Ps、4Cs，而是在 4Ps、4Cs 基础上的创新与发展，所以不可把三者割裂开来甚至对立起来。所以，在了解、学习和掌握体现了新 21 世纪市场营销的新发展的 4Rs 理论的同时，根据企业的实际，把三者结合起来指导营销实践，可能会取得更好的效果。

第二节 市场营销学的产生和发展

市场营销学作为一门学科萌生于 20 世纪初期，形成于 20 世纪中叶，成熟于 20 世纪 80 年代，目前仍在不断发展之中。近百年来，随着社会经济的发展，市场营销学发生了根本性的变化，从传统市场营销学演变为现代市场营销学，其应用从营利性组织扩展到非营利性组织。在营销实践过程中，正确运用市场营销学的原理、方法和技巧，可以使企业以最小的营销资源，获取最大的经济和社会效益，增强市场的竞争力，实现企业的营销目标。

一、市场营销学在国际上的产生和发展

市场营销学译自英文 marketing 一词，其意指企业的市场买卖活动，即企业的市场销售活动。市场营销学不是观念的产物，而是企业活动的产物。市场营销学的产生与发展和企业的市场营销活动是紧密联系在一起的，企业营销实践互动为市场营销学的发展提供了条件，而市场营销学的发展又被用于指导企业的营销实践。20 世纪初，随着商品经济的高度发展，市场营销学首先在美国从经济学中被分离出来，逐渐发展为一门独立的学科。市场营销学的发展大体经历了创建时期、应用时期、变革时期和发展时期四个阶段。

(一) 市场营销学的创建(20 世纪初)

19 世纪末到 20 世纪初，各主要资本主义国家经过工业革命，生产力迅速发展，市场规模急剧扩大，供求关系也逐渐变化，市场开始由卖方向买方转化，市场营销活动日益成为影响企业效益的重要因素。与此相适应，市场营销学在美国开始创立。

1904 年，克罗西在宾夕法尼亚大学开设了"产品市场营销"课程。1910 年，拉尔夫·斯达·巴特勒在威斯康星大学开设了"市场营销方法"课程。1912 年，哈佛大学教授郝杰特齐出版了第一本销售学教科书《市场营销》(Marking)，这标志着作为一门独立学科的市场营销学的建立。这本教材同现代市场营销学的原理、概念不尽相同，它主要研究推销术和广告术，而且研究活动仅限于在某些大学的课堂，既未引起社会的重视，也未应用于企业营销活动。

(二) 市场营销学的应用(20 世纪 20 年代至 40 年代末)

在 1929—1933 年，资本主义国家爆发了严重的经济危机，生产过剩，产品大量积压，因而，如何刺激消费者的购买欲望就成为企业和市场学家认真思考和研究的课题。市场营销学也因此从课堂走向了社会实践，并初步形成体系。

这期间，美国相继成立了全国市场营销学和广告学教师协会(1926 年)、美国市场营销协会(1937 年)，通过这些社会机构来研究市场营销问题。1932 年，克拉克和韦尔达出版了《美国农产品营销》一书，对美国农产品营销进行了全面的论述，指出市场营销的目的是"使产品从种植者那儿顺利地转到使用者手中"。在此期间，市场营销学开始为工商企业提供咨询服务，咨询内容包括广告、推销员培训、开拓流通渠道、加强促销等。理论与实践的结合促进了企业营销活动的发展，也促进了市场营销学的发展。但这一阶段的市场营销研究仍局限于产品推销、广告宣传、推销策略等。

(三) 市场营销学的变革(20 世纪 50 年代初至 70 年代初)

20 世纪 50 年代初至 70 年代初这一时期称为市场营销学的变革时期，这是从传统的市场营销学转变为现代市场营销学的阶段。20 世纪 50 年代后，随着第三次科技革命的发展，劳动生产率空前提高，社会产品数量空前递增，花色品种不断翻新，市场供过于求的矛盾进一步激化，原有的只研究在产品生产出来后如何推销的市场营销学，显然不能适应新形势的需求。

约翰·霍华德在 1957 年出版的《市场营销管理：分析与决策》一书中，率先提出从营销管理角度论述市场营销理论和应用，从企业环境与营销策略二者关系来研究营销管理问题，强调企业必须适应外部环境。麦卡锡在 1960 年出版的《基础市场营销学》一书中，对市场营销管理提出了新的见解。他把消费者视为一个特定的群体，即目标市场，强调企业必须制定正确的市场营销组合策略，以适应外部环境的变化，满足目标顾客的需求，实现企业经营目标。

市场营销学的这一变革使企业的经营观点从"以生产为中心"转变为"以消费者为中心"，市场也就成了生产过程的起点而不仅仅是终点，营销也就突破了流通领域，延伸到生产过程及售后过程；市场营销活动不仅是推销已经生产出来的产品，还通过对消费者的需要与欲望的调查、分析和判断，通过企业整体协调活动来满足消费者的需求。

(四) 市场营销学的发展(20 世纪 70 年代至今)

近几十年来，市场营销学在它的基本理论、学科体系、传播领域等方面都有着重大的发展，这主要是科学技术的日益进步、社会政治经济情况的不断变化、企业市场营销实践的不断发展所推动的。

这一时期，整个学科提出了管理导向理论，强调市场营销学应该重点研究营销管理中的战略和决策问题，许多市场学家提出了"社会营销""大市场营销"等理论，这些理论大大丰富和发展了市场营销学。市场营销学还紧密结合经济学、哲学、心理学、社会学、数学及统计学学科，形成了一门综合性的边缘应用科学，并且出现了许多分支，如消费心理学、工业企业营销学、商业企业营销学等。20世纪90年代以后，关于市场营销网络、政治市场营销、市场营销决策支持系统、市场营销专家系统等新的理论与实践问题开始引起学术界和企业界的关注，成为市场营销学研究的热点。

进入21世纪，互联网的发展和应用，推动着网络营销的迅猛发展。相信这些新观念、新方法必将把现代市场营销学推向一个新的发展阶段。

二、市场营销学在我国的引进和发展

市场营销理论于20世纪70年代末80年代初引入我国，经过近40年的风风雨雨，已从单纯的理论学习阶段步入需要全面创新和拓展的时代。我国营销学的研究、应用和发展可划分为以下五个阶段。

(一) 引进阶段(1978—1982年)

市场营销学于20世纪70年代末80年代初进入我国。其中，世界著名的市场营销权威科特勒的《市场营销原理》和《营销管理》两部著作，引起了学者们的高度重视，对中国市场营销学的建立产生了重要影响。从1979年起，少数大专院校及对外经济贸易部开始聘请外籍教师来华讲授市场营销学。在北京的部分教学、科研人员组成了市场学研究小组，组织了一些报告会，暨南大学率先开设了"市场营销学"课程。在以后的两三年里，全国约有300余所高、中等院校开设了这门课，出版的翻译、专著和编著的市场营销书多达百种。

在此期间，主要通过对国外市场营销学著作、杂志和国外学者讲课的内容进行翻译介绍，选派学者和专家到国外访问、考察、学习，邀请国外学者和专家来国内讲学等方式，系统地介绍和引进了国外市场营销理论。这是营销中国化非常重要的基础性工作，但由于当时社会条件的限制，参与研究者少，研究比较局限，对西方营销理论的认识也相对肤浅。然而，这一时期的努力为我国市场营销学的进一步发展打下了基础。

(二) 传播阶段(1983—1985年)

1984年1月，湖南大学在长沙承办了"全国高等财经院校、综合大学市场学教学研究会成立大会及研讨会"。这标志着市场营销学在中国的正式学术地位的确立，大大促进了营销理论全国范围的传播，营销学开始得到高校教学的重视，有关营销学的著作、教材和论文在数量和质量上都有很大提高。自此，市场营销学的研究如火如荼，市场营销理论迅速普及。各省、自治区、直辖市相继成立了市场营销学会，并吸收企业界人士参加，力求使理论与实际紧密结合。在各省、自治区、直辖市纷纷成立由学术界与企业界共同参加的市场营销学会的基础上，中国市场学会(民政部：社政字第3586号)于1991年3月在北京正式成立。

(三) 应用阶段(1986—1988年)

伴随着中国经济体制改革和经济发展的全面转型，市场环境的改善为企业应用现代营销原理指导自身经营创造了条件，在此期间，现代企业在其经营活动中运用市场营销原理和方法取得成功的实例比比皆是，市场营销理论的研究和应用越来越受到重视。到20世纪90年代末，在中国已有一批在市场营销活动中取得显著成效的大型企业，它们富有创新意识的营销实践已经引起了海内外企业界和学术界的重视，如中国海尔集团的营销实践已被哈佛大学商学院编成教学案例。但在应用过程中出现了较大的不均衡：不同地区、行业及机制中的企业在应用营销原理的自觉性和水平上表现出较大的差距，同时应用本身也存在一定的片面性。

(四) 扩展阶段(1989—1994年)

进入20世纪90年代以后，全国除了财经类院校及综合大学外，包括工科院校、农科院校甚至军工院校都普遍开设了"市场营销学"课程，并把它作为经济管理类专业的主要课程。许多高等院校还设置了市场营销专业，而且已成为热门的专业之一。在企业界，越来越多的企业开始自觉地运用市场营销学的原理与方法来指导经营活动。很多企业通过聘请专家和学者进行学术讲课、举办培训班，派人去高等院校旁听、进修，招聘市场营销专业的毕业生等方式，逐渐掌握了一些市场营销的基本理论和知识。人们越来越认识到，要使企业在市场竞争中取胜，必须依靠市场营销学的理论和方法。

全国各地的市场营销学学术团体研究重点也由过去单纯的教学研究，改为结合企业的市场营销实践进行研究。"全国高等财经院校、综合大学市场学教学研究会"于1987年2月更名为"中国高等院校市场学研究会"。学者们已不满足于仅仅对市场营销一般原理的教学研究，对其各分支学科的研究也日益深入，并取得了一定的研究成果。在此期间，市场营销理论的国际研讨活动进一步发展，这极大地开阔了学者们的眼界。1992年春，邓小平南方谈话以后，学者们还对市场经济体制的市场营销管理，中国市场营销的现状与未来，跨世纪中国市场营销面临的挑战、机遇与对策等重大理论课题展开了研究，这也有力地扩展了市场营销学的研究领域。

(五) 国际化阶段(1995年至今)

1995年6月22日至25日，由中国人民大学、加拿大麦吉尔大学和康考迪亚大学联合举办的"第五届市场营销与社会发展国际会议"在北京召开。中国高等院校市场学研究会等学术组织作为协办单位，为会议的召开做出了重要贡献。来自46个国家或地区的135名外国学者和国内142名国内学者出席会议，并就市场营销领域的重要问题进行了探讨和交流，与会学者对中国市场营销理论与实践的发展给予了高度评价。25名中国学者撰写的论文被收入《第五届市场营销与社会发展国际会议论文集》(英文版)，6名中国学者的论文荣获国际优秀论文奖。从此，中国市场营销学者开始全方位、大团队地登上国际舞台，与国际学术界、企业界的合作进一步加强。

第三节 市场营销哲学

市场营销哲学是指企业的经营者在组织和谋划企业的营销活动时所依据的指导思想和行为准则。它是企业经营者对于企业市场活动的根本态度和看法，是企业拓展市场和提高市场营销效益的根本保证，也是一种商业哲学或思维方法。市场营销哲学的形成不是人们主观臆造出来的，而是随着社会生产的发展、生活水平的提高和市场供求状况的变化而逐步形成并发展变化的。一定的市场营销哲学是一定社会经济发展的产物。它源于经营实践，在实践中产生和发展，同时它的形成对企业的经营管理活动产生能动作用。纵观国内外商品经济发展的历史，市场营销哲学的演变大致经历了生产观念、产品观念、推销观念、市场营销观念、社会营销观念和大市场营销观念六个阶段。

一、生产观念

生产观念是指导销售者行为的最古老的观念，这种观念产生于20世纪20年代前。企业经营哲学不是从消费者需求出发，而是从企业生产出发。其主要表现是"我生产什么，就卖什么"。生产观念认为，顾客喜欢那些可以随处买得到而且价格低廉的产品，企业应致力于提高生产效率和分销效率，扩大生产，降低成本，以扩展市场。例如，烽火猎头公司的专家认为，美国皮尔斯堡面粉公司从1869年至20世纪20年代，一直运用生产观念指导企业的经营，当时这家公司提出的口号是"本公司旨在制造面粉"。美国汽车大王亨利·福特曾傲慢地宣称："不管顾客需要什么颜色的汽车，我只生产一种黑色的。"这也是典型表现。显然，生产观念是一种重生产、轻市场营销的哲学理念。

生产观念是在卖方市场条件下产生的。在资本主义工业化初期以及第二次世界大战末期和战后一段时期内，由于物资短缺，市场产品供不应求，生产观念在企业经营管理中颇为流行。中国在计划经济体制下，由于市场产品短缺，企业不愁其产品没有销路，工商企业在其经营管理中也奉行生产观念，具体表现为：工业企业集中力量发展生产，轻视市场营销，实行以产定销；商业企业集中力量抓货源，工业生产什么就收购什么，工业生产多少就收购多少，也不重视市场营销。

除了物资短缺、产品供不应求的情况之外，有些企业基于控制产品成本的考虑，其市场营销管理思想会受产品观念的影响。例如，亨利·福特在21世纪初期曾倾全力于汽车的大规模生产，努力降低成本，使顾客买得起，借以提高福特汽车的市场占有率。

二、产品观念

产品观念，也称为产品导向观念，是生产观念的延续和发展，也是一种陈旧的营销观念。产品观念认为，顾客会喜欢高质量、好性能和多功能的产品，只要产品做得足够好，顾客就会购买。产品观念产生的背景是：市场已开始由卖方市场向买方市场转变，社会生活水平已有较大提高，顾客已不仅仅满足于产品的基本功能，而开始追求产品在功能、质量和特点等方面的差异性。这样，企业的中心任务是致力于生产优质产品，并不断精益求精。企业在设计产品的过程中，相信自己的工程师知道怎样设计出合适的产品，经常不让或很少让顾客参与产品的研发。这是因为他们认为只要产品好就会有顾客上门，因而对自己的产品非常有信心，而对市场需求的变化置之不理。这种观念本质上是"生产什么销售什么"，但它比生产观念多了一种竞争的色彩，并且考虑了顾客对产品质量、性能、特色和价格方面的期望。奉行产品观念会导致"营销近视症"，即在市场管理中缺乏远见，对自己的产品过于自信，而看不到市场需求的变化。

"营销近视症"是美国著名市场营销学者——哈佛大学的西奥多·莱维特教授于1960年

提出的一个新概念,它主要表现在以下两个方面。

(1) 经营方向的狭隘性。企业将自己的经营方向制定得过于狭隘,常常把企业的经营方向限制在一个特定的形式上。如果一个企业只将自己的产品定位在一个方向上,如生产柴油机的企业,如果仅认为企业的经营方向是柴油机,而不是动力机械,那么一旦市场发生变化,企业就只能束手无策。

(2) 经营观念上的目光短浅性。企业将注意力集中在现有的产品上,并集中主要的技术、资源进行现行产品的研究和大规模生产,而忽视顾客需求的不断发展以及对产品提出的新要求,以产品的不变去应市场之变。这样的企业尽管短期可能获得一定的利润,但最终必然会遭受严重的打击。

三、推销观念

推销观念,又称销售观念,是一种以商品推销为中心的企业经营指导思想,它是在第一次世界大战后到第二次世界大战结束这段时间形成的。推销观念认为,顾客一般不会根据自身的需要和愿望主动地选择和购买商品,而只有通过推销产生的刺激,诱导其产生购买商品的行为。任何企业的产品,只要努力地去进行推销,都是可以销售出去的。推销部门的任务就是采取各种可能的手段和方法,去说服和诱导顾客购买商品,至于顾客的满意程度如何,不是重要问题。这种观念可以概括为:"我们生产什么,就努力推销什么,顾客就购买什么。"这里生产什么仍然是由企业决定的,企业将主要精力用于抓推销工作,且主要是抓推销员管理、商品广告与销售渠道方面的工作,目的是引导或促进顾客购买,使企业已有的产品得到社会的承认。

当时,西方资本主义国家已完成了工业革命,商品生产迅速发展,有些商品增长几倍甚至十几倍。市场的主要特征是:商品日益丰富多彩,有的还出现供过于求情况。于是,市场由"卖方市场"逐步向"买方市场"转变,市场竞争越来越激烈,特别是爆发的震动资本主义世界的经济大危机,使得大批工人失业,社会有支付能力的需求日益下降,市场商品供过于求,企业转产甚至停产倒闭。在这种产和销的尖锐矛盾下,企业只埋头于生产而不顾销售的经营方式显然行不通了,企业所担心的不再是如何扩大生产,而是如何提高推销技巧,尽快把商品卖出去,以减少损失,争取获得微利,免于破产。竞争给企业以压力,营利和生存给企业以动力。为了求生存,谋发展,企业不得不把精力由生产观念和产品观念转向推销观念。在 20 世纪 20 年代至 50 年代间,发达国家的企业大多奉行推销观念,强化推销,促进销售,为企业争取更多利润。尤其是当社会生产力大大提高,市场已经开始转向买方市场时,市场中的产品过剩,很多企业为争夺顾客,甚至不顾顾客利益,强行兜售,促成交易。

推销观念的立足点是对已经产出的产品进行强力推销,它和生产观念有相同之处,都是先有产品,后有顾客。所以,推销观念在本质上还是在生产观念的基础上形成并延伸的经营思想,并未脱离以生产为中心、"以产定销"的范畴。只是从生产观念发展到推销观念,提高了销售工作在企业经营管理中的地位,并使企业更多地了解市场情况,为企业转变为市场营销观念创造了条件,是经营指导思想的一个进步。

四、市场营销观念

市场营销观念是指企业进行经营决策,组织管理市场营销活动的基本指导思想,也就是企业的经营哲学。它是一种观念,是一种态度,是一种企业思维方式,是一种"以消费者需求为中心，以市场为出发点"的经营指导思想。市场营销观念认为，实现组织诸目标的关键在于正确确定目标市场的需要与欲望，并比竞争对手更有效、更有利地传送目标市场所期望满足的东西。

市场营销观念是一种新型的企业经营哲学。它以满足顾客需求为出发点，即"顾客需要什么，就生产什么"。尽管这种思想由来已久，但其核心原则直到20世纪50年代中期才基本定型，当时社会生产力迅速发展，市场趋势表现为供过于求的买方市场，同时广大居民个人收入迅速提高，有可能对产品进行选择，企业之间为实现产品的竞争加剧，许多企业开始认识到，必须转变经营观念，才能求得生存和发展。

市场营销观念的基本特点是：①以顾客需求为中心，实行目标市场营销；②运用市场营销组合手段，全面满足顾客的需求；③树立整体产品概念，刺激新产品开发，满足顾客整体需求；④通过满足顾客需求而实现企业获取利润的目标；⑤市场营销部门成为指挥和协调企业整个生产经营活动的中心。

市场营销观念有四个主要支柱，即目标市场、顾客需要、整合营销和盈利能力。与推销观念从厂商出发、以现有产品为中心、通过大量推销和促销来获取利润不同，市场营销观念是从目标市场出发，通过整体营销活动来满足顾客需求，并以此获取利润，提高盈利率。

以顾客为中心的营销观念的形成，从本质上改变了企业营销活动的指导原则——市场需求是企业经营的起点，满足顾客需求是企业一切经营活动的基本准则。企业经营中心的转移和新的经营哲学的形成，使得企业组织结构变革，与市场营销功能相适应的组织部门的地位与重要性上升。

五、社会营销观念

社会营销观念是对市场营销观念的修改与补充，产生于20世纪70年代。社会营销观念认为，企业提供任何产品或服务时，不仅要满足顾客的需要和符合本企业的利益，而且要符合顾客与社会的整体利益和长远利益，即将企业利益、顾客利益与社会利益有机地结合起来，必须将维护全社会的公共利益作为企业经营的根本责任，并在此基础上谋求企业利润目标的实现。

近年来，随着社会经济环境的不断变化，人们认识到，单纯地强调市场营销观念，可能会忽视满足当前消费需要与全社会的整体利益和长远利益之间的矛盾，从而导致资源浪费、环境恶化、危害人类健康等诸多弊病。例如，餐饮业大量使用的一次性餐具和饮料业大量使用的一次性包装，固然迎合了顾客对方便、卫生的需要，但也造成资源的极大浪费和环境的污染，而且由于其中多数污染物不能进行有效处理，被人们到处乱扔，极大地破坏了居住环境。又如，生产香烟固然能满足有吸烟者的需要，但也损害吸烟者以及被动吸烟者的健康，对社会大众造成不利影响。

因此，一些有远见的企业家和学者提出社会营销观念。他们认为，对有害于社会或有害于顾客的需求，不仅不应该满足，还应该进行抑制性的反营销。例如，我国对高污染和高耗能产业采取一些限制性措施。现代企业的行为应该满足社会发展、顾客需求、企业发展和职工利益四个方面。企业不仅要追求最大的经济效益，而且必须兼顾社会效益，力求做到企业效益服从社会效益。企业通过协调社会发展利益、企业利益和消费者利益，使市场营销观念达到了一个完善的阶段。

六、大市场营销观念

针对现代世界经济迈向区域化和全球化，企业之间的竞争范围早已超越本国本土，形成了无国界竞争的态势，美国著名市场营销大师科特勒提出了"大市场营销"观念。大市场营销是对传统市场营销组合战略的不断发展。科特勒指出，企业为了进入特定的市场，并在那里从事业务经营，在策略上应协调地运用经济的、心理的、政治的、公共关系等手段，以博得外国或地方各方面的合作与支持，从而达到预期的目的。

大市场营销除包括一般市场营销组合(4P)外，还包括另外两个P——权力(power)和公共关系(public relations)。

(1) 权力。大市场营销者为了进入某一市场并开展经营活动，必须能经常地得到具有影响力的企业高级职员、立法部门和政府部门的支持。例如，一个制药公司欲把一种新的避孕药引入某国，就必须获得该国卫生部的批准。因此，大市场营销须采取政治上的技能和策略。

(2) 公共关系。如果权力是一个"推"的策略，那么公共关系则是一个"拉"的策略。舆论需要较长时间的努力才能起作用，然而，一旦舆论的力量增强了，它就能帮助公司去占领市场。

公司运用大市场营销战略有三种基本方式：①提供报酬，如给予回扣，在协议中提供优惠条款，提供专业知识或信息；②利用合法权和声望；③商业强制与非商业强制。

七、旧市场营销观念到新市场营销观念的转变

以上六种市场营销观念是营销观念演变的六个阶段，从这个演变过程可以看出，推销观念到市场营销观念的发展是至关重要的一环，在此之前是旧式的营销观念，即以生产者为中心，不考虑消费者的需求和欲望；在此之后是新式的营销观念，即以市场(消费者、顾客)为中心，企业以满足消费者的需求作为其生存的基础条件，市场营销观念、社会营销观念、大市场营销观念是对以市场为中心的市场营销观念的完善和发展。

第二次世界大战以后，西方各发达国家企业的营销观念大体上完成了上述各个阶段的转变。市场营销观念对于企业的行为起重要的指导作用，在新、旧营销观念的指导下，企业工作的目标、方针、措施和手段也截然不同，从而导致不同的经营效果。

我国企业要适应日趋激烈的市场竞争环境，必须尽快实现营销观念的转变，树立现代市场营销观念。这种现代市场营销观念，总结起来包括以下四个方面内容。

(1) 企业营销行为应以消费者(顾客或市场)为中心，竭尽全力地满足消费者的需要。

(2) 用企业资源，利用企业的一切优势条件，做到企业内部条件与外部环境的动态协调平衡。

(3) 企业要加强内部管理，努力降低成本，增加产品销售，以取得尽可能多的利润。

(4) 企业要立足长远利益，克服企业的短期行为，使社会利益、消费者利益和企业利益三者协调一致。

第四节 顾客满意和顾客价值

当今社会，越来越多的企业日益认识到保持现有顾客的重要性，因为顾客成了稀缺资源，特别是随着市场竞争的日趋白热化，企业间的较量已开始从基于产品的竞争转向基于顾客资

源的竞争。顾客资源正在逐渐取代产品，现在的顾客，面对许多竞争者提供的趋于同质化的产品，有了更多的选择和更强的价格意识，能够提出更多的要求。因而企业必须努力做到让顾客满意，充分挖掘顾客的价值。

一、顾客满意

(一) 顾客满意的定义

顾客满意是指顾客对一件产品满足其需要的绩效与期望进行比较所形成的感觉状态。

科特勒认为，顾客满意是指顾客通过对一个产品的可感知效果与其期望值相比较后，所形成的愉悦或失望的感觉状态。满足程度是实际效果与期望效果之间比值的函数。当实际效果大于期望效果时，顾客就会很满意；当实际效果等于期望效果时，顾客就会满意；当实际效果明显小于期望效果时，顾客就会不满意。满意感在很大程度上取决于期望，而期望既包含顾客以往的经验、相关群体的影响，又在很大程度上取决于市场营销者的刺激，如广告等各种信息和市场营销者的承诺。

顾客满意是顾客可感知效果与其期望值之间的函数，如图1-1所示。

图1-1 顾客满意函数

(二) 顾客满意的意义

长期以来，许多学者和企业管理人员都认为，顾客满意是顾客关系管理中的一个重要概念，是顾客与企业建立、保持、发展长期关系的必要前提。顾客只有对自己以往在企业的消费经历感到满意，才可能与企业建立、保持、发展长期关系。一般来说，不满意的顾客是不会再光顾该企业的。顾客满意的重要性体现在以下两个方面。

1. 顾客满意与否会影响他们对企业的口碑宣传

如果对企业的产品和服务感到满意，顾客会将他们的消费感受通过口碑传播给其他的顾客，影响他人的购买决策。这样就扩大了企业产品的知名度，提高了企业的形象，将为企业的长远发展不断地注入新的动力。

如果某一次的产品和服务不完善，顾客对该企业也就不满意，不满意的顾客往往会对企业做负面的宣传，损害企业的利益。即使还未购买企业的产品和服务，他人对企业的负面宣传也会影响顾客的看法。如果不满意的顾客很多，他们对企业的负面宣传将会在很大程度上影响企业的公众形象。互联网的普及更是方便了顾客对企业的口头宣传，而且宣传的范围更广了。

2. 顾客满意将有利于企业的长远发展

一方面，顾客满意将影响顾客的重复购买行为。许多管理人员发现，当顾客对自己的以往经历感到满意时，他可能会继续购买企业的产品或服务；另一方面，虽然企业实施顾客满意策略并不能增加企业的短期利益，有时甚至会降低企业的短期利益，但从长远来看是有利于企业的发展的。大量研究表明，企业为老顾客服务的成本更低，企业往往不需要组织大量的广告和促销活动来吸引老顾客，而且为老顾客服务获得的收益远远大于为新顾客服务获得的收益。

(三) 顾客满意的诠释

在消费认知结构的层次中，顾客满意是针对具体的消费行为过程中价值性的评价与感受，其往往侧重于感性上的价值体验。为了对顾客满意的研究更加透彻，我们可以从以下六个方面来进一步诠释。

(1) 顾客满意是一种价值判断，是一种心理感受，带有明显的主观性，顾客满意的状态是顾客在不断进行比较和自由选择以后达到的肯定、积极的心理体验。

(2) 顾客满意程度与顾客自身的许多条件相关，如教育背景、收入水平、工作环境、生活习惯、价值观等。同样的产品或服务，不同人的满意程度可能存在巨大的差异。同时，顾客满意度会因为时间的变化而发生变化。

(3) 顾客满意以顾客总体满意为出发点，当个体满意与总体满意发生冲突时，个体满意有一种服从于总体满意的趋势。

(4) 顾客满意是与政治法律、社会文化、社会经济发展水平、科学技术等宏观市场环境因素紧密相连的。

(5) 顾客满意是相对的，而不是绝对的，但顾客在不断地获得相对满意后，会出现绝对满意的趋势。

(6) 满意本身又具有多个层次，具体而言，有五种情况可以用满意来形容：①满足，指产品可以接受或者可以容忍；②愉快，指产品可以给人积极、快乐的体验；③解脱，指产品解脱了人们的消极状态；④新奇，指产品给人以新鲜和兴奋的感觉；⑤惊喜，指产品令人出乎意料地高兴。所以，声称满意的人们，其满意的水平和原因可能存在巨大的差异。满意程度越高的顾客或者称高度满意的顾客，往往会再次购买产品，表现出忠诚的行为。大部分声称满意的顾客，不足以产生这种效果。对顾客满意程度的定量分析，有利于企业做出科学合理的决策。

(四) 顾客满意度的含义及特征

顾客满意度是指顾客对其明示的、通常隐含的或必须履行的需求或期望已被满足的程度的感受。满意度是顾客满足情况的反馈，它是对产品或者服务性能以及产品或者服务本身的评价。满意度给出了或者正在给出一个与消费的满足感有关的快乐水平，包括低于或者超过满足感的水平，是一种心理体验。其特征可以归纳如下。

(1) 心理感受。满意与否是顾客在消费产品或服务后的感知效果。

(2) 相对性。因为顾客的生活背景、价值观念、消费水平以及市场其他环境是变化的，所以顾客满意是相对的。

(3) 个体性。顾客是满意的主体，那么个体的差异性就非常明显。企业不必追求统一的满意模式，要因人而异，并最大限度地提供有差异的满意产品和服务。

(4) 社会性。虽然满意具有差异性，但顾客满意是以顾客总体满意为出发点的，当个体满意与总体满意发生冲突的时候，个体满意会服从于整体满意。

(5) 道德性。顾客满意具有明显的主观性，同时建立在道德、法律、社会责任的基础上，否则就不可能成为真正的顾客满意。

(五) 顾客满意度的度量模型的构建

从以上顾客满意的概念和内涵中,我们可以看到顾客满意是顾客对产品和服务的感受与评价,是顾客与企业共同努力的结果。衡量顾客满意度水平,对顾客满意进行定量的描述,显得非常重要。顾客满意度是对顾客满意从量上进行的定性。在实践中,许多企业不断地追求高度的顾客满意,因为那些一般满意的顾客一旦发现有更好的产品,就会轻易地更换供应商,而那些十分满意的顾客一般不打算更换供应商。高度的顾客满意和愉快创造出一种感情上的共鸣,而不仅仅是一种理性的偏好,正是这种感情上的共鸣创造了顾客的高度忠实。顾客满意度指标日益成为企业产品和服务市场竞争力强弱的重要标志。对生产同类产品或提供相同服务的企业来说,通过分析自己和竞争对手顾客满意度的变化情况,可以预测企业的市场地位和市场占有率的变化趋势。

对顾客满意度的度量,有三种常见的方法,即顾客满意度级数计算方法、顾客满意率计算方法和顾客满意度指数计算方法。其中,运用比较广泛的是顾客满意度级数计算方法。

顾客满意度级数(CSM)是指顾客满意的等级体系,有三级度数法、五级度数法、七级度数法、九级度数法等。在实践应用中,以五级度数法最常见。

以五级度数法为例,顾客满意度级数可以用数轴表示,如图1-2所示。

图 1-2 顾客满意数轴

这个数轴含有很不满意、不满意、一般、满意、非常满意五个等级,可以分别给它们赋值-40、-20、0、20、40,分数总和为零。在实际操作过程中,可以按照下式进行计算。

$$CSM = \sum X^i \times N^i \tag{1-1}$$

其中,CSM 为顾客满意分值,CSM 得分越高,表明顾客满意程度越大;X^i 为市场调查中第 i 项因素顾客满意的分值;N^i 为第 i 项因素的权重。

以某一品牌汽车为例,其满意度表见表 1-1。

表 1-1 某汽车品牌的满意度表

产品属性	质量	价格	性能	品牌形象	服务	外观设计
满意级别	满意	一般	满意	非常满意	不满意	满意
分值	20	0	20	40	-20	20
权重(%)	30	20	20	10	10	10

综合分值 CSM=20×30%+0×20%+20×20%+40×10%+(-20)×10%+20×10%=14。在此需要说明以下几点。

(1) 各因素的权重受到产品类别、顾客本身、企业市场定位、竞争对手情况、宏观环境等方面因素的影响,权重也是在不断变化的。例如,以前我们更多关注的是汽车的安全性和舒适度,但目前越来越多的顾客更看重汽车的品牌形象。

(2) CSM 是对顾客满意的一个综合评价，没有考虑影响顾客满意度的相关因素。

(3) 满意虽然有层次，但满意的界限还是存在一定程度的模糊。为了使企业更好地进行经营和决策，必须定期进行满意度的测定，也要随时掌握竞争对手的顾客满意指标，做到知己知彼。

(4) 企业要建立顾客满意测评指标体系，了解顾客的欲望和需求。

与此同时，有效地测评顾客的满意程度，并不意味着要追求所有顾客的满意。企业要按照具体情况对顾客进行有效的分类管理，企业的"顾客满意测评和执行系统"要可以随时调整造成"企业关键客户"不满意的任何因素，留住这些企业关键客户对企业发展至关重要。当然，我们也要不断提高新顾客的满意度，尽快使这些新顾客成为企业的忠实顾客。当企业在某一方面的表现达到顾客的期望和要求时，顾客又会产生新的期望和要求，企业也因此需要在不断满足顾客、提高顾客满意程度中持续调整营销战略。这也是企业实施顾客满意战略后可以使企业获得源源不断的竞争力的原因所在。

满意虽有层次之分，但毕竟界限模糊，从一个层次到另一个层次并没有明显的界限。之所以进行顾客满意度级数的划分，目的是帮助企业进行顾客满意程度的评价。

目前，世界上不少企业已把顾客满意作为营销管理体系的核心，像全面质量管理一样，建立健全顾客满意体系，包括顾客满意度监测系统、顾客抱怨与建议系统、顾客满意保证系统等部分。

二、顾客价值

(一) 顾客价值的含义和特征

顾客价值是由于供应商以一定的方式参与到顾客的生产经营活动过程中而能够为顾客带来的利益，即顾客通过购买商品所得到的收益和顾客花费的代价(购买成本和购后成本)的差额，企业对顾客价值的考察可以从潜在顾客价值、知觉价值、实际实现的顾客价值等层面进行。顾客价值的基本特征如下。

(1) 顾客价值是顾客对产品或服务的一种感知，是与产品和服务挂钩的，它基于顾客的个人主观判断。

(2) 顾客价值的核心是顾客所获得的感知利益与因获得和享用该产品或服务而付出的感知代价之间的权衡，即利得与利失之间的权衡。

(3) 顾客价值是从产品属性、属性效用到期望的结果，再到客户所期望的目标，具有层次性。

(二) 顾客价值模型——顾客让渡价值

美国著名营销学者科特勒从顾客让渡价值角度来阐述顾客价值。所谓顾客让渡价值，是指整体顾客价值与整体顾客成本之间的差额部分。整体顾客价值就是顾客期望从某一特定产品或服务中获取的一系列利益，包括产品价值、服务价值、人员价值和形象价值等；整体顾客成本是指顾客为购买某一产品所付出的代价，包括货币成本、时间成本、体力成本和精力成本等。简言之，顾客让渡价值是指顾客总价值与顾客总成本的差额，其构成要素如图 1-3 所示。

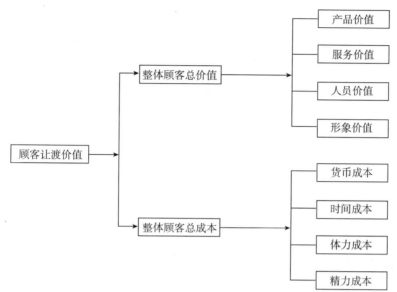

图 1-3　顾客让渡价值的构成要素

我们可以将科特勒的顾客价值概念概括为如下模型：

$$CDV = TV - TC \tag{1-2}$$

其中，CDV 为顾客让渡价值；TV 为顾客全部价值；TC 为顾客全部成本。

$$TV = F(V_1, V_2, V_3, V_4)$$
$$TC = F(C_1, C_2, C_3, C_4)$$

其中，V_1 为产品价值，V_2 为服务价值，V_3 为人员价值，V_4 为形象价值；C_1 为资金成本，C_2 为时间成本，C_3 为体力成本，C_4 为精神成本。

由此表明，顾客往往把总价值最高、总成本最低的产品作为优先选择的对象，以期获取最大的让渡价值和最高的满意度。顾客让渡价值理论为企业实施顾客满意及顾客忠诚战略提供了实践指导，很好地解释了顾客在购买产品或服务时所考虑的种种因素。

与传统营销概念相比，顾客价值的创新之处是企业站在顾客的角度来看待产品和服务的价值，这种价值不是由企业决定的，而是由顾客感知的。从这个意义上来看，顾客价值是顾客感知价值与感知利失之间的权衡。

1. 顾客总价值

顾客总价值是指顾客购买某一产品与服务所期望获得的一组利益，它主要包括如下四个方面。

(1) 产品价值，即产品的性能、特征、质量、式样等所产生的价值。因为顾客购买产品或服务的根本目的在于使用，这既是顾客需要的主要起因，也是构成顾客总价值的关键因素。产品虽然由企业开发、设计和生产，但是产品价值的体现却是由顾客需要来决定的。要提高产品价值，就必须把产品创新、创造产品价值放在企业经营工作的首位，增强产品的适应性，以更好地满足顾客的需要。

(2) 服务价值，即伴随产品实体的出售，企业向顾客提供的各种附加服务，包括产品介绍、送货、安装、调试、维修、技术培训和产品保证等方面产生的价值。一般来说，服务项目越多越周到，服务价值就越高。从服务竞争的基本形式来看，服务可分为追加服务与核心服务两大类。服务是决定实体商品交换的前提和基础。实体商品流通所追求的利益最大化应首先服从顾客满意的程度，这正是服务价值的本质。

(3) 人员价值，即企业员工的经营思想、知识水平、业务能力、工作效率以及应变能力等所产生的价值。只有企业所有部门和员工协调一致地设计和实施成功的、卓越的、竞争性的价值让渡系统，营销部门才会变得卓有成效。由此可见，人员价值对企业、对顾客的影响作用是巨大的，而且这种影响有时候是潜移默化的。因此，企业加强对员工综合素质的培养，对提高顾客总价值是至关重要的。

(4) 形象价值，即企业及其产品在社会中形成的总体形象所产生的价值，如企业产品形象、人员形象、广告形象等产生的价值。任何一个内在要素的质量不佳都会使企业的整体形象遭受损害，进而影响社会公众对企业的评价。因此，塑造企业形象价值是一项综合性的系统工程，涉及的内容非常广泛。显然，形象价值与产品价值、服务价值、人员价值密切相关，在很大程度上形象价值是上述三方面价值综合作用的反映和结果。所以形象价值是企业知名度的竞争，是产品附加值的竞争，即企业"含金量"和形象力的竞争，它使企业营销从感性化走向理性化的轨道。

2. 顾客总成本

顾客总成本是指顾客在购买某种产品或接受某种服务时的总支出。顾客总成本主要由以下四项成本构成。

(1) 货币成本，即购买商品或服务时所支付的货币额，它是总成本中的主要部分。在目前国内市场竞争中，产品或服务价格是各个企业普遍使用的竞争手段，适时有效地调整价格对提高顾客让渡价值，增强企业竞争力是非常有效的。

(2) 时间成本，即顾客在购买过程中所耗费的时间，如等候时间、路途时间、服务时间等。时间成本是顾客满意和价值的减函数，在顾客价值和其他成本一定的情况下，时间成本越低，顾客购买的总成本越小，从而顾客让渡价值越大；反之则顾客让渡价值越小。

(3) 精神成本，即顾客在购买某一产品或服务时在精神方面的耗费。精力付出的大小和方式很可能影响顾客的购买行为。在顾客总价值与其他成本一定的情况下，精神成本越小，顾客为购买商品所支出的总成本越低，从而顾客让渡价值越大，顾客购买的可能性越大。

(4) 体力成本，即顾客在购买过程中耗费的体力。在顾客总价值和其他成本一定的情况下，体力成本越小，顾客为购买所支出的总成本越低，顾客让渡价值越大。

3. 顾客让渡价值的注意事项

由于顾客在购买产品时，总希望把有关成本(包括货币、时间、精神和体力等)降到最低限度，同时希望从中获得更多的实际利益，以使自己的需要得到最大限度的满足。因此顾客在选购产品时，往往从价值与成本两个方面进行比较分析，从中选择价值最高、成本最低(顾客让渡价值最大)的产品作为优先选购的对象。

科特勒将顾客总价值与顾客总成本进行了上述具体的细分，因此，企业为了在竞争中战胜竞争对手，吸引更多的潜在顾客，就必须以满足顾客的需要为出发点，或增加顾客所得利益，或减少顾客消费成本，或两者同时进行，从而向顾客提供比竞争对手具有更多顾客让渡价值的产品，这样才能使自己的产品吸引顾客的注意，进而让顾客购买本企业的产品。

企业在以顾客让渡价值最大化为理念开展市场营销工作的过程中应当注意以下四点。

(1) 顾客是把购买总价值和总成本的各个要素作为整体看待的，其中的某一项价值最大或成本最低不一定能吸引顾客。因此，企业必须把购买总价值和总成本的各要素作为整体来对待，不是只从购买总价值和总成本的单个要素着手，而是要着眼于总价值最大或总成本最低。

(2) 顾客让渡价值的大小受顾客总价值和顾客总成本两个因素的影响，因此，企业必须从这两个方面努力，以增加顾客让渡价值。

(3) 不同顾客对顾客总价值和总成本中各要素的重视程度不同，不同时期顾客对产品价值的要求也不同。因此，企业应区别对待，针对不同顾客群体的特点，有针对性地设计出增加顾客总价值、降低顾客总成本的产品或服务。

(4) 追求顾客让渡价值最大化会导致企业成本增加，利润减少。因此，企业在实际运营中应掌握一个合理的界限，不要片面地追求顾客让渡价值最大化。

4. 顾客让渡价值的特点

顾客让渡价值的特点如下。

(1) 顾客让渡价值具有潜在性。在不同的环境因素下，顾客追求不同层次需要的满足，其性质与程度都会随着时间与环境的变化而变化，企业必须通过营销策划来争取将客户潜在的市场价值转化为企业的现实收益。

(2) 顾客让渡价值是独立于企业的。顾客让渡价值实质上是顾客为满足其需求而进行消费所体现出的市场价值，而满足顾客需求的方式与具体的产品形态是多种多样的。也就是说，顾客价值的市场存在尽管对企业具有重要意义，但与具体的企业却没有必然联系。

(3) 顾客让渡价值受多种因素的影响。顾客让渡价值受到顾客收入水平、顾客对自身需求的认知程度和顾客的个人素质等因素影响，这些都是在企业进行营销策划时所需要考虑的。

(4) 顾客让渡价值与时间长短具有相关性。这里的时间是指顾客可能具有的客户关系生命周期。举例来说，将企业的两位顾客比较，一位是年近花甲的富翁，另一位是年轻的职业白领，前者可能购买力更强，但其顾客关系生命周期可能比后者短很多，因此其顾客让渡价值也远远不及后者。

5. 研究顾客让渡价值的意义

顾客让渡价值概念的提出为企业经营方向提供了一种全面的分析思路。其意义具体如下。

(1) 企业要让自己的商品能为顾客接受，必须全方位、全过程、全纵深地改善生产管理和经营。绩效的提高不是行为的结果，而是多种行为的函数，以往我们强调营销只是侧重于产品、价格、分销、促销等一些具体的经营性的要素，而顾客让渡价值却认为顾客价值的实现不仅包含了物质的因素，还包含了非物质的因素；不仅需要有经营的改善，还必须在管理上适应市场的变化。

(2) 企业在生产经营中创造良好的整体顾客价值只是企业取得竞争优势、成功经营的前提，一个企业不仅要着力创造价值，还要关注顾客在购买商品和服务时所倾注的成本。因此，企业还必须通过降低生产与销售成本，减少顾客购买商品的时间、精力与精神耗费，从而降低货币和非货币成本。

显然，充分认识顾客让渡价值的含义，对于指导工商企业如何在市场经营中全面设计与评价自己产品的价值，使顾客获得最高满意度，进而提高企业竞争力具有重要意义。

思 考 题

一、简答题

1. 什么是市场?
2. 市场的构成要素是什么?
3. 市场营销组合的构成有哪些?
4. 推销观念和市场营销观念主要有什么区别?
5. 市场营销哲学演变经历了哪些阶段?
6. 什么是顾客满意与顾客满意度?
7. 简述顾客让渡价值。

二、案例分析题

海尔集团的服务理念

对于海尔品牌大家都不陌生,其实从1984年到现在,海尔从无到有、从小到大,发生了巨大变化。海尔的服务理念——"用户永远是对的"也随之得到巩固和发展,并不断增添新的内容。当前,海尔已确立了"高标准、精细化、零缺陷"的星级服务战略,"向服务要市场""靠服务创国际名牌""靠服务拓展国际市场""靠服务驱动产品创新"等已成为海尔二次创业的主体思想。海尔的服务体系包括。

(1) 售前服务。真实地介绍产品特性和功能,通过耐心地讲解和演示,为顾客答疑解惑(如海尔产品质量好在哪里、功能全在何处、如何安全操作、用户享有哪些权利等),尽量使顾客心中有数,以使顾客在购买中进行比较和选择。

(2) 售中服务。有条件的地方实行"无搬动服务",向购买海尔产品的用户提供送货上门、安装到位、现场调试、月内回访等服务。

(3) 售后服务。通过微机等先进技术与用户保持紧密联系,出现问题及时解决,以百分之百的热情弥补工作中可能存在的万分之一的失误。

海尔还将服务进行到很极致,全面落实:"4种模式",但是最终的结果只有一个,那就是服务圆满;"二个理念"——带走用户的烦恼,留下海尔的真诚;"三个控制"——服务投诉率小于10PPM、服务遗漏率小于10PPM、服务不满意率小于10PPM;"四个不漏"——一个不漏地记录用户反映的问题,一个不漏地处理用户反映的问题,一个不漏地复查处理结果,一个不漏地将处理结果反馈到设计、生产和经营部门。总之,用户的要求有多少,海尔的服务内容就有多少;市场有多大,海尔的服务范围就有多大;依靠服务,海尔赢得了市场,赢得了用户,从而成为当今中国知名的家电企业。

(资料来源:百度文库. https://wenku.baidu.com/view/694e51340242a8956aece434.html?fixfr=epQshmDKChsC5t%252Fjd1eUTQ%253D%253D&fr=income3-search,有删减)

问题:海尔公司的营销哲学是什么,对当今企业实施市场营销发展战略有什么借鉴意义?

第二章

市场营销环境

企业营销工作的重点在于以市场为导向,以满足顾客需求为根本任务。在现实生活中,企业和顾客都处在一定的营销环境中,环境对顾客的购买行为产生深远的影响,环境的变化既可能为企业的营销工作带来市场机会,也可能形成市场威胁。企业应该审时度势,不断追踪市场环境的变化,并根据环境的变化不断调整企业的营销策略,以实现企业的经营发展目标。

学习目标

1. 掌握宏观环境和微观环境的构成及主要内容。
2. 了解微观营销环境的主要因素对企业的影响。
3. 了解宏观营销环境的主要因素对企业的影响。
4. 掌握分析、评价市场机会和环境威胁的基本方法及企业面对市场营销环境变化时应采取的措施。

第一节 市场营销环境概述

企业的营销活动是在一定的环境下进行的,要受到各种各样的环境因素的影响。任何企业都是在不断变化着的社会经济环境中运行的,都是在与其他企业、目标顾客和社会公众的相互关联(如合作、竞争、服务、监督等)中开展市场营销活动的。营销环境中各种外部力量的变化,既可以给企业提供新的市场机会,也可以形成某种环境威胁。因此,全面、准确地认识市场环境的现状和未来趋势,监测、把握各种环境力量的变化,对于企业审时度势、趋利避害地开展营销活动具有重要意义。

一、市场营销环境的概念及分类

(一) 市场营销环境的概念

按现代系统论,环境是指系统边界以外所有因素的集合。何谓市场营销环境?科特勒认为,一个企业的营销环境由企业营销管理机能外部的行动者与力量所组成,这些行动者与力量冲击着企业管理当局发展和维持与目标顾客进行成功交易的能力。也就是说,市场营销环境是指存在于企业营销系统外部,影响企业市场营销能力,并决定其能否有效地维持和发展与目标顾客的交易及关系的所有不可控制或难以控制的因素和力量的集合。

(二) 市场营销环境的分类

市场营销环境的内容比较广泛,可以依据不同的标志加以分类。

(1) 根据企业的营销活动受制于营销环境的紧密程度,市场营销环境可分为微观营销环境和宏观营销环境。

(2) 根据其对企业营销活动影响的性质不同,市场营销环境可分为不利环境(形成威胁的环境)和有利环境(带来机会的环境)。前者是指对企业市场营销不利的各项因素的总和,后者是指对企业市场营销有利的各项因素的总和。

(3) 根据其对企业营销活动影响时间的长短,市场营销环境可分为长期环境与短期环境。前者持续时间较长或相当长,后者对企业市场的影响时间比较短暂。

二、市场营销环境的特征

市场营销环境的特征主要表现为以下方面。

(1) 客观性。市场营销环境作为一种客观存在,是不以企业的意志为转移的,它有着自己的运行规律和发展趋势。一般来说,企业无法摆脱和控制营销环境,特别是宏观环境,企业难以按照自身的要求和意愿随意改变它。一般而言,企业不能改变人口因素、经济因素和社会文化因素等。当然,市场营销环境的客观性并不意味着企业只能被动地适应环境,由于市场营销环境的变化存在可以预测的变化规律,企业可以通过制定相应的市场营销策略来主动适应环境的变化。例如,随着人们对环保、健康的生活理念的日益关注,许多农产品种植区开始实施生态农业发展战略,获得了巨大的成功。

(2) 差异性。不同国家和地区之间,营销环境存在着广泛的差异;不同企业之间,其所具有的微观环境也千差万别。正因为营销环境的差异,为适应不同的环境和变化,企业必须采取各种具有针对性的营销策略。不仅如此,环境的差异性还表现为同一环境的变化对不同企业的影响不同。例如,人口出生率下降这一宏观环境因素的变化,对从事儿童服务的企业来说是一个潜在的威胁;但对于从事旅游、休闲业的企业来说,就是机会,这是因为家庭孩子数量减少,家庭休闲旅游的闲暇时间就相对增多了。

(3) 多变性。市场营销环境是一个动态系统。构成市场营销环境的因素是多方面的,每一个因素又随着社会经济的发展而不断变化。在改革开放前的一段时间内,中国处于短缺经济状态,短缺几乎成为社会经济的常态。近几年,中国许多行业遭遇"过剩"经济,竞争加剧,企业的营销成本难以控制,行业从卖方市场向买方市场转变,市场营销环境已经发生了重大变化。市场营销环境的变化既会给企业提供机会,也会给企业带来威胁。企业应该通过建立预警系统，监测不断变化的市场环境，及时调整自己的营销策略。

(4) 相关性。营销环境诸多因素间相互影响、相互制约，某一环境因素的变化会引起其他因素的互动变化。例如，实施乡村振兴战略，是中国共产党第十九次全国代表大会做出的重大决策部署，是决战全面建成小康社会、全面建设社会主义现代化国家的重大历史任务，是新时代"三农"(农业、农村和农民)工作的总抓手。为此，我国出台了一系列加强乡村振兴的政策和措施，这些政策的措施势必促进农业产业结构的调整，拉动农业基础设施建设投资，扩大农村返乡创新创业，并为农业的发展提供新的机遇，也为以农产品为原料的生产企业提供开发新产品、拓展新市场的商业机会。同时，企业的营销活动不仅受到单一环境因素的影响，还受到多个环境因素的共同制约。例如，企业的产品开发会受到国家产业政策、技术标准、消费者需求特点、竞争者产品、替代品等多种因素的制约。

(5) 不可控制性。相对于企业内部管理机能，如企业对自身的人、财、物等资源的分配使用来说，其他营销环境是企业外部的影响力量，是企业几乎无法控制的。面对复杂多变的市场营销环境，在许多情况下，企业需要主动去监测、把握环境，并适应环境的变化，积极与环境保持动态的平衡，否则就难以在市场营销环境中获得继续生存和发展的机会。

(6) 可影响性。市场营销环境的可影响性是指营销环境受到有效主体的干预和影响，会发生改变的状况。虽然营销环境具有客观性和不可控制性，但营销环境是动态的和多变的，充分发挥企业的主观能动性，是可以影响环境甚至改变环境的，从而达到企业预期目的的。例如，企业可以通过各种营销手段，在一定程度上改变营销环境，从而影响顾客的偏好和行为。例如，短视频平台等新媒体营销手段的出现就在某种程度上影响了顾客的消费观念和消费行为。

三、研究市场营销环境的意义

随着社会经济的发展，企业营销成败的关键越来越取决于企业是否能适应复杂多变的营销环境，因此全面、正确地认识市场营销环境，监测和把握各种环境力量的变化，意义十分重大。

(1) 营销环境研究是市场分析和研究的出发点与首要内容，既是企业制定营销战略的基础和前提，也是企业实现营销目标、满足顾客需要的客观要求。任何企业的营销活动都是在一定的环境下进行的，企业营销者的任务是适当地调整和运用市场营销组合，使之与不断变化的环境相适应。企业的营销目标是在满足顾客需要的基础上获得满意的利润，而顾客的需求是随环境的变化而变化的，企业只有掌握环境变化的动态，分析环境变化对需求的影响，才能把握需求变化，引导和满足需求。

(2) 研究营销环境能使企业从市场环境的变化中发掘新的市场机会，抓住市场机遇，把握时机，使企业得到更好的发展。环境变化中对企业有影响的第一类因素就是机遇因素。所谓机遇，是指环境中能给企业发展带来正面影响的因素。机遇具有偶然性和时效性，不是随时都有的，如果不能及时把握，机遇就会稍纵即逝。同时，机遇具有意识性，必须经过人的主观认识后才能真正转化为现实中的有利因素。

(3) 研究营销环境有助于企业及时发现环境给企业带来的威胁，采取积极措施，避免或减轻环境威胁可能给企业造成的损失。环境变化中对企业有影响的第二类因素就是威胁因素，环境威胁将给企业的营销活动带来很大的负面影响，企业必须予以高度重视，并通过有针对性的市场营销行为化解环境威胁。

四、市场营销环境与企业营销的关系

市场营销环境，其实就是企业的生存环境。对于市场营销环境与企业营销的关系，需要注意以下几个具体问题。

(1) 市场营销环境对企业营销产生影响的因素是多方面、多层次、连锁的。一般情况下，环境因素对企业营销产生影响的特点，是由外部到内部、由间接到直接、由宏观到微观逐步地产生影响。鉴于以上情况，企业要特别注意各种环境因素对企业营销活动产生影响时传导的途径、作用的方面、作用的性质、力度的大小以及可能导致的结果等问题。

(2) 企业面对的各种环境因素并不是固定不变的，而是经常处于变动之中的。市场营销环境的发展变化，或者会给企业带来可利用的市场机会，或者会给企业造成一定的环境威胁。因此，企业不仅要了解静态的环境，还要监测和把握环境因素的发展变化。弄清市场营销环境的现状及发展变化的趋势与特点(如会发生什么性质的变化、变化的程度如何、发生的时间与概率等)，善于从中发现并抓住有利于企业发展的机会，避开或减轻不利于企业发展的威胁，是企业营销管理的首要问题。

(3) 所有的环境条件都会对企业的营销活动产生影响，但在企业发展的不同阶段，内外环境对企业影响的程度不一。当企业处于成长期时，较多地受内部环境因素的影响，如企业的领导机构不健全、管理组织不完善、基础工作薄弱、生产秩序混乱等。这时企业只有先着重抓好内部管理工作，营销活动才有可能获得发展。当企业进入高成长期之后，产品的性能和质量达到了一定的水平，各项规章制度基本健全，内部已经建立起良好的秩序，这时企业主要应考虑的是如何去适应外部环境的变化，因此外部环境因素就成了影响企业营销活动的主要方面。

(4) 企业的市场营销活动，实际上就是对变化着的环境做出积极反应的动态过程。从一般意义上说，企业虽然不能从根本上去控制其外部环境的发展变化，但企业的营销活动除了适应和利用的一面外，也在影响着各种外部环境(尤其是微观环境)的形成与发展。在现代社会经济条件下，企业的营销活动如果仅是被动地适应和利用环境，忽视凭借有效的手段和措施，主动地影响并在一定程度上改善环境，是难以营销成功的。

第二节 市场营销宏观环境分析

宏观营销环境，也称间接营销环境，是指既能影响企业的营销活动，又能影响微观经济环境中其他行动主体的一些大范围的社会力量，包括人口、经济、政治、法律、社会文化、自然物质和科学技术等。它们共同作用，构成一个影响企业营销活动的系统。在这个大环境中，有些因素对企业来讲是根本无法控制的，但它们的影响力却是不容忽视的。

一、人口环境

市场是由具有购买欲望与购买能力的人构成的，因而人口是构成市场的第一位因素。人口的数量、地理分布、结构以及所在地区间的移动等人口统计因素，形成企业市场营销活动的人口环境。人口环境及其变动对市场需求有着整体性、长远性的深刻影响，制约着企业营销机会的形成和目标市场的选择。企业必须重视对人口环境的研究，密切关注人口特性及其发展动向，不失时机地抓住市场机会。当出现威胁时，应及时、果断地调整营销策略以适应人口环境的变化。

(一) 人口规模及增长速度

人口规模，即总人口的多少，是影响基本生活资料需求和基本教育需求的一个决定性因素。虽然人口规模的大小与市场购买力水平的高低并无必然联系，但是，由于人们的购买力总是首先投向基本生活消费品，人口越多，这部分基本消费需求及其派生出来的产业用品需求的绝对量就会越大，因此，人口规模首先会对市场需求结构产生明显影响。

由于人口过多、增长过快以及结构不尽合理等所引起的社会、经济和生态环境问题，越来越被国际社会和各国政府所认识，人口与发展问题已成为全人类面临的共同挑战。目前，中国人口呈现六大特点：①人口总量平稳增长；②城市化快速推进，流动人口继续增加；③老龄化进程明显加快；④医疗条件改善，人均寿命持续增长；⑤受教育的人数比例持续增加，人口素质进一步提高；⑥出生人口性别比居高不下，出生婴儿男女性别比例失调。

众多的人口及人口的进一步增长，既给企业带来了市场机会，也给企业带来了一定的威胁。首先，人口数量是决定市场规模和发展潜力的一个基本要素，如果收入水平不变，人口越多，则对食物、衣着、日用品的需求量也越多，那么市场也就越大。因此，按人口数目可大略推算出市场规模。我国人口众多，无疑是一个巨大的市场。其次，人口的迅速增长促进了市场规模的扩大。因为人口增加，其消费需求也会迅速增加，市场的潜力也就会很大。例如，随着我国人口增加，人均耕地减少，粮食供应不足，人们的食物消费模式将发生变化，这就可能对我国的食品加工业产生重要影响。最后，随着人口增长，能源供需矛盾将进一步扩大，因此许多企业积极研制环保和节能产品，以期在提高自身经济效益同时，获得更大的社会效益。

(二) 人口结构

人口结构主要包括人口的年龄结构、性别结构、家庭结构、社会结构以及民族结构。

1. 年龄结构

不同年龄段的顾客对商品和服务的需求是不同的。我国人口年龄结构的显著特点是：现阶段，青少年比重约占总人口的一半，反映到市场上，在今后一段时间内，婴幼儿和少年儿童用品及结婚用品的需求将有一个明显增长。特别是我国开始放开三孩政策，婴儿出生率将会有一个明显的上升。例如，在放开三孩政策出台后，许多准备生三胎的父母开始买房，许多开发商开始加大对大户型房产的开发力度。

按照国际通行标准，中国人口年龄结构已经开始进入老龄化。第七次全国人口普查数据显示，中国 60 岁及以上的银发群体人口占比 18.7%，达到 2.64 亿人。银发浪潮的背后，是潜力巨大的"银发经济"，反映到市场上，老年人的需求呈现明显的上升趋势，如保健用品、营养品、老年人生活必需品、老年人文化生活、"银发旅游"等需求市场将会在相当长的时间内保持兴旺。

2. 性别结构

性别差异会给人们的需求带来显著的差别，反映到市场上就会出现男性用品市场和女性用品市场。两个市场的需求存在着显著不同，购买习惯也有所不同。例如，由于女性多操持家务，所以女性多喜欢逛超市、商业街等家庭日用品市场；一般来说，女性的爱美之心大于男性，喜欢打扮，所以女性服装、化妆品等成为女性市场的重要组成；男性一般比较重视物品的使用价值，并负责家里大件商品的购买，所以他们是耐用品市场、汽车市场、家具市场、计算机市场等的重要顾客。

3. 家庭结构

现代家庭是社会的细胞，是商品的主要采购单位。一个国家和地区家庭单位的多少，直接影响许多消费品的市场需求量。目前，世界上普遍呈现家庭规模缩小的趋势，越是经济发达地区，家庭规模就越小。欧美国家的家庭规模基本上户均 3 人左右，亚非拉等的发展中国家户均 5 人左右。在我国，"四代同堂"现象已比较少见，"三位一体"的核心家庭则十分普及，并逐步由城市向乡镇发展。但随着我国放开三孩政策的实施，家庭规模可能会在今后一段时间得到提升。家庭数量的剧增必然会引起对炊具、家具、家用电器和住房等需求的迅速增长。此外，随着单亲家庭以及成年后独自居住的人群不断增加，简易家具、小型号家用电器等产品受到较大程度的欢迎。

4. 社会结构

社会结构是指一个国家或地区占有一定资源、机会的社会成员的社会结构组成方式及其关系格局。其中，对市场营销影响最为深远的就是城乡结构。近几年，随着我国支农惠农政策的实施，农村人口的购买能力显著提高。目前，城市各行业之间竞争激烈，农村市场相对薄弱，农村是个广阔的市场，有着巨大的市场潜力。这一社会结构的客观因素决定了农村市场一定会越来越受到重视，许多企业将市场开拓的重点放在农村，取得了巨大的成功。例如，我国实施的产业扶贫政策不仅提高了农村人居环境和收入水平，还解决了一些企业高库存的问题。当前我国企业，尤其是一些中小企业，更应注重开发物美价廉的商品，以满足农村居民的需要。企业在开拓农村市场的同时，也要利用好一些国家的惠民政策。

5. 民族结构

我国是一个拥有 56 个民族的多民族国家。由于所在民族不同，人们的生活习性和文化传统也不相同，具体表现在饮食、居住、服饰、礼仪等方面的消费需求各有特点，都有自己的风俗习惯，这些不同的消费需求和风俗习惯会影响他们的消费特征和购买行为。因此，企业营销者要注意民族市场的营销，尊重民族习惯，重视开发适合各民族特性、受其欢迎的商品。

(三) 人口的地理分布及区间流动

地理分布指人口在不同地区的密集程度。由于自然地理条件以及经济发展程度等多方面因素的影响，人口的分布绝不会是均匀的。居住在不同地区的人群，消费需求的内容和数量存在着差异。从我国地理分布来看，人口主要集中在东南部，约占总人口的 90%以上，而西北地区人口不到总人口的 10%，而且人口密度逐渐由东南地区向西北地区递减。另外，城市人口比较集中，尤其是大城市人口密度很大，重庆、上海、北京等城市的人口都超过 2000 万，而农村人口则相对分散。人口的这种地理分布表现在市场上，就是人口的集中程度不同，则市场大小不同；消费习惯不同，则市场需求特性不同。例如，南方人以大米为主食，北方人以面粉为主食；苏浙沪一带的人口味清淡，而川湘鄂一带的人则喜食辣味。

随着经济的活跃和发展，人口的区域流动性越来越大。在我国，人口的区域流动主要表现在农村人口向城市或工矿地区流动，内地人口向沿海经济开发地区流动。另外，经商、观光旅游、学习等使人口流动加速。对于人口流入较多的地方而言，一方面由于劳动力增多，就业问题突出，加剧了行业竞争；另一方面，人口增多使当地的基本需求量增加，消费结构也随之发生一定的变化，继而给当地的企业带来更多的市场营销机会。

二、经济环境

(一) 宏观经济环境

1. 经济体制

世界上存在着多种经济体制，有计划经济体制、市场经济体制、计划—市场经济体制以及市场—计划经济体制等。不同的经济体制，对企业营销活动的制约和影响不同。例如，在计划经济体制下，企业是行政机关的附属物，没有生产经营自主权，企业的产、供、销都由国家计划统一安排，企业生产什么、生产多少、如何销售，都不是由企业决定的。在计划经济体制下，企业不能独立地开展生产经营活动，因而，也就谈不上开展市场营销活动。而在市场经济体制下，企业的一切活动都以市场为中心，市场是其价值实现的场所，因而企业必须特别重视营销活动，并通过营销实现自己的利益目标。

2. 经济发展阶段

企业的市场营销活动要受到一个国家或地区所处的经济发展阶段的制约。美国经济学家罗斯托在其《经济成长的阶段》一书中把世界各国经济发展划分为五个阶段：①传统社会经济发展阶段；②经济起飞前的准备阶段；③经济起飞阶段；④迈向经济成熟阶段；⑤大量消费阶段。凡处于前三个阶段的国家称为发展中国家，处于后两个阶段的国家称为发达国家。

居民的收入不同，对产品的需求也不同，从而会在一定程度上影响企业的营销。在消费者市场方面，经济发展水平比较高的地区，在市场营销方面，强调产品款式、性能及特色，品质竞争多于价格竞争；在经济发展水平低的地区，则较侧重于产品的功能及实用性，价格因素比产品品质更为重要。在生产者市场方面，经济发展水平高的地区着重投资能节省劳动力的先进、精密、自动化程度高、性能好的生产设备；在经济发展水平低的地区，其购买的大多是一些投资少、消耗劳动力多、操作简单、性能较为落后的生产设备。因此，对于不同经济发展水平的地区，企业应采取不同的市场营销策略。

3. 地区与行业发展状况

我国地区经济发展很不平衡，逐步形成了东部、中部、西部三大地带和东高西低的发展格局，同时在各个地区的不同省、自治区、直辖市还呈现出多极化发展趋势。这种地区经济发展的不平衡，对企业的投资方向、目标市场以及营销战略的制定等都会产生巨大影响。

我国行业与部门的发展也有差异。今后一段时间，我国将重点发展农业、原料和能源等基础产业，这些行业的发展必将带动商业、交通、通信、金融等行业和部门的相应发展，也会给市场营销带来一系列影响。因此，企业一方面要处理好与有关部门的关系，加强联系；另一方面要根据与本企业联系紧密的行业或部门的发展状况，制订切实可行的营销措施。

4. 城市化程度

城市化程度是指城市人口占全国总人口的百分比，它是一个国家或地区经济活动的重要特征之一。城市化是影响营销的环境因素之一。目前我国大多数农村居民消费的自给自足程度仍然较高，而城市居民则主要通过货币交换来满足需求。此外，城市居民一般受教育较多，思想较开放，容易接受新生事物，而农村居民受教育程度相对较低，其消费观念较为保守，因而一些新产品、新技术往往首先被城市居民所接受。企业在开展营销活动时，要充分注意到这些消费行为的城乡差别，相应地调整营销策略。

(二) 消费者收入水平

消费者收入是指消费者个人从各种来源中所得的全部收入，包括消费者个人工资、红利、租金、退休金、馈赠等收入。消费者的购买力来自消费者收入，所以消费者收入是影响社会购买力、市场规模大小以及消费者支出多少和支出模式的一个重要因素。消费者收入的变化，不仅对生产经营消费资料和服务的企业的营销活动有直接影响，而且会间接地对生产经营生产资料和服务的企业的营销活动产生重大影响。在研究消费者收入时，要注意以下几点。

(1) 国民生产总值。国民生产总值是衡量一个国家经济实力和购买力的重要指标。通过国民生产总值的增长幅度，可以了解一个国家的经济发展状况和速度。一般来说，工业品的营销与这个指标有关，而消费品的营销则与此关系不大。国民生产总值增长越快，人们对工业品的需求和购买力就越大；反之则越小。

(2) 人均国民收入。人均国民收入是用国民收入总量除以总人口的比值。这个指标大体反映了一个国家人民生活水平的高低，也在一定程度上决定了商品需求的构成。一般来说，人均国民收入增长，人们对消费品的需求和购买力就大；反之就小。

(3) 个人可支配收入。个人可支配收入是在个人收入中扣除各项应交税款和非税性负担之后的余额。个人可支配收入是影响消费者购买力和消费者支出结构的一个关键性因素。

(4) 可任意支配的个人收入。可任意支配的个人收入指的是从个人可支配收入中减去消费者用于维持基本生活所必需的支出和其他固定支出后的余额，如支付房租、保险费、分期付款、抵押贷款后所剩下的那部分个人收入。可任意支配的个人收入一般都用来购买奢侈品、汽车、大型器具及度假等，所以这种消费者个人收入是影响奢侈品、汽车、旅游等商品销售的主要因素。这部分收入是消费者可以任意决定其投向的，是影响消费需求构成的最活跃的经济因素。这部分收入的数额越大，人们的消费水平就越高，企业的营销机会也就越多。

(5) 家庭收入。家庭收入的高低会影响众多产品的市场需求。一般来讲，家庭收入高，对消费品需求大，购买力也大，消费者热衷于购买一些档次高的商品；反之，家庭收入低，对消费品的需求小，消费者倾向于购买一些物美价廉的商品。

(三) 消费者支出模式与消费结构

消费者收入的变化不仅影响购买力，而且对消费者支出模式和消费结构有着直接影响，并使其发生具有一定规律性的变化。德国经济学家和统计学家恩斯特·恩格尔在1857年对英国、法国、德国、比利时等国不同收入家庭的调查中发现了关于家庭收入变化与各种支出之间比例关系的规律性，提出了著名的恩格尔定律。后来，恩格尔的追随者们对恩格尔定律的表述进行了修改。目前，西方经济学对恩格尔定律的表述一般如下。

(1) 随着家庭收入的增加，家庭用于购买食品的支出占家庭收入的比重就会下降。

(2) 随着家庭收入的增加，家庭用于住宅建筑和家务经营的支出占家庭收入的比重大体不变燃料、照明、冷藏等支出占家庭收入的比重会下降。

(3) 随着家庭收入的增加，家庭用于其他方面的支出(如服装、交通、娱乐、卫生保健、教育等)和储蓄占家庭收入的比重就会上升。

消费者支出模式除主要受消费者收入影响外，还受以下两个因素影响。

(1) 家庭生命周期的阶段。有孩子的年轻人家庭与没有孩子的年轻人家庭的支出情况有所不同。没有孩子的年轻人家庭负担较小，往往把更多的收入用于购买电冰箱、家具、陈设品等耐用消费品，而有孩子的家庭收支预算会发生变化。十几岁的孩子不仅吃得多，而且爱漂亮，所以，在家庭生命周期的这个阶段，家庭用于购买耐用消费品的支出会减少，而用于食品、服装、文娱、教育等方面的支出会增加。等到孩子独立生活以后，父母就有大量可随意支配收入，就有可能把更多的收入用于医疗保健、旅游、购置奢侈品或储蓄，因此这个阶段的家庭收支预算又会发生变化。

(2) 消费者家庭所在地点。所在地不同的家庭，用于住宅建筑、交通、食品等方面的支出情况也有所不同。例如，住在中心城市的消费者和住在农村的消费者相比，前者用于交通方面的支出较少，用于住宅建筑方面的支出较多；后者用于食品方面的支出较多。其中，用于食品的支出与家庭总支出的比值称为恩格尔系数。恩格尔系数，常被作为判断一个国家经济发展水平以及一个家庭生活水平的重要参数之一。

对许多国家有关情况的调查分析表明，恩格尔定律的基本方面是符合客观实际的，是对家庭各类消费支出随收入增长而发展变化的一般性规律的概括。从我国的情况来看，由于政府在住房、医疗、交通等方面实行福利政策，引起了消费结构的畸形发展，并且决定了我国居民的支出模式以食品、衣服等生活必需品为主。随着我国社会主义市场经济的发展以及国家在住房、医疗制度方面改革的深入，人们的消费模式和消费结构都发生了明显的变化，这无疑会影响恩格尔系数的变化。企业要重视这些变化，尤其应掌握拟进入的目标市场中支出模式和消费结构的情况，输送适销对路的产品和劳务，以满足消费者不断变化的需求。

(四) 消费者的储蓄和信贷

在实际生活中，消费者并不是也不可能将其全部收入都用于购买产品或劳务，大多数家庭都有一些"流动资产"，即货币及其他能迅速兑换现款的资产，包括银行储蓄存款、债券、股票等。储蓄源于消费者的货币收入，其最终目的是消费。当收入一定时，储蓄越多，现实消费量就越小，但潜在消费量越大；反之，储蓄越少，现实消费量就越大，但潜在消费量越小。

近年来，我国居民储蓄额和储蓄增长率均较大。我国居民储蓄增加，显然会使企业目前产品价值的实现比较困难，但从另一个层面来讲，企业若能调动消费者的潜在需求，就可开发新的目标市场。比如，1979 年日本电视机厂商发现，尽管中国人可任意支配的收入不多，但中国人有储蓄习惯，且人口众多。于是，他们决定开发中国黑白电视机市场，不久便获得成功。当时，西欧某国电视机厂商虽然也来中国调查，却认为中国人均收入过低，市场潜力不大，结果贻误了时机。

西方国家广泛存在的消费者信贷对购买力的影响也很大。所谓消费者信贷，就是消费者凭信用先取得商品使用权，然后按期归还贷款，以购买商品。这实际上就是消费者提前支取未来的收入,提前消费。西方国家盛行的消费者信贷主要有短期赊销、购买住宅分期付款、购买昂贵的消费品分期付款、信用卡信贷等。消费者信贷允许人们购买超过自己现实购买力的商品,从而创造更多的就业机会、更多的收入以及更多的需求。此外,消费者信贷还是一种经济杠杆,它可以调节积累与消费、供给与需求的矛盾。当市场供大于求时,可以发放消费者信贷,刺激需求;当市场供不应求时,必须收缩信贷,适当抑制、减少需求。消费者信贷把资金投向需要发展的产业,刺激这些产业的生产,带动相关产业和产品的发展。我国现阶段的消费者信贷主要是公共事业单位提供的服务信贷,如水、电、煤气的缴纳,其他方面,如教育、住宅建设以及一些商家的信用卡消费正在兴起。

企业营销人员应当全面了解消费者的储蓄情况,尤其是要了解消费者储蓄目的的差异。储蓄目的不同,往往影响到潜在需求量、消费模式、消费内容、消费发展方向的不同。这就要求企业营销人员在调查、了解储蓄动机与目的的基础上,制定不同的营销策略,为消费者提供有效的产品和劳务。

三、自然环境

营销学上的自然环境,主要是指自然物质环境。自然环境会对产品策略、分销渠道策略、物流策略的形成产生重要的影响,而且它处于不断的发展变化之中。关于自然环境,当代最主要的动向如下。

(一) 某些自然资源十分短缺

总的来说,地球上的资源有以下三大类。

(1) 取之不尽、用之不竭的资源,如空气、水等。近几十年来,世界各国,尤其是现代化城市用水量增加很快(估计世界用水量每20年增加一倍),另外,世界各地水资源分布不均,而且每年和每个季节的情况各不相同。所以,目前世界上许多国家面临缺水的情况,这种情况不仅会影响人们的生活,而且对相关企业也是一种环境威胁。

(2) 有限但可以更新的资源,如森林、粮食等。国家林业和草原局数据显示,"十三五"时期我国森林覆盖率达到23.04%,森林蓄积量达到175.6亿立方米,草原综合植被覆盖度达到56.1%,湿地保护率达到52%,治理沙化土地1.5亿亩。但我国人均耕地少,而且由于城市和建设事业发展快,耕地面积迅速减少。由于粮食价格低,农民不愿种粮食,转而种植收益较高的其他农作物,这种情况如果持续发展下去,我国的粮食和其他食物(如猪肉等)的供应将会成为严重问题。

(3) 有限但不能更新的资源,如石油和煤、铀、锡、锌等矿物。近十几年来,因为这类资源供不应求或在一段时期内供不应求,有些国家需要这类资源的企业正面临着或曾面临过威胁,所以必须寻找代用品。在这种情况下,企业就需要研究与开发新的资源和原料,这样又为某些企业提供了新的市场机会。

(二) 环境污染严重

在许多国家,随着工业化和城市化的发展,环境污染程度日益增加,公众认识到环境污染的危害性,因而对这个问题越来越关心,纷纷指责环境污染对社会造成的危害。这种动向对那些可能会造成环境污染的企业来说是一种环境威胁,它们在社会舆论的压力和法律政策的约束下,不得不采取措施控制污染,以实现环评目标。另外,这种动向也给控制污染、研究与开发不致污染的包装类企业带来新的市场机会。

(三) 政府对环境保护干预加强

随着经济的发展和科学的进步，许多国家的政府都对自然资源管理加强了干预。但是，政府为了社会利益和长远利益而对自然资源加强干预，往往与企业的经营战略和经营效益相矛盾。例如，为了控制污染，政府往往要求企业购置昂贵的控制污染的设备，这样就可能影响企业的经营效益。再如，目前中国最大的污染制造者是工厂，如果政府按照法律和合理污染标准来严格控制污染，有些工厂就要关、停、转，这样就可能影响工业的发展。因此，企业要统筹兼顾地解决这种矛盾，力争做到既能减少环境污染，又能保证企业发展，提高经营效益。此外，由于公众对自然环境的日益关注，许多国家的政府加强了环境保护工作和对自然环境的管理。企业不仅是生产经营单位，而且是良好环境的制造者和受益者，因此营销人员必须注意有关法令的限制，严格守法，同时注意环境保护所提供的营销机会。

(四) 广大群众开始积极投入到保护环境的行列

在西方，"绿色运动"浪潮汹涌，形成很大的声势。广大群众不仅呼吁政府和国际社会采取行动，而且开始从自身做起。联合国对15个发达国家和发展中国家的民意测验表明，大多数被抽查者都声称：如果他们所缴纳的款项能用于保护环境，他们将乐于缴纳更多的税款。西欧的一份调查表明，每4个欧洲人中有3个表示：为了保护环境，愿意缴纳额外的费用。可见，保护环境已经越来越成为新的公共道德。在中国，广大公民的环保意识也越来越强。

四、科技环境

科学技术是影响人类前途和命运的最大的力量，技术进步对企业生产和市场营销的影响也更为直接和显著。现代科学技术是社会生产力中最活跃的和最具决定性的因素，它作为重要的营销环境因素，不仅直接影响企业内部的生产和经营，还与其他环境因素相互依赖、相互作用，影响企业的营销活动。科学技术的发展对企业营销活动的作用表现在以下几个方面。

(一) 影响企业的经济活动

在现代，生产率水平的提高，主要依靠设备的技术开发(包括原有设备的革新、改装以及设计、研制效率更高的现代化设备)，创造新的生产工艺、新的生产流程。同时，技术开发也扩大和提高了劳动对象利用的广度和深度，而且科技进步可以不断创造新的原材料和能源。这些都不可避免地影响到企业的管理程序和市场营销活动。科学技术既为市场营销提供了科学理论和方法，又为市场营销提供了物质手段。每一种新技术都会给某些企业造成新的市场机会，因而会产生新的行业；此外，它还会给某个行业的企业造成环境威胁，使这个旧行业受到冲击甚至被淘汰。例如，手机照相录像技术的出现和不断革新，无疑会夺走照相机、录音笔的市场份额，给这些生产制造商以"毁灭性的打击"。据美国《设计新闻》报道，由于大量启用自动化设备和采用新技术，将出现许多新行业，包括新技术培训、新工具维修、计算机教育、信息处理、自动化控制、光导通信、遗传工程、海洋技术等。如果企业高层富有想象力，及时采用新技术，从旧行业转入新行业，就能求得生存和发展。

(二) 引起企业市场营销策略的变化

新技术给企业带来巨大的压力的同时，也改变了企业生产经营的内部因素和外部环境，进而引起以下企业市场营销策略的变化。

(1) 产品策略。由于科学技术的迅速发展，新技术应用于新产品开发的周期大大缩短，产品更新换代加快。在世界市场的形成和竞争日趋剧烈的今天，开发新产品成了企业开拓新市场和赖以生存发展的根本条件。因此，企业营销人员要不断寻找新市场，预测新技术，时刻注意新技术在产品开发中的应用，从而使企业开发出给消费者带来更多便利的新产品。

(2) 分销策略。由于新技术的不断应用，技术环境的不断变化，人们的工作及生活方式发生了重大变化。广大消费者的兴趣、思想等差异性扩大，自我意识的观念增强，引起分销机构的不断变化，大量的特色商店和自我服务商店不断出现。例如，20世纪30年代出现的超级市场，20世纪40年代出现的廉价商店，20世纪六七十年代出现的快餐服务、自助餐厅、特级商店、左撇子商店等。同时，它引起了分销实体的变化。例如，运输实体的多样化，提高了运输速度，增加了运输容量及货物储存量，使现代企业的实体分配出发点由工厂变成了市场。

(3) 价格策略。科学技术的发展及应用，一方面提高了企业的生产效率，降低了产品成本，使价格下降；另一方面使企业能够通过信息技术了解市场行情，加强信息反馈，正确应用价值规律、供求规律、竞争规律来制定和修改价格策略。

(4) 促销策略。科学技术的应用引起促销手段的多样化，尤其是广告媒体的多样化、广告宣传方式的复杂化，如人造卫星成为全球范围内的信息沟通手段。信息沟通的效率、促销组合的效果、促销成本的降低、新的广告手段及方式将成为今后促销研究的主要内容。

(三) 促使消费者购买行为发生变化

由于新技术革命的迅速发展，出现了"电视购物"这种"在家购物"的方式。消费者如果想买东西，可以在家里打开链接各商店的终端机，各种商品的信息就会在电视荧光屏上显示出来，消费者可以通过电话订购电视荧光屏上所显示出来的任何商品，然后按一下自己的银行存款账户号码，即把货款自动转给有关商店，订购的商品很快就送到消费者的家门口。此外，人们还可以在家里通过"电脑电话系统"订购车票、飞机票和影剧票。企业也可以利用这种系统来进行广告宣传、营销调研和推销商品。我国的社会主义制度为科学技术的运用和发展开辟了极其广阔的前景，使科学技术对发展生产力和推动社会进步的作用得到更充分的发挥。

(四) 为提高营销效率提供了更新、更好的物质条件

科学技术的发展为提高营销效率提供了更新、更好的物质条件。具体如下。

(1) 科学技术的发展为企业提高营销效率提供了物质条件。例如，新的交通工具的发明或旧的运输工具的技术改进，使运输的效率大大提高；信息、通信设备的改善，更便于企业组织营销，提高效率。

(2) 科学技术的发展可使促销措施更有效。例如，广播、电视、传真等现代信息传媒技术的发展，可使企业的商品和劳务信息及时准确地传送到全国乃至世界各地，这将大大有利于本国和世界各国消费者了解这方面的信息，并起到刺激消费、促进销售的作用。

(3) 现代计算技术和分析手段的发明运用，可使企业及时对消费者的需求及动向进行有

效的了解，从而使企业的营销活动更加切合消费者的需求。科技的发展推动了消费者需求向高档次、多样化方向变化，使消费者消费的内容更加纷繁复杂。因此，生产什么商品、生产多少商品去满足消费者需求的问题，靠传统的计算和分析手段是无能为力的，而现代计算技术和分析手段的发明，提供了解决这些问题的武器。

总之，科学技术的发展必将给社会经济、政治以及社会生活等各个方面带来深刻的变化，这些变化也必将深刻地影响企业的营销活动，给企业造成有利或不利的影响，甚至关系到企业的生存和发展。因此，企业应特别重视科学技术这一重要的环境因素的影响，以便能够抓住机会、避免风险，求得生存和发展。

五、政治与法律环境

政治与法律是影响企业营销的重要的宏观环境因素。政治因素像一只有形之手，调节着企业营销活动的方向，法律则为企业规定商贸活动行为准则。政治与法律相互联系，共同对企业的市场营销活动发挥影响和作用。

(一) 政治环境

政治环境指企业市场营销活动的外部政治形势和状况以及国家方针政策的变化，对市场营销活动带来的或可能带来的影响。

1. 政治局势

政治局势是指企业营销所处的国家或地区的政治稳定状况。一个国家的政局稳定与否，会给企业营销活动带来重大的影响。如果政局稳定，生产发展，人民安居乐业，就会给企业提供良好的营销环境；相反，如果政局不稳，社会动荡，生活及经济秩序混乱，不仅会影响经济发展和人民的购买力，而且对企业的营销决策也有重大影响。战争、暴乱、罢工、政权更替等政治事件都可能对企业营销活动产生极为不利影响，甚至导致企业难以生存。因此，社会是否安定对企业的市场营销影响极大，特别是在对外营销活动中，一定要考虑东道国政局变动和社会稳定情况可能造成的不利影响。

2. 方针政策

各个国家在不同时期，根据不同需要颁布一些经济政策，制定经济发展方针。这些方针政策不仅会影响本国企业的营销活动，还会影响外国企业在本国市场的营销活动。例如，我国为支持高科技产业，特别是芯片产业的发展，制订了多项鼓励措施。以促进集成电路产业和软件产业高质量发展，对满足条件的部分集成电路企业，第一年至第十年免征企业所得税；并大力支持符合条件的上述两类企业在境内外上市融资，加快境内上市审核流程。同时国务院印发了《新时期促进集成电路产业和软件产业高质量发展的若干政策》，它涵盖财税、投融资、研究开发、进出口、人才、知识产权、市场应用、国际合作等八个方面的政策措施，鼓励和倡导集成电路和软件产业进行全球合作。这些都给高新技术企业研究经济环境、调整自身的营销目标和产品构成提供了重要依据。目前，国际上各国政府采取的对企业营销活动有重要影响的政策和干预措施主要如下。

(1) 进口限制。进口限制包括两类：一类是限制进口数量的各项措施，另一类是限制外国产品在本国市场上销售的措施。政府进行进口限制的主要目的在于保护本国企业，确保本国企业在市场上的竞争优势。

(2) 税收政策。政府在税收方面的政策措施会对企业经营活动产生影响。比如，对某些产品征收特别税或高额税，会使这些产品的竞争力减弱，给经营这些产品的企业带来一定影响。

(3) 价格管制。当一个国家发生经济问题时，如经济危机、通货膨胀等，政府就会对某些重要物资以至所有产品采取价格管制措施。政府实行价格管制通常是为了保护公众利益，保障公众的基本生活，但这种价格管制直接干预了企业的定价决策，影响了企业的营销活动。

(4) 外汇管制。外汇管制指政府对外汇买卖及一切外汇经营业务所实行的管制。外汇管制对企业营销活动特别是国际营销活动产生重要影响。例如，政府实行外汇管制，使企业生产所需的原料、设备和零部件不能自由地从国外进口，企业的利润和资金也不能或不能随意汇回母国。

(5) 国有化政策。国有化政策指政府由于政治、经济等原因对企业所有权采取的集中措施。例如，为了保护本国工业避免外国势力阻碍等原因，将外国企业收归国有。

3. 国际关系

国际关系是指国家之间的政治、经济、文化、军事等关系。在发展国际经济合作和贸易关系时，企业要了解市场国的法律制度，还要了解和遵守市场国的法律制度与有关的国际法规、国际惯例和准则。这方面因素对国际企业的营销活动有深刻影响。例如，一些国家对外国企业进入本国经营设定各种限制条件，美国曾以安全为由，限制欧洲制造商在美国销售汽车，以致欧洲汽车制造商不得不专门改进其产品，以符合美国法律的要求；英国也曾借口法国牛奶计量单位采用的是公制而非英制，将法国牛奶逐出本国市场；而德国以噪声标准为由，将英国的割草机逐出德国市场。各国法律对商标、广告、标签等都有自己特别的规定。比如，加拿大的产品标签要求用英、法两种文字标明；法国却只使用法文产品标签。在广告方面，许多国家禁止电视广告，或者对广告播放时间和广告内容进行限制。这些特殊的法律规定是企业特别是国际企业必须了解和遵循的。

(二) 法律环境

法律环境指国家主管部门及省、自治区、直辖市颁布的对企业营销活动有影响的法律、法规、条例、法令等。市场经济是法制经济，各国都在极力通过立法来规范企业的市场行为。法律环境保障企业的正常经营，保证企业之间公平竞争，保护消费者的合法权益，维护国家和社会的整体利益和长远利益。法律法规比方针政策具有更大的稳定性和强制性。目前，针对企业的立法越来越多，企业必须熟悉自己所处的法律环境，规范自己的营销行为，这样既能保证自身严格依法经营，又能运用法律手段保护自己的合法权益。

与企业营销有关的法律主要分为以下三类。

(1) 维护企业公平竞争的立法。这类立法主要是避免不正当竞争，维护整个市场经济运行的秩序和效率来考虑问题。其涉及的主要法律有《中华人民共和国民法典》《中华人民共和国公司法》《中华人民共和国商标法》《中华人民共和国专利法》《中华人民共和国反不正当竞争法》和《中华人民共和国反倾销条例》等。

(2) 保护消费者权益的立法。这类立法的原因在于市场信息获得的不对称性。保护消费者权益的法律涉及很广，包括企业产品、价格、促销、渠道决策的各个方面，如《中华人民共和国广告法》《中华人民共和国产品质量法》《中华人民共和国食品卫生法》《中华人民共和国消费者权益保护法》等。

(3) 保护社会利益的立法。这类立法主要是关于环境保护、资源开发利用、承担社会责任等方面的法律等。制定这些法律是为了避免出现"外部不经济"。这类立法涉及的法律有《中华人民共和国环境保护法》《中华人民共和国城乡规划法》《中华人民共和国环境噪声污染防治法》等。

六、社会文化环境

与其他环境因素相比较，社会文化环境对企业营销的影响不是那么显而易见，但又是无时不在和更为深刻的。社会文化是指一个社会的民族特征、价值观念、生活方式、风俗习惯、伦理道德、教育水平、语言文字、社会结构等的总和。它主要由两部分组成：一是全体社会成员所共有的基本核心文化，二是随时间变化和外界因素影响而较容易改变的社会次文化或亚文化。人类在某种社会中生活，必然会形成某种特定的文化。不同国家、不同地区的人民以及不同的社会与文化，代表着不同的生活模式，对同一产品可能持有不同的态度，直接或间接地影响产品的设计和包装、产品信息的传递方法、产品被接受的程度、产品分销和推广措施等。社会文化因素是影响人们欲望和行为的基本因素之一，它通过影响消费者的思想和行为来影响企业的市场营销活动。因此，企业在从事市场营销活动时，应重视对社会文化的调查研究，并做出适宜的营销决策。这里主要分析以下典型的文化因素。

(一) 教育水平

教育是按照一定目的要求，对受教育者施以影响的一种有计划的活动，是传授生产经验和生活经验的必要手段，反映并影响着一定的社会生产力、生产关系和经济状况，是影响企业市场营销的重要因素。教育状况对营销活动的影响可以从以下几个方面考虑。

(1) 对企业选择目标市场的影响。处于不同教育水平的国家或地区，对商品的需求存在较大的不同。例如，我国受过高等教育的人主要集中在城市，他们可以支配的收入相对较高，对产品质量、性能有更高的要求，对书籍、旅游、休闲、高档时尚商品等需求较大。

(2) 对企业营销商品的影响。文化水平不同的国家或地区的消费者，对商品的包装、装潢、附加功能和服务的要求有差异。通常，文化素质高的地区或消费者要求商品包装典雅华贵，对其附加功能也有一定要求。

(3) 对企业营销调研的影响。在受教育程度高的国家或地区，企业可在当地雇用调研人员或委托当地的调研公司、机构完成具体项目；而在受教育程度低的国家或地区，企业开展调研要有充分的人员准备和适当的方法。

(4) 对企业经销方式的影响。企业的产品目录、产品说明书的设计，要考虑目标市场的受教育状况。如果经营商品的目标市场在文盲率很高的地区，就不仅需要文字说明，还需要配以简明图形，并派人进行使用、保养的现场演示，让消费者更好地了解企业和产品。

(二) 价值观念

价值观念是指人们对社会生活中各种事物的态度和看法。在不同的文化背景下，价值观念差异很大，影响着消费的需求和购买行为。价值观念不同的消费者，对事物的评价标准、追求与偏爱往往存在差异。企业向市场推出的商品和服务只有与目标消费者的价值观念相符，才更容易被消费者接受。

(三) 宗教信仰

宗教信仰是人类社会的一个突出的文化现象。它影响着人们的消费行为、社交行为、穿着举止、价值观和处理事务的方式，因而会带来特殊的市场需求和特殊的禁忌。这与企业的营销活动有着密切的联系。不同的宗教信仰有不同的价值观和行为标准，从而影响着消费者的购买决策和购买行为。因此，企业的广告、商标、包装的设计和服务的方式等都要充分考虑人们的宗教信仰，尊重消费者的诉求。

(四) 消费习俗

了解目标市场消费者的消费习俗等是企业进行市场营销的重要前提。消费习俗是人类各种习俗中的重要习俗之一，是人们历代传递下来的一种消费方式，也可以说，它是人们在长期经济与社会活动中所形成的一种消费习俗。不同的消费习俗具有不同的商品需要，研究消费习俗不仅有利于组织好消费用品的生产与销售，而且有利于正确、主动地引导健康的消费。

(五) 审美情趣

人们在市场上挑选、购买商品的过程，实际上就是一次审美活动。近年来，我国人民的审美观念随着物质水平的提高，发生了明显的变化。

(1) 追求健康的美。健康问题已经成为百姓们的主要话题，人们对美丽的追求已经逐步升华，"美得健康"已经成为大家对美的核心追求。当前，从事运动和健身的人越来越多，体育用品、运动服装和健身器材的需求量呈明显的上升趋势。

(2) 追求形式的美。服装市场的异军突起不仅美化了人们的生活，更重要的是迎合了消费者的求美心愿。在服装样式上，青年人一扫过去那种多层次、多线条、重叠反复的造型艺术，追求强烈的时代感和不断更新的美感，由对称转为不对称，由灰暗的色调转为鲜艳、明快、富有活力的色调。

(3) 追求环境美。消费者对环境的美感体验，在购买活动中表现得最为明显。

因此，企业营销人员应注意以上三方面审美观的变化，把消费者对商品的评价作为重要的反馈信息，使商品的艺术功能与经营场所的美化效果融为一体，以更好地满足消费者的审美要求。此外，在研究社会文化环境时，还要重视亚文化群对消费需求的影响。每一种社会文化的内部都包含若干亚文化群。因此，企业市场营销人员在进行社会和文化环境分析时，可以把每一个亚文化群视为一个细分市场，生产经营适销对路的产品，以满足消费者需求。

第三节 市场营销微观环境分析

微观营销环境，也称直接营销环境，是指直接影响和制约企业营销活动的各类行为主体，包括企业自身、供应商、顾客、营销中介、竞争者、社会公众等。这些因素与企业存在着服务、协作、竞争、监督等关系，影响着企业对目标市场的服务能力和服务效果。

一、企业

微观环境中的第一个因素是企业本身。企业内部的微观环境可以分为两个层次：第一层次是高层管理部门，营销部门必须在高层管理部门所规定的职权范围内做出决策，并且所制订的计划在实施之前必须得到高层部门及领导的批准；第二层次是企业的其他职能部门，包括财务、研究与开发、采购、制造、会计等部门。企业营销部门的业务活动是和其他部门的业务活动息息相关的。例如，财务部门负责寻找和使用实施营销计划所需的资金，研究与开发部门研制安全而满足人们需要的产品，采购部门负责供给原材料，制造部门负责产品的生产，会计部门负责核算收入与成本，以便管理部门了解是否实现了预期目标。企业内部各个部门、各个管理层次之间的分工是否科学，协调是否和谐；营销部门与内部其他部门的配合是否默契，目标是否一致，都影响着企业营销活动的顺利进行。营销部门在制订和实施营销计划时，必须考虑其他部门的意见，处理好同其他部门的关系。

二、供应商

供应商是指为企业进行生产而提供原材料、能源、设备、劳动力、资金等资源的企业或个人。这些资源的变化直接影响着企业产品的产量、质量以及利润，进而影响企业的营销计划和营销目标的完成。供应商是能对企业的营销活动产生巨大影响的力量之一，主要表现在如下三个方面。

(1) 供货的及时性和稳定性。原材料、零部件、能源及机器设备等货源的保证供应，是企业营销活动顺利进行的前提。供应不足或供应短缺，都可能影响企业按期完成交货任务。从短期规划来看，损失了销售额；从长期规划来看，损害了企业的信誉。因此，企业必须和供应商保持密切的联系，及时了解与掌握供应商的变化和动态，使货源的供应在时间上和连续性上得到切实的保证。

(2) 供货的价格变动。毫无疑问，供货的价格变动会直接影响到产品的成本。如果供应商提高原材料价格，必然会带来企业产品成本上升，生产者被迫提高产品价格，这势必会影响产品的市场销路，由此可能影响到企业的销售额和利润。为此，企业必须密切关注和分析供应商货物价格变动的趋势，使企业应变自如，不至于措手不及。

(3) 供货的质量水平。供货的质量直接影响到企业产品的质量。针对上述影响，企业在寻找和选择供应商时，应特别注意两点：第一，企业必须充分考虑供应商的资信状况。企业要选择那些能够提供品质优良、价格合理的资源，交货及时，有良好信用，在质量和效率方面都信得过的供应商，并且要与主要供应商建立长期稳定的合作关系，保证企业生产资源供应的稳定性。第二，企业必须使自己的供应商多样化。企业过分依赖一家或少数几家供应商，受到供应变化的影响和打击的可能性就大。要减少供货方面对企业的影响和制约，企业就要尽可能多地联系供货人，向多个供应商采购，注意避免过于依靠单一的供应商，以免当与供应商的关系发生变化时，企业陷入困境。

三、顾客

顾客是企业的目标市场，是企业的服务对象，也是营销活动的出发点和归宿。企业的一切营销活动都应该以满足顾客需求为中心。因此，顾客是企业最重要的环境因素。顾客可以从不同的角度以不同的标准进行划分。按照购买动机和类别分类，顾客市场可以分为以下五种。

(1) 消费者市场，也称生活资料市场，是指为满足自身需要而购买的一切个人和家庭构成的市场，它主要由购买商品或服务供自己消费的个人和家庭组成。消费者市场是市场体系的基础，也是现代市场营销理论研究的主要对象。

(2) 工业品市场,也称生产资料市场,是指为人们的生产服务的,通过购买商品和劳务,投入生产经营活动过程以赚取利润的组织。工业品市场的需求是派生性需求,购买者多属理智型,需求弹性相对消费品市场来说相对较小。

(3) 中间商市场。中间商市场有经销商和代理商两种主要形式。其中,经销商是指从企业进货,转手进行买卖的个人或组织。他们买货不是自己用,而是转手卖出去,他们只是经手后再销售而已,关注的是利差。代理商是代企业打理生意,是厂家给予商家佣金额度的一种经营行为。所代理货物的所有权属于厂家,而不是商家。由于中间商本身是"转手买卖",他们对产品流通要求严苛,对市场变化反应更加敏锐。

(4) 政府和非营利性组织市场是由为提供公共服务或转赠给需要的人而购买商品和劳务的政府和非营利性组织构成的。非营利组织所涉及的领域非常广,包括艺术、慈善、教育、政治、宗教、学术、环保等。非营利组织的运作并不是为了产生利益,这一点通常被视为这类组织的主要特性。

(5) 国际市场主要指国外的采购商,是商品交换在空间范围上扩展的产物,包括国外的消费者、生产者、中间商和政府机构等。国际市场营销要在一国以上的不熟悉的营销环境中开展,同时要受国内市场营销环境影响。可见,国际市场营销所面临的环境更加复杂多变。企业要参与国际市场的竞争,就必须深入了解国际市场的竞争环境和消费者消费特点,以便做出正确的营销决策。

四、营销中介

营销中介是指协助企业推广销售和分配产品给最终买主的那些企业和个人,包括中间商、实体分配公司、营销服务机构、金融机构等。营销中介对企业营销产生直接影响,只有通过有关营销中介所提供的服务,企业才能把产品顺利地送到消费者手中。

(1) 中间商。中间商是协助企业寻找顾客或直接与顾客进行交易的商业组织和个人。按其在交易过程中是否拥有产品所有权划分,中间商可分为代理中间商和经销中间商两类。代理中间商包括代理人、经纪人、制造商代表。他们专门介绍客户或与客户协商交易合同,但不拥有商品所有权。经销中间商包括批发商、零售商和其他再售商。他们购买商品,拥有商品所有权,再出售商品。中间商履行专门媒介(组织商品运行)的职能,是渠道功能的重要承担者,在提高分销渠道效率和效益中有重要作用。此外,中间商由于与目标顾客直接打交道,它的销售效率、服务质量直接影响到企业的产品销售。因此,企业必须选择合适的中间商,在与中间商建立合作关系后,要随时了解和掌握其经营活动,并采取一些激励性合作措施,推动其业务活动的开展。

(2) 实体分配公司。实体分配公司是帮助企业储存产品和把产品从原产地运往销售地的专业组织,包括仓储公司、运输公司等。仓储公司是货物运往下一个目的地前专门储存和保管商品的机构。运输公司包括从事铁路运输、汽车运输、航空运输、轮船运输和其他搬运货物的公司,它们负责把货物从一地运往另一地。实体分配公司的主要作用在于使市场营销渠道中的物流畅通无阻,为企业创造时间效益和空间效益。企业应该综合考虑成本、运输速度、安全性、方便性等因素,确定选用成本最低而效益更高的运输方式。

(3) 营销服务机构。营销服务机构指市场调研公司、广告公司、各种广告媒介及市场营销咨询公司协助企业选择最恰当的市场,并帮助企业向选定的市场推销产品。有些大公司(如杜邦公司和老人牌麦片公司)都有自己的广告代理人和市场调研部门。但是,大多数公司都与专业公司以合同方式委托办理这些事务。但凡一个企业决定委托专业公司办理这些事务,它就需谨慎地选择,因为各个公司都各有自己的特色,所提供的服务内容不同,服务质量不同,价格也不同。企业应定期检查专业公司的工作,倘若发现某个专业公司不能胜任,则须另找其他专业公司来代替。为此,企业往往需要比较各个专业公司的服务特色、服务质量和价格,从而找到最适合自己的有效服务。

(4) 金融机构。金融机构是企业营销活动中进行资金融通的机构,包括银行、信用公司、保险公司以及其他协助融资或保障货物的购买与销售风险的公司。金融机构的主要功能是为企业营销活动提供融资及保险服务。在现代经济生活中,企业与金融机构有着不可分割的联系,如企业间的财务往来要通过银行账户进行结算;企业的财产和货物要通过保险公司进行保险;等等。同时,银行的贷款利率上升或保险公司的保险金额上升,会使企业成本增加;信贷资金来源受到限制,会使企业经营陷入困境。因此,企业必须发展与金融机构的密切关系,以保证融资及信贷业务的稳定和渠道的畅通。

五、竞争者

一个企业很少能单独包揽为某一市场的服务,其营销系统总会受到一群竞争对手的包围和影响。即使是在高度垄断的市场上,只要存在着需求的替代品和可能性,就可能出现潜在的竞争对手。所以,市场营销的成功,企业不仅需要满足顾客的需求,而且需要比竞争对手更有效地满足顾客的需求。识别自己的竞争对手,时刻关注他们并随时做出相应的对策,是企业营销成败的关键。从消费者需求的角度看,竞争者可分为以下四种类型。

(1) 品牌竞争者。企业把同一行业中以相似的价格向相同的顾客提供类似产品或服务的其他企业称为品牌竞争者。例如,家用空调市场中,格力空调、海尔空调、美的空调等厂家之间的关系。品牌竞争者之间的产品相互替代性较高,因而竞争非常激烈,各企业均以提高顾客让渡价值、培养顾客品牌忠诚度作为争夺顾客的重要手段。

(2) 行业竞争者。提供同种或同类但规格、型号、款式不同的产品的企业称为行业竞争者。同行业的企业之间往往或多或少地存在彼此争夺目标市场的竞争关系,如家用空调与中央空调的厂家、生产高档汽车与生产经济型汽车的厂家之间的关系。

(3) 需要竞争者。提供不同种类的产品,但满足和实现消费者同种需要的企业称为需要竞争者,如航空公司、铁路客运公司、长途客运汽车公司都可以满足消费者外出旅行的需要,当火车票票价上涨时,乘飞机、坐汽车的旅客就可能增加,他们相互之间具有争夺满足消费者同一需要的竞争关系。

(4) 消费竞争者。提供不同产品,满足消费者的不同愿望,但目标消费者相同的企业称为消费竞争者。例如,很多消费者收入水平提高后,可以把钱用于旅游,也可以把钱用于购买汽车或购置房产,因而这些企业间存在相互争夺消费者购买力的竞争关系。这种竞争往往不属于直接的竞争关系,消费者可以任意支配的收入的变化,对企业之间的竞争往往会产生很大影响。

六、社会公众

企业市场营销工作所面对的社会公众,是指对实现本企业营销目标有实际或潜在利害关系和影响力的一切团体和个人。社会公众可能有助于增强企业目标实现的能力,也可能妨碍这种能力。因此，企业要认真处理好与周围各种社会公众的关系，遵纪守法，开展力所能及的公益活动，树立良好的企业形象，争取社会公众对企业的理解和支持。企业所面对的社会公众包括如下几种。

(1) 金融公众。金融公众指影响企业融资能力的金融机构，包括银行、投资公司、证券公司、保险公司等。企业可以通过提高自身资金运行质量，确保投资者合理的回报以及不断提高自身信誉，在融资公司中树立良好的形象。

(2) 媒介公众。媒介公众主要是报纸、杂志、广播、电视台和网络等具有广泛影响的大众媒体。企业要争取与这些媒体建立友好的关系，力求得到更多更好的有利于企业的新闻、特写、评论等。

(3) 政府公众。政府公众包括各种负责管理企业业务和经营活动的有关政府机构。任何企业营销计划的制订都必须了解政府相关政策及未来发展趋势，以增强其实施的可行性。营销管理者在制订营销计划时，除了必须充分考虑政府的发展政策以外，还必须向律师咨询有关产品安全卫生、广告真实性、商人权利等方面可能出现的问题，以便同有关政府部门搞好关系。

(4) 社团团体。社团团体指那些有可能影响企业营销活动开展的消费者组织、环境保护组织及其他群众团体。这类公众对企业产品和企业自身形象的态度，直接影响着企业对目标市场的定位与选择。企业的营销活动关系到社会各方面的切身利益，必须密切注意来自社会公众的批评和意见。

(5) 社区公众。社区公众指企业所在地附近的居民和社区组织。企业在营销活动中，必须重视保持与当地公众的良好关系，不仅要避免与社区公众利益发生冲突，还要注意对社区的公益事业做出贡献，积极支持社区的重大活动。

(6) 一般公众。一般公众不能以有组织的方式对企业采取行动，但是企业的形象会影响其惠顾。企业可通过资助慈善事业、设立消费者投诉系统等方式树立良好的企业形象。

(7) 内部公众。内部公众包括董事会、经理、员工等。企业的营销计划需要全体员工的充分理解、大力支持和具体执行。企业应经常向员工介绍企业发展的有关情况和制度，并采取各种方式激励内部员工，发动员工出谋划策。此外，企业还要关心员工福利，增强内部凝聚力。

第四节　环境分析和评价

企业的生存和发展既与其生存的市场营销环境密切相关，又取决于企业对环境因素及其影响所持的对策。市场营销环境的特点决定了企业不可能去创造、改变营销环境，只能主动去适应、利用环境。为此，企业应运用科学的分析方法，随时掌握其发展趋势，从中发现市场机会和威胁，有针对性地制定和调整自己的战略与策略，不失时机地利用营销机会，尽可能减少威胁带来的损失。

一、SWOT 分析法

SWOT 分析法是将宏观环境、市场需求、竞争状况、企业营销条件进行综合分析，得出与企业活动相关的优势、劣势、机会和威胁。它是在对营销环境进行分析时运用较多的一种方法。

(一) 企业优势

企业优势是指企业相对竞争对手而言所具有的优势资源、技术、产品以及其他特殊实力。企业优势是核心竞争力。充足的资金来源、良好的经营技巧、良好的企业形象、完善的服务系统、先进的工艺设备、成本优势、市场领域地位、与买方或供应方长期稳定的关系、良好的雇员关系等，都可以形成企业优势。

(二) 企业劣势

企业劣势是企业较之竞争对手在哪些方面具有缺点与不足，会影响企业经营效率和效果的不利因素和特征，使企业在竞争中处于弱势地位。一个企业潜在的弱点主要表现在以下方面：缺乏明确的战略导向，设备陈旧，盈利较少甚至亏损，缺乏管理和知识，缺少某些关键技能或能力，内部管理混乱，研究与开发工作落后，公司形象较差，销售渠道不力，营销技巧较差，产品质量不高，成本过高，等等。

(三) 市场机会

市场机会是指环境中出现的一种对企业富有吸引力的变化趋势，通过抓住并顺应这种趋势，企业将拥有竞争优势。环境的变化、竞争格局的变化、政府控制的变化、技术的变化、企业与客户或供应商的关系的改善等因素，都可视为机会。捕捉市场机会，判断机会大小，可从一个机会获得成功的可能性与市场吸引力的大小两个角度进行，由此形成四种状况：①成功可能性高而吸引力大；②成功可能性低而吸引力大；③成功可能性高而吸引力低；④成功可能性低而吸引力低。机会可以说无处不在。例如，政府的对外开放政策为外国资本的流入提供了机会，居民收入水平的提高为高档消费品的生产商提供了机会，等等。市场提供的机会能否被企业利用，取决于企业自身是否具备利用机会的能力，即企业的竞争优势是否与机会一致。

(四) 市场威胁

市场威胁是指环境中出现的一种对企业不利的发展趋势，企业如果不能及时地洞察这种不利趋势并及早采取行动，将会导致企业生存与发展的危机。比如，新竞争对手的加入、市场发展速度放缓、产业中买方或供应方的竞争地位加强、关键技术改变、政府法规变化等因素都可以成为对企业未来成功的威胁。洞察市场威胁，分析其发展趋势，可从市场威胁的严重性及市场威胁出现的可能性两个角度进行，由此便可出现四种情况：①出现的可能性高而严重性程度也高；②出现的可能性高而严重性程度低；③出现的可能性低而严重性程度高；④出现的可能性低而严重性程度也低。企业通过市场分析，应及时察觉存在的市场威胁，准确判断市场威胁出现的可能性及造成危害的严重程度，相应地调整企业的营销策略。

一般来说，运用SWOT分析法研究企业营销决策时，强调寻找四个方面中与企业营销决策密切相关的主要因素，而不是把企业所有的优势、劣势、外部机会和威胁逐项列出和汇集。通过SWOT分析法，可以结合环境对企业的内部能力和素质进行评价，分析企业相对于其他竞争者所处的优势和劣势，帮助企业制定竞争战略。

二、市场机会和市场威胁分析

任何企业都面临着若干市场机会和市场威胁，企业的营销战略是从分析企业的市场环境开始的。企业在制定和调整营销战略和计划时,要根据其掌握的市场信息,进行市场机会和市场威胁分析。市场营销环境的变化对企业造成的影响主要有三种:一是导致新的市场机会的产生,二是可能对企业营销造成市场威胁,三是同时给企业带来市场机会和市场威胁。因此,市场机会和市场威胁的分析方法主要有以下三种。

(一) 机会分析

市场机会是营销环境中对企业市场营销有利的各项因素的总和,在该市场领域里,企业将拥有竞争优势,可将市场机会转为营销机会,获取营销成功。分析、评价市场机会主要从两方面考虑:一是考虑机会给企业带来的潜在利益的大小;二是考虑成功可能性的大小。机会分析矩阵如图2-1所示。

在图2-1中,处于A位置的机会,潜在吸引力和成功的可能性都大,有极大的可能为企业带来巨额利润,企业应把握机会,全力发展;处于D位置的机会,不仅潜在利益小,成功的概率也小,企业应改善自身条件,注意机会的发展变化,适时地开展营销活动;处于B位置的机会,潜在的吸引力大而成功的可能性小;处于C位置的机会,潜在的吸引力小而成功的可能性大。B和C两类出现的情况最多。企业应认真弄清状况,不断使自身条件与之相协调,以有效地利用这些机会。

(二) 威胁分析

市场威胁是营销环境中对企业营销不利的各项因素的总和,营销者对市场威胁主要从两方面分析:一是分析市场威胁对企业的影响程度,二是分析市场威胁出现的可能性的大小,并将两者结合起来。威胁分析矩阵如图2-2所示。

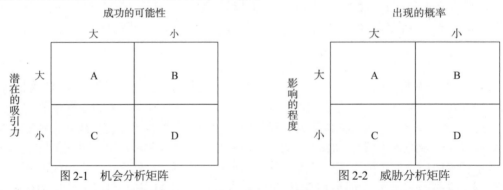

图2-1 机会分析矩阵　　　　　　图2-2 威胁分析矩阵

在图2-2中,处于A位置的威胁,出现的概率和影响程度都大,企业要高度警惕,制定相应的对策;处于D位置的威胁,出现的概率和影响程度都小,企业不必过于担心,但要经常注意其发展变化;处于B位置和C位置的威胁,或者影响程度大,或者出现的概率大,企业都应该充分重视。

(三) 机会/威胁分析

在实际的客观环境中,单纯的威胁环境与单纯的机会环境都是极少的,通常情况是机会与威胁同在,风险与利益共存。所以,企业实际面临的是综合环境。根据环境中威胁水平和机会水平的高低不同,形成图2-3所示的机会/威胁分析矩阵。在图2-3中,企业处于A区的环境为理想环境,处于B区的环境为冒险环境,处于C区的环境为成熟环境,处于D

区的环境为困难环境。

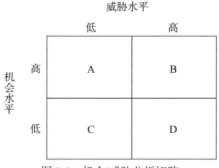

图 2-3　机会/威胁分析矩阵

三、企业应对营销环境影响的对策

市场机会对所有的企业并非具有同等程度的吸引力，市场威胁也并非对所有的企业造成同等程度的压力。企业应结合实际情况权衡利弊，以便有的放矢地采取相应的营销对策。

（一）面对市场机会的对策

面对客观的市场情况，企业应该给予足够的重视，制定适当的对策。企业常用的对策有以下三种。

(1) 及时利用。当环境变化给企业提供的市场机会与企业的营销目标、资源条件相一致，并能享有竞争的差别利益，给企业带来较高盈利时，企业要充分利用市场机会，求得更大的发展。

(2) 适时利用。有些市场机会相对稳定，在短期内不会变化，而企业暂时又不具备利用市场机会的有利条件，则应等时机成熟时再加以利用。

(3) 果断放弃。有些市场机会对企业而言十分具有吸引力，但企业缺乏有利的条件，不能加以利用，应该果断放弃，而不应该优柔寡断，导致企业错过利用其他有利机会的时机。

（二）面对市场威胁的对策

环境变化对企业的影响是客观的，企业必须正确对待并采取相应的措施。企业面对环境变化可能造成的威胁，常用的对策有以下三种。

(1) 促变，即通过自身的努力，试图限制或扭转不利因素的发展。例如，日本的汽车、家电等工业品源源不断地流入美国市场，而美国的产品却受到日本贸易保护政策的威胁。为了对抗这一严重的环境威胁，美国政府多次与日本政府开展谈判，同时向有关国际组织提出起诉。美国最终通过这些促变性策略扭转了不利的对日贸易处境。

(2) 减轻，即通过调整市场营销组合来改善环境适应，以减轻市场威胁的严重性。例如，当原材料价格上涨时，企业可以寻求替代品，也可以采用改进设备和工艺等措施节约原材料。这种减轻策略不仅有利于企业的生存，而且有可能在激烈的市场竞争中击败那些对原材料价格上涨消化能力较差的企业，从而在威胁中发展壮大。

(3) 转移，即将产品或服务转移到其他盈利更多的行业或市场中去，以规避不利环境因素，寻求新的发展机会。例如，由于受到高铁、飞机等普及的影响，许多长途汽车站面临顾客减少的威胁现已转向交通旅游、货物运输等盈利较多的行业。

(三) 面对综合环境的对策

1. 面对理想环境应采取的对策

理想环境是机会水平高威胁水平低、利益大于风险的环境类型。对于理想环境，企业应该抓住不放，立即制订发展计划并付诸行动，因为理想环境来之不易，机不可失，时不再来，如果错过机会，就很难弥补。

2. 面对冒险环境应采取的对策

冒险环境是收益高但风险大的环境，如一些高新技术产业领域。面对此类环境，企业应审时度势，慎重决策，既可以决定进入，也可以决定不进入，一定要在对客观环境和企业自身条件进行全面分析之后再做决策。此种决策是企业决策类型中最难的一种，既可能丢掉很好的机会，也可能要冒极大的风险。所以，容易犯两种错误：一种是丢弃的错误，即面对机会由于害怕风险，不敢进入，从而失去机会；另一种是冒进的错误，即对可能出现的风险考虑不足，仓促进入，结果或是大败而归，或是骑虎难下。

3. 面对成熟环境应采取的对策

成熟环境是比较平稳的环境，机会与威胁都处于较低的水平，一般情况下若经营得法，企业可以获得平均利润。企业可将该类环境作为常规经营环境，利用它来维持正常运转，并为进入理想环境和冒险环境提供资金。

4. 面对困难环境应采取的对策

如果企业所处的环境已经转变为困难环境，则可以考虑以下对策。

(1) 设法扭转。如果困难环境是由于企业的某些工作不力或失误造成的，则有可能通过努力而扭转状况。

(2) 立即撤出。对于大势所趋、无法扭转的困难环境，企业应该及时采取果断的决策，撤出该环境中，另谋发展。

思 考 题

一、简答题

1. 市场营销环境包括哪些内容？
2. 市场营销环境有哪些特点？
3. 宏观环境包括哪些内容？
4. 微观环境包含哪些内容？
5. 结合我国的实际情况，说明法律环境对企业的市场营销活动的重要影响。
6. 消费支出结构变化对企业营销活动有何影响？

二、案例分析题

疫情期间中国奢侈品市场的发展

2021年9月份，巴黎奢侈品管理学院(Sup De Luxe，巴黎奢管)的"奢侈品牌市场营销与国际管理MBA"正式开学，30年来，奢侈品牌营销与国际管理MBA一直是被奢侈品行业所认可的标杆课程。此课程面向所有希望学习奢侈品行业知识的专业人士，在奢侈品领域开展创业项目的人士以及三年以上大学学历的法国或国际学生。

随着中国中产阶级的不断壮大，"钞能力"越来越强，奢侈品的销售在中国市场不断刷新纪录。2020年12月16日，天猫与贝恩公司联合发布的报告显示，2020年，中国内地奢侈品市场有望实现48%的增长，达到近3460亿元人民币，不过就在2019年疫情前，中国的奢侈品约三分之二购于国外，根据麦肯锡关于疫情期间奢侈品市场的报告：亚洲购物者出国购买奢侈品不仅受益于较低的价格，还因为购物场景已成为消费环节不可或缺的一部分——旅行体验，在原产国购买品牌，有一种真实感和兴奋感。但随着疫情后的旅行限制，国外奢侈品消费的重要驱动因素被限制，疫情之后，市场可能会得到一定程度恢复，但尽管如此，中国消费者仍然是奢侈品行业最大的增长机会。

2021年中国国内奢侈品市场销售预计会创下新纪录，推动其发展的因素如下。

1. 消费回流

不仅疫情期间的出行限制导致国人在海外购买奢侈品的比例降低，而且中国市场关税降低和灰色地带的不断透明化，也使得越来越多的人选择在国内购买奢侈品，奢侈品品牌已经意识到中国市场的战略意义有多大，它们将不断增加在中国市场的投入，增加多渠道的营销，如开更多的实体店等。

2. 数字营销的发展

新时代人群作为奢侈品消费的主力军，也是网络原住民，如何与中国的数字平台进行深入的合作，探索品牌与客户的数字互动，包括数据管理、直播、营销互动等，同时保持优雅感和稀缺感，这也是奢侈品品牌关注的方向。

3. 年轻一代的购物需求

年轻一代更强调的是追求时尚、更符合自己的个性化设计、联名款等产品，加之日益增长的民族自豪感，文化自信的滋养，国潮兴起，在本土进行设计和产品开发也是奢侈品牌考虑的重点。他们会专注于打造量身定制的本地体验，加强其数字和全渠道产品，并更深入地与二三线城市的消费者互动。鉴于城市零售基础设施和客户服务能力的局限性，对奢侈品行业人才的需求也显得日益迫切。

4. 城市免税店

海南离岛免税购物，尤其在受到疫情及免税政策的影响，预计未来全球越来越多的旅游销售玩家和奢侈品牌将会抵达海南进行投资活动，在海南、三亚、海口，将会越来越多地出现营销品牌活动，预计他们也会进军高档购物中心，为全岛免税做准备。

(资料来源：https://zhidao.baidu.com/question/497372365150503052.html，有删改)

问题：

1. 请根据上述案例谈谈奢侈品市场受到哪些环境因素的影响。
2. 请谈谈中国的本土高端定制品牌应如何利用好市场机会，实现利润的快速增长。

第三章

消费者购买行为

消费者心理指消费者在处理与消费有关的问题时所发生的心理活动，即消费者在寻找、选择、购买、使用、评估和处置与自身满足相关的产品和服务时所发生的心理活动。消费者行为指消费者在处理与消费有关的问题时所表现出的行为。研究消费者的购买行为，对企业制订和实施科学的营销计划，提高顾客的满意指数，具有重要的意义。研究消费者市场和购买行为是目前现代营销理论研究的主要内容之一。

学习目标

1. 掌握消费者市场的特点及购买行为模式。
2. 掌握影响消费者购买行为的因素。
3. 了解消费者市场上购买决策的参与者都有哪些，以及消费者购买行为的类型。
4. 掌握消费者购买决策的过程，以及各个阶段应采取的营销策略。
5. 掌握购后行为的内容。

第一节 消费者市场概述

市场是社会分工的产物，是产品经济的产物。市场起源于古时人类对于固定时段或地点进行交易的场所的称呼。当城市得到发展并且繁荣起来后，住在城市邻近区域的农夫、工匠、技工等就会开始互相交易，各自满足需要。显而易见的，最好的交易方式就是在城市中有一个集中的地方，可以让人们在此提供货物以及进行买卖，方便人们寻找货物及接洽生意。这个集中的地方，就被称为市场。市场最主要的功能就是满足消费者的需求，为消费者提供消费便利。

广义的消费是指人们消耗物质资料和精神产品，以满足生产和生活需要的过程。消费可分为生产消费和生活消费两类。狭义的消费主要指生活消费。人们消耗吸收物质资料和精神产品，以满足物质和文化生活需要的过程，包括与物质生产过程无关的一切消费活动。

从宏观角度来讲，买方的集合是行业，卖方的集合是市场。卖方把产品、服务和信息传递给市场，并获得货币和信息。从微观角度来理解，市场是由一切具有特定需求和欲望，并且愿意和能够通过交换的方式来满足需求和欲望的顾客构成的。在市场营销实践中，不同的市场类型存在差异，企业的营销策略也应有所不同。为了更好地研究市场，我们首先要进行市场的分类。

一、市场的分类

对于市场的分类，和市场的概念一样，在不同的学科中，可以从不同的研究角度和依据不同的判别标准，进行各种各样的分类。市场营销学主要是根据谁在市场上购买，而不是根据他们在市场上购买商品或服务的种类来对市场进行划分。遵循这一原则，市场营销学将市场分为消费者市场和组织市场两大类。

（一）消费者市场

通常，消费者市场是指由满足消费者生活需要的商品和劳务等构成的市场。换言之，它是消费者为满足生活消费需要而去购买商品和劳务的市场。在社会再生产的循环体系中，消费者的购买是通向最终消费的购买，这一市场庞大而分散，同时是所有社会生产的终极目标，因此消费者市场又称最终消费市场。一切企业，无论是生产企业还是服务企业或商业企业，也无论是否直接为消费者服务，都必须研究消费者市场，因为只有消费者市场才是商品的最终归宿，即最终市场。从这个意义上，可以说，消费者市场是一切市场的基础，是最终起决定作用的市场。

其购买特点可归纳为以下几点。

(1) 分散性。这个特点可以从两个角度来解释：第一，消费者居住地在地理空间上具有分散性。第二，虽然消费者每次购买消费品的数量较少，但他们具有较高的购买频率。这是因为，消费者市场上的购买者大多是以个人或家庭为单位，他们一般人数较少，居住面积也很有限，加之经常购买的基本上都是生活日用品，在购买极为便利的条件下没有大量购买的必要。

(2) 多样性。这个特点是指消费者需求具有复杂多变的性质。由于地理位置、民族传统、宗教信仰、文化水平、兴趣爱好、生活习惯、年龄性别等方面存在不同程度的差异，消费者的需求复杂，供求矛盾频繁。消费者对产品和服务的需求无论是从对象本身还是满足方式上都是不一致的，从而决定了消费者需求的多样性。例如，年轻人喜欢穿修身一点的服装，以使自己看上去更加苗条；老年人多喜欢穿宽松一点的服装，注重舒适。

(3) 周期性。从消费者对商品的需求来看，有些商品，消费者需要常年购买、均衡消费，如食品等生活必需品；有些商品属于季节购买或节日购买，如一些时令服装、节日消费品；有些商品，消费者需要等商品的使用价值基本消费完毕才重新购买，如家用电器等。由此可见，消费者的购买有一定的周期性可循，从而使消费者市场呈现一定的周期性。

(4) 发展性。随着社会生产力和科学技术的不断进步，新产品的层出不穷，消费者收入水平的不断提高，人们的需求不会停留在一个水平上，消费者需求正处于由少到多、由粗到精、由低级到高级的发展过程之中。例如，当前手机更新换代的速度非常快，产品的性能和质量已得到很大的提升，极大地方便了我们的生活。

(5) 易变性。由于消费者需求具有求新求异的特征，受此影响，消费者会对不同的商品或同种商品产生多种多样的要求，购买的行为方式也时常发生变化。此外，随着社会经济的发展、科学技术的进步、消费水平的提高、消费观念的更新以及消费生活的交互影响，消费者需求不仅在总量上不断扩大，而且在结构上也在发生变化。

(6) 可诱导性。尽管消费者市场上的某些需求是出于消费者的本能需要，但有些需求可以通过外界刺激引导，并经常地发生变化和转移。例如，通过某些适当的促销努力，企业就可以引导、诱发或者刺激消费者的某些需求，使原本无需求转变成有需求、未来需求转变成近期需求、潜在需求转变成现实需求。

(7) 替代性。消费品种类繁多，专业性不强，大多数商品有较大的替代性，可互换使用，因而导致消费者的购买会在不同的产品、品牌和企业之间经常发生转移。特别是随着产品更新换代的速度越来越快，产品的替代性越来越明显。例如，照相机市场有逐渐萎缩的趋势，一个主要原因就是手机的拍照功能越来越强大，取代了照相机的一些功能。

(8) 伸缩性。一般而言，消费者的购买需求会受到内因和外因两方面的影响。前者主要包括消费者的购买欲望、支付能力及性格特点等，后者主要包括他人的经验和建议、产品价格、促销和质量水平等。这些因素都会对消费者需求产生一定的抑制作用或者促进作用，即表现为消费者需求的伸缩性。可以想象，消费者对基本的日用生活必需品的需求伸缩性比较小，不会因为收入的增减和价格的升降而发生大幅度变化，但是，他们对选择性较强的非必需品、高档消费品的需求伸缩性较大。

(9) 非理性。对于消费者来说，可以购买的商品种类千千万万，但大部分消费者都是非专家型的顾客，他们对很多商品的专门知识了解甚少。换言之，消费者此时对商品的质量、性能、使用、维修、保管、价格及市场行情等都不甚了解。在这种情况下，他们只有根据自己的偏好和需求做出购买决策。因此，消费者市场上购买需求的非理性很强，这也为企业开展情感式的宣传和促销活动留下了空间。

(10) 绿色性。随着经济和社会的发展以及消费者环保意识的增强，人们的消费观念也发生了根本性改变，人们更希望能够消费绿色、环保、有机和健康的产品。这也促进了企业实施绿色营销战略，以促进社会的和谐发展。

(二) 组织市场

组织市场是由为维持经营活动，对产品进行再加工或转售或为向社会提供服务而购买商品或服务的工商企业、政府机构或其他非营利性团体组成的。根据购买目的不同，组织市场通常分为生产者市场、中间商市场和非营利性组织市场三类。

(三) 消费者市场和组织市场的区别

比较消费者市场和组织市场，它们在以下几方面存在显著的区别。

(1) 购买的目的不同。消费者市场主要是为个人和家庭的生活消费；组织市场是为维持经营活动，有明确的盈利目标。

(2) 购买的人数和规模不同。在消费者市场上，购买者是消费者个人或家庭，购买者必然为数众多，购买次数也多，购买规模很小；组织市场的客户少，购买次数少，且一次性购买量大。

(3) 购买者不同。消费者市场是非专业人员参与的购买。消费者一般缺乏专门的商品知识和市场知识，在购买商品时，往往容易受厂家和商家广告宣传、促销方式、商品包装和服务态度等的影响，具有很强的偶然性和随机性。组织市场上的购买者成分复杂，并多为受过专门训练的采购人员，而经过专业训练的采购人员，具有丰富的产品和购买经验与知识。

二、消费品的分类

消费品是指用于满足人们物质和文化生活需要的那部分社会产品，也可以称作消费资料或者生活资料。消费品种类繁多，且有不同的性质和用途，需要按一定的标准进行分类，以便企业制定不同的营销策略。消费品的分类方法主要有如下几种。

（一）按使用过程中寿命周期的长短与可触性分类

1. 耐用消费品

这类消费品的使用寿命较长，一般可以重复使用。消费者购买此类产品的次数少，购买行为和决策也较慎重，如各种家用电器、家具、服装、自行车、手表等都属于耐用消费品。对于耐用品，企业营销的重点应该是要注重技术创新，提高产品质量，同时做好售后服务，满足消费者的购后需求。

2. 易耗消费品

这类消费品的使用次数较少，或者只能供一次性使用，如食品、燃料、纸张、牙膏、墨水等。由于这类商品使用寿命较短，营销活动的重点应该是既保证产品质量，又保证不断增加供应，用满足供应来占领更大的市场。

3. 劳务

劳务是指为消费者提供无形服务的经营活动，如理发、洗澡、旅馆、娱乐、修理等。随着商品经济的不断发展，劳务市场的迅速发展将是一个必然的趋势。企业营销活动要紧紧抓住这一趋势，不断开辟和发展新的劳务市场。同时由于这类商品是无形的，看不见摸不着，具有不可触知性，因此企业在营销中要讲究过程控制，加强对员工的技能培训，不断提高服务质量和水平。

（二）按产品的性质和用途分类

通常把消费品分为吃、穿、用、住、行、医药、燃料等大项，各大项又可细分为若干小类。例如，吃类的消费品可分为主食品和副食品；穿类的消费品可分为棉织品、麻织品、化纤品、呢绒、绸缎等。此种分类的好处是能够与消费者的消费构成、消费水平及其发展变化规律相联系，从而掌握购买力的投向。

（三）按购买行为分类

1. 日用品

日用品指消费者要经常购买、反复购买、即时购买、就近购买、惯性购买，且购买时不用花时间比较和选择的商品。此类产品均为消费者日常生活的必需品及日用小商品，其范围很广，如粮食、副食品、饮料及日用百货（肥皂、毛巾、牙刷、卫生用纸等）。日用品的购买特点如下。

(1) 由于日常需要，因而购买次数多，一般不受时间影响，每时每刻都有可能购买。对这类商品，消费者总是希望就近购买，以便节约时间。因此，对卖家来说，如何建好营销网点非常重要。

(2) 由于经常使用和经常购买，消费者都具有一般的消费知识和消费习惯。因此，只要商品的品质和价格没有太大区别，消费者不想多做挑选，多属于习惯性购买。但也有些商品属于冲动性购买，就是消费者没有事先计划，被商品的颜色、味道、形状引起购买欲望。

(3) 由于日用消费品价格低，人们不大重视商品的牌号和商标。但是，由于日用消费品的购买频率高，有时也会建立牌号偏好，如买牙膏时总是喜欢购买某种牌号，而牌号信誉一旦建立后可以简化交易过程。

企业需要根据日用品的特点采取相应的营销策略，如为消费者营造一个良好的购物环境，加大产品的宣传力度，广设销售网点，保证消费者随时随地能购买到商品，同时要做好产品的促销工作。

2. 选购品

选购品指消费者对使用性、质量、价格和式样等基本方面要做认真权衡比较的那些价格较高、使用时间较长的消费品。这类消费品较之日用品而言，消费者在购买以前一般要经过挑选、比较后才购买，如服装、家具、鞋帽、床上用品、布匹等。这类消费品的特点如下。

(1) 购买频率较低，没有固定的消费习惯。有的消费者喜欢式样新颖的商品，而不太注重和考虑商品的价格；有的消费者特别注重商品的牌子和商标；有的消费者注重价廉物美。

(2) 消费者购买此类商品时，除了内在的质量要求外，对外观质量的需求也高。因此在购买商品时往往要跑好几家商店，对商品进行质量、价格、花色品种、式样的反复比较，经过慎重考虑后才决定购买。

根据选购品的特点，从生产企业来说，要了解市场信息，掌握市场动态，增加花色品种，生产价廉物美的商品，并提高产品质量，加大品牌建设力度；从商业部门来说，要使商业网点相对集中，设立同类产品一条街或商店相对集中在某一区域、某一条街，如服装一条街、食品一条街等；同时，在中间商的声誉高于生产者时，应主要由中间商承担宣传推广义务。

3. 特殊品

特殊品指具有特定品牌或独具特色的商品，或是对消费者具有特殊意义、特别价值的商品。

这类消费品一般都是高档商品，包括价值较高的耐用品、珍贵的工艺美术品和一些具有特殊需要的产品，还有某些性能、用途或品牌、商标独特的产品等。因为此类商品用途比较特殊，使用与保养技术性较强，要求有更好的售后维修服务，所以消费者对这类商品在购买前都经过一番调查研究，或经过试用，或对其品质、性能有较多的了解后，经过慎重考虑才决定购买。这类消费市场具有一定的封闭性和稳定性，买者和卖者之间具有相对稳定的交易模式，消费者一般不轻易购买其他代用品或其他品牌的产品。

对特殊品的经营，应使分销渠道集中，宜在大中型或专营商店经营。需要特别注意的是，做好店面布局、人员推销技能培训的同时，做好产品的售后服务工作，及时解决顾客消费过程中出现的各种问题。特殊品经营效益的高低对产销双方影响较大，因此应共同做好宣传推广工作。

4. 非渴求品

非渴求品指消费者不熟悉，或者虽然熟悉但不感兴趣，一般也不会主动寻求购买的商品，如一些刚开发的应用软体、刚面世的新产品、保险以及专业性很强的书籍等。这些产品在尚未大做广告之前，或者顾客未看到这些广告之前往往是不知道这种产品，或者是顾客已经知道但一般情况下并不打算购买。例如，保险类产品，如何引导消费者接受这类产品至关重要。当然，非渴求品并不是终生不变的，特别是新产品，随着消费者对产品信息的了解，或者消费者消费观念发生改变，它可以转换为其他类别的产品。

由于这些产品非常特殊，所以要求企业通过广告及人员推广等方式，做出大量的市场营销努力。同时，在推广这类产品时，应格外注重对实体性非渴求品外观形式的创新设计，以满足消费者对产品时代感和个性化的需求，扩大产品的销量。

三、消费者的购买行为模式

(一) 购买活动

消费者购买活动是指消费者个人、家庭为满足自己的生活而获取、购买、使用、评估和处置预期能够满足其需要的商品或服务的各种活动。消费者的购买活动由购买主体、购买对象、购买目的、购买组织、购买时间、购买地点、购买方式(购买行动)七个方面共同构成。企业营销人员在研究消费者的购买行为时，需要了解以下几个方面，即试图回答"6W1H"。

(1) 市场由谁(who)构成，即购买主体。购买某个产品，似乎只是某个人的行为，但实际上，参与购买决策过程的人有倡议者、影响者、决定者、购买者和使用者等。到商店来购买的人，可能本身是决策者，也可能是一个购买者而不是决定买的主体。研究购买主体的目的，在于分析和找出在消费者家庭中谁是购买的决策者。我们将在本节后面的部分为大家具体讲解。

(2) 购买什么(what)，即购买对象。商品有成千上万，同一商品又有不同质量、不同价格、不同式样、不同花色、不同包装等。购买的商品不同，消费者的动机和购买行为也不同。一般说来，消费者总是喜欢购买物美价廉、式样新颖、有特色的商品。

(3) 为何(why)购买，即购买目的。它是购买者的主导动机或真正动机的反映，或是消费者的兴趣爱好、生活必需，或是收入增加、商品调价，或是出于新奇，或是馈赠亲友的需要等。

(4) 谁(who)参与购买，即购买组织或执行个人。消费者所购买的商品不同，购买的类型不同，所需解决的问题也不同。参与购买行为的人，即购买组织也总是不尽相同。

(5) 何时(when)购买，即购买时间。消费者的购买时间受产品性质、季节、假日和消费者闲忙等的影响，有一定的习惯和规律。一般说来，日用消费品，以工作之余和休息日购买较多；季节性产品比较集中在当令购买。研究和掌握消费者对本企业经营产品的购买时间的习惯和规律，据以适时投放产品，集中销售服务的力量，既可以满足消费者需要，又可以提高企业的营销效果。

(6) 在何地(where)购买，即购买地点。消费者在何地购买，可从两方面研究：一方面，消费者在何处决定购买；另一方面，消费者在何处实际购买。这二者可以在同一地方，也可以在不同的地方。一般说来，日用消费品，大多在购货现场决定并进行实际购买，如男性消费者需要的烟、酒等，大多由消费者本人现场决定、现场购买；耐用消费品和高档消费品，如电视机、电冰箱等，大多在家庭集体研究决定后再去商店购买。营销者应该根据本企业经营产品的性质，采取不同的策略。对于日用消费品，应加强对售货现场的布置和陈设，以吸引消费者现场决定购买；对一些需由家庭做出决定的产品，则应做好广告宣传，扩大企业产品的影响，并建立方便消费者的分销网点和设施，以促使消费者家庭事先做出对本企业有利的决定和方便消费者购买。

(7) 怎样(how)购买，即购买方式或购买行动。由于消费者的经济条件不同，在购买产品时对价格反映的灵敏程度往往有所不同。有的特别重视价格，有的则重视品牌而不计较价格的高低。例如，对于高档电器、汽车等耐用消费品，由于这些产品价格一般较高，收入较多的家庭可以一次付清价款进行购买，而收入相对较低的家庭则往往愿意采用分期付款的方式进行购买。

一般来说，企业对于目标顾客购买行为中的"6W1H"了解得越清楚，越能掌握市场需求和顾客偏好的变化规律，越能设计出有效的营销战略和营销组合。所有企业必须了解顾客的购买行为规律，充分了解消费者的购买行为。例如，某儿童智能手机公司销售儿童智能手机，营销人员必须仔细分析以下问题：

儿童智能手机的市场由哪些人构成？
目前消费者市场需要什么样的儿童智能手机？
消费者为什么购买这种儿童智能手机？
哪些人会参与这种儿童智能手机的购买，或者对整个购买行为产生影响？
消费者在哪些地方购买这种儿童智能手机？
消费者一般在什么时候会购买这种儿童智能手机？
消费者通过什么样的途径来购买这种儿童智能手机？

(二) 购买习惯

购买习惯是指消费者购买商品在时间、地点及方式等方面形成的规律性。购买习惯的分析可从下述几方面进行。

(1) 购买时间可分为季节品购买时间与日用品购买时间。季节品购买时间一般在季节来临前，如春季购买夏季商品，秋季购买冬令商品，节日前购买节日商品。日用品购买时间一般在上班前、下班后和休假日。不同的商品有不同的购买时间，如蔬菜副食品，消费者习惯于早晨或傍晚购买，水果则习惯于下午或晚上购买。一周之内，周末是购买高峰；一月之内，发工资后几天是购买高峰；一年之内，几大节日是购买高峰；而元旦到春节是购买最高峰。根据消费者购买时间上的习惯，企业可以灵活地调整产品的生产和推销。

(2) 购买地点的选择与购买商品的不同种类密切相关。消费者对可挑选性强、价格较高、需要提供售后服务的商品(特别是高档消费品)，一般习惯到大中型商店或专业商店购买；对于可挑选性不强、价格低廉的日用品或小商品，则习惯就近购买。因此，生产企业在选择经销商时，必须充分考虑消费者购买本企业产品时在购买地点方面有什么习惯，选择消费者习惯购买的商店来经销。此外，随着互联网技术的普及，网络购物正成为消费者选择商品的一个重要渠道，企业必须给予更多的关注，以方便消费者进行选择。

(3) 在购买方式上的习惯。我国消费者购买一般商品时，习惯于先看后买，一手交钱一手交货。人们对邮购、预付货款或分期付款等购货方式一般都采取谨慎的态度。

当然，消费者购买习惯不是固定不变的，它会随着生产方式、收入水平、生活习惯等方面因素的变化而改变。同时，企业的营销活动会影响消费者的购买习惯。

(三) 消费者购买行为模式

经济学家对消费者购买行为进行分析时，往往把消费者看成"经济人"，把他们的购买行为看作完全理性的购买：根据充分的市场情报，购买自己最有价值的商品，并追求"最大效用"。但随着市场经济的发展，消费者收入的大幅增加，市场上商品和服务日益繁多，消费者选择的余地越来越大。此时，仅仅用经济因素已经很难解释消费者需求选择的多样化了。事实上，人的行为是受心理活动支配的，消费者的消费行为自然受到消费者心理活动的支配。那么，心理活动是如何起作用的呢？为了研究消费者购买行为，有关专家建立了一个"刺激—反应"模式来说明外界营销环境刺激与消费者反应之间的关系，如图3-1所示。

图3-1　消费者购买行为模式

(1) 输入刺激。人的心理过程是客观现实的反映。人们接受了客观事物的信息刺激，才可能产生各种心理现象，形成心理活动过程。客观事物的信息刺激是一种输入，这种刺激变量有两类：一类是企业安排的市场营销的刺激，即产品、价格、渠道、促销刺激；另一类是其他方面的刺激，包括经济的、社会的、政治的、文化的、技术的刺激等。前一类刺激是企业可以控制的，后一类刺激属间接环境因素刺激，企业不能控制，只能进行研究和利用。

(2) 心理变换。心理变换是消费者以购买并满足需求为目标的心理活动过程。这个过程是一个"黑箱"，不易完全洞察，难以直接描述，一般只能通过消费者外在的行为、表现来观察和了解。外界刺激进入消费者的"黑箱"，并同消费者本身的特征相结合，这些特征包括消费者的文化特征、社会特征、个人特征及心理特征等；然后经过一定的心理过程，变换成消费者的反应输出。这个过程就是消费者购买决策的过程，包括认识需要、收集信息、选择评价、决定购买、购后感受等阶段。消费者的心理过程是研究消费行为的核心和难点，企业必须努力设法了解和研究消费者"黑箱"中所发生的内容，以便采取相应的对策。

(3) 输出反应。外界输入的刺激因素，经过消费者"黑箱"的操作和处理，变换成消费者的反应输出。消费者决定满足何种需要和欲望，并做出一系列的选择，包括产品的选择，品牌的选择，购买的时间、地点、数量、价格的选择等。消费者行为由此开始从观念形态进入现实之中。消费者经过复杂的购买决策过程完成购买之后，就会产生购后感受。购后感受对是否重复购买有重要的影响，构成下一轮购买行为的刺激变量。

需要指出的是，在支配和影响消费者购买行为的消费者特性因素中，有些是企业难以控制和施加影响的，如消费者的年龄、性别、职业、个性、经济状况、生活方式、民族等，但了解这些因素可以为企业进行市场细分、选择目标市场提供必要的线索，有助于企业采取适应性的营造措施；有些是易受到企业营销活动影响的，如消费者的购买动机、认识、学习、信念等，在了解这些因素的基础上企业可以制定相应的营销策略，以便在一定程度上诱导消费者的购买行为。

第二节 影响消费者购买行为因素分析

影响消费者购买行为的主要因素有文化因素、社会因素、个人因素、心理因素等。分析影响消费者购买行为的因素，对于企业掌握消费者购买特点，开展针对性地市场营销工作，具有极其重要的意义。

一、文化因素

(一) 文化

文化一般是指人类在社会发展过程中所创造的物质财富和精神财富的总和，表明了人类所创造的社会历史的发展水平、程度和质量的状态。同时，它也是区分一个群体与另一个群体的主要因素，是人们通过学习获得的区别于其他群体行为特征的集合。这里的文化主要是指观念形态的文化(精神文化)，包括思想、道德、科学、哲学、艺术、宗教、价值观、审美观、信仰、风俗习惯等方面的内容。一个人在社会中成长，受到家庭及社会组织的各种影响，会形成基本的价值观、风俗习惯和审美观，这些因素会对他的购买行为产生重要的影响。

(1) 价值观念。价值观念是指个人对客观事物(包括人、物、事)及对自己的行为结果的意义、作用、效果和重要性的总体评价，是对"什么是好的、是应该的"的总看法，是推动并指引一个人采取决定和行动的原则、标准，是个性心理结构的核心因素之一。它使人的行为带有稳定的倾向性。不同的文化背景下，人们的价值观念相差很大。一家美国公司在日本市场上推销自己的产品时，采用的是曾经风靡美国市场的鼓动性口号——"做你想做的"，却没有达到预想的效果。市场调查后方知，日美文化在价值观念上存在很大差异，日本人并不喜欢标新立异、突出个性，而是非常强调和谐、克己。于是，这家公司将口号更改为"做你应做的"，市场反应良好。

(2) 风俗习惯。风俗习惯指个人或集体的传统风尚、礼节、习性，是特定社会文化区域内人们历代共同遵守的行为模式或规范。风俗是由于一种历史形成的，它对社会成员有一种非常强烈的行为制约作用。风俗是社会道德与法律的基础和相辅部分，主要包括民族风俗、节日习俗、传统礼仪等。例如，每年的中秋节，全国各地都有赏月、吃月饼的习俗，家家都要隆重地置办一桌佳肴美酒，家人团圆庆祝的同时表达对中秋时节丰收的喜悦。企业开展市场营销活动时，首先要了解消费者的风俗习惯，尊重消费者的风俗习惯，利用好这些风俗习惯，能给企业创造出新的营销机遇。

(3) 审美观。审美观是一个人用什么样的审美观点，持什么样的审美态度，运用什么样的审美方法，对自然景观、社会生活、文学艺术和人生进行审美活动的总称，是一个人审美情趣和审美理想的集中表现。以善为美的具体内涵是重教化、尚伦理；以美为美的具体内涵是求本色、超自然；以真为美的具体内涵是重科学、尚真诚，以达到美化社会、美化生活、美化心灵的目的。不同的消费者往往有不同的审美观。审美观不是一成不变的，其往往受社会舆论、社会观念等多种因素的影响，并制约着消费者的欲望和需求的取向。例如，由于审美观念的不同，中国人喜欢的、认为很美的商品，外国人则不一定喜欢，可能表现出不以为然的态度。

文化是影响人们欲望和行为的基本因素。大部分人尊重他们的文化，接受他们共同的价值观和态度，遵循他们文化的道德规范和风俗习惯，所以文化对消费者的购买行为具有强烈的和广泛的影响。例如，电脑以"使用者具有系统的专门知识"的价值观为先决条件，它只有在以先进技术为基础的文化环境中才能引起消费者的兴趣。再如，标有老年人专用字样的产品在美国等西方国家并不受老年人欢迎，因为这种宣传有悖于这些国家中人们忌讳衰老的观念。

（二）亚文化群

一个社会及其文化是由该社会内部的民族群、宗教群、种族群、地理区域群等因素相互作用而形成的，营销学称这些因素为亚文化群。文化是整体的概念，但在一个大文化背景中，往往还存在许多在一定范围内具有文化同一性的群体，称为亚文化群。亚文化是指存在于一个较大社会中的一些较小群体所具有的特色文化，表现在语言、价值观、信念、风俗习惯等方面的不同。人类社会的亚文化群主要有以下四大类。

(1) 民族亚文化群。几乎每个国家都存在不同的民族，我国是一个多民族国家，除了汉族以外，还存在50多个少数民族。各民族经过长期发展形成了各自的语言、风俗、习惯和爱好，他们在饮食、服饰、居住、婚丧、节日、礼仪等物质、文化和生活方面各有特点，这都会影响他们的欲望和购买行为。

(2) 种族亚文化群。种族是指不同肤色的人类群体，如白种人、黄种人、黑种人等。不同种族有着不同的文化传统与生活习惯，如黄种人吃饭用筷子，白种人吃面包用刀叉。

(3) 宗教亚文化群。宗教是人类社会发展到一定阶段的历史现象，有其发生、发展和消亡的过程。不同的国家，即使是同一个国家也往往存在好几种不同的宗教。我国居民有信教或不信教的自由，客观上存在着信奉佛教、道教、伊斯兰教或天主教等宗教的群体。不同宗教具有不同的文化倾向或戒律，这些宗教的文化偏好和禁忌，会影响信仰不同宗教的人们的购买行为和消费方式。

(4) 地域亚文化群。同一民族，居住在不同的地区，由于各方面的环境背景不同，也会形成不同的地域亚文化群，表现出语言、生活习惯等方面的差异。例如，我国汉族人口众多，且都讲汉语，但由于居住地域辽阔，又形成各自居住地的地方方言，如江南人讲吴语，广东人讲粤语，闽南人讲闽南话；在饮食方面，北方人以面食为主，南方人则以米饭为主，西南人、北方人喜欢吃辣，江南人偏爱甜食等。鉴于文化对人们价值观念、生活方式及购买行为的影响，企业在营销中应当密切注意和研究社会文化，以便选择目标市场，相应地制定营销策略。

文化不是固定不变的，它随着社会生产的发展而变化，且各种不同文化在互相影响渗透。例如，我国人民过去在婚庆之日总是张灯结彩，张贴红喜字，穿红衣。现在受西方国家的影响，很多年轻人结婚之日穿白纱。只有认识文化的发展与变迁，企业才能在动态中使自己的营销活动与消费者的需求保持一致，以便选择目标市场，相应地制定营销策略。

(三) 社会阶层

社会阶层是指全体社会成员按照一定等级标准划分为彼此地位相互区别的社会集团。同一社会集团成员之间态度以及行为模式和价值观等方面具有相似性。不同集团成员存在一定的差异性,这是一切社会都会存在的客观现象。它是社会学家根据职业、收入来源、教育文化水平、居住区域等对人们进行的一种社会分类,是按层次排列的、具有同质性和持久性的社会群体。同一社会集团成员之间态度以及行为模式和价值观等方面具有相似性,不同集团成员存在差异性。例如,发达国家的不同阶层,退休的高收入人群追求贵族式的生活,愿意将时间和金钱花在休闲、旅游、置业等方面;年轻企业管理人员喜欢购置豪华的住宅、汽车、汽艇,以显示自己的富有;白领雇员追求体面的生活方式,不求奢华;普通劳动者和产业工人喜欢光顾折扣商店、二手汽车市场等。在我国,不同职业人群实际消费和消费需求也存在一定的差异,农民喜欢光顾农用生产资料商店,如化肥、农药、农用塑料薄膜、农业机械等是农民经常需要的产品;高级知识分子喜欢参加各种学术会议,光顾书店、美术馆等文化场所等。每一阶层的成员都具有类似的价值观、兴趣爱好和行为方式。

社会阶层具有以下特征。

(1) 在同一个社会阶层的成员要比在两个社会阶层的成员在行为模式上具有更多的相似性。

(2) 人们以自己所处的社会阶层来判断各自社会中占有的高低地位。

(3) 一个人的社会阶层归属要受到职业、收入、教育、居住区域等各种因素的制约。

(4) 社会阶层的内涵会变动,一个人能够在一生中改变自己的社会阶层归属,既可以迈向高阶层,也可以跌到低阶层。这种移动变化的程度取决于社会阶层的稳固程度。

企业依据社会阶层进行市场细分,进而选择适合自己的目标市场,安排市场营销组合,可以大大地增强市场营销活动的针对性和有效性。

二、社会因素

社会因素是指社会上各种事物,包括社会制度、社会群体、社会交往、道德规范、国家法律、社会舆论、风俗习惯等。社会因素包括人类的一切活动。

每一个消费者都生活在一定的社会中,因而,其购买行为受价值观念及社会因素的影响。社会因素主要包括相关群体、家庭和角色地位等因素。

(一) 相关群体

相关群体指直接或间接影响消费者购买行为的个人或集团。相关群体又分为直接相关群体和间接相关群体。一个人的消费习惯和爱好,并不是从出生就有的,往往是受别人的影响而逐渐形成的。相关群体有以下三种形式。

(1) 主要群体,也称为直接相关群体,包括家庭成员、亲朋好友和同窗、同事。主要群体对消费者的购买行为产生直接和主要的影响。

(2) 次要群体,也称为间接相关群体,即消费者所参加的工会、职业协会等社会团体和业余组织。次要群体对消费者购买行为产生间接的影响。

(3) 期望群体,也称为崇拜群体,消费者虽不属于这一群体,但这一群体成员的态度、行为对消费者有着很大影响。

消费者通常与其相关群体具有某些相似的态度和购买行为。群体结合得越紧密,交往过程越有效，个人对群体越尊重，它对个人的购买行为的影响就越大。相关群体对消费者购买行为的影响，可以概括为以下三个方面。

(1) 示范性，即相关群体的消费行为和生活方式为消费者提供了可供选择的模式。

(2) 仿效性，即相关群体的消费行为引起人们的仿效欲望，影响人们对商品的选择。

(3) 一致性，即由仿效而消费行为趋于一致，相关群体对购买行为的营销程度视商品类型而定。

需要指出的是，相关群体对个人的影响因商品不同而有所区别。例如，对使用时不易为他人觉察到的商品影响小，对使用时十分显眼的商品影响大。相关群体对个人的影响因产品所处生命周期阶段的不同也有很大差别，如在介绍期只对产品选择影响较大，在成长期对产品选择和品牌选择都有较强的影响，在成熟期只对品牌选择有较强的影响，在衰退期对产品选择和品牌选择的影响都很小。

在利用相关群体影响人们的购买行为这一点上，企业应着重于设法影响有关的相关群体的意见领导者，即相关群体中有影响力的人。意见领导者可能是主要群体中在某方面具有专长的人、次要群体的领导人或期望群体中人们仿效的对象。由于意见领导者的建议或行为影响力较大，因此他们一旦夸奖了或使用了什么产品，就会对其起到有力的宣传和推广作用。企业应注意研究相关群体中意见领导者的上述特性，以便借助他们对本企业及产品进行有效的宣传和推广。

(二) 家庭

家庭是由婚姻、血缘或收养关系所组成的社会组织的基本单位。家庭有广义和狭义之分，狭义的家庭是指一夫一妻制构成的单元；广义的家庭泛指人类进化的不同阶段中各种家庭利益集团，即家族。社会学家将人类传统的家庭模式分为以下三类。

(1) 核心家庭。核心家庭由夫妻及其未成年子女组成。

(2) 主干家庭。主干家庭由夫妻、夫妻的父母或者直系长辈以及未成年子女组成。

(3) 扩大家庭。扩大家庭由核心家庭或主干家庭加上其他旁系亲属组成。

家庭是社会的细胞，对人的影响最大，人们的价值观、审美观、爱好和习惯多半是在家庭的影响下形成的。家庭对消费者购买行为的影响不仅是直接的，而且是潜意识的。不管自觉或不自觉，也无论在什么场合，家庭对消费者购买行为的影响总会体现出来。一个人在其一生中一般要经历两个家庭。第一个是父母的家庭(原有家庭)，在父母的养育下逐渐长大成人；然后又组成自己的家庭(现有家庭)，即第二个家庭。当消费者做出购买决策时，必然要受到这两个家庭的影响，其中，受原有家庭的影响比较间接，受现有家庭的影响比较直接。

家庭对购买行为的影响主要取决于家庭的规模、家庭的生命周期及家庭购买决策方式等方面。首先，不同规模的家庭有着不同的消费特征与购买方式。我国传统的三代同堂或四代同堂的大家庭，消费量很大，但是家中高档耐用消费品不一定多；现代的三口之家人数虽少，但对生活质量要求较高。家庭规模的变化会直接影响到产品需求的类型与结构。例如，随着我国家庭小型化趋势的出现，家庭厨房炊具也出现小型化、精致化要求。其次，家庭生命周期不同，其消费与购买行为也有很大的不同。在家庭生命周期的不同阶段，消费者对商品的兴趣和需求会有明显的差异，其购买行为也具有不同的特点。

家庭购买决策大致可分为三种类型：①一人独自做主；②全家参与意见，一人做主；③全家共同决定。这里的"全家"虽然包括子女，但主要是指夫妻二人。夫妻二人购买决策权的大小取决于多种因素,如各地的生活习惯、妇女就业状况、双方工资及教育水平、家庭内部的劳动分工以及产品种类等。子女在家庭购买决策中的影响力也不容忽视,尤其在中国,独生子女在家庭中受重视的程度越来越高。随着子女的成长、知识的增加和经济上的独立,女子在家庭购买决策中的权力逐渐加大。

(三) 角色地位

一个人在其一生中会参加许多群体,如家庭、俱乐部及其他各种组织。每个人在各个群体中的位置可用他在群体中所扮演的角色和地位来确定。角色是周围的人对一个人的要求,指一个人在各种不同的场合中应起到的作用,每一角色都伴随着一种地位,这一地位反映了社会对他的总评价。例如,某人在父母面前是女儿,在丈夫面前是妻子,在儿子面前是母亲,在公司则是职员。每一种身份,又附有一种地位,反映着社会对他的评价和尊重程度,如工程师比一般员工的地位要高,总经理比工程师的地位要高。消费者往往会综合考虑自己的身份和社会地位做出购买选择,许多产品和品牌由此成为一种身份和地位的标志或象征。但是,人们以何种产品和品牌来显示身份和地位,往往会因社会阶层和地理区域而有所不同。

三、个人因素

(一) 性别和年龄

不同性别的消费者,因生理和心理上的差异而在消费需求方面存在着明显的不同,在接触的媒体、信息来源、购买方式等方面也存在着一定的差别。例如,男性消费者经常购买烟、酒、西服、领带等;女性消费者则喜欢购买化妆品、时装和首饰等。再如,男性消费者一般不喜欢逛商店,购买目标明确,成交迅速;女性消费者则把逛商店作为一种消遣,往往货比三家,反复挑选。

不同年龄的消费者对商品有着不同的需要,他们消费或购买的许多商品在种类上存在着明显的区别。例如,儿童是儿童食品和玩具的主要消费者,青少年是文教体育用品和时装的主要消费者,中年人是家务经营用品的主要购买者和使用者,老年人则是保健品的主要购买者和消费者。

不同年龄的消费者对商品的式样、风格等也有所偏好。例如,青少年喜欢新奇有趣,中老年注重端庄朴素。

此外,不同年龄的消费者在购买方式上也各有特点。例如,青少年易于接受新事物,容易在各种信息的影响下凭着感觉冲动性地购买,购买行为的理性度较低;中老年人则较为保守,往往不大倚重于广告等商业性信息,主要依据习惯和经验来购买,购买行为的理性度较高。

(二) 职业和受教育程度

消费者的职业不同,其工作性质、工作环境和生活方式也不同,因而其对商品的爱好与需求往往不尽一致。例如,教师和工人的需求有很大的不同,工人需要从事体力劳动的服装、午饭盒、烈性酒等商品,而教师一般需要图书、报刊等文化用品,这也是书店往往开在学校附近的主要原因。因此,市场营销人员有必要调查和识别那些对其产品和服务感兴趣的职业群体,从中选择产销或专门提供某一特定职业群体所需要的产品和服务。

受教育程度不同，消费者的审美观、价值观和消费观念就会存在很大区别。受教育程度较高的人，欣赏能力较强，对精神产品的需求也较多，他们一般选择高雅朴实且与社会风俗道德相一致的商品和消费方式；受教育程度较低的人则多喜爱通俗的精神产品，较多地选择华丽醒目的风格与消费方式。另外，在购买决策方面，受教育程度较高的人往往比较理性，善于利用非商业性来源的信息，考虑问题比较周全。

(三) 经济状况

经济状况对于消费者的购买行为影响更为直接。一个人的经济状况包括其可支配的收入、存款、资产、借贷能力等方面，以及其对未来消费和当前消费的态度。个人经济状况及其对开支和储蓄的态度决定了他们的消费能力和消费结构，影响着他们对商品价格、数量、档次、品牌的选择，是消费者购买行为最重要的约束条件。消费者一般都在可支配收入的范围内考虑以最合理的方式安排支出，以便更有效地满足自己的需要。消费者的经济状况较好，对价格的敏感程度相对较低，易于做出购买决定，更容易接受新产品，倾向于购买品牌价值高的产品，非生活必需品的消费量比较大；消费者的经济状况较差，在支出方面就较为慎重，偏重于满足生活必需品的需要，选择商品时更注意经济性和实用性。

此外，消费者对开支和储蓄的态度，不仅受收入水平、消费习惯和传统风俗的影响，而且受利率高低、物价稳定程度和商品供求状况等因素的影响。由于一些商品的销售很容易受到消费者经济状况的影响，因此生产经营这类商品的企业应密切注意消费者个人收入、储蓄、利率等的动向，以便根据实际情况及时调整营销策略，保持商品对目标顾客的吸引力。

(四) 生活方式

近年来，生活方式对消费行为的影响越来越受到营销人员的重视。生活方式是社会因素、文化因素、经济因素、个人心理等作用于个人之后所形成的综合模式。一个人的生活方式可由其活动、兴趣和看法表现出来。生活方式不同的人，对产品或品牌往往有着不同的需求和偏好。一个人的生活方式确定以后，就可以勾画出他完整的行为模式，而这些行为模式会对其消费需求产生重大影响。

因此，了解目标消费者的生活方式，确定其行为模式，对营销人员来说很有意义。每个企业在对某一产品判定营销策略时，营销人员要研究他们的产品和品牌与具有不同生活方式的各群体之间的相互关系，并做出相应的决策，努力使本企业的产品适应消费者各种不同生活方式的需要。

为了便于认识和把握各种不同生活方式的影响，可对生活方式进行分类。例如，美国学者阿诺德·米切尔根据价值观念的不同，把人的生活方式群体划分为九种类型，即求生者、维持者、顺应者、竞争者、成功者、自我主义者、体验者、有良知者和完美者。比如，对于一种新产品，喜欢接触新事物的体验者和追求传统、保守的顺应者，其消费观念和消费结构很显然会有不同。

(五) 个性和自我形象

个性是个人在多种情境下表现出来的具有一致性的反映倾向，是带有倾向性的、本质的、相对稳定的心理特征的总和。它包括消费者的气质、性格、能力等方面，导致一个对其所处环境的相对一致和持续不断的反应。消费者所具有的意识化倾向，决定着人对现实的态度以及积极认识活动对对象的趋向和选择。个性主要包括需要、动机、兴趣、理想、价值观和世界观。不同个性的消费者在购买行为中表现出的特征是有很大差异的。例如,外向型消费者在购买商品时热情高,喜欢提问,情感体现于面部,愿意与推销员交流信息;而内向型消费者在购买商品时行为稳重,喜欢自己体验、自己判断,不愿与推销员交流,不轻信于人。个性可以直接或间接地影响消费者的购买行为。例如,喜欢冒险的人容易受广告的影响,成为新产品的早期使用者;自信和急躁的人购买决策过程较短;缺乏自信的人购买决策过程往往较长。

自我形象,又称自我观念,是指消费者对自己的认识评价,包括希望把自己塑造成什么样的人,或者在社会交往中企图使别人把自己看成什么样的人。不同的人具有不同的自我形象,不同的自我形象又会影响购买行为的差异性。由于人们总是希望保持、增强、改善自我形象,并把消费和购买行为作为表现和塑造自我形象的一种重要手段。因此,在现实生活中,消费者往往购买与自己的形象相一致的商品,如果与自己的形象不相称,就拒绝购买。在很多情况下,消费者购买产品并不仅仅是为了获得产品所提供的功能效用,而是要获得产品所代表的象征价值,如"劳斯莱斯""法拉利"等品牌汽车,对购买者来说,显然不是一种单纯的交通工具。企业研究目标市场上消费者的自我形象,有助于更好地满足消费者上述方面的特定需要。

四、心理因素

心理因素是运动、变化着的心理过程,包括人的感觉、知觉和情绪等,往往被称为事物发展变化的"内因"。事物发展变化必须具备内因和外因两个条件。内因一向被认为是第一位的原因,外因则是第二位的原因。内因是事物变化发展的内在根据,是事物存在的基础,是一事物区别于其他事物的内在本质,是事物运动的源泉和动力,它规定着事物运动和发展的基本趋势。因此,对消费者心理的研究,将有助于商家销售活动的顺利开展。

消费者心理是指消费者在满足需求过程中的思想意识和内心活动。支配和影响消费者行为的心理因素主要包括动机、感觉和知觉、学习、信念和态度四个方面。这些因素不仅影响和在某种程度上决定消费者的决策行为,而且对外部环境与营销刺激的影响起放大或抑制作用。

(一)动机

1. 动机的概念

动机是指人们为了满足某种需要而引起产生某种活动的压力。心理学认为,人的行为是由动机支配的,而动机是由需要引起的。所谓需要,就是客观刺激通过人体感官作用于人脑所产生的某种缺乏状态。例如,人有饥饿感的时候会产生进食的需要,天气变冷产生要加衣服的需要等。而一种尚未满足的需要会在心理上产生一种紧张感,驱使人们采取某种行为以消除这种紧张感。行为科学认为,一般来说,最缺乏的需要往往是行为的主要动机。因此,关于消费者的动机研究主要集中在对需要的研究上。关于需要的研究,理论成果非常丰富,实践经验也很广泛,其中最流行的有弗洛伊德人格理论、马斯洛需求层次理论和赫茨伯格双因素理论三种。这些理论对消费者行为分析和市场营销的策略有一定的参考价值。本书着重介绍马斯洛需求层次理论。

马斯洛按需要的重要程度排列,把人类的需要分为五个层次,即生理需要、安全需要、社会需要、尊重需要和自我实现需要。

(1) 生理需要。它是人类最原始、最基本的需要，也是最重要的需要，必须首先得到满足，包括饥饿、渴等衣、食、住、行方面的需求。若不满足，则有生命危险。也就是说，它是最强烈的、不可避免的最底层需要，也是推动人们行动的强大动力。

(2) 安全需要。它是人们对于自身安全的欲望和要求。这是与人们为免遭肉体和心理损害有关的需要，最主要的是保障人身安全和生活稳定。其表现形式为保护人身不受损害、医疗保健、卫生、保险以及防备年老、失业等需要。

(3) 社会需要。它是有所归属和爱的需要，是指个人渴望得到家庭、团体、朋友、同事的关怀、爱护、理解，是对友情、信任、温暖、爱情的需要。社交的需要比生理需要和安全需要更细微、更难捉摸。它与个人性格、经历、生活区域、民族、生活习惯、宗教信仰等都有关系，这种需要是难以察觉、无法度量的。

(4) 尊重需要。它自尊和被别人尊重的需要，具体包括威望、成就、自尊、被人看得起、有身份名誉、地位和权力等的需要。这些具体不同的需要，会从不同的侧面影响人们的行为。例如，威望的这种需要，既可鼓舞人们去好好完成有益的事业，也可以导致人们破坏性的、反社会利益的行为。

(5) 自我实现需要。它是最高层次的需要，是指希望充分发挥个人的能力及获得成就的需要。人们一般都会有这样的经验，当个人完成一件工作或达到一项目标时，都会感到一种内心的愉悦。

马斯洛需求层次理论的出发点在于：①人类具有需要和欲望，随时有待于满足；②人的需要从低级到高级具有不同层次，只有当低一级的需要得到基本满足时，才会产生高一级的需要。

人都潜藏着这五种不同层次的需要，但在不同的时期表现出来的各种需要的迫切程度是不同的。人的最迫切的需要才是激励人行动的主要原因和动力。一般说来，需要强度的大小和需要层次的高低成反比，即需要的层次越低，其强度越大。马斯洛需求层次理论既有助于企业设计市场营销组合，又有助于企业进行有效的市场营销决策。

不过，马斯洛的这种需求层次结构不是刚性的，在不同人、不同社会、不同时代也许需要层次的顺序不同，或者没有某一层次的需要。马斯洛需求层次理论在营销学上的应用，主要有以下两方面。

(1) 马斯洛需求层次理论提供了一个有效的方法，使市场营销人员能够区别不同的消费者可能需要购买的产品。例如，在生产力水平很低的地方，人们还在为获取基本生存条件而奋斗，那里的消费者最重要的需求是基本的食物、衣着、住房及其他得以生存的基本生活资料；而在生产力水平较高的发达地区，高层次的需要就占突出的地位，人们所需要的就不是聊以果腹的食物和聊以御寒的衣服了。根据购买者不同的需要层次向他们提供不同的产品，这是促进销售的一条基本原则。

(2) 马斯洛需求层次理论启发我们，消费者的需要不是一成不变的，随着时间的推移、生产力的提高，原有的需要得到满足以后，消费者所追求的是高一层次的需要，因此必须不断地开发新产品、改进原有产品，以满足未被满足或新产生的需要。

2. 消费者购买动机的种类

消费者的需要引起购买动机，如前所述，由于消费者的需要是千差万别的，因此消费者的购买动机也是多种多样的,具体来说有以下几种。

(1) 求实动机。这是消费者以追求商品的使用价值为主要特点的最普遍、最基本的购买动机。这类消费者在购买商品时,主要追求商品的实惠、使用方便,不过多考虑商品的外形美观,不容易受社会潮流和各种广告的影响。例如,许多老年人购买手机时,不赶时髦,不大注意款式,他们更看重手机是否使用方便,符合自身要求。

(2) 求安全动机。这是消费者以追求商品使用安全为前提的购买动机。这类消费者购买商品时,首要考虑的是该商品在使用过程中和使用以后,保证生命安全或身体健康,如交通工具、家用电器、食品、药品等均要求安全可靠,且有利于身体健康。

(3) 求廉动机。这是消费者以追求价廉物美为主要特点的购买动机。这类消费者在购买商品时,特别重视商品价格的高低,对商品的花色、款式、包装及质量不太挑剔。例如,有的消费者专门购买一些低档品及处理品等,这一般是有勤俭节约习惯或经济收入较低的消费者。

(4) 求新动机。这是消费者以追求商品的时尚和新颖为特点的购买动机。这类消费者在购买商品时,特别重视商品的款式新颖、格调清新和社会流行,如在服装上讲究时髦,在家庭摆设上讲究装饰;对商品的实用程度及价格高低不太注意,这一般是经济条件较好的青年男女及具有特殊地位的消费者。

(5) 求美动机。这是消费者以重视商品的欣赏价值和艺术价值为主要特点的购买动机。这类消费者购买商品时,重视商品的造型、色彩和艺术美,重视对人体的美化作用,如购买服装时十分注重内衣与外衣及上下装的颜色相互协调,还要与自己的体型、肤色相互协调等。

(6) 求名动机。这是消费者以追求名牌产品、特点产品的购买动机。这类消费者在购买商品时,十分注意商品的商标、牌号、产地、名声及购买地点。

(7) 从众心理。作为社会的人,总是生活在一定的社会圈子中,有一种希望与他应归属的圈子同步的趋向,既不愿突出,也不想落伍。受这种心理支配的消费者构成后随消费者群。这是一个相当大的顾客群。许多厂家在广告中所宣传的"产品销量第一",就是要利用消费者的从众心理,激发更多人的购买欲望。

总之,消费者的购买动机是纷繁复杂的,同一购买行为可能是多种动机错综复杂交织在一起,有的消费者可能自己也弄不清何种购买动机促使他去购买。但是,企业必须重视分析和研究消费者的购买动机,因为购买动机对企业营销活动有深刻的影响。消费者购买商品的动机是由需求推动形成,而需求的形成又是比较复杂的。它既可以由内在因素激起,也可以由外在因素唤起。现代市场营销学理论认为,从心理学角度看,绝大多数购买行为是受后天经验影响的。

(二) 感觉和知觉

消费者有了购买动机后,就要采取行动。至于怎样采取行动,则受到认识过程的影响。消费者的认识过程是对商品等刺激物和店容店貌等情境的反映过程。它由感性认识和理性认识两个阶段组成。

1. 感觉和知觉的概念

感觉是指人脑对当前直接作用于感觉器官的客观事物的个性属性的反映。人们对事物的认识由感觉开始,刺激物或情境的信息,如某种商品的形状、大小、颜色、声响、气味等,刺激了人的视、听、触、嗅、味等感官,使消费者感觉到它的个别特性。随着感觉的深入,各种感觉到的信息在头脑中被联系起来进行初步的分析综合,使人形成对刺激物或情境的整体反映,就是知觉。感觉与知觉的区别主要有三点:①感觉是人脑对客观事物某一部分的个别属性的反映,知觉是对各个部分的综合反映。②感觉是当前刺激所引起的兴奋,知觉包括当前刺激所引起的兴奋和以往知识经验的暂时神经联系的恢复过程。③感觉是介于生理和心理活动之间的活动,知觉主要是人们的一种心理活动。

知觉具有以下特性。

(1) 选择性。消费者不可能对作用于感觉器官的商品全部清楚地感知到,也不可能对所有的商品都有反应,而只能有选择地以少数品牌的商品作为知觉对象。据此,企业营销人呐喊在推销产品时,应强化自己产品的特色和优点,力求给消费者留下深刻的印象。

(2) 整体性。消费者在认识商品的过程中,会经常根据消费对象各个组成部分的组合方式进行整体性知觉,并对消费对象的各种特征进行联系与综合。例如,消费者经常把商标、价格、质量、款式、包装等联系在一起,形成对某种商品的整体印象。

(3) 理解性。消费者往往根据自己的知识经验对感知对象进行加工。由于知识经验的差异性,消费者之间在知觉的理解力与程度上也有差异,导致在对商品的认知上出现知觉迟缓和肤浅。

2. 产生知觉的心理因素

受动机驱使的人准备采取行动。但是,一个人的行动会受到这个人对环境知觉的影响。在同一情况下,具有相同动机的人会采取完全不同的行动,原因就是他们对外界环境的知觉不同。知觉是具有个人化特征的。有的人可能会感觉一个语速很快的营销人员很真诚或有雄心,也可能感觉另一个营销人员聪明和乐于助人。人们会通过混合以下三种心理因素对同一个对象产生知觉。

(1) 选择性注意。人们每天都面临大量的刺激,但人的知觉能力是有限的。当外部刺激量超过其接受能力时,一部分刺激就要受到排斥,一般只注意那些与其当时需要有关的、与众不同的或反复出现的刺激。一个普通人每天面临的广告也许超过 1500 条,他不可能对所有广告都保持关注,只能选择其中的部分加以注意,这种过程便称为选择性注意的过程。选择性注意意味着营销人员必须努力吸引消费者的注意。以下是一些关于选择性注意的主要研究结果:

① 人们更倾向于关注与当前需求有密切联系的刺激。

② 人们更倾向于注意他所希冀的注意。例如,在电脑商店里,你可能更关注电脑的广告而不是收音机的广告。

③ 人们可能更关注那些相对于普通广告在折扣方面更优惠的广告。

(2) 选择性曲解。当人们面对客观事物时,不一定都能正确认识、如实反映,往往是按照自己的偏见来曲解客观事物,即人们有一种把外界输入的信息与头脑中原有信息相结合的倾向。这种按个人信念曲解信息的倾向,叫作选择性曲解。例如,对同一减价销售的广告,有的消费者可能认为这是季节性减价,是有质量保证的实惠;有的消费者可能认为这是一种推销残次、伪劣产品的手法,是一种骗术。

(3) 选择性记忆。心理学上所说的选择性记忆是指人们往往只能记忆对自己有利的信息,或者只记自己愿意记的信息,而其余信息往往会被遗忘。这种记忆上的取舍,就叫作选择性记忆。选择性记忆是传播学中受众选择性理论中的一个重点内容,受众总是根据自己的需求,在已被注意和理解的信息中挑选出对自己有用、有利、有价值的信息储存在大脑中,受众会遗忘他们所得到的大部分信息,倾向于保留能支持他们态度和信仰的信息。选择性记忆能够解释为什么营销者在向目标市场传送信息时,经常使用大量戏剧性的手段以及一遍遍地重复发送。

消费者在购买商品时,商家会想方设法地抓住消费者的感觉器官,通过对商品和劳务施以与之相应的营销手段,如广告宣传、商品品牌、价格、橱窗布置等,以期消费者会选择性保留其产品的正面形象信息。所以,为使消费者对本企业的产品和劳务产生最佳感受,企业必须采取适当的营销手段,把商品的外观、色泽、气味、结构、功能等充分而恰当地展现给消费者,以刺激消费者的感觉和知觉。例如,服装,消费者不仅可以摸看,还可以试穿。再如,食品试吃、音响试听、电视试看、手表试戴等,都是有效地刺激和加深消费者对商品感觉和知觉的营销手段。

(三) 学习

人类的有些行为是与生俱来的,但大多数行为是从后天经验中得来的,这种通过实践并由经验而引起的行为变化的过程,就是学习。消费者的行为绝大部分是后天习得的。通过学习,消费者获得了丰富的知识和经验,提高了对环境的适应能力。同时,在学习过程中,其行为也在不断地调整和改变。人们在日常生活中,不断学到许多有用的行为,也包括学习各种消费行为。在学习的过程中,其行为和态度也会发生相应的改变。在营销实践中,消费者行为学习的主要方式就是模仿,而模仿的对象首先就是家庭主要成员,然后是教师和周围其他关系密切的人。心理学家认为,学习来自"后天经验",可以用"学习的模式"来进行描述,如图 3-2 所示。

图 3-2　学习的模式

(1) 驱使力。驱使力即内在需要,是指存在于人体内驱使人们产生行动的内在刺激力。心理学家把驱使力分为原始驱使力和学习驱使力两种。原始驱使力指先天形成的内在刺激力,如饥、渴等。学习驱使力指后天形成的内在刺激力,如担心、骄傲、贪婪等。例如,白领一族会担心工作不出色、受到领导责怪等,这些都是后天环境中学习形成的。

(2) 刺激物。刺激物指的是可以满足内在驱使力的物品。例如,在下雨天,雨伞就是刺激物。如果内在驱使力得不到满足,人们就会处于焦虑或者是紧张的状态,只有得到刺激物后人们的心理才会趋于平静。当驱使力发生作用并驱使人们寻找相应刺激物时,就成了动机。

(3) 诱因。诱因指刺激物所具有的能驱使人们产生一定行为的外在刺激,可以分为正诱因和负诱因。正诱因指吸引消费者购买的因素,负诱因是指引起消费者反感的因素。所有营销因素均可以成为诱因,如刺激物的品种、性能、质量、商标、包装、服务、价格、销售渠道、广告、人员推销、营业推广等。

(4) 反应。反应指驱使力对具有一定诱因的刺激物所发生的反射行为。例如,企业通过大量的广告宣传让消费者产生了强烈的购买欲望。

(5) 增强或者减弱。增强或者减弱指驱使力对具有一定诱因的刺激物发生反应后的效果。若效果良好,则反应被增强,以后对具有相同诱因的刺激物就会发生相同的反应;若效果不佳，则反应被削弱，以后对具有相同诱因的刺激物不会发生反应。

消费者的购买行为带有明显的感情色彩，这是由于消费者自身的实践体会和外界宣传、刺激的结果。消费者这种感受的积累和定型便是情感学习的过程。从心理学角度来说，学习是驱动力、刺激物、诱因、反应和强化诸因素相互影响和相互作用的过程。驱动力是一种需要或不满足的感觉，如人的食欲，它是引发行为的内在动力。刺激物是能消除或减缓驱动力紧张程度的事物。诱因是影响人们在何时、何地行动及如何行动的次要刺激物。反应是人们对刺激物和诱因所做出的反射行为。强化是对刺激—反应模式的强化，它与人们对反应的满意程度有关。如果反应使人获得了满足，那么以后在相同的条件下，人们会做出相同的反应和选择。

假设某消费者具有提高外语听说能力的驱动力，当这种驱动力被引向一种可以减弱它的刺激物，如电脑时，就成为一种动机。在这种动机的支配下，他将做出购买电脑的反应。但是他何时、何处和怎样做出反应，常常取决于周围的一些较小的或较次要的刺激，即提示物，如亲属的鼓励，在朋友家看到了电脑，看到了有关电脑的广告、文章和特殊的售价等。他购买了某个品牌的电脑后，如果使用后感到满意，就会经常使用并强化对它的反应。以后若遇到同样的情况，他会做出相同的反应，甚至会在相似的刺激物上推广他的反应：购买同一厂家或同一品牌的其他商品。反之，如果他在使用过程中感到失望，以后就不会做出相同的反应。

学习主要是指经验影响消费者的购买行为。营销人员研究消费者的这种学习心理，主要是为了强化本企业产品的驱动力，使消费者对产品产生良好的印象，促使消费者产生多次购买的需求。

(四) 信念和态度

消费者在购买和使用商品的过程中形成信念和态度，这些信念和态度又反过来影响人们的购买行为。

在心理学上，信念是指人按照自己所确信的观点、原则和理论去行动的个性倾向。由于其存在个性倾向，在企业制订相关营销计划时这一点是不容忽略的。顾客对产品的信念，可能是科学的，也可能是偏见的，但都会影响其购买选择，因为产品信念实际上就是产品或品牌在顾客心目中的形象。

态度是个体对待他人或事物的稳定的心理倾向，包括认知、情感、意向三个方面。对态度的理解主要从以下四个方面展开。

(1) 态度是一种内部状态，是一种行为选择状态，往往表现为对一些类型行为的趋向与回避、喜爱与厌恶、接受与排斥等。它决定人们是否愿意去完成某些行为。例如，某消费者认为某厂产的皮鞋最好、某地区产的衬衣最好、某商店的商品货真价实，这些都是态度的具体化。

(2) 态度使人们产生喜欢或不喜欢某些事情、接受或回避这些事情的固定想法。对某商品的肯定态度可以使之长期畅销，而否定态度可使之长期滞销。

(3) 人们几乎对所有事物，如宗教、政治、衣着、音乐、食物等都持有态度。态度模式一旦形成便具有一定的稳定性，将会长期影响人们的购买行为。

(4) 一个人所具有的态度形成某个模式，要改变其中的某个态度还需相应改变许多其他的态度。因此，企业在经营过程中要注意树立良好的品牌及企业形象，使消费者对产品和企业产生信赖感。

由于态度模式的稳定性，营销人员不要试图改变消费者的态度，而是要改变自己的产品，以迎合消费者已有的态度，最好使企业的产品与消费者既有的态度相一致。如果企业确实要改变目标市场消费者的态度，则需要时间，并要为此付出高昂的费用与艰辛的努力。

第三节 消费者购买决策过程

在众多影响因素的综合作用下，消费者的购买心理必然以其最终的购买决策来表现。消费者购买决策是一个系统的过程，由单个购买的先后阶段组成。

通常，消费者购买决策是指其为了满足某种需求，在一定的购买动机的支配下，在两个或两个以上的可供选择的方案中进行分析、评价、选择及表达购后感想的活动过程。消费者的购买决策过程具有目的性、过程性、复杂性以及情景性等特点。它主要涉及参与购买的角色、购买行为的类型和购买决策的阶段。

一、消费者市场购买决策的参与者

在我们日常购买的大多数产品中，很容易判断出谁是购买者，如香烟的购买者通常是男性，化妆品的购买者通常是女性。但在许多情况下购买决策并不是由一个人单独做出的，而是有其他成员参与的一种群体决策过程。因此，了解哪些人参与了购买决策，他们在购买决策过程中各自扮演怎样的角色，对于企业的营销活动是很重要的。人们在一项购买决策过程中可能充当以下角色。

(1) 发起者。首先想到或提议购买某种产品或劳务的人。
(2) 影响者。其看法或意见对最终决策具有直接或间接影响的人。
(3) 决策者。能够对买不买、买什么、买多少、何时买、何处购买等问题做出全部或部分决定的人。
(4) 购买者。实际采购的人。
(5) 使用者。直接消费或使用所购商品或劳务的人。

了解每一购买者在购买决策中扮演的角色，并针对其角色地位与特性，采取有针对性的营销策略，就能较好地实现营销目标。比如，购买一台空调，提出这一要求的是孩子，是否购买由夫妻共同决定，而丈夫对空调的品牌做出决定，这样空调公司就可以对丈夫做更多有关品牌方面的宣传，以引起丈夫对本企业生产的空调的注意和兴趣；至于妻子在空调的造型、色调方面有较大的决定权，公司则可设计一些在造型、色调等方面深受妻子喜爱的产品。只有了解购买决策过程中的参与者的作用及其特点，企业才能够制订出有效的生产计划和营销计划。

二、消费者市场购买决策的类型

消费者购买决策随其决策类型的不同而变化。例如，较为复杂和花钱较多的决策，往往凝聚着购买者的反复权衡和众多人的参与决策。消费者在购买商品时会因商品价格、购买频率的不同，而投入购买的程度不同。例如，购买房地产和购买一把牙刷的购买决策会大不相同。前者属于大件商品，可能需要广泛收集信息，反复比较选择；而后者可以考虑较少，随时购买。

(一) 按照购买过程中参与者的介入程度和品牌的差异程度分类

(1) 习惯性的购买行为。这是指消费者对所购产品十分熟悉，对可供选择的各种产品的性能、特点了如指掌，购买前心中有数，购买时不必费时挑选。这种购买大多数属于生活中的例行性购买，一般是针对单价较低、采购频繁、购买者已有品牌偏好的产品。在这种情况下，企业应保证产品质量，保持价格稳定，合理安排上市，避免出现脱销现象，以免被其他竞争者抢走市场。同时，要想方设法使习惯购买其他厂家产品的消费者改购自己的产品。其途径包括改进产品、改善包装、改变商品陈列、提供价格折扣、加强宣传促销，在增强消费者对产品了解的同时，使消费者得到实惠。

(2) 寻求变化的购买行为。当消费者卷入程度很低而且品牌间的差异很大的时候，消费者就会经常改变品牌的选择。这种购买行为的产生往往不是因为对原有品牌不满意，而是因为同类产品有很多可供选择的品牌，由于这类产品本身价格并不高，所以消费者在求新求异的消费动机下就会经常不断地在各品牌之间进行变换，达到"常换常新"的目的。例如，购买饼干，他们上次购买的是巧克力夹心，这次想购买奶油夹心。这种品种的更换并非对上次购买不满意，而只是想换换口味。对于这类商品的营销，市场领先者可通过保证供应以及反复提醒性广告来促进消费者形成习惯性的购买行为；而市场挑战者则可通过降低价格、强调新产品特色的广告以及各种营业推广活动来刺激消费者进行产品品种选择。

(3) 协调性购买行为。协调性购买行为是消费者购买差异性不大的商品时发生的一种购买行为。在购买的过程中，由于品牌差别不明显，消费者一般不花很多时间收集不同品牌的各种信息并进行评价，而主要关心价格是否优惠和购买时间与地点是否便利，因此，从引起需要和动机到决定购买所用的时间比较短。消费者购买后容易出现因发现产品缺陷或其他产品更优而使心里不舒服的现象。为追求心理平衡，消费者这时才注意寻求有关已购品牌的有利信息，争取他人的支持，设法获得新的信念，以证明自己的眼光高人一等，购买选择是正确的。鉴于这种心理特点，一方面，企业要通过调整价格，选择适当的销货地点和优秀的售货员，以影响消费者的品牌选择；另一方面，企业应以各种方式与消费者取得联系，及时提供信息，使他们对自己的购买选择感到满意。

(4) 复杂的购买行为。一般来说，在购买贵重物品、大型耐用消费品、风险较大的商品、外露性很强的产品以及其他需要消费者高度卷入的产品时，多数消费者对欲购商品的属性不太了解，甚至全然不知。因此，消费者需要有一个学习过程，以对欲购商品形成信念和态度。他们往往广泛搜集同欲购商品有关的各种信息，了解商品的属性，对各种可供选择品牌的重要特性进行比较评价，先建立对每种品牌的各种特性水平的信念，然后形成对品牌的态度，再慎重做出购买选择。这种复杂的购买行为，是一种广泛地解决问题的行为。例如，一辆汽车的购买，如果购买者对汽车不具备专业技术知识，那么他们在购买之前首先要了解汽车的性能特点，逐渐树立起对产品的看法，经过比较权衡，最后才做出购买决策。在介入程度高且品牌差异大的产品经营中，企业应该设法帮助消费者了解与该产品有关的知识，并设法让他们知道和确信本产品在比较重要的性能方面的特征及优势，使他们树立对本产品的信任感。这期间，企业要特别注意采取必要的营销策略，针对购买决策者做多种形式的介绍本产品特性的广告，向消费者提供有利信息，协助消费者学习，以影响消费者的购买选择。

(二)按照消费者购买准备状态分类

(1) 完全确定型。这类消费者在进入商店前就已经有明确的购买目标，对于产品、商标、价格、型号、款式等都有明确的要求。因此，他们在进入商店后可以毫不犹豫地买下某商品。

(2) 部分确定型。这类消费者在进入商店前已有大致的购买目标，但具体要求还不太明确，对于产品、品牌、价格、款式等还有考虑和商量的余地。因此，这部分消费者一般难以清晰地对营销人员说出他们对所需商品的具体要求，希望在商店里得到营销人员或其他信息的指导。

(3) 不确定型。这类消费者常常抱着"逛商店"的态度，没有非常明确的购买目标，也没有比较迫切的购买任务。因此，他们在进入商店后，经常表现为漫无目的地东走西看，顺便了解某些商品的销售状况。当然，如果他们碰到满意的商品也会购买，甚至常常满载而归。

(三)按照购买者的心理状况分类

(1) 习惯型消费。这类消费者往往习惯使用一种或几种商品。由于经常使用，他们对这些产品或品牌十分熟悉、信任，体验较深，从而形成一种习惯性的态度。当再次购买时，他们往往根据过去的购买经验和使用习惯，不假思索地进行购买活动，或长期使用某种产品，或长期使用某种品牌，或长期惠顾某个商家，不轻易改变购买习惯，从而迅速形成重复购买。

(2) 理智型消费。这类消费者头脑冷静，行为慎重，在购买商品前，注意收集商品信息，了解市场行情，进行较为周密的研究比较，以对商品特性做到心中有数。他们善于控制自己的感情，很少受广告宣传和推销人员的影响，往往是自己对商品做一番细致的分析比较，反复权衡利弊，再做购买决策；而且他们在做决策时，一般也不太爱动声色。

(3) 经济型消费。这类消费者对商品的价格非常敏感，并以价格作为选购商品的主要依据。他们又可分为两类：一类偏爱高价、高档商品，以求其质；另一类偏爱低价商品，以求其廉。当然，这类消费者之所以侧重于从经济角度做购买决策，也在很大程度上与其经济状况和心理需要有关。

(4) 冲动型消费。这类消费者的个性特征是心理反应敏捷，容易受外部刺激的影响。他们的这种个性特征导致其容易受商品的外观、包装、商标或促销方式的刺激而产生购买行为。他们对商品的选择以直观感受为主，从个人兴趣或情绪出发，喜欢新奇的产品和时尚产品，而不太计较商品的实际效用。他们一般对所接触到的第一件合适的商品就想买下，而不愿做反复比较选择，因而购买决策迅速。

(5) 感情型消费。这类消费者的感情、想象力和联想力特别丰富。因此，他们在购买商品时容易受感情的影响，也容易受促销宣传诱导。商品的外观、造型、颜色甚至命名往往都能引起他们丰富的联想。他们常常以自己的联想去衡量商品的价值，只要符合其感情需要，他们就乐意购买。因此，这类消费者在购买商品时，注意力容易转移，兴趣也容易变换。

(6) 疑虑型消费。这类消费者性格内向，观察细微，多疑，行动谨慎且迟缓。他们在购买商品时总是疑虑重重，三思而后行；他们挑选商品费时较多，购买决策迟缓，还常因犹豫不决而中断，甚至在购买后还会疑心上当受骗。

三、消费者购买的心理活动和决策过程

消费者的购买决策过程,是指消费者购买行为或购买活动的具体步骤、程度、阶段。由于影响消费者购买行为的经济因素、心理因素、社会因素在不同消费者之间的程度不同,因所以消费者的购买决策过程也大有差异。有的消费者购买商品只需几分钟,有的消费者购买商品则需几个月甚至几年。但不管哪种购买决策过程,消费者在为满足需要而采取购买行为之前,必然发生一系列心理活动过程,因此企业必须首先分析消费者购买心理活动过程。

(一)消费者购买心理活动过程

消费者在消费需要的基础上产生购买动机,在动机的支配下采取购买行为。尽管各人的购买行为有很大的差异,但购买商品时的心理活动基本相同,一般会经过以下几个过程。

(1) 对商品的感知过程。消费者对商品的认识首先从感觉开始。所谓感觉,是指人脑对直接作用于感觉器官的当前客观事物个别属性的反映。任何消费者购买商品,都要通过自己的五官感觉(视觉、听觉、嗅觉、味觉和触觉)使他们感觉到商品的个别特性,从而产生感觉。感觉是最基本的心理现象。消费者在对商品感觉的基础上,把感觉到的个别商品的特性有机地联系起来,形成对这种商品的整体反映,这就是对商品的知觉过程。必须指出的是,消费者对商品的感觉和知觉都是作用于他们感觉器官上的反映。感觉反映商品的个别特征,而知觉则反映商品的整体特征。消费者感觉到的商品个别特征越丰富,对商品的知觉也越完整。消费者对商品的感知过程给市场营销的启示是,企业必须重视商品的外观、包装和装饰、橱窗陈列等,以引起消费者的注意。

(2) 对商品的注意过程。它是指消费者购买商品心理活动过程中对商品的集中性和指向性。消费者在同一时间内不能感知许多商品,只能感知其中少数商品。消费者对商品的指向性,显示他们对商品的选择;消费者对商品的集中性,是指他们的心理活动较长久地保持在所选择的商品上。对商品的注意,强化了消费者对商品的认识过程。消费者对商品的注意过程给市场营销的启示是,企业必须注意商品橱窗的陈列,注意营销人员的仪表、风度、气质,以引起消费者的考虑。

(3) 对商品的思维过程。消费者认识和感觉到了商品的客观存在,不会马上做出购买决策,他们先要根据自己掌握的知识经验和其他媒介信息,对注意到的商品进行分析、判断和概括,这就是对商品的思维过程。消费者通过思维过程,对商品的价格、质量、外观、颜色、功能等进行全面的认识,从感性阶段上升到理性阶段,这时消费者已接近做出购买与否的行动决策了。对商品的思维过程给市场营销的启示是,企业既要重视商品质量,又要降低产品成本,注意产品的设计与造型。

(4) 对商品的情绪过程。一般地说,消费者购买商品,有一个从感性到理性的认识过程。但是,在现实生活中,并不是所有的购买行为都是理智思维的结果,在许多场合,都是情感在起作用。如果消费者对商品采取肯定的态度,就会产生满意、喜欢、愉快的情绪。如果消费者对商品采取否定态度,就会产生不满意、不喜欢、不愉快甚至愤怒的情绪。因此,消费者对商品的情绪也会影响他们的购买行为。消费者对商品的情绪过程给市场营销的启示是,企业不仅要提高产品质量,而且要讲究信誉,注意服务态度,给消费者留下良好而深刻的印象,以良好的情绪促使他们购买。

(二) 消费者购买决策过程

消费者购买决策过程包括唤起需要、收集信息、比较选择、购买决策、购后行为等五个既相互联系又相对独立的阶段，如图 3-3 所示。

图 3-3 消费者购买决策过程

1. 唤起需要

消费者的购买过程是从唤起需要开始的。需要是购买行为的原动力。一般地说，消费者需要是由两种刺激引起的：一种是人体内部的刺激，如饿、冷、渴等的刺激；另一种是人体外部的刺激，如周围环境、广告宣传、商品外观等的刺激。唤起需要这一阶段的存在对营销人员有两方面的意义。

(1) 营销人员必须了解本企业产品实际上或潜在地能引起消费者哪些需要，以作为设计触发诱因的根据。例如，人们对服装的需求，爱美的需要是一种驱策力，在社会交往过程中尊重和显示身份与地位的需要也是一种驱策力。如果企业生产的服装能同时满足以上两种需要，就能引起消费者的购买动机。

(2) 消费者对某种商品的需求强度会随时间的推移而变动，并且被一些诱因所触发。例如，消费者对夏令用品的需求强度会随着夏季的临近而加强，并在夏季达到最高峰，随后就会减弱以至消失。

唤起需要是消费者购买行为的起点，因此，营销人员一方面要掌握唤起需要的时机；另一方面要善于安排适当的诱因，促使消费者对本企业所生产经营的产品的需要变得很强烈，并转化为购买行动。例如，企业可以通过广告宣传及商品陈列来刺激消费者，以唤起和强化消费者的需求。

2. 收集信息

如果唤起的需要很强烈，或者可满足需要的商品易于得到，消费者就会希望马上满足他的需要。但在多数情况下，消费者的需要并非马上就能获得满足。这种尚未满足的需要所造成的紧张感，使消费者比较容易接受有关能够满足需要的事物的信息，甚至促使其主动地收集有关信息，以便尽快做出购买决定。消费者获得信息的来源一般有以下四个方面。

(1) 经验来源。消费者在对某种产品购买、使用的基础上所形成的有关该产品的知识。

(2) 人际来源。消费者从亲戚、朋友、邻居、同事或其他消费者推荐介绍中获得信息。

(3) 商业来源。消费者从商家的广告宣传、商品陈列、商品包装、促销活动中获取商品和服务的信息。

(4) 公众来源。消费者从报刊、广播、电视等大众传播媒介及有关消费者团体等渠道了解社会舆论对商品或服务的评价或描述。

各种信息来源对消费者的购买决策有着不同的影响。例如，商业信息一般只起告知的作用，而人际信息和公众信息则具有评价作用。通过了解与商品有关的各种信息，消费者的购买打算会逐渐趋于明朗。作为市场营销者，应努力通过各种渠道传播有关本企业产品的信息，以利于消费者了解企业的产品。

3. 比较选择

这是指消费者对收集到的有关待购商品的信息进行处理的过程，即消费者通过对信息进行整理、分析，对各种可供选择的产品和品牌进行比较、评价和选择，从中确定自己所偏爱的品牌。不同的消费者，其比较选择的标准和方法存在着很大差异，但其比较选择的基本过程大体相同。消费者得到的有关商品信息可能是重复的，甚至是互相矛盾的，因此要进行分析、评价和比较，这样才能做出正确的选择。消费者对不同品牌的评价比较，通常都是建立在自觉和理性的基础之上的。消费者在对商品进行评价比较时主要考虑以下因素。

(1) 产品属性。产品属性是指产品能够满足消费者需要的特性。例如，计算机的储存能力、图像显示能力、软件的适用性等，手表的准确性、式样、耐用性等，都是消费者感兴趣的产品属性。但消费者不一定对产品的所有属性都视为同等重要，市场营销者应分析本企业产品具备哪些属性，不同类型消费者分别对哪些属性感兴趣，以便进行市场细分，对不同需求的消费者提供具有不同属性的产品。

(2) 属性权重。属性权重是指消费者对产品有关属性所赋予的不同的重要性权数。消费者给予产品各种属性的权重是不同的，它反映了消费者对产品的印象。消费者给予权重最大的属性叫作产品的特色属性。产品的特色属性不一定是最重要的属性，但往往是消费者记忆最深刻的属性。市场营销者应注意了解产品各种属性在消费者心目中的权重，通过产品设计、信息沟通使消费者了解企业产品的特色属性。

(3) 品牌信念。品牌信念是指消费者对某品牌的印象和态度。由于主观兴趣、需求、个性的差异以及不同品牌特征的差异，不同消费者对同一品牌会形成不同的信念。这种品牌信念可能与产品真实属性并不完全一致。

(4) 效用函数。效用函数是指效用函数用来描述消费者所期望的产品满足感随产品属性的不同而有所变化的关系。消费者在评价不同品牌时，常常根据其属性决定自己对产品的预期，效用函数则表明消费者要求产品某一属性达到何种水平他才会接受。

(5) 评价程序。评价程序是指消费者依据上述标准对不同品牌进行评价比较的过程和方法，从而形成消费者对不同品牌的态度和行为倾向。

①消费者会分析商品的各种属性，特别是与其消费需要密切相关的那些属性。②消费者根据自己的需要和偏好，确定各属性的重要性权数。③消费者根据对品牌的信念，分别对不同品牌的各个属性给出一个评价值，如进行评分。④消费者根据各属性的重要性权数及其评价值，采用合适的方法对每一个品牌给出总评价值，如得出总分。这个总评价值的优劣将决定各品牌在消费者购买选择时的优先顺序。

4. 购买决策

购买决策是消费者整个购买过程的中心环节，消费者的购买决策通常有三种情况：一是消费者认为商品质量、款式、价格等符合自己的要求和购买能力，决定立即购买；二是消费者认为商品的某些方面还不能令其完全满意而延期购买；三是消费者对商品质量、价格等不满意而决定不买。一般来说，从购买意向转化为购买行为，有一个时间过程。首先，购买意向转化为购买行为必须具备一定的条件，如消费者有足够的支付能力、商家有现货供应、购物环境好、服务态度佳等。其次，购买决策除了品牌选择，还要确定何时买、何处买、由何人去买等。只有各种条件都已具备，各种决策都已做出，购买意向才能转化为购买行为。一般而言，购买活动越复杂或越重要，需要的条件越多，购买意向转化为购买行为所需的时间就越长。

最后,与消费者关系密切者的态度、预期风险的大小以及一些意外情况的出现,也可能影响购买意向向购买行为的转化,如造成消费者修改、推迟或取消购买决定等。这往往是受到可觉察风险的影响。可觉察风险的大小随着冒这一风险所支付的货币数量、不确定属性的比例以及消费者的自信程度而变化。市场营销人员必须了解引起消费者有风险感的那些因素,进而采取措施以减少消费者的可觉察风险。

消费者经过信息评估将会产生购买意图,但并不一定实施购买,这时有两个因素将会影响购买决策。

(1) 别人的态度。别人的态度对消费者做出决策的影响力取决于态度的强烈程度和与消费者的亲近程度。

(2) 意外情况。由于意外情况,如购买者可能没有谈妥购买的条件,可能对推销员的态度产生强烈反感,也可能是发生了意外的开支,等等,以致并没有实施购买。

由此可见,购买意图并不能成为预测实际购买行为的完全可靠的因素。购买意图可以显示购买行为的方向,但却不可能把很多可能临时发生的意外情况和别人的态度等中间介入因素包括在内。企业在这个阶段的营销重点有两个:一是加强广告宣传活动,增强消费者购买本企业产品的信心;二是加强销售地点的促销活动。

5. 购后行为

在使用产品后,消费者会产生对产品及其品牌满意或不满意的评价。也就是说,此时表现的是购后行为。满意和不满意都是一种主观状态,是消费者对产品和服务的期望水平与其使用或消费后的实际水平进行比较的结果。

(1) 顾客满意的结果。

① 产生品牌忠诚。所谓品牌忠诚,是指消费者对某种品牌有独特偏好并重复选择它的倾向。我们可以从如下五个方面来理解品牌忠诚:第一,品牌忠诚是一种非常随意的购买行为反应,偶然地连续选择某一品牌,不能视为品牌忠诚;第二,它是消费者在长时间内对某一品牌表现出的强烈偏好,并将这种偏好转化为购买行动和购买努力,单纯口头上的偏好表示不能作为品牌忠诚的依据;第三,品牌忠诚是个人或家庭等决策单位的行为;第四,品牌忠诚可能只涉及消费者选择域中的一个品牌,也可能涉及两个或两个以上的品牌;第五,品牌忠诚是决策和评价等心理活动的结果。

② 产生重复购买。重复购买可以分为习惯型重复购买和忠诚型重复购买两类。前者是由于习惯而形成的重复购买,如消费者由于某种产品便宜而产生的重复购买就属于这种情况;后者是指消费者对某种产品或品牌产生了特别偏好,甚至形成情感依赖,从而在相当长的时期内重复选择该产品或品牌的行为。显然,就企业而言,忠诚型重复购买比习惯型重复购买更有利可图。

(2) 顾客不满意的结果。

当消费者对某种产品或服务产生某种不满的感觉时,尤其是该产品或服务存在明显问题时,他们可能选择如下行为中的一种:第一,消费者将这次"失败"的交易归结于自己的经验不足或者是运气不佳,对外也不表现出任何抱怨行为;第二,采取私下行动,如将自己的不满感觉告诉别人或下次不再购买该产品等,这种情况基本上很容易产生顾客背离;第三,向商家、制造商或售后部门抱怨,要求给予相应补偿;第四,请求第三方介入,如向新闻媒体或其他行业的协会说明自己的感受并请求介入。作为企业,必须时刻关注消费者的动向,积极与消费者取得联系，消除误解，尽可能降低因为顾客不满意产生的不良后果，实现企业的营销目标。

思 考 题

一、简答题

1. 消费者市场有何特点？它与组织市场的区别是什么？
2. 消费品主要有哪些类型？购买特点分别是什么？
3. 影响消费者购买行为的因素主要有哪些？它们是如何影响消费者购买行为的？
4. 消费者购买行为有哪些不同的类型？每一种类型的购买行为有何特点？
5. 消费者购买决策的主要内容是什么？
6. 简述消费者购买决策的一般过程。

二、案例分析题

跑步机成了装饰品

一个家庭中先生和太太都是普通工薪阶层，先生每月的工资都用来付按揭的房款，太太的工资每个月有七千元，用于家庭的日常开支，两人没有孩子拖累，二线城市的开销也不算大，所以两人偶尔也可以出去享受一下。2022年1月，农历新年将至，各大商场纷纷抛出了打折优惠措施，让利销售的宣传铺天盖地，夫妻二人相约去商场逛逛。

商场里人头攒动，到处都洋溢着过年的气氛，夫妻俩人逛到四楼时，看到某品牌跑步机正在搞促销活动。先生一眼看中了，虽然之前没想过要买，但看着东西不错，还赶上打六折，想想买回去也用得着，就开始做妻子的思想工作。"老婆，现在雾霾这么厉害，在家使用跑步机已经成为一种潮流，我们也买个跑步机吧，平时工作忙也没时间锻炼身体，趁现在打折便宜，平时买要花四五千元呢。"想着要花掉近三千元，妻子犹豫不决。一旁的促销人员耐心地介绍着跑步机的好处和特点，"平板式跑步机是由人主动在上面运动，所以使人感到与普通跑步一样。它的电子表可帮助训练者记录下时速、时间、心率、热量、节拍、距离等指标，使您随时了解自己的训练情况，进行有目的的调整，长期看比去健身房还划算，这是我们难得的优惠活动"。最后，夫妻俩还是买了。

第二天，跑步机送上门，夫妻俩才发现房间里无处安放。最后腾出一个小角落，安装好机器，先生迫不及待地上去跑了两分钟，妻子也上去试了一试，两个人感觉都不错，机器的性能很好，两人都说这回可买到了好东西，占了大便宜。可在随后的时间里，过年期间大事小事不断，夫妻俩深感疲惫。春节过后两个人又开始了紧张的工作，一天天的忙碌让他们根本顾不上去跑步。周末到了，先生正式开始用跑步机锻炼，上去跑了一会儿，觉得没感觉，也没成就感。

直到现在，这个高档消费品还一直静静地站在角落里，完完全全成了一个装饰品，从跑步机变成了"摆设"。回头想想，先生感觉非常不值得。他说："东西摆在商场里面总感觉挺好，可真正买回家里，用过之后就没什么新鲜感了，心里老是想着锻炼身体等有时间、有心情再说吧，就这样用过一次之后就一直放在那里。"尽管不是自己主动提出的倡议，但妻子也感到后悔。她说:"没用也就算了,可我家里地方本来就不大,再放这么个东西,空间就显得更窄了,花那么多钱买的东西,送人也不是,扔了更不可能,现在想想,真是花钱给自己买罪受。"

(资料来源:http://www.360docs.net/doc/6ffc6d29ca50ad02de80d4d8d15abe23482f0391-3.html)

问题:

1. 案例中夫妻二人原本并无购买跑步机的打算,最后却实施了购买行为,先生属于什么购买行为类型?试分析影响他购物情绪的因素有哪些?

2. 针对该案例,谈谈你对消费者购买心理活动的认识。

第四章

组织市场购买行为

在营销实践过程中,还存在大量的组织购买行为,如有些企业制造的产品是原材料、生产设备或者大型的机械设备,这些产品的购买者可能是某个企业或者组织。还有一部分企业将生产的消费品经过中间商卖给最终的消费者,这些中间商我们可以称为商业组织。组织市场是很多企业市场的重要组成部分,当企业面对渠道商市场或者其他组织机构市场购买者时,就必须深入研究组织市场的购买行为,科学决策,在满足组织市场购买者需求的同时,实现企业的营销目标。

学习目标

1. 掌握组织市场的主要类型及其特点。
2. 掌握影响生产者购买行为的主要因素。
3. 掌握生产者购买行为的类型以及生产者购买决策过程。
4. 掌握中间商购买决策的内容。
5. 了解政府采购制度对企业市场营销的影响。

第一节 组织市场概述

企业的市场营销对象不仅包括广大消费者,也包括各类组织机构,这些组织机构构成了原材料、零部件、机器设备、供给品和企业服务的庞大市场。因此,研究组织市场营销具有十分重要的理论价值及现实意义。而组织市场与消费者市场存在着明显的差异,组织营销从其发源之时起,就一直因其市场的特殊性,独立于消费者营销而存在。组织市场上成功营销的关键是企业要时刻以顾客为中心,帮助顾客实现盈利或完成既定的目标,企业与顾客之间实现互利双赢。因此,了解顾客的需求和利益,了解顾客的购买行为和购买决策,是组织市场上的营销者需要重点考虑的问题,也是从事营销工作的出发点。

由于组织市场的购买主体的性质和购买的目的与消费者市场有很大的不同,在探讨组织市场营销策略的时候，企业必须根据组织市场的自身特点，制定适合企业的组织市场营销策略，因此对其购买行为有必要进行特定的分析和研究。

一、组织市场的概念及分类

(一) 组织市场的概念

组织市场即组织机构市场，是由那些以生产加工、转卖或执行任务为目的而采购产品或劳务的正式组织机构(包括生产企业、中间商和政府机构等)，出于生产、盈利或进行非营利性的公共服务的目的进行产品的采购，构成了规模庞大的组织市场。

简而言之，组织市场是以某种组织为购买单位的购买者所构成的市场。组织市场是一个非常大的市场，比消费者市场的规模要大得多。构成组织市场的用户不是个人消费者，而是组织团体，包括生产企业、中间商和政府机构等，见表 4-1。因此，组织市场购买属于生产性消费或公务性消费。它们在购买动机、影响购买动机的因素及购买程序方面与最终消费者有一定的相似之处，但在一定程度上又有很大不同。例如，当海尔公司将其产品销售给分销商和专业店等渠道成员或销售给政府时，构成的是组织市场营销；但当它们将产品销售给消费者时，构成的则是消费者市场营销。

表 4-1 多种多样的组织

组 织 名 称	举 例
原材料加工商	如矿石的开采、发电、石油精炼、供水的组织等
农产品及海洋产品生产者	如农业、林业、养殖业、渔业、水产品等加工业
产品及零部件制造商	如汽车、家具、油漆、装配机、引擎、电子产品、服装等制造商
商业和专业服务机构	如银行、会计师事务所、建筑商、咨询机构、清洁公司、培训公司、园艺公司等
专销商和分销商	如零售商、批发商、运输商、商业船运、进出口代理商等
租赁机构	如商业性工厂和机器出租、财务租赁、汽车出租、人才中心等
政府部门、代理机构和权力机构	如海关、所得税征收机构、社会保险机构、外交事务机关、立法机构、仲裁机关等
武装力量和辅助军事组织	如海陆空三军、警察局、监狱、执行代理机构、保安公司等
非营利性组织	如学校、医院、慈善机构、社会俱乐部、专业性团体等

(二) 组织市场的类型

按照组织购买动机及购买决策的特点不同，通常将组织市场划分为生产者市场、中间商市场、非营利组织市场和政府市场。组织市场的类型如图 4-1 所示。

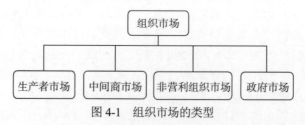

图 4-1 组织市场的类型

1. 生产者市场

生产者市场,又称为产业市场、工业品市场或生产资料市场,是指购买产品或服务用于制造其他产品或服务,以供销售、租赁或供给他人获取利润的组织和个人所构成的市场。它既包括生产企业,也包括服务企业。组成生产者市场的主要产业有农业、林业、渔业、矿业、制造业、建筑业、运输业、通信业、公共事业、银行业、金融业、保险业和服务业等。在组织市场中,生产者市场是最庞大和最多样化的组织市场,购买行为最为典型。

2. 中间商市场

中间商市场,也称转卖者市场,是指通过购买商品或服务用于转售或租赁,以获取利润的单位或个人所构成的市场。中间商市场由各种批发商和零售商组成。批发商是指购买产品和服务并将之转卖给零售商和其他商人以及产业用户、公共机关用户和商业用户等,但不把商品大量卖给最终消费者的商业单位;而零售商的主要业务则是把产品或服务直接卖给消费者,如各种超级市场,它们从生产厂家那里大量订货,以便卖给最终消费者,就属于零售商中间商市场。

3. 非营利组织市场

非营利组织市场,也称机构市场,是指为了维持正常运作和履行职能,而购买产品和服务的各类非营利组织所构成的市场。非营利组织不以营利为目的,是旨在推进社会公共利益的事业单位或民间团体,是介于政府与企业以外的第三种组织,主要由学校、医院、慈善机构、国际组织、宗教组织、社会团体和其他机构(如消费者协会)组成。非营利组织市场往往需要进行招投标程序来最终决定选择哪家供应商。

4. 政府市场

政府市场,又称政府机构市场,是指为了执行政府职能而购买或租用产品和服务的各级政府单位。也就是说,一个国家政府市场上的购买者是该国各级政府的采购机构。由于各国政府通过税收、财政预算等掌握了相当大一部分国民收入。为了开展日常服务,政府机构经常采购物资和服务用于公共工程建设、国防教育、文化教育和科研等,因而形成了一个很大的市场。政府机构采购的产品和劳务门类广泛,如武器、计算机、家具、电器、被服、办公用品、卫生设施、通信设备、交通工具、能源等。政府采购行为往往倾向于使用本国公司的产品。因此,许多跨国公司常与东道国的供应商联合进行招投标。

二、组织市场的特征

企业之所以需要购买生产资料,归根结底是为了用作劳动对象和劳动资料以生产出消费资料,对消费品的需求派生出对组织市场的需求。例如,钢材市场是一个典型的组织市场,但钢材最终要用于汽车制造、家用电器制造等,汽车和家电要供消费者消费,形成最终消费者市场。这种相互依赖性导致组织市场需求分析复杂且易变。组织市场与消费者市场相比,具有一些鲜明的特征。

(一) 组织市场的市场结构特征

(1) 购买者少,购买规模大。一般来说,组织营销人员面对的消费者比消费品营销人员面对的消费者要少得多。例如,我国福耀玻璃公司的订单主要来自通用、福特、吉利等汽车制造商，但当福耀玻璃公司出售更新的车窗玻璃给消费者时，它就要面对众多的汽车用户组成的巨大市场了。组织市场通常只有少量易于辨认的顾客，所以比较容易确定谁是潜在的客户。虽然组织市场的购买者相对较少，但是组织市场的规模要比消费者市场大得多，并且每个顾客每次交易的规模和价值相对比较大。上亿元的订单在组织市场上并不稀奇，甚至更大；然而，采购者只是一人或数人，一家公司或几家公司。特别是在生产比较集中的行业中更为明显，通常少数几家大企业的采购量就占该产品总销售量的绝大部分。

(2) 购买者在地域上相对集中。由于资源和区位条件等原因，产业组织在地理区域分布上相对集中，形成了产业集群。因此，组织市场的购买者往往在地域上也是相对集中的，以至于这些区域的业务用品购买量在全国市场中占据相当的比重。例如，中国的重工产业大多集中在东北地区，汽车产业多集中在长春、上海、十堰及周边地区。这种地理区域相对集中的特点有助于降低产品的营销成本，有利于组织购买者辨认和比较，以吸引更多的顾客。

(3) 集体决策。与个人消费者购买决策不同，由于组织购买的风险较大，为了降低个人决策的风险、增强购买决策的科学性，许多组织通常采用集体决策。对于那些比较重大的购买决策，通常还需要组织中的营销、研发、生产等部门的参与，甚至会外聘专家参与整个购买决策。

(二) 组织市场的需求特征

(1) 派生性。组织市场的需求是一种派生需求，最终往往取决于消费者市场的需求。派生需求是指对消费品的需求不仅影响这些产品的供应，而且影响与制造产品相关的原材料、零部件、设备和服务的供应。例如，汽车公司之所以采购钢材是因为消费者有对汽车的需求。因此，在营销过程中，组织市场购买者需要重视对最终消费者市场需求的分析和研究，以便保证所采购的产品适销对路。

(2) 相关性。组织市场需求还表现为相关需求或复合需求的特点。组织市场的购买者为完成最终产品，需要采购多种原材料、零配件及其相关或配套产品，因此，组织市场需求具有连带性。例如，手机制造公司的需求就是显示屏、摄像镜头、芯片等一组相关产品的需求，并且它们的需求是密切联系在一起的。

(3) 缺乏弹性。在生产者市场上，组织市场购买者对产业用品和服务的需求受到价格变动的影响相对较小。例如，在供应短缺的情况下，生产性原材料会上涨数倍，但这种情况在消费者市场中出现的概率相对较低。由于生产者不能在短期内使其生产规模、技术水平和市场需求等有很大的改变，因此组织市场的需求在短期内缺乏弹性。

(4) 波动性。组织市场的需求一般有较为明显的波动性。由于组织市场需求的派生性，消费者需求的微小变动将会对组织市场的需求产生巨大的影响。例如，当消费者市场对中央空调的需求出现小幅上升时，那么中央空调制造公司对压缩机的需求将以更大的百分比增加。

(5) 供需关系密切。组织市场购买者需要有源源不断的货源，供应商需要有长期稳定的销路，双方保持着密切的供需关系。供应商需要满足购买者对产品质量、交货期、品种和服务等的要求，而购买者要以互惠互利原则让供应商得到最大化的利润。在现实生活中，生产者市场供需双方的合作有可能高达十年及以上。

(6) 受环境因素影响较大。组织市场需求受价格影响较小，受国家发展国民经济总方针、总政策的影响较大。例如，当国民经济处于繁荣期，国家对基本建设的投资增长、规模扩大，对机械工业设备的需求也会增长。因此，企业要关注宏观环境的变化，及时调整营销战略，抓住市场机会，规避市场风险。

(三) 组织市场的购买行为特征

(1) 购买人员的专业性。由于组织市场通常专业性较强，技术含量高，对产品要求严格，因此，组织市场上的购买人员都是专业购买者。购买者往往对自己所需购买的商品有比较充分的了解和专门知识，其采购过程往往是由具有专门知识的专业购买者负责，相比之下，消费者市场上的购买者一般不具备相应的专门知识。

(2) 购买行为的理智性。由于组织市场购买者的专业性，其购买行为一般比较理性。一般企业都有采购计划，从计划到采购都会经过比较详细的审批和讨论，很少受广告宣传及促销的影响。因此，组织营销者要求具备专业知识，实行专家推销。

(3) 购买决策的多元化。由于组织市场的购买规模较大、价值较高，因此，采购决策一般都不是由一个人做出的，而是由采购部门负责牵头，集体做出决策。与消费者市场相比，组织市场上参加购买决策的人较多，并多为受过专门训练的专业人员，决策一般由技术专家和企业管理层人员集体做出。

(4) 购买目的的复杂性。不同的组织市场购买者的采购目的有很大的差异，同时，企业中不同部门的发展目标也有所不同，因此，购买目的具有多样性的特点。例如，生产者的采购目的是产品的效用和企业获利；而政府机构购买产品是用于行使政府职能，增加社会福利。

(5) 购买决策过程的规范化。组织市场购买者的决策，通常比消费者的购买决策更复杂，往往需要反复讨论，因此要求规范的购买决策过程。组织大规模的购买通常要求详细的产品规格，写成文字的购买清单，对供应者认真调查，以及正式的审批程序。

(6) 购买关系的密切性。由于购买人数比较少，大买主对供应商来说更具有重要性。在组织市场上，买卖双方往往倾向于建立长期客户关系，相互依托。经验研究表明，组织市场买卖双方关系的建立需要较长时间，通常保持稳定，形成一种长期的互惠互利的伙伴型关系。

(7) 组织购买者可以通过租赁购买方式取得组织用品。由于组织市场中的一些产品价值很高，许多组织购买者日益转向大设备租赁，以取代直接购买。租赁对于承租方和出租方有诸多好处，出租方可以进一步拓展市场，而承租方可以节省资金发展生产。目前租赁的方式基本上有金融性租赁、服务性租赁、综合租赁等形式。

(8) 组织之间往往存在互惠购买方式。生产者市场购买者往往这样选择供应商："你买我的产品，我就买你的产品。"以这种互惠的方式购买彼此的产品。

(四) 组织市场的营销特征

组织市场与消费者市场具有不同的市场特点，主要区别在于产品的预期购买者及购买者对产品的预期使用。因此，组织市场营销大大区别于消费者市场营销，必须采取不同的营销策略。消费者市场营销与组织市场营销关键特征比较见表 4-2。

表 4-2　消费者市场营销与组织市场营销关键特征比较

市场营销关键特征		消费者市场	组织市场
产品特征	产品种类	标准	个性化
买方特征	买方居住分散程度	高	低
	买方忠诚度	低	高

续表

市场营销关键特征		消费者市场	组织市场
产品特征	产品种类	标准	个性化
买方特征	买方购买动因与技巧	感性、自我满足	理性、专业
	买方购买量	小	大
	购买复杂程度	低	高
	购买中心规模	个人	组织、团体
卖方特征	卖方市场人员基数	大	小
	卖方知识水平	低	高
交易特征	购买流程	简单	复杂
	购买风险度	低	高
	服务要求	低	高
	技术复杂程度	低	高
交易特征	买卖双方依存度	低	高
	买卖双方互惠度	低	高
	买卖关系控制	卖方	各异
决策特征	决策人员	个人或家庭	群体

组织市场营销与消费者市场营销的区别表现在以下几个方面。

(1) 产品策略。组织市场中的产品一般专业性较强、技术含量高、购买规模大、价值高，因此，购买者对服务更为注重，尤其是产品的售前咨询和售后服务。因此，企业要关注产品开发，可以让关键客户参与到产品开发流程中来。

(2) 价格策略。在组织市场中，买卖双方经常使用投标竞价方式来确定成交价格，有时也采用双方协商的方式。一般来说，价格不是组织购买的最重要因素，因此价格相对稳定，很少被用作促销手段。

(3) 分销策略。由于组织市场中产品的特殊性，组织市场的分销渠道一般短于消费者市场，直接销售是组织市场常见的销售方式。同时，相比消费者市场，组织市场分销渠道较窄。在组织市场营销中，由于工业用品生产线存在存货的要求，以及一次性需要的批量较大并且装卸不便等，组织市场物流管理非常重要。

(4) 促销策略。由于组织市场购买者少和购买的专业性，企业一般较少采用电视媒体等促销手段，更多地使用人员推销的方式，宣传其产品优势和各种优惠政策，促销活动相比消费者市场也比较简单。同时，在现代组织营销中，展示商品目录、开展各种形式的贸易展销会、电话销售和电子网络促销应用也比较普遍。

第二节　生产者市场购买行为分析

生产者市场由那些为了生产用于销售、租赁或供给他人的产品和服务，并从中获取利润而从事购买活动的企业组成。在组织市场中，生产者市场是最为重要的组成部分，生产者市场的购买行为与购买决策最具有典型意义。因此，研究组织市场，首先要研究生产者市场购买行为的影响因素及其购买决策过程。

一、生产者市场的购买对象

生产者市场的购买对象即购买品，是组织购买者为生产、再销售、资本设备的维修等目的而进行购买，所购买的产品和服务直接或间接地以最终消费品的形态存在。简而言之，生产者市场的购买对象，即在生产者市场上购买的各种产品，主要是生产资料。生产资料错综复杂，根据生产程序和产品价值的转移状况，可将生产者市场的购买对象分为三大类产品，即成为成品的产品、间接进入成品的产品和无形产品。具体来说，根据生产资料进入生产过程及加入产品成本结构的方式来划分，通常包括七大类，即初级原材料、二级原材料、辅助材料、零部件、设备、系统和工业服务。

(一) 成为成品的产品

成为成品的产品指的是直接进入产品生产过程构成产品，并直接计入产品成本的产品，主要包括初级原材料、二级原材料和零部件。

(1) 初级原材料。初级原材料是指处于未被加工的、自然状态下的或被初加工的材料，如矿产、石油、钢材和胶体等。有的原材料有特定的规格，如钢材的型号。在规格相同时，买方一般考虑价格和交货时间等。

(2) 二级原材料。二级原材料是指在构成最终产品前被部分加工过的产品，如钢铁、玻璃、皮革等。二级原材料虽然是在初级原材料加工的基础上形成的产品，但在构成最终产品前还需进一步加工。

(3) 零部件。零部件是指直接组装进入成品或略做加工便进入成品的部件。零部件是已经过部分加工程序，但是还需要装配之后才能成为产品的一部分，如紧固件、集成电路块、电机等。零部件虽不能独立发挥生产作用，但却直接影响生产的正常进行。这类产品成交时，主要取决于产品的质量和价格能否符合购买者的要求，并且要求交货及时，所以企业在营销中要注意价格合理、质量优良，并为用户提供各种服务。

(二) 间接进入成品的产品

间接进入成品的产品指的是进入产品生产过程但不构成产品，并间接计入产品成本的产品，主要包括辅助材料、设备和系统。

(1) 辅助材料。辅助材料也称为消耗品，是指易耗品或用于维护、修理、使用产品时的辅助产品，如催化剂、添加剂、染料、包装材料、润滑油、照明设备等。辅助材料是维持企业经营活动所必需的，其本身并不能转为实体产品的一部分，但价值完全计入产品成本。这类产品的特点是价格低，替代性强，寿命周期短，多属重复购买，购买者较注重购买是否方便。因此，营销策略是通过广泛的分销渠道出售，而且竞争集中于价格上。

(2) 设备。设备是指用于满足生产或其他工作需要的资产。设备直接影响企业的产品质量和生产效率，包括主要设备和附属设备两大类。设备参加生产过程，但不构成产品实体，其价值以折旧的形式部分地加入产品成本。

① 主要设备：指在各种类型的生产企业中起主要作用的机械装置，如厂房建筑、大型成套设备、大中型电子计算机等。这类产品的特点是价值高、使用周期长、体积大、销售对象

少、产品技术复杂，一般采取直接销售。同时，营销人员要掌握专门的技术知识。

② 附属设备：指在生产过程中处于辅助地位的各种设备，如机械工具、打字机等。这类设备一般具有很强的通用性，更换频率很高，且相对不是很重要，所以价格是购买的决定因素，营销商要根据这一点采取措施。

(3) 系统。系统是指复杂的、多功能的资产性商品，如生产制造系统、微机控制系统、通信系统、EOS 系统(电子订货系统)等。系统能够提高企业的生产效率，提升产品和服务质量，有利于形成企业的竞争优势。系统一般具有价格昂贵、技术复杂和使用时间较长等特征，因此，购买系统是生产者的重大投资，其决策对生产者至关重要。企业需要根据购买者的需求进行设计与制造，要求有良好的销售与服务工作。对于系统的购买多采用集体决策方式，往往需要较长时间的协商与谈判，由企业高层管理人员做出购买决策。

(三) 无形产品

无形产品即工业服务，是指为销售而进行的活动，以使用户在购买中得到利益和满足。无形产品既可以与实体产品一起购买，如在设备购买合同中附带的服务项目、培训服务、维修服务等；也可以单独购买，如运输、仓储、保险、审计、调查、设计、广告以及各种咨询服务等。生产者市场的部分产品技术含量较高，价值较大，对服务需求高，需要制造企业为购买者提供培训操作、维修等服务，因此，加强服务人员技术能力培养、强化责任，是组织营销的一个关键环节。

以上几类产品由于其特性不同，对生产的重要程度不同，在使用过程中，其损耗和更换周期也不同，因此，其购买方式和要求也不同。购买者必须根据各类产品和服务的特点与使用要求进行购买，不可一概而论。

二、生产者市场购买决策的类型

生产者和消费者一样，在购买过程中，须做一系列的购买决策，而不是做单一的购买决策。用户购买生产资料是为了满足生产需要，各行业生产状况各异，导致生产资料购买行为类型的差别。20 世纪 60 年代，罗宾逊(Robinson)、弗雷斯(Faris)和温德(Wind)依据购买的新奇度，将生产者市场购买行为分为新购(new task)、修正重购(modified rebuy)和直接重购(straight rebuy)三种类型。其中，直接重购是一种极端情况，基本上属于惯例化决策；新购是另一种极端情况，需要做大量的调查研究；修正重购介于二者之间，也需要做一定的研究。

(一) 新购

新购是指产业用户第一次采购某种产品或劳务。这是最复杂的采购，不仅决策人员众多，需要了解掌握的相关信息也多，购买者还必须在产品品质、价格、供应商条件和情况、交货时间和付款方式以及服务等方面做出决策。与其他购买方式相比，新购花费时间最长。另外，新购一般是新企业或新项目采取的，对后续采购影响较大，所以风险也比较大，因此生产者决策时都会非常谨慎。同时，由于没有确定的供应商和选择对象，对供应商来说，这是一个机会。营销者要尽可能多地接触买方有关人员，并为买方提供各种有用的信息和帮助，消除其顾虑，促成交易。同时，营销者应该提高自己的竞争力，以利于生产者选择，扩大市场份额。

(二) 修正重购

修正重购也称为变更购买,是指购买者为了更好地完成采购工作任务,修订采购方案,适当修改产品规格、价格、其他条件或供应商的购买类型。企业在新的条件下,由于实施新的营销策略,或由于生产的改进,或原供应商没能满足购买需要,或其他供应商推出了更好的新产品等原因,需要调整或修订采购方案,包括增加或调整决策人数。因此,修正重购的购买行为较为复杂,参与决策过程的有关人员也比较多,其决策时间也会延长。

这类购买需要做一些新的调查和决策,买卖双方都有更多的人参与决策。这时,原供应商会采取有力的行动以保住客户,其他供应商会将其作为扩大销售、争取用户的好机会。从而导致产品供应商之间产生新的竞争。在这种情况下,原来的供应商要清醒地认识面临的挑战,企业应及时了解客户的需求动向和对工作、服务的满意度,积极改进产品规格和服务质量,大力提高生产率,降低成本,采取有力措施保持现有的客户。新的供应商则应注意把握和利用这个机会,可通过更优惠的条件争取客户,积极开拓市场,争取更多的业务。

(三) 直接重购

直接重购是指购买以前已经买过的同一产品,通常是一些质量规格相同又需要不断补充的产品。事实上,许多直接重购是自动进行的,即定期或定量购买。因此,当买方选择了某个供货商,这种购买关系就可能持续下去,供货商也不必去推销产品,当供求双方互惠互利、诚信交易,这种关系就能稳定下来。这种情况下,竞争对手想打破这种关系是要付出极大努力的。入选直接重购名单的供应商应尽力保持产品质量和服务质量,提高采购者的满意度。

以上三种购买类型中,在直接重购情况下,生产者所要做的购买决策最少;在新购情况下,生产者所要做的决策最多,通常要对产品规格、价格幅度、交货条件和时间、服务和信誉、支付条件、订购数量、可接受的供货商等进行决策;生产者在全新购买和不断修正重购的基础上总结经验,会逐步趋于直接重购;直接重购最为简单,只需要根据效果的反馈和评价做出决策即可,生产者市场购买决策的类型见表4-3。

表4-3 生产者市场购买决策的类型

购买决策类型	复杂程度	时间	信任度	风险	决策参与者	供应商数量
新购	复杂	长	低	高	多	多
修正重购	中等	中等	较高	较低	较多	少
直接重购	简单	短	高	低	少	一个

三、生产者市场购买决策的参与者

生产者市场购买决策的一个重要特点就是集体行动,除了极少数情况是由组织机构内个别人员做出购买过程中的所有决策外,大多数情况是许多来自不同领域和具有不同身份的人员直接或间接参与采购过程的有关决策。因此,对于生产者市场的营销人员来说,必须弄清楚用户购买决策参与者的情况,才能确定推销的具体对象,并针对不同参与者在采购中的地位与权力及其个人特征制订具体的推销方案。

(一) 采购中心

生产者市场的购买决策比消费者市场要复杂得多。对生产者而言，除了专职的采购人员之外，还有其他人员参与购买决策过程。这些决策中的所有人员构成了"采购中心(buying center)"这个非正式组织，它包括技术专家、高级管理人员、采购专家、财务主管等。采购人员具有共同的购买目标，都接受过专业训练，对所购产品的技术细节有充分了解。而采购中心将个人决策和集体决策有机地结合起来，能够大大降低决策风险。

采购中心的规模和组成，因购买者单位大小不同、购买任务重要程度不同而差异很大。一般来说，在做产品选择决策时，工程技术人员影响最大；在选择供应商时，采购代理人员影响最大。采购中心的大小，随企业的规模而有所不同，小企业采购中心的成员可能只有一两个人，大企业则可能由一位高级主管率领一批人组成采购部门。另外，根据所购产品的不同，采购中心的组成也有所不同。通常，采购对象的价值越大，技术含量越高，参与决策的人员越多。采购人员的权限也各有不同，通常采购人员对小的产品有决定权，对大的产品则只能按照决策机构的决定行事。

(二) 生产者采购决策的角色类型

采购中心一般包括五种角色，即使用者、影响者、决策者、购买者和控制者。但并不是说任何产品采购都必须要求这五种角色参加，在极个别情况下，这五种角色可能由同一个人执行。生产者市场的营销者必须了解谁是主要决策参与者，以便采取适当营销手段和措施，达到营销的目的。

(1) 使用者。使用者是指未来使用欲购产品和服务的组织成员，也是供需双方协议与企业购销计划的来源者。在通常情况下，他们一般是首先发现需求并提出购买建议，而且在界定产品规格、交货时间和可靠性能等方面起着重要作用。他们可能是普通工作人员，也可能是提出购买某种生产资料的技术专家。

(2) 影响者。影响者是直接或间接参与购买过程并影响购买决策的组织成员。影响者可以以自己的技术知识施予压力。属于影响者的有采购经理及采购员、总经理、生产人员、办公室人员、研究发展工程师及技术人员、使用者、推销员、供应商等。他们通常协助确定产品的规格，为购买决策提供信息。在众多影响者中，企业外部的咨询机构和企业内部的技术人员影响最大。

(3) 决策者。决策者指机构中具有正式和非正式权力决定产品要求和供应商的人员。决策者对采购中心的其他成员具有否定权。由于企业不同以及所需的生产资料不同，决策者也不完全相同。在常规采购决策中，购买者往往就是决策者。但是，在重大和复杂的购买活动中，决策者一般是企业高层管理者。决策者是整个购买行为能否顺利进行的关键人物，因此，企业必须明确决策者的需要，采取相应的营销对策。

(4) 购买者。购买者即企业中具体安排和落实购买事项的组织成员，其主要职责是选择供应商并就购买条件进行谈判。如果采购活动比较大或者重要的话，采购者还可能包括参与谈判的经理或高层管理者。

(5) 控制者。控制者是指能够控制信息流向参与购买决策者的人员。采购者可控制外界与采购有关的信息，有权阻止销售商或其信息流向采购中心的成员，如采购代理商、技术人员、秘书、接待员、电话接线员等。

综上所述，参与生产资料购买决策的上述各类人员，由于在实际生产中衡量采购的标准不同，在具体决策中的作用和影响也是不同的。上述五种角色类型在每个企业采购工作中的比重，取决于采购的对象和规模。例如，消耗品的购买往往只要一两个人，而涉及技术及资金问题却需要技术人员、工程师甚至企业高级经理等做出决策。另外，不同的购买行为类型，也有不同的决策。

四、生产者市场购买决策的影响因素

生产者购买商品或服务的动机与消费者购买自用商品或服务的动机有很大差别，因此影响生产者市场购买决策的因素与消费者市场有所不同。按照影响的范围，影响生产者市场购买决策的主要因素可以分为环境因素、组织因素、人际因素和个人因素四大类(图4-2)。研究影响生产者市场购买决策的影响因素，有利于供应商分不同情况，区别对待，创造条件，引导买方购买行为，促成购买行为的实现，更好地满足生产者对工业用品的需要。

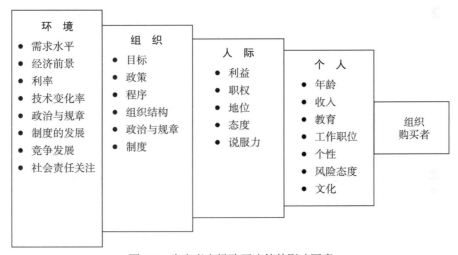

图 4-2 生产者市场购买决策的影响因素

(一) 环境因素

环境因素是指制约生产者市场购买行为的不可控的宏观环境因素，包括经济环境、政治法律环境、科学技术环境、社会文化环境等。任何企业的生产和经营都是在一定的社会环境中进行的，因此必然受到特定社会环境因素的制约。环境因素在宏观上起到调节市场供求的作用，也是影响企业购买决策最重要的因素。任何一个采购决策者在做出采购决策之前，都必须熟知环境因素的变化，以做出正确的购买决策；而供货企业的营销人员必须善于利用环境因素的变化，采取适当的营销策略，以达到营销的目的。

(1) 经济环境。生产者的购买会受外部环境因素的重大影响，其中最主要的因素是经济环境。一个国家在不同的时期，经济发展的政策是不同的。当经济发达时，市场需求增加，生产者会增加购买和投资；相反，当经济紧缩时，需求和购买都会减少。另外，国家对某一经济产业的扶植也是影响购买的重要因素。

(2) 政治法律环境。企业的生产经营活动必须严格遵守国家各个时期的方针、政策和法令，企业的采购活动更要考虑政府的有关政策法规。国家政治局势的变化必然会影响到企业的生产经营活动，采购活动也会受到影响。同时，国家产业政策的调整或相关政策法规的出台，也会极大地影响组织的采购行为。例如，企业想要引进一条冰箱生产线以扩大生产规模，但国家已限制生产使用氟利昂的电冰箱，即使企业有利可图，再购买如此的产品生产线显然也是不行的。此外，近些年来，国家出台的一些环保政策也迫使一些产业停产，购买也就不存在了。

(3) 科学技术环境。科学技术的发展直接影响到企业现有产品的前景和企业新产品开发的速度和方向。随着科学技术的日新月异，企业创新能力增强，产品生命周期不断缩短，产品升级换代的速度提升，对生产资料的采购就提出更高要求。同时，科学技术的发展导致人们生活水平的提高，人们对生活质量也有了更高的要求，对产品品质更加挑剔，这就要求生产者购买好的原材料，以生产好的产品。

(4) 社会文化环境。社会文化因素不仅影响到组织的结构和功能，而且影响到组织之间、组织内部成员之间的关系，从而影响组织的购买行为。国际业务的成功要求营销人员了解和适应当地的行业文化和标准，知晓一些社会与行业的礼节规则。例如，意大利商人对式样是关心的，访问前要先预约；而日本商人在没有花费时间详细阅读资料和做决策之前，是不会做出许诺的。

(二) 组织因素

组织因素是指与购买者自身有关的因素，包括采购组织的经营目标、战略、政策、程序、组织结构和制度等。由于生产者购买是一种组织购买，所以生产者内部组织状况对其购买行为的影响有着特殊的重要性。组织因素从经营目标和购买政策上指导着采购中心的购买行为和购买决策。各组织的经营目标和战略的差异，会使其对采购产品的款式、功效、质量和价格等因素的重视程度、衡量标准不同，从而导致它们的采购方案呈现差异化。企业营销人员必须进行深入调查，了解采购单位的组织因素，从而采取适当措施，影响采购决策者的购买决策和行为。影响生产者购买行为的企业内部因素，主要包括以下五个方面。

(1) 组织采购目标。生产者的采购目标将直接影响购买人员的工作行为方式，因此了解生产者的采购目标是开展组织营销工作的首要步骤。而采购目标需要考虑企业的发展战略计划和整体目标，在其指导下进行购买决策。不同企业的采购目标有所不同，企业发展的不同时期，其采购目标也有所差异。生产者购买产品和服务通常是为了通过降低成本和提高收入来增加利润，所以采购人员在采购中要考虑所购生产资料的质量、价格、型号、标准化等因素。

(2) 组织采购政策。不同企业的采购政策有所不同，同时在不同的生产时期，企业的采购政策也会不同。购买者长期形成的一些成文或不成文的采购政策对其购买行为影响很大。因此，营销人员要分析研究不同企业的采购政策，采取针对性的营销策略，以有效地推销生产资料。比如，有的企业倾向于购买某一特定厂商的产品，签订长期合同；有的企业建立采购激励政策，促使采购人员致力于寻找对企业最有利的供货条件，从而改变原有订购情况。及时生产系统的出现也极大地影响了生产企业的采购政策，这些都增加了营销人员的压力。

(3) 组织采购制度。各个企业的内部组织结构不同，采购制度也有所不同。采购制度的差异导致生产者采购组织人员构成及其权限有很大区别，因此采购人员的工作行为方式不同。组织内部采购制度的变化会给采购决策带来很大影响。供应商应适时调整其销售模式，营销政策及营销人员的组成结构也要进行调整。生产者的采购制度一般包括集中采购、分散采购和网上采购。通常，集中采购有利于降低成本，形成规模经济效益；分散采购有利于调动员工的积极性，具有较强的灵活性；而网上采购具有高效、低成本、规范化和国际化等优点，发展前景广阔。

(4) 组织规模及结构。组织规模及组织内部人员的构成也会影响购买决策过程。大规模的组织，购买决策过程相对比较复杂，倾向于集体决策；而小规模的组织，则可能由个人做出购买决策。同时，组织成员的结构会影响组织文化，进一步影响采购人员的购买行为。近年来，随着采购部门升级，有的公司提高了采购部门的规格并起用高学历人才，此时，企业采购组织就会发生变化，采购组织内人员的权限也有所扩大，这对供应商的营销提出了挑战。

(5) 组织采购程序。采购程序是指企业采购生产资料的整个过程。由于企业的生产经营过程及生产资料本身的不同，其采购生产资料的过程也是不同的。例如，对于重大设备，由于其价值较高、技术性较强且使用时间较长，其采购过程相对复杂且较长；相反，对于一些低值易耗品，属于经常性采购，其采购过程相对简单且较短。

(三) 人际因素

人际因素是指购买中心的各种角色间的不同利益、职权、地位、态度和相互关系。生产者的购买活动倾向于集体决策，最终都是要由人来完成的，即由购买决策参与者决定。决策人员因不同的职业、喜好和兴趣等表现出个性化倾向，有时决策者甚至会因意见不合而发生冲突。所以，掌握必要的解决人际关系问题的办法是很有用的。

(1) 解释问题。由于采购中心的各种角色类型的地位、职权等个人特征不同，采购决策者掌握的信息量有所差异，同时其专长各有不同，难免发生冲突。企业应该在做购买决策前，积极对相关问题做必要的解释和说明，向采购组成员提供其所需要的翔实的信息资料。

(2) 说服。一般来说，购买中心在做出购买决策时，最合理的建议将会得到各种角色类型的认可。但是，采购成员的辩论水平和沟通能力也很重要，具有较高辩论水平的成员往往能驳倒别人的意见，从而说服别人。有时候语言并不是很有说服力，还需要事实和相关材料证明自己的观点，增强说服力。

(3) 相互妥协。当不能说服其他成员时，可能会达成一定的妥协。采购组各成员经过协商，相互采纳对方的建议，不管其是否最具有优势。例如，一方同意一个成员所选择的采购项目供应商，反过来他则同意另一成员所选择的下一个采购项目的供应商。

(4) 公共关系活动。采购组各成员设法说服外部关系人和上级的支持，加强与其沟通，密切双方关系，争取从意见冲突的外围施以影响，最后在权力角逐中获胜。

(四) 个人因素

个人因素是指购买决策中每个参与者的个人动机、感知、个性和偏好等。虽然生产者市场的采购行为是比较理性的，但由于每个人受教育水平不同、专业和职务不同以及性格不同，这些都会影响决策。例如，有的年长又受过良好教育的采购者，一般会深入分析各方面条件，权衡利弊，但是当产品质量和价格等都相同的时候，采购者的喜好将起决定性作用。所以，满足购买者的感情需要是非常必要的。购买者的感情需要主要包括以下四个方面。

(1) 心理需要。心理需要主要指采购者有自我尊重、社交和实现自我价值的需要。他们希望自己显得重要、被人赏识、具有权力、受到尊重以及获得愿意倾听他们的听众的注意。因此，供应商的营销人员应加强与采购者的沟通，表现出倾听的意愿，尊重对方。

(2) 回避风险。采购人员在做出购买决策时，一般要考虑决策的成本和营利性，规避由此给企业带来的风险。尤其当采购人员面对新的供应商或新产品时，不确定性增强，回避风险意识也会增强。营销人员应加强信息的提供和好的沟通交流，让购买者知道自己提出的条件的优越性，以促成交易。

(3) 身份和回报。采购人员从事采购工作都想获得他人的认同，拥有一定的社会地位和良好的发展前途。因此，营销人员应针对采购人员的这一双重需要，在不同场合用不同方式满足采购人员对称赞、承认、归属感及自尊的需要。当采购人员的这些需要得到满足后，购买会进展得很顺利。

(4) 友谊。在生产者市场，买卖双方往往倾向于建立长期客户关系，这依赖于相互信任和尊重的友谊。这种友谊一旦建立，对推销业务一般会有很大促进作用。因此，明智的供应商通常都会主动帮助购买者解决一些困难，加强感情交流，力争与自己客户的采购人员结成长期的友谊关系。

五、生产者市场购买决策过程

1967年，罗宾逊、费雷斯、温德通过观察研究提出了购买格子模型(Buy Grid Model)，将购买类型与八个购买阶段联系起来。生产者市场购买决策过程相对比较复杂，购买者在购买商品的决策过程中要经过详细计划和市场调研，最后才能过渡到现实购买。具体来说，购买过程可分成一系列连续的相互关联的八个阶段，即识别需求、确定需求、描述需求、寻找供应商、征求供应信息、选择供应商、正式订购和绩效评估八个阶段，如图4-3所示。

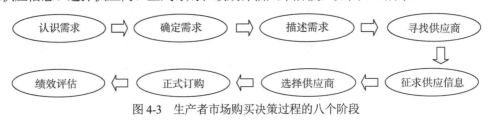

图4-3 生产者市场购买决策过程的八个阶段

（一）识别需求

识别需求，就是生产者认识到需要购买某种产品，以解决企业经营中的某一问题或满足企业的某种需要。任何人的购买行为都是由动机支配的，而动机又是由需求激发的，所以需求是购买的起点。需求可以由内部刺激和外部刺激引起。

1. 内部刺激

内部刺激主要是企业的发展新规划、新上项目、新产品或改进老产品等因素引起的，这些因素的变化使人们产生对零部件或材料、设备的需要。内部因素包括下列一些最常见的情况。

(1) 企业决定推出某种新产品或新服务，因而需要新设备和各种原材料。

(2) 企业原有的设备发生故障、报废或零部件损坏，需要更新或购买新的零部件。

(3) 原有的供应商在产品质量、服务、送货情况或价格等方面不能让人满意，已购买的生产资料不能满足需求，生产商希望能够寻找新的供应商。

2. 外部刺激

有时候，组织内部人员可能并没有意识到需求或问题所在，但一些外在的刺激可能会导致其对需求的认识。在企业外部，需求主要是由外部环境的改变或采购者受到销售者的营销刺激引起的。采购人员通过参观展销会、浏览广告或接到某一能提供价廉物美产品或服务的销售代表的电话,便产生了一些新的需求。可见,组织市场的供应商应主动推销,经常开展广告宣传,派人访问用户,展示自己产品的优越性,激发组织对问题的认识,以发掘潜在需求。

(二) 确定需求

确定需求,即在发现需求后进一步明确所需产品的数量及各项性能。相对而言,标准化产品的需求较易确定,复杂产品的购买则需要采购人员、技术人员和实际使用者共同确定产品的特征,他们将设定产品的可靠度、耐用性、价格及其他产品属性等重要特征。营销人员可以在此阶段协助购买者,提供各种参考准则。

(三) 描述需求

描述需求是指企业通过价值分析确定所需产品的品种、性能特征、数量和服务,做出详细的技术说明。在确定了需求要项之后,就要确定产品具体的规格、型号,以作为采购的依据。该阶段是第二阶段的延伸,这个阶段对以后供应商的选择有着非常关键的影响作用。对于简单的产品,这一阶段同上一阶段是合二为一的;对于复杂的产品,这一阶段则需要做许多工作。

产品分析方法多采用价值工程分析法,对各货物进行综合分析。一般来说,组织委托产品价值分析(Product Value Analysis,PVA)工程组投入这个项目。产品价值分析最早是由通用电气公司采购经理迈尔斯在1947年提出的,是一种降低成本的方法。通过产品价值分析,对各部件仔细加以研究,以便确定能否对它进行重新设计或实行标准化,并运用更便宜的生产方法来生产产品。最后,该小组要确定最佳产品的特征,并把它写进商品说明书中,它就成为采购人员拒绝那些不合标准的商品的根据。同样,供应商也可将价值分析作为一种工具,向购买者展示自己产品在具备必要功能方面的优越性,以赢得新客户。价值工程对象价值(V)、功能(F)与成本(C)三者关系为

$$V = \frac{F}{C} \tag{4-1}$$

(四) 寻找供应商

寻找可能的供应商,是指采购人员根据产品技术说明书的要求寻找最佳供应商,即通过工商企业名录、电话簿、广告、展销会等各种途径,广泛搜集供应商的信息,调查供应商所能提供的产品及其质量、价格、信誉、售后服务等情况,把那些能够提供自己所需产品且信誉良好的供应商列为备选对象。采购者首先要将一些无法满足购买要求或信誉不好的供应商排除在外,然后进行进一步的分析和选择。对合格的供应商,则会登门拜访,察看他们的生产设备,了解其人员配置。最后,采购者会归纳出一份合格供应商的名单。

一般,购买的产品技术越新,产品本身就越复杂或昂贵,对供应商的物色和选择的时间也越长。在新任务购买的情况下,采购复杂的、价值较高的品种时,需要花较多时间慎重选择供应商。当然,对于供应商来说,这一阶段并不是被动地等待被发现的过程,而是完全可以主动地与生产者客户建立联系,甚至在更早的阶段介入,从而增加成为最终供应商的可能性。因此,供应商一方面应通过各种途径向购买者宣传介绍自己,扩大社会知名度,争取在市场上树立起良好的信誉;另一方面要注意发现正在寻找供应商的购买者,以增加入选的可能。

(五) 征求供应信息

征求供应信息，就是购买者请那些被列为备选对象的供应商为其提供产品说明书和价目表。买方通常要求候选的供应商对自己产品的情况做出说明，然后针对各供应商的建议进行分析，从中挑选最合适的供应商。供应商应根据购买者的要求，将有关产品的技术性能、报价、相关服务、自身生产能力和资源条件等情况，以口头或书面的形式传递给购买者，力求有说服力。鉴于此，供应商必须利用这个有利时机，提出与众不同的、令采购者满意的建议，在建议书中应强调本企业的相对竞争优势，如此才能引起采购者的注意和信任，以便在竞争中脱颖而出。根据采购任务的复杂程度，具体分为以下两种情况区别处理。

(1) 简单的采购任务。对于标准化的项目，当需求商品是通用的、简单的一般产品时，所需要的信息比较少，通常第四、第五阶段同时发生，有些供应商只送来一份产品目录和派一名销售代表，而购买组织可能只是检查一下标价单或更新一下价格信息。

(2) 复杂的采购任务。对于复杂或花费大的项目，采购者就会要求待选供应商提交内容详尽的申请书，内容包括报价产品质量说明、品种规格、交货时间、交货方式、售前售中售后服务、付款结算方式等。他们会再进行一轮筛选比较，选中其中的最佳者，要求其提交正式的协议书。对重大设备和工程报价，采购单位也可以采用招标的方式征询报价。

(六) 选择供应商

选择供应商，就是在对供应商提供的报价和申请材料进行分析、比较及对供应商各方面情况进行综合考察的基础上，选择一个或几个最具吸引力的供应商作为交易谈判对象，通过谈判最终确定供应商。这是采购中心评价和选择供应商的最后阶段。在选择供应商时，采购中心不仅要考虑供应商的技术能力，还要考虑供应商是否能按期供货及能否提供优质售后服务等。采购中心将有意愿的供应商的某些属性定为评估指标，并评估它们的相关重要性，而后针对这些属性对供应商进行评分，找出最具吸引力的供应商(表4-4)。

表4-4 评估供应商的例子

属 性	权 数	评 分 标 准			
		差(1)	一般(2)	良(3)	优(4)
价格	0.3				
产品可靠性	0.2		+		+
服务可靠性	0.2				
供应商信誉	0.1			+	
供应商灵活性	0.1			+	+
供应商产能	0.1		+		

总分：$0.3 \times 4 + 0.2 \times 2 + 0.2 \times 3 + 0.1 \times 3 + 0.1 \times 4 + 0.1 \times 2 = 3.1$

在这一阶段，还涉及供应商数目的确定问题。比较合适的供应商数目不能太多，也不能太少。许多采购者喜欢多种渠道进货。这样，一方面可以避免自己过于依赖一个供应商，以免受制于人；另一方面使自己可以对各供应商的价格和业绩进行比较，以达到增加供货渠道、降低产品价格和减少风险的目的，并促使供应商展开竞争。同时，采购中心在做出最后选择之前，还可能与选中的供应商就价格或其他条款进行谈判，供应商的营销人员应制定策略以应对买方压价和提出过高要求。

（七）正式订购

购买者一旦选择了供应商，就要履行常规的购货手续，即采购人员要与供应商具体洽谈，为供应商准备购买目录表，提出产品技术质量要求、购买数量、期望供货期，提供保险单及付款保证，最后签订购货合同，合同中要注明违约处置及仲裁。采购中心可以根据自己企业的需要，采用"定期采购交货"形式或者"一揽子合同"全承包的长期供货合同形式。就保养、维修和经营项目而言，采购人员越来越多地倾向于签订长期有效的合同以代替定期购买订单。

"一揽子合同"又称为无存货采购计划、毛毯合同，是指采购方与供应商建立一种长期关系。在这种关系下，供应商答应在特定的时间内根据需要按照协议的价格向采购方继续供应产品或服务。通常情况下，如果双方都有着良好信誉的话，一份长期有效的合同将建立一种长期的关系。这种合同方式对于买卖双方都是有利的。对买方来说，这样做避免了重复签约的麻烦，可以获得随时按约定条件供货的服务，减少了库存费用和风险；对卖方来说，有了稳定的销路，可以与采购方保持长期紧密的关系，使竞争者难以涉足其间。因此，现在企业较少使用"定期采购交货"，而趋向于采取"一揽子合同"。

（八）绩效评估

绩效评估，就是购买者与产品使用部门保持联系并了解他们对供应商提供的产品的意见及使用效果的全面评价，同时要定期对合同的履行情况进行检查，以此来决定是否继续购买。供应商应密切关注购买者及最终使用者的购后评价，保持良好的联系和沟通，及时了解对方需求的变动情况，以保证自己能让客户满意。

上述八个阶段是一种典型的购买程序，对于不同的购买类型，购买过程是不同的，并非每次采购都要经过这八个阶段，这要依据采购业务的不同类型而定。其中，新购要经过每一个阶段，修正重购和直接重购则可以省略其中某些阶段。购买格子类型见表4-5。随着信息技术日益广泛应用于控制库存、计算经济的订货量、要求供应商报价等供应管理工作，购买者购买过程也出现新的变化。对于营销者来说，只有了解购买的全过程，明晰不同阶段的特点，才可以采取有针对性的营销策略。

表4-5 购买格子模型

	购买阶段	购买类型		
		新 购	修正重购	直接重购
1	识别需求	是	可能	否
2	确定需求	是	可能	否
3	描述需求	是	是	是
4	寻找供应商	是	可能	否
5	征求供应信息	是	可能	否
6	选择供应商	是	可能	否
7	正式订购	是	可能	否
8	绩效评估	是	是	是

第三节 中间商市场购买行为分析

中间商市场购买行为是指中间商在寻找、购买、转卖或租赁商品过程中所表现出的行为。由于中间商处于流通环节，是制造商与消费者之间的桥梁，在市场中发挥了沟通产销的媒介作用，因此中间商具有生产者和最终消费者所不能代替的特殊作用。中间商市场也是一个相当大的不容忽视的市场。

一、中间商市场的特点

中间商市场也叫转卖者市场，即购买商品的目的是把商品出卖或出租给他人。中间商购买是为了再出售时获得更多的利润。因此，中间商市场的特点是转手买卖、贱买贵卖。据此可以把中间商市场与其他各类市场区别开来。中间商介于生产者和消费者之间，决定了中间商市场与消费者市场及生产者市场相比既有相同点，也有其独特之处。概括起来，中间商市场有以下几个特点。

(1) 需求具有传递性。由于中间商的性质，所以消费者的喜好和需求决定中间商的需求，同时，中间商的需求决定生产者的需求，这种需求具有传递性。在传递过程中，需求有一定的扩展和收缩的趋势。

(2) 中间商对购买价格更为重视。中间商购买属批量购买，购买目的是转手买卖、低买贵卖，以"好卖"作为主要的购买决策标准。虽然中间商关心商品的质量与款式，但他们对购买价格更敏感。中间商市场的需求受价格因素影响极大，购买价格的高低往往直接影响最终消费者的购买量，从而影响到中间商的购买量。因此，营销人员应视其购买或销售的业绩给予恰当的回报。

(3) 中间商对交易条件要求较高。由于中间商购买是为了卖，进货是从销售的角度出发的。为了抓住有利时机销售商品，减少滞销风险，加快资金周转，中间商会对产品质量、生产日期、物流配送、交货期限、信贷等条件提出较高要求。

(4) 中间商需要供应商提供配合和协助。由于中间商往往财力有限以及不只是销售个别厂家的产品，因此无力对各种产品进行推广，常常需要生产厂家协助其做产品推广，帮助其销售。另外，中间商一般自己不制造产品，对产品技术不擅长，通常需要供应商协助其为顾客提供技术服务、产品维修服务和退货服务。对于技术复杂、知识含量大的产品，需要供应商提供培训专业推销员的服务。

(5) 购买者地区分布的规律性强。中间商在整体市场中的分布状态居中，较生产者分散，但比最终消费者集中。值得注意的是，这些购买者及其类型的地域分布很有规律，而中间商与中间商之间又构成竞争关系。因此，供应商寻找中间商是比较容易的，营销人员应注意中间商经营商品的搭配。

二、中间商市场购买决策的类型

中间商是顾客的采购代理人，它必须按照顾客的需求来制订采购计划。中间商的购买决策和具体采购业务会随着其购买情况类型的变化而变化。中间商的购买情况可分为以下四种类型。

(一) 新产品采购

新产品采购是指中间商对是否购进某种以前未经营过的新产品做出的决策。在这种情况下，中间商就不仅要对该品种产品的销售市场进行调查研究以决定是否经营，还要了解供货来源并选择供应商，并且考虑和决定交易条件等一系列问题，因此中间商的购买决策过程与具体的采购业务是最复杂的。生产者对新产品如有需要，非买不可，只能选择供应商，主要就"向谁购买"做出决策；而中间商对新产品购进主要根据新产品市场前景的好坏、买主需求强度、产品获利的可能性等因素决定是否购买，主要是在"买"与"不买"之间做出决策，然后再考虑"向谁购买"，只是购买的时机问题。

(二) 最佳供应商选择

最佳供应商选择是指中间商在确定需要购进的产品后寻找最合适的供应商。这种购买类型的发生主要与以下原因有关。

(1) 在经营的某种产品品种、品牌的货源充裕，但中间商由于自己的经营能力及经营空间有限，不能经营所有供应商的产品，中间商为了提高盈利，也会从多个现实的和潜在的供应商中选择货源充裕、价格优惠、提供服务与支持力度大的名牌产品的最合适的供应商。

(2) 实力雄厚的中间商有自己的品牌，当其想要扩大自有品牌的影响时，必须寻找具有一定水平又愿意合作的供应商为其定制品牌产品，便要物色愿意供应非品牌化产品的供应商。例如，美国西尔斯主要经营的是自有品牌商品，它们采购的主要工作是选择供应商。

(3) 当直接重购的产品难以买到时，转卖者便有必要重新寻找货源，选择最合适的供应商。

(三) 改善交易条件的采购

改善交易条件的采购是指中间商希望现有供应商在原交易条件上再做出一些让步，使自己得到更多的利益。考虑到节约采购成本，采购者并不随意更换供应商，只是以此为手段对供应商施压。在盈利的前提下，供应商可以考虑采购者的一些要求。

(四) 直接重购

直接重购是指中间商的采购部门按照过去的订货目录和交易条件继续向原有的供应商购买产品。在这种情况下，中间商的购买决策过程及具体的购买业务是非常简单的。中间商会对以往的供应商进行评估，选择感到满意的作为直接重购的供应商。当日常经营的标准品或销路好的产品库存下降到一定水平时，中间商按照原供货条件继续向原供应商发出订货单进行采购。

随着网络经济的发展，信息技术已日益广泛应用于中间商的采购管理，大大改进了中间商的采购业务，对企业营销提出了挑战。因此，供应商的营销人员必须了解自己的供货对象的购买类型，以有针对性地采取相应的促销措施。

三、中间商市场购买决策的参与者

中间商市场购买决策的参与者往往因中间商的规模、决策重要程度和涉及金额而有所不同。不同规模的中间商的采购人员多寡不一，专职程度各异。不同行业和不同类型的企业，其采购组织形式有所不同。对于小型的中间商，一般不配备专职的采购人员，商品的选择与采购，可能由店主(经理)自己负责，也可能由熟悉业务的雇员负责，而负责采购工作的人员通常是兼职的；对于大型的中间商，一般都有专门的采购部门履行采购职能，采购人员的工作是一项专职工作，他们负责对有关商品和供应商进行比较、评价和筛选，当然，对购买决策最有权力和影响的仍是商店经理。

简便起见，下面以美国连锁超市为例，介绍参与购买过程的人员和组织。

(1) 总部专职采购人员。为了降低成本，提高采购效率，一般大型连锁超市都会采用集中进货的方式，在总部设立专门的采购部门。专职采购人员负责收集信息、选择品牌及采购工作。采购人员权力的大小取决于公司组织结构和公司规模。对于权力比较大、对采购决策起决定性作用的采购者，供应商应该给予重视。

(2) 采购委员会。采购委员会由公司总部的部门正、副经理和商品经理等人组成，负责审查商品经理提出的新产品采购建议，做出是否购买的决定。采购委员会每周召开一次会议，逐一审查各商品经理提出的关于采购新产品的建议。实际上，采购委员会对新产品购买决策起间接作用，只是在发挥平衡各方面意见的作用，真正起决策和控制作用的还是商品经理。因此，供应商只有充分了解采购委员会的构成及其影响力，才能有的放矢地采取相应的营销对策。

(3) 分店经理。分店经理是连锁店下属的各零售店的负责人，决定分店实际购买产品，是掌握最终采购权的人。据调查，在全美国连锁超级市场和独立的超级市场中，分店经理掌握了分店近70%的产品采购权。因此，供应商的营销人员应把分店经理作为主要的公关对象，关注分店经理的需求，采取有效措施，促成交易。据美国尼尔逊公司的研究，分店经理是否采购新产品主要取决于三个因素，即新产品是否适销对路、供应商的促销支持和优惠措施。

四、中间商市场购买决策的影响因素

中间商市场的购买行为与购买决策，与生产者市场的购买行为一样，受到环境因素、组织因素、人际因素以及个人因素的影响，在此不再赘述，但中间商购买行为与决策仍有一些独特之处。

(一) 采购人员的采购风格

美国的研究人员通过对中间商的采购者抽样分析后，得出中间商的采购人员可分为如下七种类型。

(1) 忠实采购者。这类采购者长年忠实于同一货源，不轻易更换供应商及其相关条件。双方通过物质利益和情感利益双重纽带联系在一起，形成长期合作关系。如果采购组织中的采购决策者属于这一类型，则这个中间商的采购大都属于直接重购。供应商应该分析这类采购者忠实的原因，并采取措施使其他采购者也成为忠实采购者。

(2) 机会采购者。这类采购者善于从备选的几个符合其长远利益和发展前途的供应商中随时挑选最有利的资源，而不固定于任何一个。他们喜欢不断地尝试，对任何供应商都没有长期合作的基础。对这类采购者，供应商应该主动帮助他们，加强感情投资，增强信任感，使其成为忠实采购者。

(3) 最佳交易采购者。这类采购者专门选择在一定时间内能给予最佳交易条件的供应商成交，而不是限定在事先选定的候选名单内。这种情况下，供应商应该密切关注竞争者的动向和市场变化，在不损害利益的前提下，提供比竞争者更好的条件。

(4) 创造型采购者。这类采购者向供应商提出他所要求的产品、服务和价格，希望以他的条件成交。创造性购买者不接受供应商的任何推销条件，而是以企业自己的条件与人交易，要求供应商来迁就自己。这类采购者有想法，喜欢创新，喜欢最大限度地使用自己的权利按自己的想法做事。对这种情况，供应商应该尽力接受他们的意见和想法。

(5) 广告型采购者。这类采购者在每一笔成交的交易中都要求供应商提供广告来扩大影响力，这种广告补贴必须作为每一交易协议的首要目标及每一交易的一部分。对此，供应商应该在能力范围内满足其需求。

(6) 悭吝型采购者。这类采购者在交易中总是要求供应商给予价格折扣，并且只同给予最大折扣的供应商成交。对此，供应商应该采取一些措施，如提供材料证明自己已经给出很优越的条件。

(7) 精明干练型采购者。精明干练型采购者也称为琐碎型购买者，这种采购者选择的货源都是物美价廉的。每次购买的总量不大，但品种繁多，重视不同品种的搭配，力图实现最佳产品组合。这类采购者往往会加大工作量，对此，供应商应该有耐心。

上述七种采购人员类型中，除第一种以外，其余几种的采购决策人或采购人员都可能导致变更购买和新购。

(二) 采购人员的需求特点

为他人购买是中间商的一个显著特点，因此，中间商市场的营销者应该了解采购者需求的特点，因地制宜，促成交易。中间商在决定是否采购某种新产品或选择某家供应商时，通常要考虑如下因素。

(1) 价格因素。中间商购买主要是为了转售，以盈利为目的，一般采取批量购买、贱买贵卖的方式从中获利。因此，中间商在采购某种商品时特别注重价格谈判，因为中间商价格的高低直接影响其利润收益的高低。

(2) 产品因素。中间商非常关注商品的独特性和受顾客欢迎的程度。商品的独特性使得中间商能够形成经营特色，提升竞争优势，降低竞争风险，加大其经营利润；而商品受顾客青睐的程度，会影响商品流通速度，缩短经营周期，也将给其带来好处，因此，畅销商品不仅受消费者喜爱，还受中间商青睐。

(3) 存货管理。储存是中间商的基本职能之一。储存什么、储存多少是影响中间商购买行为的一个重要因素。中间商的存货管理将直接影响商品的成本和市场经营风险，以及满足最终消费者需求的能力，影响中间商的市场表现和经营业绩。因此，中间商的存货管理政策会对其购买行为产生一定的影响。

(4) 供应商的策略。供应商营销策略的良好效果，会促进中间商的经营积极性和采购量的提高。通常，供应商的产品市场定位准确，会吸引顾客购买，促进中间商的购买；供应商为该产品提供的广告或促销补贴能提高中间商对该产品的经营兴趣，促进其大量采购；同时，供应商的声誉和企业形象会影响消费者的需求，也会影响中间商的购买意向。

因此，营销者应充分掌握中间商需求的多变性，针对中间商的需求采取相应的营销策略，积极帮助中间商更好地满足最终消费者的需求，提供良好的服务。

五、中间商市场购买决策的内容

中间商的购买决策是中间商购买行为的一个重要方面。研究中间商的购买决策，可以掌握他们的购买行为的特殊性和规律性。中间商的购买决策和具体采购业务会随着其购买情况的类型的变化而变化。一般地说，中间商会做出以下几项购买决策。

(一) 进货决策

进货决策是指供应商对进货的时机和数量、品牌做出判断。中间商根据库存水平、市场前景的好坏、买主需求强度、产品获利的可能性以及自身财务状况等多方面因素决定是否进货。供应商必须确知中间商的订购意图，以便采取相应的推销策略。

(1) 选择购买时间决策。中间商"转手买卖"的特点决定了他们选择购买时间的苛刻程度，以便更好地满足消费需求和避免承担库存过多的风险。例如，在市场前景看好和财务状况良好的情况下，中间商应该抓住时机补充库存，保证货源的充足。

(2) 选择购买数量决策。由于中间商经营产品的单位利润较小，他们的购买数量都比较大，通过多购和薄利多销来获得利润。中间商采购一般包括偶然的大量订购和经常性的较少量订购两种方式，通过成本收益分析，做出有利于自己的购买决策。但多购的程度还要依据中间商现有的存货水平和预期的需求水平来进行选择。

(3) 选择购买品牌决策。产品的销路是中间商生存的根本。在决定是否购买某种品牌的产品之前，中间商会首先考虑这种产品过去的销量，而采购新产品之前中间商的态度往往会比较谨慎，或者采取试销、代销的模式，直到确定该产品有销路才会大量购买。

(二) 配货决策

配货决策是指确定所经销产品的花色品种，即中间商的产品组合。配货决策是中间商购买决策中最基本、最重要的内容，它直接影响中间商的供应商组合、营销组合和顾客组合。产品的花色品种通常称为货色，它决定了中间商在市场中的位置。从既能体现本身的经营特色又能吸引众多买主的角度出发，中间商的货色搭配可以选择以下四种形式。

(1) 独家货色，即中间商只代理或经销某一生产厂家的产品。这类产品多属于专利商品、具有技术诀窍的商品、特殊商品、工商联营合作企业的产品以及中间商所处地区市场从未有过的新产品等。例如，某一中间商只经销格力空调，就属于独家货色。

(2) 专深货色，即中间商经销多家制造商生产的同类产品。这类产品品质大体相同，只是规格、型号及品牌等有所不同。例如，某一中间商除了经销格力空调之外，还经营海尔、海信、科龙和奥克斯等品牌空调，则属于专深货色。

(3) 广泛货色，即中间商经销多家制造商的多种种类的产品。这些种类的产品并没有超出中间商的经销范围，往往有一定的关联性，不影响其原有的企业经营方向和经营特色。例如，某一中间商同时经营空调、冰箱、洗衣机、电视机等多种家电产品，则属于广泛货色。

(4) 杂乱货色，即中间商不加选择、不受限制地经销不同制造商生产的许多互不相干的产品。这些种类的产品无连带关系、彼此无关，中间商经营范围比广泛搭配更广。例如，某一中间商除了上述家电产品之外，还经营服装、鞋帽、箱包、文具等商品，则属于杂乱货色。

(三) 供应商组合决策

供应商组合决策是指决定与之从事交换活动的各有关供应商。它的特点是：中间商根据自己所经营的实际情况和经营战略，选择一个最佳供应商。中间商的购买多属于理性购买，对供应商及其产品的选择比较慎重。当中间商拟用自有品牌销售产品时，或由于自身条件限制不能经营所有供应商产品时，就需要从众多供应商中选择最优者。中间商通常根据供应商提供的产品销售前景、广告宣传等促销手段措施、提供的优惠条件、经营的能力、合作的诚意、本身的经营风格以及当时所处的市场营销环境等来选择合适的供应商。因此，供应商应满足中间商不断变化的特殊需求，有针对性地采取营销策略，成为中间商满意的供应商。

(四) 供货条件决策

供货条件决策是指确定具体采购时所需要的价格、交货期、相关服务以及其他交易条件。由于供应商经营的风险性和营利的目的性，他们特别在意商品价格并且总是希望得到供应商方面更优厚的条件。但为了降低购买成本和购买风险，确定供应商之后，他们一般不会改变。供应商应该充分了解这些因素，给出合适的供应条件。

六、中间商采购方式

值得注意的是，中间商采购方式一般比较独特，通常有以下两种。

(1) 大量采购，即采用订货次数较少、每次订货量较大的方法，是指中间商为了节省采购费用、降低采购成本而一次性把一种商品大批量地采购进来。这种方式降低了采购成本，但因为大量采购占用资金多，使资金周转慢。另外，这种采购没有特别的规律。

(2) 适量采购，即采用订货次数较多、每次进货量较少的方法，是指中间商对市场销售均衡的商品，在保有适当的商品库存的条件下，确定适当的数量来采购商品。适量采购加快了资金周转，但也加大了购买成本，且可能出现商品脱销的情况。

针对以上两种采购方式，中间商在决策时必须综合比较，权衡利弊，确定适当的"订货点"，以降低经营费用，增加盈利，提高经营效果。

第四节　政府市场购买行为分析

政府市场又称政府机构市场，它由那些为执行政府主要职能而采购或租用货物的各级政府机构组成。也就是说，在一个国家的政府机构市场上的购买者是这个国家各级政府机构的采购部门。目前，我国的政府顾客基本可分为中央政府、省级政府、地方政府三类。各级政府机构为了行使政府职能需要购买或租用产品，形成庞大的商品和服务需求市场，为许多企业提供了大量营销机会。但政府市场与其他市场相比，存在着较大区别。因此，营销管理者必须深入研究政府市场购买行为。由于种种非营利的社会集团(如学校、医院、博物馆、群众团体及其他社会公益组织)的购买行为与政府的购买行为大致相同，因而我们把非营利性组织也列入政府市场范围。

一、政府采购的含义及特点

(一) 政府采购的含义

政府采购又称公共采购,是指各级政府为了开展日常政务活动或为了向公众提供服务,在财政的监督下,以法定的方式、方法和程序,通过公开招标、公平竞争,由财政部门以直接向供应商付款的方式,从国内外市场上为政府部门或所属团体购买货物、工程和劳务的行为。政府采购是市场经济的产物,最早形成于18世纪末的西方国家。近年,随着我国经济体制的改革,政企逐渐分开,政府作为组织市场顾客的身份也日益突出。

这一定义反映了政府采购的一些基本要素,具体包括如下几点。

(1) 政府采购的主体。政府采购的主体是国家机关、事业单位和团体组织,而不是一般的个人或企业。在许多国家里,政府是商品和服务的主要购买者。政府市场对任何厂家来说,都是一个巨大的市场。

(2) 政府采购的目的。政府采购的实质是市场竞争机制与财政支出管理的有机结合,它是建立在为实现公众目标所必须得到的产品和服务的基础上的,如维持政府机构运转、改善基础设施、加强国防建设、扶植重点产业、发展教育事业、兴办社会福利事业等。

(3) 政府采购的范围。一般来说,政府采购的范围相当广泛,主要包括货物、工程和劳务等,但并不包括所有的商品和服务,而是有所限定的。根据《中华人民共和国政府采购法》的规定,主要是指"依法制定的集中采购目录以内"的商品和服务,以及"采购标准以上"的商品和服务。

(4) 政府采购的资金来源。政府采购的资金来源是财政性的资金,即全民的公有财产。这里所说的财政性资金,既包括预算内资金,也包括预算外资金。但并非所有财政性资金的使用都纳入政府采购的管理范畴,还应根据资金的使用方向,看其是否在政府采购的管理范围之内。

(二) 政府采购的特点

政府采购市场是一个巨大的、充满潜力的、机会与挑战并存的市场。政府市场在一些方面与生产者市场有相似之处,如购买者数量较少,每次购买量大,同时是理智性购买、直接购买等。但是政府市场作为一个特殊的需求者,在许多方面有其特殊性。分析和研究政府市场的特点,对于准备向政府市场出售商品和提供劳务的生产者或供应商是非常必要的。

(1) 非营利性。非经济标准在政府采购中的作用日益加强。政府与社会团体的采购主要是为了行使一定的国家或社会职能,不是谋求营利,因而其采购什么及采购多少要更多地考虑到全社会利益。同时,政府往往受政治、道义等因素影响,采购时更注重社会效益。

(2) 行政性。政府采购决策是一种行政性的运行过程,要严格遵守行政决策的程序和过程,要代表政府的意志,遵循组织原则,受政府现行政策的影响较大。政府采购往往带有指令性计划性质,采购主管部门应当根据经批准的预算和其他财政性资金的使用计划,编制和公布采购计划。这尤其体现在对一些关系国家安全的商品与劳务(如国防用品、基础类产品等)的采购方式中。

(3) 政府市场相对稳定。政府采购一般是按照年度预算进行的,年度预算具有法律效应,不会轻易变动。因此，各级政府的需求由于要受到预算的约束，在预算期内具有较强的刚性，政府在一个财政年度内的采购规模基本上是固定不变的。政府市场的需求相对缺乏弹性，这一点与生产者市场完全相反。

(4) 购买目标的多重性。由政府部门独特的社会职能决定，政府采购的物品既有生产需求又有消费需求，不仅是履行职能的需要，还有其他政治性、军事性、社会性目标。政府购买决策必须兼顾社会效益和经济效益。一方面，政府购买决策作为经济行为，要讲究经济性；另一方面，政府购买决策要受政治的、道义的等非经济因素的影响，如在采购时，对国有企业或经济落后地区给予照顾。这些都决定了政府采购目的的多重性质。

(5) 购买方式多样。政府采购往往通过竞争性的招标采购、议价合约选购和日常性采购等方式来选择合适的供应商。政府采购的方式方法相当灵活，明显区别于消费者市场、生产者市场和中间商市场。对昂贵的大宗商品(如飞机、汽车等)，通常采用公开招标的方式竞购；对日用办公用品，采用直接重购或修正重购；对公共福利品，则容易受到推销商的影响；等等。当参与竞标的供应商数量很少或产品不能仅从价格方面来判断差别的时候，政府机构往往采取议价合约选购的方式来确定最终的供应商。

(6) 购买程序复杂。由于政府采购资金源于税收，为了提高资金使用率，节省开支，保证国防、教育及公共设施的需求，政府购买决策一般更加复杂，并且对技术有更高的要求。此外，政府采购对供应商也提出了较为严格的标准和细则，所以供应商应根据政府采购机构的商品需求和购买程序的规定来开展活动。已经被政府机构列为政府采购的准供应商所提供的产品或服务必须能够完全符合政府采购的标准和细则，才有资格进入竞标阶段。

(7) 购买须受到法律和社会公众的监督。我国为了规范政府采购行为，提高政府采购资金的使用效益，维护国家利益和社会公共利益，保护政府采购当事人的合法权益，促进廉政建设，制定了《中华人民共和国政府采购法》《中华人民共和国政府采购法实施条例》，这些法律文件对政府采购当事人、政府采购方式、政府采购合同等都进行了规范和说明。政府采购的对象、程序和操作都必须用法律的形式加以规定并严格执行。对政府采购实行法制化的管理，可以使其受到必要的监督与控制，促进和保障国家有关法律、法规和社会经济政策的贯彻执行。

政府采购可以理解为政府受纳税人的委托，代表纳税人采购公共产品。因此，政府采购行为的本身也要接受社会公众的监督。政府采购应遵循公开、公平、公正和效益的原则，维护社会公共利益，使纳税人的资金得到充分利用，以最低价钱和最低标准的购物数量实现政府的各项职能。

(8) 国内采购优先。政府采购一般都具有保护本国产业的倾向性。在满足政府日常政务需求的前提下，政府类顾客出于保护本国产业、刺激国内需求和经济增长的目的，而倾向于采购本国供应商而非外国供应商的产品或服务。许多国家通过立法的形式，强制要求政府购买本国产品，这在一定程度上可起到保护国内企业和扶持民族产业发展的作用。因此，许多跨国企业总是与东道国的供应商联合投标。

二、政府市场购买决策的参与者

政府市场的采购者一般包括国家(我国称为"中央")、地方(省、区、市)和单位三个不同的层次，但由于各国的政府机构没有统一的模式，三个层次机构的名称和分工以及职权范围不同。实际上,并没有一个统一的机构为政府各部门统一采购,而是由各部门自行采购自己所需要的物资,特别是专用设备。因此,各类政府都是企业的潜在顾客,营销人员应该研究各种机构的采购模式和需求特点。比起其他市场的购买决策,政府市场的购买决策要复杂得多,参加这个决策过程的主要机构或成员如下。

(一) 购买预算编制的参与者

由于政府采购受到国家预算的控制,所以,国家预算编制的参与者在政府总需求方面起着决策的作用,他们决定了政府市场的购买范围和数量。

(1) 编制预算的行政官员。编制预算的行政官员包括各级政策决定者,如各级行政长官、预算委员会官员等,他们是直接编制预算的人员,因而对预算支出规模具有重大影响。

(2) 各利益集团的代表。在我国主要是各级人民代表大会代表;在西方各国,各利益集团代表主要来自议会。他们负责审查并批准预算,对预算安排具有较大的影响力。

(3) 各利益集团的院外活动人员。他们代表各利益集团对各级政府官员、政策决定者以及预算编制者进行游说活动,以使预算安排符合自己所代表集团的利益。这种情况在西方各国非常普遍。

(4) 社会舆论控制者。他们往往通过控制各种报纸、杂志和新闻媒体及网络等主要舆论工具,以影响民意或表达民意的方式来影响政府部门的行为。随着传播媒体的发展,社会舆论控制者的影响越来越大。

(二) 具体购买决策的影响者

在政府采购决策中,起到重要影响作用的机构和人员如下。

(1) 采购人及相关成员。采购人及相关成员即具体执行采购任务的人员。采购人一般由政府采购机构的工作人员担任,由他们使用财政性资金采购物资或服务。另外,提供信息、参与评价的人员和相关技术人员、专家等都会影响政府采购决策。

(2) 政府采购机构。政府采购机构是指政府设立的负责本级财政性资金的集中采购和招标组织工作的专门机构。在集中采购的情况下,由他们负责代理采购人履行采购业务。

(3) 招标代理机构。招标代理机构是指依法取得招标代理资格,从事招标代理业务的社会中介机构。政府采购通常采用公开招标方式进行。对于招标事宜,政府采购机构有可能委托招标代理机构进行。

(4) 使用人。使用人即货物、工程或服务的需要机构,往往是国家各级政府部门。此外,如果采购的是用于基础建设或教育事业,还要考虑它的使用人群的便利和听取他们的意见,如为残疾人联合会采购商品就要有特别考虑。

(5) 政府采购监督管理部门。政府采购监督管理部门属于政府的职能部门,负责对政府采购活动依法实施监督和管理。政府财政部门是政府采购的主管部门,负责管理和监督政府采购活动。

通常,政府采购是由采购人提出采购申请,由专门的政府采购代理机构向有关供应商进行采购,采购相关人员参与采购的有关活动,政府采购监督管理部门对采购全过程进行监督。

三、政府市场购买决策的影响因素

政府市场与生产者市场和中间商市场一样,同样受到环境因素、组织因素、人际因素和个人因素的影响，但政府采购也有其独特之处，会受到以下因素的影响。

(一) 社会公众

尽管每个国家的政治经济制度不同，但政府机构的采购工作都要受到监督。政府购买行为深受社会关注，外界公众的监督会使其购买行为趋于合理、高效。一般来说，政府支出要受到公众审查，政府机构在采购前要做许多文案工作，如填写系列表格和正式的审批等。在这种情况下，政府机构的采购业务就必须慎之又慎，需要不厌其烦地填写许多表格，经许多人签署，层层核转，发订单时间也比较慢。政府采购工作主要的监督者如下。

(1) 国家权力机关，即国会、议会或人民代表大会、政治协商会议。政府的重要预算项目必须提交国家权力机关审议通过，经费使用情况也受到社会的监督。

(2) 行政管理和预算办公室。有的国家成立专门的行政管理和预算办公室，如美国成立了行政管理和预算办公室，其主要职责是汇总各部门属于联邦开支的项目及方案，进行初步研究审核，然后提交相关部门核准，并试图提高资金使用的效率。

(3) 社会媒体。报刊、广播、电视等传播媒体密切关注政府经费使用情况，对于不合理之处予以披露，起到了有效的舆论监督作用。尤其是网络的发展以及网络快速传播信息的特点，使社会媒体的影响日益增加。

(4) 公民和民间团体。国家公民和各种民间团体对于自己缴纳的税负是否切实地用之于民也非常关注，常通过多种途径表达自己的意见。

(二) 国内外政治、经济形势

纵观世界各国，国内外政治、经济形势对政府采购的经费、结构、规模、方式均会产生深远的影响。

(1) 受到政治、政策变化的影响。国内外政治形势的变化会影响到政府采购结构和支出预算。例如，在国家安全受到威胁或出于某种原因发动对外战争时，军备开支和军需品需求就大；和平时期，用于建设和社会福利的支出就大。

(2) 受到国内外经济环境的影响。国家经济形势不同，政府用于调控经济的支出也会随之增减。一般来说，当经济疲软时，政府往往会缩减支出；当经济高涨时，则增加支出。

(三) 社会发展水平

一个国家的社会发展水平，一方面为政府采购提供了条件(包括财力和产品)，另一方面向政府提出了要求。任何一个国家或地区，其社会发展水平越高，采购条件就越优越。例如，北京作为我国的首都，社会发展水平较高，政府就有强大的实力进行规模宏大的市政建设和改造，有实力兴办更多的公共事业。同时，社会、经济发展水平越高，人们对政府的购买会提出的要求越高。为了紧跟世界科学技术发展的步伐，各国政府加大科研投资，加大对国外技术专利购买资金投入。随着文化水平的提高，人们要求兴办更好的公共设施，加强环境保护和改善市容市貌。

(四) 自然因素

政府采购会受到自然因素的影响。各种自然灾害会使政府用于救灾的资金和物资大量增加。例如，2008年汶川地震，我国各级政府和社会团体纷纷进行援助，大大增加了对于救灾物资的需求和购买。

(五) 非经济目标

政府采购为非商业性采购，非经济标准在政府采购中的作用日益明显。政府采购是向社会提供公共利益，扶持弱势群体，实现分配正义和实质公平的有力宏观调控手段，具有较强的福利性、政策性和公共性。例如，政府采购时，要求政府采购者支持不景气的工商企业和地区、小型工商企业和那些废除了种族、性别、年龄歧视的工商企业。

四、政府采购方式

政府采购是组织购买者中比较特殊的一个市场，政府市场采购行为有自己的特点，购买方式较为特殊。政府采购方式主要有以下几种。

(一) 公开招标采购

所谓公开招标采购，是指政府采购机构在报刊上登广告或发出函件，说明要采购商品的品种、规格、数量等具体要求，邀请供应商在规定的期限内投标。如果某企业有条件并有意向投标，就在规定期限内填好标书(其格式通常由招标人规定)，标书中标明可供商品的名称、品种、规格、数量、交货日期、价格和服务等项目。当到达规定日期时，政府就在公开场合开标，选出报价最低、服务最好、最有利又符合要求的供应商成交，并接受社会监督。这种采购方式以前主要在大型的采购和大型工程中采用。随着我国招投标制度的进一步规范，越来越多的政府采购采用招投标的模式，如政府采购办公用品、宣传板等。政府在采用这种方式采购时，处于相对主动地位，无须和卖方反复磋商，也可节约采购费用。但供应商之间的竞争往往很激烈，在同等信誉和供货条件下，价格往往是能否中标的关键。

公开招标的特点是供应商之间的公平竞争，减少了腐败现象的发生。但是招标的周期一般比较长，工作效率低且缺乏弹性。

一般而言，有下列情况之一的，可以不实行招标。
(1) 涉及国家安全和机密的。
(2) 采购项目只能从某一特定的供应商获得，或者供应商拥有对该项目的专有权，并且不存在其他合理选择或者替代物的。
(3) 采购项目的后续维修、零配件供应，由于兼容性或者标准化的需要，必须向原供应商采购的。
(4) 因发生不可预见的急需或者突发事件，不宜采用投标方式的。
(5) 经公告或者邀请未到三家以上符合投标资格的供应商参加投标，或者供应商未对投标文件做出实质性响应而导致招标无法进行的。

(二) 议价合约选购

议价合约选购是指政府采购机构和一个或几个供应商接触，就某一采购项目的价格和有关交易条件展开谈判，在洽谈、比较的基础上，最后只和其中一个符合购买条件的供应商签订合同，进行交易。如果供应商的利润过多，可以重新议价，使之合理，又无损双方。一旦情况有变，可对合同履行情况展开复审，重新谈判。

协议合同方式多种多样，如成本加成定价法、固定价格法、固定价格和奖励法。一般而言，议价合约选购方式往往用于风险较大、技术要求较高的复杂购买项目，涉及巨大的研究和开发费用及风险的项目，或者用于非标准性产品、缺乏有效竞争市场的产品。因此，政府的采购活动往往会产生连锁反应，大企业取得合同后，常把一部分合同转包给小企业，引起产业市场上的"引申需求"。

与公开招标相比，时间要求紧、涉及范围广的项目使用议价合约的形式选购更加有效率。这种方式不仅可以节约大量的准备时间，减少采购成本，还可以加强政府和供应商之间协议的灵活性。

(三) 日常性采购

日常性采购是指政府为了维持日常办公和组织运作的需要而进行的采购。政府部门对维持日常政务正常运转所需的办公用品、易耗物品和福利性用品，如购买办公桌椅、纸张文具、小型办公设备等，多为经常性、常规性连续购买，在花色、品种、规格、价格、付款方式等方面都相对稳定，大多采取日常性采购的方式，向熟悉的和有固定业务联系的供应商购买。这类采购金额较少，一般是即期付款、即期交货，类似于生产者市场的直接重购或中间商市场的最佳供应商选择等类型。但由于这类用品更换频率高的特点，购买者还是比较在意商品价格；此外，产品的通用性也很强。这些因素就需要供应商特别予以考虑。

(四) 政府网上采购

政府网上采购，也称电子化政府采购，即政府部门通过互联网，借助计算机管理其采购业务。供方和买方直接通过其计算机系统传送查询、订单、发票、支付等。政府网络采购是政府采购未来发展的必然趋势，也是政府推动企业电子商务发展的重要举措。政府网上采购改变了传统采购的操作流程，通过互联网和专业电子采购系统将政府采购移植到了新的平台，从而解除了地域和时间造成的物理障碍，解决了传统采购因重复性和烦琐性所造成的资源浪费，降低了采购的成本和风险，使采购更加公开地进行。因此，政府网上采购能够更好地体现公平、公正、公开、高效、低成本的原则。我国的政府网上采购工作起步较晚，虽然已经深受重视，但还是受到法律环境、技术手段、观念意识等因素的制约。

五、面向政府市场的营销工作

政府采购是组织购买者中比较特殊的一个市场，也是十分重要的一个市场。企业的营销人员应深入分析和研究政府采购的特点，选择相应目标市场，采取针对性的营销策略。

(1) 转变营销观念。由于政府采购的特殊性，政府采购受到国家预算的控制，营销人员往往认为政府市场的拓展与营销努力关系不大，因此，许多面向政府部门销售的企业并没有表现出市场营销的倾向。但政府市场是一个巨大的市场，面对政府市场的发展，要求企业转变营销观念，加强对政府市场的营销管理。供应商的营销人员应熟悉政府采购的特点，积极了解政府部门的需求，把政府市场作为一个独立的目标市场，采取针对性的营销策略，以满足其需求。同时，政府组织大都是社会服务性的组织，政府采购要兼顾经济效益和社会效益。因此，营销企业须树立高度的社会责任感，把社会公众利益放在第一位，特别注意树立良好的企业形象。

(2) 产品策略。由于政府采购过程的规范性，对供应商制定了较为严格的标准和细则，政府采购产品的各项特征已被严格设定，供应商应严格按照政府采购要求的产品和服务标准竞标，因而产品差异不是市场营销工作的可利用因素。但是，政府采购属于非专家型购买，政府组织一般对所购商品的技术、性能等了解得不深。因此，营销企业应提供质量保证的商品和更为完善的售后服务，通过服务塑造竞争优势；同时，积极地向各级政府的采购组织提出适合政府需要的项目建议，主动促其购买，并通过强大的信息网向政府显示公司实力，以争取更多的政府订货。

(3) 价格策略。政府采购的资金来源要求遵循勤俭节约的原则，社会公众的监督也促使政府采购廉洁、高效地进行。因此，政府机构采购的交易条件注重价格，一般情况下，他们总是向那些能提供符合规格而标价最低的供应商购买商品。政府部门一般在采购政策中已强调了价格标准，要求供应商投资用于技术改造，并会引导供应商在降低成本方面做出努力。因此，供应商应改善生产条件来降低生产成本，或者在盈利的基础上制定适宜的价格策略和价格优惠措施，促进政府采购。

(4) 促销策略。由于产品的特征被加以详细的规定，广告和人员推销对于政府采购的影响作用不大，促销效果有限。而公共关系策略在政府采购中效果明显，因此确立适当的市场推广关系，对于面向政府部门销售的企业显得非常重要。企业的营销部门平时要加强与政府采购组织的各种关系，同各级政府采购管理机构和信息披露机构保持合作，注意收集政府采购组织的各种信息和竞争性情报，以获得政府的需求动向和购买程序，对外加强沟通和联系，以树立和强化本公司的信誉。

(5) 渠道策略。大多数政府机构都相对缺少资源，靠组织或机构自身无法完成渠道计划，因此，它们必须求助于人，以获得其他机构的支持与协助，使少量的资源能够充分发挥作用。企业在制定渠道策略时，一定要做好渠道的经济性和可操作性的评估，提高整个渠道的效率，节约渠道成本。

(6) 营销组织管理。为了更好地开展政府市场的营销工作，企业应建立相应的营销组织面对政府采购，加强营销管理。通常，企业可采用两种营销组织类型：一是针对具体的政府采购项目，采用跨部门和跨地区的项目团队方式，如由公关部、销售部、销售大区及其他部门联合组成项目组，各自负担一部分职能，采购任务完成后项目组即告解散；二是成立专门的政府采购部，统领企业的政府采购事务，包括政府关系处理、信息收集等。采用何种方式，视企业的性质、政府采购目标、内部组织管理方式等要素而定。现在，许多企业已经开始建立专门针对政府部门的营销机构，营销部门设置专职小组和人员，专门与政府采购组织打交道，通过各种各样的途径和方式争取政府的采购项目。

思 考 题

一、简答题

1. 什么是组织市场？它包括哪些种类？
2. 组织市场同消费者市场相比，有哪些主要特征？
3. 生产者市场和消费者市场有哪些相同和不同之处？
4. 生产者市场购买决策的类型有哪几种？

5. 生产者市场的购买决策过程包括哪几个阶段?
6. 什么是中间商市场?它有哪些特点?
7. 消费者市场、中间商市场和生产者市场三者间有什么联系?
8. 中间商对不同的购买者应该采取什么措施?
9. 什么是政府采购?政府机构采购商品采用哪些方式?
10. 影响政府市场购买行为的主要因素有哪些?

二、案例分析题

戴尔的采购管理

戴尔采购工作最主要的任务是寻找合适的供应商,并保证产品的产量、品质及价格在满足订单要求时,有利于戴尔公司。因此采购经理很重要。戴尔的采购部门有很多职位设计是做采购计划、预测采购需求、联络潜在的符合戴尔需要的供应商。因此,采购部门安排了较多的人。采购计划职位的作用是什么呢?就是尽量把问题在前端就解决。戴尔采购部门的主要工作是管理和整合零配件供应商,而不是把自己变成零配件的专家。戴尔有一些采购人员在做预测,确保需求与供应的平衡,在所有的问题从前端完成之后,戴尔在工厂这一阶段很少有供应问题,只是按照订单计划生产高质量的产品。所以,戴尔通过完整的结构设置来实现高效率的采购,完成用低库存来满足供应的连续性。戴尔认为,低库存并不等于供应会有问题,但它确实意味着运作的效率必须提高。

精确预测是保持较低库存水平的关键,既要保证充分的供应,又不能使库存太多,这在戴尔内部被称为没有剩余的货底。在IT行业,技术日新月异,产品更新换代非常快,厂商最基本的要求是保证精确的产品过渡,不能有剩余的货底留下来。戴尔要求采购部门做好精确预测,并把采购预测上升为购买层次进行考核,这是一个比较困难的事情,但必须精细化,必须落实。

"戴尔公司可以给你提供精确的订货信息、正确的订货信息及稳定的订单。"一位戴尔客户经理说,"条件是,你必须改变观念,要按戴尔的需求送货;要按订货量决定你的库存量;要用批量小,但频率高的方式送货;要能够做到随要随送,这样你和戴尔才有合作的基础。"事实上,在部件供应方面,戴尔利用自己的强势地位,通过互联网与全球各地的优秀供应商保持着紧密联系。这种"虚拟整合"的关系使供应商们可以从网上获取戴尔对零部件的需求信息,戴尔也能实时了解合作伙伴的供货和报价信息,并对生产进行调整,从而最大限度地实现供需平衡。

给戴尔做配套,或者作为戴尔零部件的供应商,都要接受戴尔的严格考核。

戴尔的考核要点如下。

(1) 供应商计分卡。在卡片上明确订出标准,如瑕疵率、市场表现、生产线表现、运送表现以及做生意的容易度,戴尔要的是结果和表现,并据此进行打分。

(2) 综合评估。戴尔经常会评估供应商的成本、运输、科技含量、库存周转速度、对戴尔的全球支持度以及网络的利用状况等。

(3) 适应性指标。戴尔要求供应商应支持自己所有的重要目标,主要是策略和战略方面的。戴尔通过确定量化指标,让供应商了解自己的期望;戴尔给供应商提供定期的进度报告,让供应商了解自己的表现。

(4) 品质管理指标。戴尔对供应商有品质方面的综合考核，要求供应商应"屡创品质、效率、物流、优质的新高"。

(5) 每三天出一个计划。戴尔的库存之所以比较少，主要在于其执行了强有力的规划措施，每三天出一个计划保证了戴尔对市场反应的速度和准确度。戴尔对供应商供货准确、准时的考核非常严格。为了达到戴尔的送货标准，大多数供应商每天要向戴尔工厂送几次货。漏送一次就会让这个工厂停工。因此，如果供应商感到疲倦和迷茫，半途而废，其后果是戴尔无法承受的，任何供应商打个嗝就可能使戴尔的供应链体系遭受重创。然而，戴尔的强势订单凝聚能力又使任何与之合作的供应商尽可能按规定的要求送货，按需求变化的策略调整自己的生产。

在物料库存方面，戴尔比较理想的情况是维持四天的库存水平，这是业界最低的库存纪录。戴尔是如何实现库存管理运作效率的呢？第一，拥有直接模式的信用优势，合作的供应商相信戴尔的实力。第二，具有强大的订单凝聚能力，大订单可以驱使供应商按照戴尔的要求去主动保障供应。第三，供应商在戴尔工厂附近租赁或者自建仓库，能够确保及时送货。

戴尔很重视与供应商建立密切的关系。"必须与供应商无私地分享公司的策略和目标。"迈克尔说。通过结盟打造与供应商的合作关系，也是戴尔公司非常重视的基本方面。在每个季度，戴尔总要对供应商进行一次标准的评估。事实上，戴尔让供应商降低库存，他们彼此之间的忠诚度很高。2001—2004年，戴尔遍及全球的400多家供应商名单里，最大的供应商只变动了两三家。

戴尔也存在供应商管理问题，并已练就出良好的供应链管理沟通技巧，在问题出现时，可以迅速地化解。当客户需求增长时，戴尔会向长期合作的供应商确认对方是否可能增加下一次发货数量。如果问题涉及硬盘之类的通用部件，而签约供应商难以解决，就转而与后备供应商商量，所有的一切都会在几个小时内完成。一旦穷尽了所有供应渠道也依然无法解决问题，那么就要与销售和营销人员进行磋商，立即回复客户，这样的需求无法满足。

戴尔要求供应商不仅提供配件，还负责后面的即时配送。对一般的供应商而言，这个要求是"太高了"，或者是"太过分了"。但是，戴尔一年200亿美元的采购订单足以使所有的供应商心动。一些供应商尽管起初不是很愿意，但最后还是满足了戴尔的及时配送要求。戴尔的业务做得越大，对供应商的影响就越大，供应商在与戴尔合作中能够提出的要求会更少。戴尔公司需要的大量硬件、软件与周边设备，都是采取随时需要，随时由供应商提供送货服务。

供应商严格按戴尔的订单要求，把自己的原材料转移到第三方仓库，在这个原材料的物权还属于供应商。戴尔根据自己的订单确定生产计划，并将数据传递给本地供应商，让其根据戴尔的生产要求把零配件提出来放在戴尔工厂附近的仓库，做好送货的前期准备。戴尔根据具体的订单需要，通知第三方物流仓库，通知本地的供应商，让他把原材料送到戴尔的工厂，戴尔工厂在8小时之内把产品生产出来，然后送到客户手中。整个物料流动的速度是非常快的。

（资料来源：百度文库. https://wenku.baidu.com/view/1bfccdf4590216fc700abb68a98271fe900eaf1d.html/fixfr=j4LY6wRfndhdb7%252BpKbFqbA%253D%253D&fr=income1-wk_sea_vip-search，有删改）

问题：
1. 戴尔的采购从哪些方面反映了产业购买者的共同行为特征？
2. 作为产业购买者，戴尔的购买行为有哪些主要特点？

第五章

市场营销调查

当前的企业开展各项营销活动,制订营销方案和计划,必须建立在对营销市场信息的获取、分析和评价的基础上。市场调查工作是企业开展营销工作的基础性工作。市场调查工作的质量直接影响企业后期的营销决策。没有科学的市场调查工作,企业就无法得到一手的市场信息,也难以做出精准的销售预测和正确的营销决策。企业经营管理者和营销者需要高度重视市场调查工作,力求帮助企业掌握齐全、真实和及时的市场信息,从而为企业制订营销战略规划打下坚实的基础。

▎学习目标

1. 掌握市场营销调查的定义、功能、原则和主要内容。
2. 了解市场营销调查的具体过程。
3. 掌握市场营销调查的主要方法。
4. 掌握问卷设计的原则、问卷的一般结构及问卷问题的主要类型。

第一节 市场营销调查概述

市场营销的关键是发现并满足消费者的需求。为了认识和理解消费者的需求,制定和改进市场营销决策,选择最能够满足消费者需求并实现企业经营目标的营销方案,企业经营管理者必须对消费者、竞争者、相关群体以及企业所处的环境进行深入的了解。进行市场营销调查并对市场调查的结果进行研究、分析和预测是现代市场营销学的一个重要组成部分,是企业认识市场、了解市场的重要手段,是企业进行正确预测与决策的基础性工作,"工欲善其事,必先利其器",我们企业在做营销决策时,首要工作就是做好市场调查和研究。

一、市场营销调查的定义

著名的《国际商会与欧洲民意和市场研究协会关于市场和社会研究的国际准则》给出的

定义：市场营销调查是市场信息领域中的一个关键元素。它把消费者、顾客、公众与商家通过信息的形式联系在一起。这些信息用于判断市场营销中的机会和问题；制定、改进和评估营销活动；加深对营销过程的理解，对达成更有效的营销活动的途径的理解。市场营销调查包括：将相应问题所需要的信息具体化；设计信息收集的方法，管理并实施数据收集过程；分析研究结果；得出结论并确定其含义。

美国市场营销协会对市场营销调查所下的正式定义为：市场营销调查是一种通过信息将消费者、顾客和公众与营销者连接起来的职能。这些信息用于识别、确定营销机会和问题，产生、改进和评估营销活动，监督营销绩效，改进人们对营销过程的理解。市场营销调查规定了解决这些问题所需的信息、设计收集信息的方法、管理并实施信息收集过程、分析结果，最后要沟通所得的信息并理解其意义。

英国的市场调查协会将市场营销调查定义为：市场营销调查是出于市场与社会研究的目的进行数据收集、分析的综合研究性活动。

本书对市场营销调查下的定义为：市场营销调查就是使用科学的方法、客观的态度，以人们的意见、观念、习惯、行为和态度为调查研究的主要内容，有目的、有计划、系统而客观地收集、记录、整理与分析有关市场营销的现状和历史资料，从而为管理决策有关部门制定有关的战略和策略提供科学依据的过程。

简而言之，市场营销调查是针对组织特定的营销问题，采用科学的研究方法，系统而客观地收集、整理、分析、解释和沟通有关市场营销各方面的信息，为营销管理者制定、评估和改进营销决策提供依据的一项营销活动。

这个定义包含以下几层意思。

(1) 市场营销调查的目的是为管理决策部门提供决策依据，进行市场调查的不仅可以是企业、公司等营利性机构，还可以是政党、政府、机关、学校、医院、团体等机构的决策层或个人。市场调查的目的可能是制定长远的战略性规划，也可能是为制定某阶段或是针对某问题的具体政策或策略提供参考依据。研究可以是实用性的，也可以是学术性的。

(2) 市场营销调查的对象比较宽泛，可以是企业的现实或者潜在顾客，可以是整个行业环境，也可以是国内外的政策、法律和风土人情。

(3) 市场营销调查的内容可以是具体的习惯或行为，如常见的媒介接触的习惯、对商品品牌的喜爱、购物的习惯和行为等；也可以是抽象的观念，如人们的理想、观念、价值观和人生观等。也就是说，有关民众的意见、观念、习惯、行为和态度的任何问题，都可纳入研究的范畴。

(4) 市场营销调查是客观性的活动。市场营销调查在履行职责时必须努力公正，不带任何感情色彩。科学方法的显著特征是数据的客观收集、分析和解释，市场营销调查作为市场学的科学方法，也具有同其他科学方法一样的客观标准。

(5) 市场营销调查是一项科学的工作。在调查过程中，必须以科学的方法和观念为指导，首先表现为调查过程的设计是按照科学的程序进行的，即运用一定的技术、方法、手段，遵循一定的程序，收集加工市场信息，为决策提供依据。在研究的方法中，必须选择最恰当的分析问题和解决问题的方法(如我们可以采用统计的方法，运用 SPSS、SAS 等先进统计软件对相关数据进行分析)，并在此基础上撰写一份建设性的市场调查报告。

(6) 市场营销调查的结果是经过科学方法进行处理分析后的基础性数据和资料，可以用各种形式的调查报告向社会或委托人公布(如有合同或协议，应根据文件的要求执行)，调查中发现的问题、受到的启示以及有关建议都应该在报告中提出，以帮助管理决策部门利用这些信息并做出相应的反应或行为。

二、市场营销调查的功能

(1) 描述功能。描述功能是指通过信息资料的收集实事求是地进行陈述。它是对特定的市场情报和市场数据进行系统的搜集与汇总，以达到对市场情况准确客观的反映与描述，描述性调研在做营销环境分析时运用极为广泛。例如，某产品顾客的购买行为调查、某产品的销售渠道调查等。

(2) 诊断功能。诊断功能是指对某种信息、现象和行为的解释，或者说为了达到某种目的，应采取哪些必要措施。例如，降低产品的价格会对消费者购买行为产生什么影响？改变产品的包装或名称会对产品销售产生什么影响？

(3) 预测功能。预测功能是指通过对所收集的信息资料的整理和研究，发现在外部环境中存在哪些有利于企业发展的有利机会，以及企业如何更好地利用和把握这些正处于变化中的机会。这是市场营销调查最重要的一个功能。例如，我们可以通过以前的数据分析，采取科学的预测方法和手段，对今后企业的销售情况进行预测。

(4) 探索功能。探索功能是指帮助调查主体识别和了解企业的市场机会、市场问题及其影响变量，以确定下一步营销调查或市场营销努力的方向。一般企业会在对市场情况不太清楚时进行。在实践中，进行探测性调查，不仅能够节约调查成本，也有利于企业明确今后需要调查的重点内容。

三、市场营销调查的原则

经济活动的复杂性决定了营销调查是一项复杂的、重要的工作。如果要保证市场营销调查系统地、准确地设计和收集资料，就需要遵循以下原则。

(1) 全面性原则。营销调查是一项内容广泛而复杂的工作，要做好这项工作，必须收集、整理有关的市场资料和信息。只要对企业的营销活动有影响的市场要素，都应该属于市场营销调查的内容。如果存在任何一方面市场资料或信息的遗漏，都可能导致企业营销决策的错误。

(2) 客观性原则。营销调查者必须以中立的立场、以实事求是的态度开展营销调查活动，尽量不带任何感情色彩或主观偏见，更不能歪曲事实或伪造数据资料。同时，作为营销调查者，也应该提高自己的辨识能力，避免个人的主观偏见。

(3) 科学性原则。在界定调查问题、确定调查总体以及运用抽样技术收集和分析数据时，营销调查者都必须坚持以科学的态度，采用科学的方法，去定义调查问题、界定调查内容与项目、设计调查方案、采集数据、处理数据和分析数据，为决策部门提供正确的信息。同时，营销调查者应注重营销调查的每一个环节，保证调查活动有效开展，切不可凭主观臆想轻易做出判断。

(4) 及时性原则。信息的时间性是信息的生命。市场瞬息万变，唯一不变的是变化。抓住机遇，就可能获得发展；贻误战机，就可能遭受损失。此外，信息的时间性还表明，只有最新的、反映市场现状的信息才是有价值的。因此，要求市场调查的信息收集、发送、接收、加工、传递和利用的时间间隔短，效率高。只有这样，才能提高市场调查资料的价值。

(5) 相关性原则。收集的资料必须与问题决策相关联,这是良好的信息最重要的特征。获取的信息即使再准确无误,倘若与决策问题不相关,也是毫无价值可言的。营销调查者可以放宽对信息的准确性、及时性、经济性、充足性的要求,但万万不能在相关性原则上打任何折扣,因为它对保证决策成功是最紧要的。

(6) 系统性原则。营销调查者所收集的资料和信息必须是系统的,才能准确把握市场变化及其规律。企业要想将对市场的研究建立在科学的基础上,必须对较为系统的资料和信息进行分析。零星的、残缺不全的资料对企业的决策来说是没有多大价值的。

(7) 经济性原则。经济活动是为了取得一定的经济效益,经济活动中的每一项工作都要尽可能讲究经济性。营销调查也不例外,它是需要花费一定成本的,而营销调查的成本取决于所选择的调查方法、样本量、调查区域等诸多因素。所以,在制订营销调查计划时应进行成本效益分析,注意选用最精干的调查人员、最科学合理的方法、用最快捷的调查速度完成调查,尽可能节省经费。

四、市场营销调查的重要性

进行市场营销调查,尤其是对消费者需求的调查,已经越来越引起企业经营决策层的重视,尤其引起一些跨国公司高层的重视。市场营销调查对政府和企业的意义,可以具体归纳为以下几个方面。

(一) 企业进行战略决策的前提

管理的重心在经营,经营的重心在决策,企业的战略决策,涉及选择企业的下一步发展方向、确定目标市场、选择进入战略、选择目标市场经营方式、选择目标市场进入时机等一系列事关企业生存和发展的重大问题。对这一系列重大问题进行决策时,需要对企业的内部条件、外部环境和发展目标进行综合分析和平衡。最佳的决策是要使企业的内部条件、外部环境和经营目标三者之间达到动态平衡。

一般来讲,企业内部条件是已知的,企业的发展目标一旦确定一般不会轻易变动,因而这两个因素是企业可以控制和调整的;而企业的外部环境是经常变化的,是企业本身无法控制的。企业的内部条件必须不断服从和适应外部环境的变化,才能取得动态平衡和协调。所以,必须进行周密细致的市场调查,使企业的内部条件与外部环境相适应,正确的战略决策首先取决于周密细致的信息收集、有的放矢的市场调查。再从决策的程序来看,战略决策的过程首先是确定决策目标,然后拟订各种可行方案,最后比较择优,而其中每一个程序都需要以市场营销调查的资料为依据,否则一旦战略决策失误,就如错误地驶入一条高速公路的快车道,等到发现错误再折回来,已远远落后于竞争对手。

由此可见,市场营销调查是企业正确地进行战略决策的前提,没有正确的市场营销调查做基础,其决策将是盲目的、不可靠的。

(二) 企业进行经营决策的前提

市场是企业经营活动的始点和终点。在市场竞争条件下,经济效益是关系到企业兴衰存亡的重大问题。经济效益的取得,除了依赖企业正确的战略决策之外,还需要正确的经营决策。但正确的经营决策不是凭空产生的,它只能建立在符合客观现实的信息和预测的基础上。

任何企业，不论是制造业企业还是服务性企业，要开张经营，首先应该具备的就是信息。如果不能获得系统的、持续不断的信息，企业所做出的决策必然缺乏坚实的基础，甚至可能与客观现实背道而驰，从而导致经营失败和企业破产。调查消费者的需求是企业经营决策的前提，是企业经济活动和工作运转过程的第一个工序，是最重要的、最基础的一个环节，也是决定市场胜负的一个环节。

因此，获取市场信息是企业的当务之急，是企业经营决策的前提。通过市场营销调查，企业可以了解消费者对本企业经营的产品品种、数量、质量、价格、规格等方面的具体要求，企业可以掌握市场供求状况，分析市场变化趋势，由此制定新旧产品的经营方法和策略建议，以适应复杂多变的市场状况。

(三) 企业进行营销决策的前提

市场营销是企业实现利润和效益的关键环节。在市场竞争日益激烈的今天，只有质量优异的产品和服务，没有强有力的市场营销活动，很难确保企业的经营成功。通过市场营销调查，企业可以了解市场总的供求情况、市场的大小和走势，不断发现新需求和新市场，找到最有利的市场营销机会。企业生产或经营什么新产品、在什么时间、用什么样的新产品、以什么方式来替换老产品等，都要由市场需求情况决定。所以企业只有通过市场营销调查，分析产品处于生命周期的哪个阶段，才能确定何时研制、生产和经营何种新产品，以满足消费者的需求。通过市场营销调查，企业可以对日益复杂的分销渠道进行筛选，确立最有效的分销途径和分销方式，尽可能减少流通环节，缩短运输路线，降低仓储费用，降低销售成本。

由此可见，企业生产什么产品，开发怎样的市场，采取何种价格，选定哪些销售渠道，运用哪些促销手段等，必须依据市场情况确定并灵活运用。市场营销调查是企业制订定销计划和策略的基础工作。所以，通过市场营销调查，有助于企业针对市场情况制定相应的市场营销计划和营销策略，并且可以对企业已实行的营销策略效果进行比较分析，修订效果不佳的策略。

(四) 有利于企业增强竞争能力，提高经济效益

市场营销调查是企业经营管理活动的前提和经营过程中必不可少的工作环节，企业经营管理工作的好坏可以通过市场反映出来。通过市场营销调查可以了解企业竞争对手各方面的情况，知己知彼，取长补短，发挥企业自身生产、经营、管理各方面的优势，综合运用各种营销手段，正确制定企业的市场营销策略，使产品适销对路，在市场竞争中占据优势，取得良好的经济效益。可见，市场营销调查是一项收益大且值得进行的投资，是关系到企业生存和发展的大事，应该引起企业领导人的高度重视。

总而言之，在市场经济环境下，对于国家或者企业而言，进行市场营销调查是决策的前提、基础和必须。搞好市场调查，对于企业科学地进行战略决策，制定发展规划，确定经营目标，决定分销渠道，制定市场价格，改善企业经营，提高管理水平，提高经济效益，求得企业发展，都具有十分重要的作用。

五、市场营销调查的内容

市场营销调查是与现代市场营销观点相适应的新概念。我们已经知道，运用现代市场营

销观点作为企业经营的指导思想,营销管理的职能不仅仅是如何把已经生产出来的产品卖出去,更重要的是以满足消费者或用户的需求为中心,参与企业供产销全部活动的决策。市场营销调查就是搜集、记录、分析影响需求的外界因素,以及与企业供产销活动有关的全部情报资料,对市场环境、营销机会以及营销战略提出可供选择的建议性报告,供企业上层管理人员做出判断、决策。市场营销调查就是及时发现内与外、供与求之间的不平衡,为调整二者之关系提供客观依据的过程。

市场营销活动涉及面广,因而市场营销调查的内容也非常广泛而繁杂。概括地说,市场营销调查的内容一般包括以下几方面。

(一)市场营销环境调查

任何企业的营销活动都是在一定的市场营销环境中进行的,因此,企业必须对目标市场的营销环境的现状及未来可能的变化情况进行调查了解,包括对目标市场的政治、经济、社会、文化、法律、科技、教育等环境因素的现状进行研究和分析,并预测其发展的趋势,判断目标市场中环境变化的规律性及其变动的特点。市场营销环境是企业开展市场营销活动的不可控因素,通过调查,可以使企业的市场营销活动适应环境的需要,为企业选择和创造一个良好的营销环境。市场营销环境调查主要包括以下内容。

(1)政治法律环境调查。政治法律环境调查是指分析企业目标市场所在地目前的政治形势,掌握一定时期内政府关于产业发展、财政、税收、金融、价格和外贸等方面的政策与法令,调查和分析在这些市场政策法令影响下市场的变化情况。

(2)经济环境调查。经济环境调查主要包括各种重要经济指标的调查。例如,全国及各主要目标市场的人口数及构成;国民经济发展状况,即国民生产总值、工农业生产总值、国民收入、发展速度、基建规模、主要产品产量等;社会商品零售总额;消费者收入水平,如个人收入、家庭收入、人均收入、个人可支配收入、个人可任意支配收入等;消费者储蓄水平与现金持有水平,以及消费者信贷状况;消费结构与消费者支出模式及支出水平;币值是否稳定及价格水平;重要输入品、输出品及数量、余额;气候及其他重要自然条件;能源及其他资源情况。

(3)社会文化环境调查。社会文化环境调查主要是指在一定时期、一定范围内,对消费者的教育、职业、社会地位、家庭组织规模及其人员构成情况、文化水平、宗教信仰、审美观、价值观、生活习惯、道德风俗等因素进行调查。

(4)科技环境调查。科技环境调查主要包括:国家有关科研、技术开发的方针政策,基础研究、应用研究和开发研究的水平及其趋势,新技术、新工艺、新材料的发展情况和趋势以及它们的应用、推广情况,新产品的技术现状及更新换代的速度,技术引进与技术改造的现状和发展速度。

(5)自然地理环境调查。自然地理环境是人类赖以生存和发展的自然基础,它由气候、水文、地貌、生物、土壤等要素组成。自然地理环境调查是指对地理位置、气候条件、地形地貌、交通运输、通信、各种基础设施、资源状况、能源状况以及环境污染程度等重要的自然地理环境的调查。在营销实践中,企业的选址、物流园区规划、商圈选择以及开拓国际市场等往往需要我们做详细的自然地理环境调查。

(6)竞争环境调查。竞争环境调查包括:生产或输入同类产品的竞争者数目与经营规模;同类产品各重要品牌的市场占有率及未来变动趋势;同类产品不同品牌所推出的型号与售价水平；用户乐意接受的品牌、型号及售价水平；竞争品的质量、性能与设计；主要竞争对手所提供的售后服务方式，用户及中间商对此类服务的满意程度；竞争对手与哪些中间商的关系最好及原因；竞争对手给经销商或推销人员报酬的方式及数量；主要竞争对手的广告预算及所用的广告媒体。

(二) 市场需求调查

市场需求是指一定时期的一定市场范围内有货币支付能力的购买商品或服务的总量，又称市场潜力。市场需求调查是指企业通过调查研究，估计市场需求情况，把企业产品的市场需求情况用数量反映出来。估计市场需求，主要是"量"的分析。企业经过调查研究，把市场需求以数量表示出来，作为可以衡量的定量资料。研究和分析市场需求状况，主要目的在于掌握市场需求容量的大小、市场规模的大小、市场占有率的大小以及如何运用有效的营销策略和手段。市场需求调查的内容主要包括市场需求量、需求结构、需求动机与行为、影响需求变动的因素。

市场需求调查是市场营销调查的核心，具体来说包括以下三个方面。

(1) 市场总需求的调查。了解市场上可支配的货币总额、用于购买商品的货币额及投放于各类商品的货币额的变化情况；掌握行业及相关行业的市场需求情况；掌握市场的需求关系及其变化情况。

(2) 目标市场的需求调查。了解各细分市场及目标市场的现实需求量和销售量；分析产品市场的最大潜在需求量、各细分市场的饱和点及潜在能力、各细分市场的需求量与行业营销努力的关系。

(3) 市场份额调查。了解本企业及竞争对手产品的市场地位、市场份额及其变化情况；掌握市场上对某类产品的需求特征及其原因和规律性。

(三) 消费者行为调查

消费者是企业和其他组织服务的最终服务对象。只有在充分了解消费者需要的基础上发现消费者真正需要的产品，才能发现更多的机会，不断改进产品和营销组合，真正满足消费者的需求。消费者行为调查主要是指对消费者的购买行为进行调查和分析，包括消费者的基本特征和购买行为两个方面。首先，企业通常需要了解以下八个方面的信息，即所谓"6W+2H"——购买什么(what)、购买者是谁(who)、何时购买(when)、何地购买(where)、为什么购买(why)、信息来自何处(where)、购买多少(how much)、如何决策购买(how)；其次，企业要分析不同消费群体之间购买行为的差异以及生活习惯和生活方式的特点。

(四) 顾客满意度调查

顾客满意度与企业经营效益息息相关。企业进行顾客满意度调查，不仅是为了得到一个综合满意度指数，而且是要通过市场调查，发现影响顾客满意度的关键因素和企业在顾客心中的形象和地位，以便在提高顾客满意度的过程中能对症下药，制定有效的顾客满意策略。顾客满意度调查是企业进行营销决策的重要参考依据，受到了越来越多的重视。企业通过顾客满意度调查了解顾客满意度的决定性因素，测量各因素的满意度水平，从而为企业比竞争对手更好地满足顾客需求提供建议。

在用户满意度调查中，需要调查、了解和分析以下几方面。

(1) 用户对有关产品或服务的整体满意度。
(2) 用户对特定品牌或特定商店产生偏好的因素、条件和原因。
(3) 用户的购买动机是什么，包括理智动机、情感动机和偏好动机，以及产生这些动机的原因。
(4) 用户对各竞争对手的满意度评价。
(5) 用户对产品的使用次数和购买次数，以及每次购买的数量。
(6) 用户对改进产品或服务质量的具体建议。

(五) 市场营销组合调查

市场营销组合调查是企业可控因素的调查。对市场营销组合的各个因素(包括产品、价格、分销和促销)对产品销售情况的影响，须分别进行调查。通过对市场营销组合的调查，可以掌握有关商品销售的各种信息，帮助企业正确地使用这些基本的市场营销工具，根据企业实际需要制定正确有效的市场营销策略，促进消费者购买和新市场的开发，从而实现企业的市场营销目标。

1. 产品调查

产品或服务是一个企业向市场提供和传递价值的最基本的载体和关键要素。产品调查包括多种类型，常见的有产品创意检测、新产品测试、包装测试、品牌研究等。产品创意检测是一种普遍使用的产品研究，产品研究包括现有产品改进和新产品研制与开发的研究。对现有产品的改进主要是改进性能、扩大用途和创造新市场等；对新产品研制与开发的研究主要是产品测试研究，其中涉及消费者对产品概念的理解、对产品各个属性的重要性评价、新产品的市场前景以及新产品上市的相关策略等。包装测试主要是为了检验包装的促销功能。品牌研究是指形成一个相对独立的研究领域，其主要内容有品牌的知名度、美誉度、忠诚度以及消费者对品牌的认知途径和评价标准等。

具体来说，产品调查主要包括以下内容。

(1) 产品设计的调查：包括功能、用途、使用方便和操作安全设计，产品的品牌、商标、外观和包装设计等。
(2) 产品和与之相关的营销组合的调查：包括产品的价格、营销渠道、广告宣传等。
(3) 产品生命周期的调查：主要是指产品是处在成长期、成熟期还是衰退期等。
(4) 对老产品改进的调查：包括消费者对老产品质量、功能的意见等。
(5) 对新产品开发的调查：包括消费者对产品包装、服务、花色、品种、规格、交货期、外观造型和式样的偏好等。
(6) 对如何做好销售技术服务的调查：包括产品原材料消耗与动力消耗水平、单位产品成本、资金利税率等。

2. 价格调查

价格是市场营销组合中最敏感的要素，企业参与市场竞争的重要手段。价格研究主要包括相关产品的比价研究、差价研究以及消费者的价格弹性研究和新产品定价研究等。在比价研究中，要分析和确定同一市场和时间内相互关联产品的价格关系，包括原料和半成品的比价、制成品与零配件的比价、进口产品与国内产品的比价以及原产品与替代品的比价等；在产品差价研究中，要分析和研究产品之间的质量差价、地区差价、季节差价、购销差价、批零差价和数量差价等；价格敏感度研究和新产品定价研究为企业制定和改进价格策略提供依据。

具体来说，价格调查主要包括以下内容。
(1) 市场供求情况及其变化趋势的调查。
(2) 影响价格变化各种因素的调查。
(3) 消费者对产品价值的认知调查。
(4) 替代产品价格的调查。
(5) 新产品定价策略的调查。
(6) 产品需求价格弹性的调查。
(7) 消费者对价格变化的理解与反应的调查。

3. 分销渠道调查

分销渠道的基本功能是能够更加有效地推动产品和服务迅速而广泛地渗透于目标市场，因此分销渠道的选择与控制是企业能否成功进入市场的关键所在。销售渠道的选择是否合理，产品的储存和运输安排是否恰当，对于提高销售效率、缩短交货期和降低销售费用有着重要的作用。

分销渠道调查主要包括以下内容。
(1) 企业现有的销售力量是否适应市场需要的调查。
(2) 如何进一步培训和增强销售力量的调查。
(3) 现有的分销渠道是否合理的调查。
(4) 对各类中间商(包括批发商、零售商、代理商、经销商)应如何选择的调查。
(5) 企业、仓库等地址如何选择的调查。
(6) 各种运输工具和运输方式应如何安排的调查。
(7) 如何正确地选择和扩大分销渠道，使它既满足交货期的需要，又降低销售费用的调查。

4. 促销策略调查

促销活动多种多样，在产品处于不同的生命周期或不同季节的情况下，采用哪种促销形式，需要依据调查资料来进行决策。

促销策略调查主要包括以下内容。
(1) 如何正确地运用促销手段，以达到刺激消费、创造需求、吸引用户竞相购买的效果的调查。
(2) 对企业促销的目标市场进行选择的调查。
(3) 企业促销策略是否具有良好的可操作性的调查。
(4) 企业在促销过程中，促销费用的使用是否合理的调查。
(5) 本行业其他竞争对手常见的主要促销手段有哪些、取得何种效果的调查。
(6) 企业的促销效果如何、被广大消费者接受的程度如何的调查。

5. 广告策略调查

广告策略调查由于其特定的研究内容和相对独立的研究方法，形成市场营销调查中一个独立的分支领域。

广告策略调查主要包括以下内容。

(1) 为广告创作而进行的广告主题和广告文案的测试。

(2) 为媒体选择而进行的广告媒体调查,如电视收视率调查、广播收听率调查、期刊或报纸阅读率调查等。

(3) 对广告技术的调查,包括对设计和制作广告所需要的各种专业知识和技能的调查。

(4) 为评价广告效果而进行的各类消费者广告前的态度和行为调查、广告中接触效果和接受效果调查,以及广告后态度和行为跟踪调查等。

(5) 为制定企业的广告策略而进行的消费者媒体行为和习惯的调查等。

以上各项内容,是从市场调查的一般情况来讲的。各个企业在不同时期的营销过程中遇到的问题不同,所要调查的问题也不同。所以,各个不同的企业必须根据自己的具体情况来确定各个时期市场调查的重点,并组织力量把调查工作做好。

(六) 品牌或企业形象调查

品牌或企业形象是指企业及其产品在社会公众心目中的地位和形象。品牌或企业形象调查主要包括以下内容。

(1) 企业理念形象的调查。了解企业高层领导的经营观念、经营风格和信条,了解企业组织的文化氛围、员工素质。通过调查和分析,为企业形象的理念精神系统的设计及企业的社会风格定位提供依据。

(2) 企业行为形象的调查。了解企业的经营现状、发展战略、同行业及同类产品的竞争态势和特色,了解企业的社会责任、公益活动、公共关系活动的实施状况及其效果。通过调查和分析,为企业的经营行为的规范化系统设计和企业的市场定位提供依据。

(3) 企业视觉传递形象的调查。了解企业的知名度及宣传措施,了解社会公众对企业的印象,了解和征询企业标志系统。通过调查和分析,为企业的象征图案、文字、色彩等标志系统的设计,以及包括大众媒体和非大众媒体在内的视觉传递系统的策划提供依据。

(七) 竞争对手调查

市场经济社会是一个竞争激烈的社会。企业要想在竞争中取胜,必须知己知彼。竞争状况是直接影响企业销售的不可控制因素,需要认真调查与研究。每个企业要想出色地完成组织目标,必须充分地掌握和分析同行业竞争者的各种情况,认真分析自身优势和劣势,扬长避短,发挥竞争的优势,比竞争者更好地满足消费者的需求。因此,企业不仅要全面深刻地了解消费者的需求,还要时刻掌握竞争者的动向,以便制定恰当的竞争战略和策略。

竞争对手调查主要包括以下内容。

(1) 主要竞争对手及其市场占有率情况的调查。

(2) 竞争对手在经营、产品技术等方面特点的调查。

(3) 竞争对手的产品、新产品水平及其发展情况的调查。

(4) 竞争对手的产品分销渠道、价格策略、广告策略、销售推广策略等情况的调查。

六、市场营销调查的类型

在市场经济运行的过程中,不论是国民经济宏观管理,还是企业微观管理,都离不开市场调查。不同的管理有不同的市场调查目的与要求,设计的市场范围、信息、时间等也就有所不同，形成多种类型的市场调查。按照不同的标准，可以把市场营销调查划分成不同的类型。常见的市场营销调查有以下几种分类标准。

(一) 按调查主体划分

按照调查的主体划分，可以把市场营销调查分为政府部门、企业、社会组织和个人进行的市场调查活动。

1. 政府部门的市场调查

政府部门在社会经济活动中承担着管理者和调节者的职能，在很多情况下，还从事某些直接经营活动。一般情况下，因为政府有相对比较充足的资源和足够的权威，政府部门从事的调查研究活动往往涉及的内容比较多，范围比较广，对于国计民生的意义也比较重大。所以，政府部门进行的市场调查活动及其结果对于市场经济条件下的各种主体，尤其是对企业有指导意义。企业应该尽量利用政府部门的市场调查信息资料，如从政府网站下载各种信息、到职能部门索取信息资料等。

2. 企业的市场调查

企业是市场调查活动的主体。在市场竞争比较激烈的情况下，消费者的主人意识和素质逐步提高，企业必须进行市场调查，才能进行各种经营活动的决策。一些市场意识比较强的企业，都非常重视市场调查和获取市场信息资料。当然有些市场调查企业自己进行安排和决策，有些市场调查活动企业可以委托专门的市场调查机构来完成。

3. 社会组织的市场调查

不少社会组织，如各种学术团体、各种中介组织、事业单位、群众组织、民主党派等，也会因为各种原因进行市场调查活动。例如，有的社会组织承担了科学研究的任务，或者为了进行学术研究，以便向政府或者相关部门提出建议，进行了一系列的市场调查。因为受功利因素的影响相对较少，所以社会组织的市场调查活动往往具有专业性比较强、调查结果可信度较高、调查和研究结果参考价值比较高的特点。

4. 个人的市场调查

个人(自然人)也是一类市场调查的重要主体。近来，个人进行的市场调查活动有越来越多的倾向。例如，有人为了求知，有人为了研究，有人为了进行报道，有人为了兴趣，有人为了消费，也有人为了创业等，都会进行一些关于市场的调查活动，他们主动以不同方式进行信息资料收集工作，这类市场调查往往具有针对性强、时间短、调查范围集中等特点。

个人的市场调查活动虽然因为各方面的原因而导致范围小、内容少、历时短和不规范，但是有时能发现一些企业难以挖掘的信息。在一些内容和方法都具有隐蔽性特点的调查活动中，个人进行的市场调查活动具有一定的优势。

(二) 按调查目的和要求划分

按调查的目的和要求来划分，市场营销调查主要可分为以下几种。

1. 探测性调查

探测性调查是指在情况不太清楚时，为了找出问题的症结和明确进一步深入调查的具体内容及重点而进行的非正式的初步调查。它所要回答的问题主要是"是什么",用于探询企业所要研究的问题的一般性质。研究者在研究之初对所要研究的问题或范围还不是很清楚,不能确定到底要研究些什么问题,这时就需要应用探测性研究去发现问题、形成假设。至于问题的解决,则有待进一步的研究。探测性调查的资料来源,可以从第二手资料中研究取得,也可以向对此问题有专门知识和经验的推销人员、销售经理、中间商或专家咨询,了解所要调查的问题的重点内容。探测性调查一般不必制订严密的调查方案,而是往往采取一些简便的方法,以便很快得出结论。

2. 描述性调查

描述性调查是指企业针对需要调查的问题,采用一定的方法,对市场的客观情况进行如实的描述和反映。描述性调查主要是通过对实际资料的收集、整理了解问题的历史和现状,从中找出解决问题的办法和措施,着重回答消费者买什么、什么时候买、怎么买等方面的问题。例如,社会购买力、市场占有率、市场需求容量、推销方法与销售渠道、消费者行为的调查等,都属于描述性调查。企业可以通过加强基础信息工作的管理、培训工作人员等方法,或者设计各种软盘程序等,对一些必需的信息、各种基础数据进行定期的收集、跟踪和处理,以便对企业的日常经营活动实施执行、监督、反馈、控制等管理职能。例如,企业可以通过建立数据库活动,组建企业的情报网络和建立企业的信息资料系统。

描述性调查的主要目的是了解市场的过去和现状,收集反映市场信息的客观资料。在描述性调查中,可以发现其中的关联因素,但是,此时我们并不能说明两个变量哪个是因、哪个是果。它比探测性调查要深入细致,研究的问题更加具体,所以需要细致地研究制订调查计划和收集资料的步骤。一般采用询问法和观察法收集资料。

3. 因果性调查

因果性调查也称为深层次性调查,是指针对目前企业市场营销活动中出现的一些现象和问题,对深层次动因进行的研究性调查活动。其目的是了解事物发展变化的深层次原因,并且寻找解决问题的方法;或是证明一种变量的变化能够引起另一种变量发生变化。因果性调查是以实验为基础的调查,又称实验调查。它与以询问或观察为基础的调查相比有着根本的区别。在询问和观察的情况下,调查人员是一个被动的数据收集者,在实验调查中,调查人员成了研究过程中积极的参与者,他们会改变一些被称为自变量的因素,观察这些因素的变化对因变量的影响。一般情况下,企业在进行描述性调查后,为了更好地确定事物发展和变化的根本原因,以及引起变化的影响因素等,都会进行因果性调查。例如,当经营上出现预计之外的情况、产品的销售出现不利趋势、出现突发性事件,以及其他需要进行非惯例性决策时,因为描述性调查和因果性调查有在顺序上的前后关系及实质上的因果关系,所以经常一并进行。

因果性调查可分为定性调查和定量调查。定性调查就是在各种因素之间,分析到底是哪一因素起决定作用;定量调查则是要研究各原因与结果之间的函数关系。一般采用实验法收集资料。

4. 预测性调查

预测性调查是指为了预测未来市场变化趋势而进行的调查,即在前三种调查所取得的各种市场信息资料的基础上,经过分析研究,运用科学的方法和手段,预测未来一定时期内市场对某种产品的需求量及其变化趋势的调查。因为企业只有了解未来的需求状况，才能制订切实可行的营销计划，更好地组织生产；才能避免产品滞销积压、资金冻结、产销不对路造成的损失；才能避免由于供不应求、失去时机所造成的机会损失。所以，进行预测性调查对企业来说是极为重要的，是不可缺少的。

上述四种类型的调查并不是绝对互相独立的。有些调查项目需要涉及一种以上调查类型的方案设计。一般地说，探测性调查可为正式调查开路，也可用于解释正式调查的结果。描述性和因果性调查常结合进行，预测性调查常以描述性调查和因果性调查为基础。

(三) 按调查方法划分

按调查方法划分，市场营销调查主要可分为以下几种。

(1) 文案调查。文案调查是指利用企业内部和外部现有的各种信息、情报资料，对调查内容进行分析研究的一种调查方法。文案调查以收集文献性信息为主，侧重于收集反映市场变化趋势的历史和现实资料，所收集的信息是已经加工过的第二手信息。文案调查不受时空的限制，可以获得实地调查难以取得的大量历史资料。

(2) 实地调查。实地调查是指运用科学的方法，系统地现场收集、记录、整理和分析有关市场信息，了解商品或劳务在供需双方之间转移的状况和趋势，为市场预测和经常性决策提供正确可靠的信息。实地调查的具体方法包括询问调查、观察法、实验法等。

(四) 按调查对象划分

按调查对象划分，市场营销调查主要可分为以下几种。

(1) 全面调查。全面调查是指对要研究的整个范围进行无一遗漏的调查，如我国每十年进行一次的全国人口普查。全面调查法的优点是可以获取有关总体全面情况的准确信息；缺点是工作量大、时间长、费用高、不够灵活等。在实践中，企业运用全面调查法比较少。

(2) 重点调查。重点调查只对总体中具有重要地位的个体进行市场调查，根据调查结果获得总体基本情况。这些重点单位虽然在全部单位中只是一部分，但具有较强的代表性，因而对它们进行调查基本能够反映总体的基本情况。例如，我们要了解全国的羽绒服生产情况，可以重点调研江苏、河南等地的羽绒服市场。

(3) 典型调查。典型调查是对总体中具有代表性的少数个体进行调查。典型调查法的特点是调查对象少，可以对调查对象进行细致透彻的了解，因而可以获得详尽的资料。使用这种方法的关键是要选好典型。在调查实践中，重点调查是选取一部分重要样本进行调查，这些重要样本在量的方面占优势；而典型调查是有目的地选取有代表性的样本进行调查，侧重该样本的质的方面。

(4) 抽样调查。抽样调查就是从总体中按一定方法抽取部分个体进行调查，从而分析判断总体的情况。抽样调查具有节省费用、快速简便、较高精确性和灵活性强的优点，在实践中被广泛采用。抽样调查方法的种类很多，一般分为概率抽样法和非概率抽样法。

概率抽样法中，总体的每个单位都有一个已知的、非零的机会被选入样本，每个单位被选中的机会可能并不相等，但被选中的概率却是已知的，而这个概率由选择样本元素的具体程序来决定。概率抽样的优点是可以估算出抽样误差，缺点是较非概率抽样法而言要花费更多的成本和时间。概率抽样法包括简单随机抽样、等距抽样、分层抽样及整群抽样。

任何不满足概率抽样法要求的抽样都被归为非概率抽样，由于无法了解总体中的元素被抽入样本中的概率，所以评估非概率抽样的总体质量有很大的困难。但是，由于非概率抽样所花费的时间和费用都相对较低，而且合理运用非概率抽样法也可能产生极具代表性的样本，所以这一方法在实际中也得到了广泛的运用。常用的非概率抽样法主要有便利抽样、判断抽样、参考抽样和配额抽样。

第二节 市场营销调查过程

市场调查工作是一项非常烦琐的工作，意义重大，涉及面广，需要市场调查人员具有高度的责任心和耐心。为了确保不同类型市场调查的质量，使整个调查工作有节奏、高效率地进行，必须加强组织管理，对整个市场调查过程进行统筹规划和监督控制。

一、市场营销调查过程的特点

市场营销调查是一个系统收集和分析各种有关信息的过程。市场营销调查过程就是有关这一研究活动过程各个环节如何相互联系的工作步骤的流程图。它是根据科学活动的特点，在实践的基础上总结出来的工作方式。市场营销调查过程的特点如下。

（一）严格的规定性

市场调查程序是市场调查活动的工作模式，是调查活动高质量和高效率的保证，因而有严格的规定性，即必须在完成上一环节工作的基础上，才能进行下一环节的工作，任何一个环节的失误，都将导致调查质量下降或调查工作的失败。无数事实说明，一项活动是否属于科学活动，并不在于其研究对象是什么，而在于这项活动所采取的方法和所依循的工作方式。市场调查程序严格的规定性，是防止各种虚伪骗术的有力保证。

（二）相对的灵活性

在市场营销调查中，有时会发现某项调查并没有进行实验性调查或探索性调查，然而该项调查结果是准确的。这说明市场营销调查过程具有灵活性，即有时可以省略某个环节的工作。需要指出的是，市场营销调查过程的这种灵活性是相对的、有条件的。首先，这种灵活性只能发生在几个限定的环节内，如实验性调查、探索性调查以及资料整理登记环节，其他环节，尤其是收集资料环节是不可能灵活的。其次，这种灵活性省略有严格的条件，即调查人员很熟悉该项目或该项目本身比较简单，具体内容明确。因而，这不是简单省略或回避，而是在对以上工作确保准确无误的基础上的省略，是一种实现高效率市场调查的省略。最后，这种灵活性是建立在严格的规定性基础上的，是以严格的规定性为条件、以不降低调查质量为前提的。

二、市场营销调查的步骤

不同类型的市场营销调查，虽然程序有所不同，但从基本面分析，主要有以下阶段，即确定调查问题、设计调查方案、数据采集、数据分析、拟写调查报告，如图5-1所示。

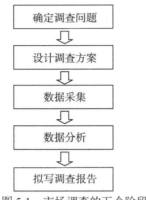

图 5-1 市场调查的五个阶段

(一) 确定调查问题

明确调查目的、确定调查问题是进行市场调查必须首先解决的问题，即明确为什么要进行此项调查，通过调查要了解哪些问题，调查结果的具体用途；等等。具体包括以下几方面。

1. 先期调查或交流

为了更科学、准确地确定市场调查问题，先期的调查或交流工作是必要的。波士顿咨询集团的副总裁安东尼·迈尔斯说，他在确定调查问题时力图回答以下三个问题。

(1) 为什么要寻求这些信息？即考虑决策要用到什么信息或利用这些信息要做出什么决策。他要求调查问题提出者把所有的问题排出优先顺序，这有助于选出迫切需要解决的核心问题。同时，用不同方式反复表述问题，提出基本调查项目和样本数据，并考虑这是否有助于回答问题。

(2) 这些信息是否已经存在？如果现有的数据能够回答调查问题，则没有必要再进行调查。向专家咨询有助于对市场调查问题的认识和了解。

(3) 问题确实能够回答吗？即通过调查能够为当前的决策问题提供信息吗？也就是要弄清调查的可行性。二手资料的分析可以为解决当前的问题提供有价值的信息。当从决策者、有关专家和二手资料来源获得的信息仍不足以确定调查问题时，可以通过定性调查获得对问题和潜在因素的理解。

调查者必须认识以下三点。

(1) 营销调查能为管理者提供决策所需的完全信息。

(2) 定义的调查问题不能过于狭窄，否则会遗漏重要的资料，无法满足决策的需要，同时不能过于宽泛、漫无边际，要排除不必要的问题。

(3) 有些问题只需要文献调查或实地调查，就没必要采用耗费较高的问卷调查。

2. 分析问题的背景

任何问题或机会的产生和出现，都存在于一定的背景之中。了解这些背景有助于对问题和机会的认识与把握。首先，掌握与企业和所属行业相关的各种历史资料和发展趋势，包括有关的销售量、市场份额、利润状况、技术水平和人口统计等。其次，分析决策者的目标，包括团体的目标和决策者个人的目标。团体的目标有时比较概况和抽象，对它的描述通常是笼统的而不是准确的。决策者个人目标是指通过这个调查要达到的个人目的。再次，为了将调查问题确定在适当的范围内,还要分析企业的各种资源(如资金和研究能力)、面临的制约条件(如成本和时间),任何调查策划都必须考虑调查经费支持的限度。最后,了解消费者的购买行为、整个经济环境和文化背景,以及进行市场调查所具备的技术条件等。

3. 明确决策问题和调查问题

由于企业的生产经营过程相对稳定,而目标市场却千变万化,所以,企业营销与市场需求往往不适应,这种不适应性在营销过程中会逐渐显现出来,营销人员必须找出造成这种不适应性的原因,这就是要调查的问题。企业营销人员如果不亲自调查,而是雇用专门调查机构的调查人员,则必须与调查人员紧密配合,共同确定问题。市场营销人员相对比较了解制定决策所需要的信息,而市场调查人员则比较了解市场调查和如何获取信息。有经验的市场调查人员也能够了解营销经理的意图,必要时还应加入决策行列。确定问题往往是整个调查过程中最为困难的一步。营销人员可能知道问题,但是却不了解问题究竟出在哪里。明确要调查的问题,可以节省调查的时间及费用。在仔细确定了调查的问题之后,营销人员与调查人员就必须设定调查目标。同时,调查问题与目标表述的主题指导整个调查过程,营销人员和调查人员将这些描述做成书面材料,以确保他们对调查的目的和预期结果看法一致。

(二)设计调查方案

营销调查策划的第二阶段是要制订一个收集所需信息的最有效的设计调查方案。营销经理在批准调查计划以前需要估计该调查计划的成本。在设计调查计划时,要求做出决定的包括:明确调查目的,恰当地确定调查内容、调查客体,选择合适的调查方式和方法,确定调查时间,确定市场调查人员和经费预算,并制订具体的调查组织计划;等等。

1. 明确调查目的

明确调查目的,是市场营销调查首先要解决的问题。从总的方面来看,市场营销调查的目的是提供市场信息,研究市场发展和经营决策中的问题,为企业制定经营决策服务。但是,每一次市场营销调查的具体目的又不完全相同,所以在调查之初就要明确:①为什么要做这次调查?②通过调查了解哪些情况?③调查结果有什么具体用途?市场调查人员设想的市场调查,开始往往涉及面宽,提出的问题也比较笼统。因此,应先进行初步调查通过初步调查查出市场的主要问题,明确调查目的。这是市场营销调查的第一步,也是至关重要的一步,因为以后的整个调查过程都围绕着这个目标展开。如果找不到主要问题,目标不明确,将使整个市场营销调查工作成为无效劳动。这一阶段是为正式调查做准备的,又称预备调查阶段。

2. 确定调查内容

调查目的确定以后,要根据目的的要求,确定具体的调查内容。调查内容是表明调查对象特征的各项标志,如调查对象是消费者,可供选择的调查项目有收入、职业、文化程度等。调查内容有多种选择,选择的原则取决于调查目的。也就是说,依据调查目的选择调查内容。

3. 确定调查对象和调查地点

选择调查对象主要是确定调查对象应具备的条件。调查对象是根据市场调查目的选定的市场活动的参与者。选择调查对象,是从市场整体中选出被调查的个体。同时,确定调查对象样本的数量。样本数量要根据市场调查目的、范围、时间等因素考虑。

选择调查地点，要从市场调查范围出发，考虑是在一个地区还是在几个地区调查，被调查对象是集中还是分散。

4. 设计调查表格

拟定调查提纲，设计调查表。这是将调查内容进一步具体化的关键一步。为提高调查工作的成效，应先准备好要调查哪些具体问题、收集哪些基本数据。为便于对调查资料进行统计分析，应设计一套调查表格。对调查表格的设计要遵守一定的规则，力求简练、明确，便于填写。

5. 确定调查方法

调查方法指取得资料的方法。它包括在什么地点、找什么人、用什么方法进行调查。确定用什么方法进行调查，主要应从调查的具体条件出发，以有利于收集到符合需要的第一手资料为原则。一般地讲，如果直接面对消费者做调查，直接收集第一手材料，可以分别采取访问法、观察法和实验法；如果调查内容较多，可以考虑留置问卷法。每类方法适用面不同，究竟采用哪种方法，要依据调查的目的、性质以及调查经费的多少而定。具体内容在下一节中将详细阐述。

6. 安排调查时间

调查时间是指调查在什么时间进行，需要多少时间完成。不同的调查课题、不同的调查方法，有不同的最佳调查时间。例如，对于入户调查，最好的调查时间是在晚上和周末休息时间，这样家中有人的概率较大，成功率高。只有对观察的时间段进行精心设计，才能有科学、合理的推断结果。另外，调查的方法和规模不同，调查工作的周期也不同。例如，邮寄调查的周期较长，而电话调查的周期较短。大规模的入户调查，其周期也是相对较长的。

7. 确定市场调查人员与经费预算

确定调查人员，主要是确定参加市场调查人员的条件和人数，包括对市场调查人员的必要培训。由于调查对象是社会各阶层的生产者和消费者，思想认识、文化水平差异较大，因此，要求市场调查人员必须具备一定的思想水平、工作能力和业务技术水平，能正确理解调查提纲、表格、问卷内容，能比较准确地记录调查对象反映出来的实际情况和内容，能做一些简单的数学运算和初步的统计分析。

每次市场调查活动都需要支出一定的费用。因此，在制订计划时，应编制调查费用预算，合理估计调查的各项开支。编制费用预算的基本原则是，在坚持调查费用有限的条件下，力求取得最好的调查效果；或者是在保证实现调查目标的前提下，力求使调查费用支出最少。在进行经费预算时，一般需要考虑以下几个方面：①调查方案策划费与设计费；②抽样设计费；③问卷设计费(包括测试费)；④问卷印刷、装订费；⑤调查实施费用(包括试调查费、培训费、交通费、调查员和督导员劳务费、资料收复印费、礼品费和其他费用)；⑥数据编码、录入费；⑦计算机数据处理费、数据统计分析费；⑧调查报告撰写费；⑨组织管理费、办公费用；⑩其他费用。

8. 制订调查组织计划

调查组织计划是指为了保证调查实施的具体工作计划，主要包括调查的组织管理、调查项目组的设置、人员的选择和培训、调查的质量控制等。对于规模较大的调查机构，调查组织计划要体现并处理好以下几种关系：①方案设计者、数据采集者、资料汇总处理者以及资料开发利用和分析者的相互关系；②调查中的人、财、物各因素的相互关系；③调查过程中的各环节、各程序、各部门之间的相互关系。如果这些关系能处理好，任务的安排就能做到科学、合理、平衡和有效。

(三) 数据采集

数据采集是按照调查设计的要求，对被选中的调查单位收集信息的过程，也就是调查实施的过程。数据的采集是关系到市场调查成功与否的关键一步，而数据采集的关键又在于调查实施过程中严格的组织管理和质量控制。

1. 数据资料的来源

数据资料一般来源于以下两个方面。

(1) 第一手资料。第一手资料指为了调查采集的原始资料。大部分市场营销调查项目都需要采集第一手资料。采集第一手资料的费用一般比较高，但得到的资源通常与需要解决的问题关系更为密切。采集的第一手资料常常来自现场调查。获取第一手资料的方法有询问法、观察法和实验法等。每种方法都有自己的特点和适用范围，企业可以根据自己的情况进行选择。如果采用询问法收集第一手资料，则必须做好下列工作：①设计调查表，调查表是整个调查工作的一项重要工具，调查表设计直接影响调查效果；②组织安排好调查力量，现场调查要把调查人员分好工，并掌握进度，保证质量。

(2) 第二手资料。第二手资料指为了调查采集的现成资料。市场调查人员常常以查阅第二手资料的方式开始调查工作。有时候市场调查人员不必收集第一手资料，仅凭第二手资料便可以部分地甚至完全地解决面临的问题。第二手资料的来源非常广泛，市场调查人员既可以利用内部资料，又可以利用外部资料。内部资料是企业内部的会计系统所经常收集和记录的资料，如客户订单、销售资料、库存情况、产品成本、销售损益等；外部资料是从统计机构、行业组织、市场调查机构、科研情报机构、金融机构、文献报刊等获得的资料。第二手资料提供了市场调查的起点。与第一手资料相比，收集第二手资料的费用通常要低得多，花费的时间也较少。但市场调查人员常常不容易找到现成的第二手资料，或者现成的资料已经过时，而且不精确、不完善，所提供的信息不可靠。在这种情况下，市场调查人员不得不花费较多的时间与费用去收集更为准确、适用的第一手资料。

2. 数据的采集过程

数据的采集过程一般包括选择现场工作人员、培训现场工作人员、管理现场工作人员、核实现场工作、评估现场工作人员。

(1) 选择现场工作人员。调查员的挑选要考虑以下几个因素：

① 考虑调查的方式和调查对象的人口特征，要尽量选择与调查对象相匹配的调查人员。一般来说，调查员与被调查者所具有的共同特征越多，越有利于调查实施。例如，对于入户调查，男性调查员的成功率通常不如女性调查员高，这种场合下，居委会成员是不错的选择。

② 调查员的职业道德水平十分重要。对作弊行为的监测和监控成本都是比较高的，所以一开始就要特别注意调查员的职业道德水平。

③ 调查员的语言交流能力也是一个要素。吐字清楚、能细心倾听别人说话、正确领会和解释他人的回应等，都是一个合格调查员应具备的素质。

(2) 培训现场工作人员。培训现场工作人员对于提高数据采集的质量非常重要，能够保证所有的调查员以同样的态度对待问卷，以便采集的数据具有一致性。对现场工作人员的培训包括以下内容：

① 接触调查对象。自我介绍是调查员与受访者的第一次接触，是能否顺利实施调查的关键，在态度上要予以高度重视，在技巧上要仔细推敲。自我介绍的一般要求是话语简单明了，态度友善礼貌。

② 提问。这是一个相互交流的过程，调查员要随时注意受访者的理解程度和配合态度，调整自己的节奏，调动受访者的情绪，让受访者自始至终都能以感兴趣的态度配合访问，调查员在访问时要注意用声音和眼神与对方沟通，掌握好提问节奏，快慢有序。

③ 追问。在访问过程中，当受访者的回答含糊其词，前后矛盾或过于笼统时，需要采用追问形式，鼓励受访者进一步说明或解释他们的答案。常用的追问技巧有重复问题、重复受访者的回答、短暂停顿或沉默式追问、鼓励或打消受访者的疑虑等。

④ 非语言控制。非语言控制包括表情、目光、动作、态度和姿态。调查员要做到自始至终使自己的表情有礼貌、谦虚、诚恳、耐心，运用表情创造良好的访谈气氛。同时，调查员应注意受访者的表情、目光及动作姿态，从中捕捉对方的情感信息。

⑤ 记录。应该培训调查员在访问过程中使用相同的格式、符号和修改方案进行记录。

⑥ 结束访谈。结束前可以给对方发出访谈快要结束的信号，如可以问"您还有什么需要补充的吗？"以保证对方把想要说的话说完。结束时，应向受访者表示感谢，向受访者赠送一个小礼品，并回答受访者关于调查项目的提问。

(3) 管理现场工作人员。在调查实施过程中，督导员需要对调查员的工作进行检查和监督，以确保调查员按培训中所要求的方法和技术进行访问。对现场工作人员的管理主要有以下工作。

① 质量控制。督导员需要检查现场工作过程是否准确。督导员应该每天收集问卷和其他表格，并仔细检查回收的问卷，查看现场的记录是否规范、是否所有的问题都有答案、是否存在不完整或不合格的答案、答案之间的逻辑关系是否成立、字迹是否清楚等。对发现的问题，采取及时的补救措施。

② 文档管理。对现场操作中每个阶段的实施情况都要建立必要的文档管理。

督导员应该记录调查员的费用和工作时间，以便了解单位成本、工作是否按进度进行、调查员是否有困难等。这些材料不仅有助于现场督导及时发现问题，同时有助于项目组对现场操作的质量进行评估。

③ 抽样控制。目的是保证调查员严格按照抽样计划进行调查。督导员应该每天记录调查员的访谈数据、未找到的调查对象数量、被拒访的数量、每个调查员完成的访问数量以及所管理的全部调查员的工作情况。

④ 调查员的报告。调查员应定期提交工作报告，汇报调查过程中的情况。这些报告所提供的信息不仅有助于提高现场的工作质量，还便于发现问卷中的问题。

(4) 核实现场工作。复核是对调查员完成工作的抽查，即通过对受访者再一次的访问以检查访问工作的真实性。复核一般包括以下内容。

① 访问情况。向受访者求证调查过程，如是否接受过调查、接受调查的时间和地点是否属实。

② 问卷内容的真实性。复核人员需要对问卷中的关键问题进行再次询问，核查与调查人

员的记录是否一致。

③ 调查员的工作态度。向受访者了解调查员的工作态度，包括现场的表现是否礼貌、是否赠送了礼品，让受访者对调查员的工作进行评价。

(5) 评估现场工作人员。及时对现场工作人员进行评估，对于其了解自己的态度，以及寻找并建立更好、更高质量的调查队伍十分重要。评估的标准在进行培训时就应该告诉现场的工作人员，主要包括以下内容。

① 成本和时间。对现场的工作人员，可以根据其时间分配情况进行比较，其花费的时间应包括实际调查时间、旅行时间和管理时间；对调查员还可以用平均每次调查的总成本来相互比较。

② 调查质量。根据调查质量对调查员进行评估，督导员必须直接观察调查过程。调查质量的评估标准包括介绍是否适当、提问是否准确、询问敏感性问题的能力、人际交往的技巧以及访谈结束时的表现。

③ 调查成功率。管理人员应该监控一段时间内的调查成功率，总结成功率高的经验，并在成功率低时采取措施。

(四) 数据分析

1. 数据的准备

数据的准备是指把调查中采集到的数据转换为适合于汇总制表和数据分析的形式，它是整个调查过程中的一个重要环节，如对于纸质问卷，数据准备的过程主要包括问卷检查、数据编辑、编码、录入。

2. 多变量统计技术

在收集了大量数据之后，市场营销调查人员必须借助多变量统计技术将数据中潜在的各种关系揭示出来。

多变量统计技术包括分析两个或两个以上变量间关系的各种技术，可归纳为两大类：一类是为综合评价服务的方法，即对某一事物分析其各种特性以及这些特性之间的相互关系，并将有关数据归纳为少数几个综合特征值的方法，包括因素分析、主要成分分析、聚类分析、多维尺度分析、潜伏结构分析等；另一类是为预测服务的方法，即把列举出的特性区分为说明变量和基础变量，根据从说明变量中得出的信息来预测基础变量的方法，包括多元回归分析、方差分析、协方差分析、虚变量多元回归分析、自动干扰探测分析、判别分析、虚变量判别分析、联合测定分析、规范关联分析、多元方差分析等。本节就多元回归分析、判别分析和因素分析进行简单的介绍。

(1) 多元回归分析。任何一个市场营销问题都会涉及一组变量，而市场营销调查人员主要对其中的一个变量感兴趣，以了解在不同的时间、地点该变量的变动情况，这个变量就叫作因变量。市场营销调查人员在确定了因变量之后，还要进一步考察其他变量在不同的时间、地点对因变量的变动有何影响，这类变量叫作自变量。所谓回归分析，是指一种表述自变量对因变量影响的公式技术。如果在回归分析中，统计方程式只涉及一个自变量，我们称该统计方程式为简单回归；如果涉及两个或两个以上自变量，我们称该统计方程式为多元回归。

(2) 判别分析。在许多市场营销问题中，因变量往往是分类型变量而不是数值型变量，在这种情况下就无法运用回归分析。例如，某摩托车厂希望解释消费者对三种品牌的偏好程度；某洗衣粉厂试图根据对其产品使用量的大、中、小来确定购买者的特征；某百货公司想判别将来可能成功和不能成功的商店地理位置。在上述情况中，都是将两个或两个以上的群体根据某特征予以明确分类，使任何一个群体都归属于某一类，目的在于发现重要的判别变量，使之组合成可预测的公式。这种解决问题的方法就是判别分析。

(3) 因素分析。在多元回归分析和判别分析中经常遇到的一个问题就是多元共线性，即各变量之间有密切的关联性。多元回归分析要求所使用的各变量真正独立，即只影响因变量，却不受因变量影响。所有每对变量间的简单相关系数可以显示出一个变量与另一个变量的相关程度，据此，研究人员可从密切相关的一对变量中去掉一个。一种解决办法就是应用因素分析，从一组相关变量中找出一些真正相互独立的自变量。因素分析是一种用来确认一组相关变量中真正造成相关的基本因素的统计技术。这种方法假设：相关之所以会发生，是由于有一些基本因素与其他变量在某种程度上相同。在市场营销领域，因素分析主要用于确定对航空旅行、对企业、对产品以及对广告媒体等态度的基本因素，这样可以大大减少回归分析中自变量的个数。

(五) 拟写调查报告

调查报告是通过文字的表达形式对调查成功的总结，它反映了调查的内容、质量以及调查结果的有效程度。编写调查报告，是市场营销调查工作的最终成果，也是制定营销决策的重要依据。

1. 调查报告的类型

根据客户对内容要求的不同，调查报告可以分为以下三大类。

(1) 数据型报告。它的特征是在报告中只提供调查所获得的数据，这是调查报告中最主要的形式。数据型报告一般以表格的形式提供统计结果，并对表格进行说明。一次调查问题可能只有几十个，但采用不同的处理方法，统计的结果可能有许多种，取什么、舍什么要根据客户的需求决定。

(2) 分析型报告。它的特征是在数据型报告的基础上对数据所反映出的情况做进一步分析。分析型报告除了有表现常规性统计结果的表格外，还有对数据的进一步分析，并将这种分析用文字表述出来。对调查项目中的重要变量，需要利用更多的统计方法进行挖掘，使得对数据的分析更有层次、更系统和更深入。

(3) 咨询型报告。它的特征是在分析型报告的基础上进一步扩展和延伸，其内容除了对调查结果进行分析外，还包括对市场的分析，并在此基础上制订进行决策、采取行动的咨询方案。这种报告的工作需要由不同专长的分析人员协作完成。

2. 调查报告的内容

在市场营销调查报告中，分析型报告具有典型意义，它主要包括如下内容。

(1) 封面。封面包括报告题目、研究人员或组织的相关信息、委托单位的名称和报告完成日。

(2) 目录。目录包括内容目录、表目录、图目录和附件目录。

(3) 概要。概要用简单明了的语言对市场调查结果做概括介绍，包括市场容量、本产品与竞争对手的竞争情况、产品在消费者心目中的优缺点、竞争对手的销售策略、本企业与竞争对手的广告策略的对比、影响产品销售的因素等。

(4) 正文。它是市场调查分析报告的主体部分。这部分必须准确阐明全部有关论据，包括问题的提出到引出的结论，论证的全部过程，分析研究问题的方法；应当有可供市场活动的决策者进行独立思考的全部调查结果和必要的市场信息，以及对这些情况和内容的分析评论。

(5) 调查结果。它是将调查所得以及经过统计分析的数据报告出来。调查结果要与预定的调查目的相吻合，其描述形式通常是表格或图形，调查人员必须对图表中的数据资料所隐含的趋势、关系或规律进行客观的描述。

(6) 结论和建议。结论是用简洁明了的语言对研究前所提出的问题做明确的答复；建议是根据所研究的问题，在研究结果和结论的基础上，针对调查获得的结论对该企业产品及其营销方式提出具体的要求以及应该采取的改进措施。

(7) 附录。附录提供一些必要的细节信息，如访问提纲、调查问卷、抽样有关细节的补充说明、工作进度安排、原始资料的来源和调查获取的原始数据图表等。

3. 调查报告应注意的问题

(1) 调查报告不是流水账或数据的堆积。

市场营销调查报告需要概括整个调查活动，但绝不是将调查方案、质量控制方案等原始的文件重抄一遍，而是要说明这些方案执行落实的情况，特别是要认真分析实际完成的情况对调查结果的影响，以有利于阅读者分析调查报告的真实性和可信程度。

在市场营销调查报告中，资料数据很重要，占有很大的比重。用准确的数据证明事实的真相往往比长篇大论更能令人信服。但是运用数据要得当，过多地堆砌数据只会让人眼花缭乱，不得要领。正如在理论分析中所说的，数据本身并不能说明什么，其意义在于为理论分析提供客观依据。因此，市场调查报告必须以明确的观点统率资料数据，通过定性与定量的结合达到透过现象看本质、认识市场现象发展变化的目的。

(2) 调查报告必须真实、准确。

以实事求是的科学态度，准确而又全面地总结和反映研究成果，是写好市场调查报告的最重要原则。真实性首先表现在一切结论来自客观事实，从事实出发，而不是从观点出发。凡是与事实不符的观点，都应该舍弃；凡是暂时还拿不准的观点，应如实写明或放在附件中进行讨论。

市场营销调查报告的真实性还表现为所采用的数据必须准确。只有建立在精确论据上的论点才真实可信，因此，调查报告所提供的资料，必须经过认真核实，数据应当经过反复检验。提高报告的可信度，增强读者的信任感，为调查结果的应用提供可靠的参考依据。

总之，市场营销调查调查报告是一次调查活动的最终产品，是全部调查人员的劳动结晶，应该认真完成。市场营销调查报告应该真实，应该易于理解和阅读，文字简练、文风朴实，再现调查现象在市场运行中的真实状态和客观规律。

(六) 实施反馈追踪调查

通过市场营销调查提供的信息而制定相应的决策后，在决策实施过程中，应该继续注意市场情况变化，以检验所提供的资料是否准确有效，并不断补充收集新的信息，保证决策的正确性。同时，要加强对信息的跟踪与反馈，经过不断的信息反馈，发现市场新的变化趋势，不断总结经验，提高市场营销调查水平，提高决策的科学性。

第三节　市场营销调查方法

市场调查方法选用得合适与否，会直接影响调查结果。所以，选择市场调查方法是市场营销调查的重要环节。市场营销调查按调查方法划分可分为文案调查法和实地调查法。下面将对这两种方法进行具体的阐述。

一、文案调查法

（一）文案调查法的含义

文案调查法，也称为间接调查法、室内调查法、桌面调查法，是指通过查阅、阅读、收集历史和现实的各种资料，并经过甄别、统计分析得到各类资料的一种调查方法。市场调查人员通过对第二手资料的收集，可以使企业迅速了解有关信息，把握市场机会；也可以帮助市场调查人员对要了解的市场有初步的认识，为进一步的直接调查奠定基础。

（二）文案调查资料来源

1. 内部资料

通过对企业内部文件资料的整理与分析，了解企业的经营状况、生产状况、人力资源结构、财力状况和研发水平等。内部资料包括以下几方面。

（1）业务资料。业务资料包括与企业业务经济活动有关的各种资料，如订货单、进货单、发货单、合同文本、销售记录等。

（2）统计资料。统计资料包括各类统计报表，企业生产、销售、库存等各种数据资料，各类统计分析资料等。

（3）财务资料。财务资料反映了企业活劳动和物化管理占有和消耗情况及所取得的经济效益。通过对财务资料的研究，可以确定企业的发展前景，考核企业经济效果。

（4）企业积累的其他资料。企业积累的其他资料包括平时简报、各种调查报告、经验总结、顾客意见或建议等。

内部资料虽然是现成的，但在统计的口径与调查的要求方面有一定差异，在运用时要注意区分。

2. 外部资料

外部资料可以由组织或机构外部产生或提供，包括以下内容。

（1）各种经济信息中心、专业信息咨询机构、各行业协会和联合会提供的市场信息和有关行业情报。这些机构的信息系统资料齐全，信息灵敏度高。为了满足各类用户的需要，它们通常还提供资料的代购、咨询、检索和定向服务，是获取资料的重要来源。

（2）各种国际组织、外国使馆、商会所提供的国际市场信息。

（3）国家统计机关公布的统计资料。国家统计局和各地方统计局会定期发布统计公报等信息，并定期出版各类统计年鉴，这些都是很有权威和价值的信息。

（4）图书馆保存的各种信息。图书馆除可以提供贸易统计数据和有关市场的基本经济资料外，还可以提供各种产品、厂商的更具体的资料。出版机构提供的书籍、文献、报纸杂志等也常常刊登一些市场行情和分析报道。此外，银行的咨询报告、商业评论期刊等往往都有较完整的报道，而且很容易得到。

(5) 互联网上的信息。在互联网上，各地区的有关市场供求趋势、消费者购买行为、价格情况、经济活动研究成果、科技最新发明创造等，都可以及时传递给企业。

(6) 研究机构的调查报告。许多研究所和从事营销调查的组织，除了受各委托人完成研究工作之外，为了提高知名度，还常常发表市场报告和行业研究论文。

(三) 文案调查法的优缺点及应用

与实地调查法相比，文案调查法的优点是成本相对较低，资料比较容易找到，收集资料所用的时间相对较短。鉴于以上优点，文案调查法常常是市场调查的首选方法，几乎所有的市场调查都可以始于收集第二手资料，只有当第二手资料不足以解决问题时，才进行实地调查。所以，文案调查法可以作为一种独立的调查方法来运用，它有助于确定问题、更好地定义问题、拟定问题的研究框架、阐述恰当的研究设计、回答特定的研究问题、更深刻地解释原始数据。

文案调查法也存在一定的局限性，具体表现为：①较多地依赖历史资料，难以适应和反映现实中正在发生的新情况、新问题；②收集的资料往往与调查目的不能很好地吻合，数据对解决问题不能完全适用；③要求调查人员有广泛的理论知识、较深厚的专业技能，否则将感到无能为力；④难以把握所收集的资料的准确程度。

在市场研究中，市场供求趋势分析、相关和回归分析、市场占有率分析、市场覆盖率分析等经常用文案调查法进行研究。

(四) 文案调查资料的评估

(1) 数据的收集方法。收集数据时使用的具体要求或方法应该经过严格审查，以便发现可能存在的偏差。有关方法方面的标准包括样本的大小和性质、回答率和质量、问卷设计和填写、现场工作程序、数据分析和报告程序。这些审查为数据的可靠性和有效性提供了信息，有利于判断数据是否符合要求。

(2) 数据的准确性。研究人员必须判断数据对于目前的研究是否足够准确。第二手资料有许多误差，评价二手数据的准确性是很困难的。如果可能的话，对同种资料应该从多种信息源取得，以便相互印证、核实。

(3) 数据的及时性。二手数据可能不是当前的数据，数据收集和公布之间的时滞可能较长。另外，随着信息时代的到来，知识更新速度加快，资料的时效性缩短。因此，只有反映最新市场活动情况的资料才是价值最高的资料，过时的二手数据的价值会降低。

(4) 数据收集的目的。收集数据总是有其一定的目的，需要了解的最根本的问题是："当初是出于什么原因和目的收集这些数据？"收集数据的目的最终决定信息的相应用途，与某一目的相关的信息也许在另一情形下并不适用。

(5) 数据的性质。检验数据的性质，除了要注意关键变量所涉及的主要问题外，还要注意这些数据之间的关联性问题。如果没有掌握这些，那么数据的用途将会受到限制，从而导致收集到的资料可能没有实践应用价值。

(6) 数据的可靠性。通过对二手数据来源的检验，可以获得对数据可靠性的总体认识。这些信息可以通过与已使用此来源的信息产生数据的人进行核实来获得。应该用怀疑的眼光来看待促销、吸引人的或进行宣传而公布的数据；对于匿名的或者以一种隐蔽数据收集方法和程序细节的形式公布的数据,也应该采取同样的态度。

二、实地调查法

一般来说,实地调查法主要包括定性调查法和定量调查法。

(一) 定性调查法

定性调查是指从定性的角度,对所研究的对象进行科学抽象、理论分析、概念认识等,而不对研究对象进行量的测定。定性研究主要是提供相关问题背景的看法和理解。相比定量调查法,定性调查法存在明显的方便、快捷、省时、省力等优点。

常见的定性调查法主要有焦点小组访谈法、深层访谈法、德尔菲法和头脑风暴法。

1. 焦点小组访谈法

(1) 焦点小组访谈法的含义。

焦点小组访谈法又称小组座谈法,就是采用小型座谈会的形式,挑选一组有代表性的消费者或客户,在一个装有单面镜或者录音录像设备的房间内,在训练有素的主持人的组织下,就某个专题进行讨论,从而获得对有关问题的深入了解。它的特点是:不是一对一调查,而是同时间访问若干个被调查者;不是一问一答式面谈,而是讨论。

(2) 焦点小组访谈法的实施。

① 准备工作。选择一个能够让调查对象感到轻松的访谈室,安装有闭路电视、话筒和可以放东西的桌子及家具,有观察室和记录设备;选择主持人,编写访谈提纲,确定访谈次数;征选目标市场具有代表性的消费者群参与小组访谈。

② 把握访谈的主题。为避免访谈的讨论偏题,主持人应善于将小组成员的注意力引向所讨论的主题,使访谈始终都有一个焦点。

③ 做好小组成员的协调工作。在现场访谈过程中,可能会遇到各种情况,如冷场、跑题等。遇到上述情况,主持人应引导、协调小组成员,以保证访谈顺利进行。

④ 做好记录工作。访谈一般有专门负责记录的人员,同时通过录音、录像等方式进行记录。

(3) 焦点小组访谈法的优缺点。

优点:

① 有比较好的收获:一是参加人员可以互相启发,可以迸发出比较多的看法,使调查能够有比较好的结果;二是可以进行比较深入的讨论,可能会获得最需要的、令人欣喜和激动的建议;三是集体的压力可以使偏激者变得比较现实,调查结果可能有更大的使用价值。

② 比较节省:如果市场调查人员有较好的组织能力和对调查对象的引导能力,小组调查比一对一的调查更省时、省事、省力。

③ 调查结果是比较好的职工教育材料:通过录像录音资料,一方面能对访谈过程进行监控,另一方面使更多的企业员工直接接触顾客,了解顾客的意见和需求。

缺点:

① 对主持人的要求较高:挑选理想的主持人往往较困难。

② 未知性:一是可能出现询问内容或者讨论的内容偏离主题的现象,二是有的调查对象会受调查人员的误导而进行非自愿的回答,三是小组调查法受到调查人员个人素质高低的影

响程度比较大。

③ 对受访者的依赖性大：一是受访者的选择如果与企业的目标市场不一致，调查的结果可能对企业的经营决策没有帮助；二是不同受访者的气质和性格很难进行协调；三是受访者的思考能力、知识水平等都会对访谈结果产生影响。

④ 误导性：焦点小组访谈法比较容易对调查机构产生误导。

⑤ 局限性：焦点小组访谈法只适宜进行定性调查，而不适宜进行定量调查。

(4) 焦点小组访谈法的应用。

在市场研究中，常用焦点小组访谈法研究的领域包括：理解消费者关于某一产品种类的认知、偏好与行为；得到新产品概念的印象；产生关于旧产品的新观点；为广告提出有创意的概念和文案素材；获得价格印象；得到有关特定项目的消费者的初步反应等。

2. 深层访谈法

(1) 深层访谈法的定义和特点。

深层访谈法是指调查员和一名受访者在轻松自然的氛围中围绕某一问题进行深入讨论，目的是让受访者自由发言，充分表达自己的观点和情感。其特点是：无结构的、直接的、一对一的访问。

(2) 深层访谈法的实施。

① 准备：选择受访者，选择调查员，预约访谈时间，准备访谈计划，准备访谈用品。

② 实施：首先，应准备好提纲并选择恰当的方式接近受访者。调查员要详细地介绍此次访谈的目的、意图，告知受访者的回答对其自身无任何不良影响，并尽量营造一种热情友好的气氛。其次，在访谈中，调查员应始终保持中立，当受访者对所提问题不理解或误解、回答有所顾忌、漫无边际闲谈时，调查员要有礼貌且有技巧地加以引导，而当受访者回答问题含糊不清、过于笼统或残缺不全时，调查员要适当地追问，以便访谈顺利进行。再次，调查员应该讲文明、有礼貌，用语准确，在受访者回答问题或陈述观点时，调查员要认真倾听。最后，调查访谈结束。

(3) 深层访谈法的优缺点。

优点：①消除群体压力，能更自由地交换信息，提供更真实的信息；②一对一的交流会使受访者感到自己是注意的焦点，从而更乐于表达自己的观点、态度和内心的想法；③便于对一些保密性、隐私性的话题进行调查；④能将受访者的反应与其自身相联系，便于评价所获资料的可信度。

缺点：①只有一个受访者，无法产生受访者之间观点的相互刺激和碰撞；②成本较高，在实际中使用受到限制；③调查无结构性，使调查易受调查员自身素质高低的影响；④访谈的结果和数据常难以解释和分析。

(4) 深层访谈法的应用。

深层访谈法主要用于获取对问题的理解的探索性研究，如详细探究受访者想法，了解一些复杂行为，讨论一些保密的、敏感的话题，访问竞争对手，访问专业人士，访问高层领导，调查比较特殊的商品。

3. 德尔菲法

(1) 德尔菲法的定义和特点。

德尔菲法是指通过函询的方式，征求每位专家的意见，经过客观分析和多次征询，逐步形成统一的调查结论。它也是一种专家调查法，但它用背对背的判断代替面对面的会议，使被调查的专家能够充分地发表自己的意见，最后取得较为客观实际的调查结论。

(2) 德尔菲法的实施。

① 拟定意见征询表，作为专家回答问题的主要依据。需要注意：问题要简单明确，且数量不宜过大；问题要接近专家所熟悉的领域；尽量提供背景资料。

② 选择征询专家，尽量选择业务精通的专家，专家人数一般为 8～20 人，专家彼此之间不联系。

③ 轮回反复征询专家意见。第一轮，将意见征询表和现有的背景资料寄给专家，要求专家明确回答问题，调查员对各个问题的结论进行归纳和讨论。第二轮，将第一轮汇总的专家意见及新的调查要求寄给专家，再次对专家寄回的资料进行统计，并提出新的要求。如此反复征询，使专家的意见逐步趋于一致。最后，得出调查结论。

(3) 德尔菲法的优缺点。

优点：①匿名性，即整个过程中专家都是匿名地发表意见，有助于专家们独立思考、充分发表意见；②反馈性，在调查过程中多次向专家反馈汇总的意见，能帮专家修正考虑不周的判断，有利于提高调查结论的全面性和可靠性；③对调查结果定量处理，提高调查的科学性。

缺点：①具有局限性和主观性，调查结果主要凭专家判断，缺乏客观依据；②轮回次数较多，持续时间长，有的专家可能因为种种原因而中途退出，影响调查的准确性。

(4) 德尔菲法的应用。

德尔菲法适用于缺乏资料和未来不确定因素较多的场合。

4. 头脑风暴法

(1) 头脑风暴法的定义。

头脑风暴法是一种专家小组访谈法，一个小组由一位主持人和几位专家组成，在主持人的主持下，小组成员按一定的顺序依次发言。这里的小组指集聚比较多的人组合成的一个"组"(如可以有 20 位或者更多的人)，进行更加激烈的、开放空间更大的讨论。

讨论的游戏规则：一是有压力；二是只要求发言数量而不要求发言质量，鼓励多讲，在有压力的情况下，希望获得更多的发言；三是只讲不评。

(2) 头脑风暴法的优点。

在极短的时间内获得意外收获，可以使参与者的头脑掀起"思考的风暴"。

(3) 头脑风暴法的应用。

就新产品的用途和定位、新技术的应用、产品的结构和功能、广告创意和主题等进行讨论。如果调查的内容属于寻找灵感的话，使用头脑风暴法进行调查和收集信息资料更加合适。

(4) 头脑风暴法与焦点小组访谈法的不同点。

① 焦点小组访谈法是自由发言，而头脑风暴法是按某种顺序依次发言。自由发言使小组成员之间的思想碰撞比较激烈，因此焦点小组访谈法的结果一般要比头脑风暴法的结果深刻、全面。另外，头脑风暴法由于采用按顺序依次发言的方式，其实施过程比焦点小组访谈法更容易。

② 焦点小组访谈法需要主持人发挥至关重要的作用，而头脑风暴法中主持人的作用要小得多，这使得头脑风暴法比焦点小组访谈法更容易实施，因为挑选合格的主持人很难。另外，没有主持人的适时追问、鼓励和激励，头脑风暴法的效果可能要比焦点小组访谈法差一些。

(二) 定量调查法

定量研究通常利用一些统计分析试图将数据量化，定量调查法可分为调查法、观察法和实验法。

1. 调查法

调查法是营销调查中使用最普遍的一种调查方法，也是收集描述性信息的最佳方式。调查法是指按预先准备好的提纲或调查表，通过口头电话、书面方式或电脑提问，向受访者了解情况、收集资料。它把研究人员事先拟订的调查项目或问题以某种方式向受访者提出，要求给予答复，由此获取受访者或消费者的动机、意向、态度等方面的信息。

根据调查问卷的填写方式，调查法可以分为面谈访问法、邮寄访问法、电话访问法、网上调查法、留置问卷法五类。

(1) 面谈访问法。

面谈访问法是由调查员直接与受访者接触，通过当面交谈获取信息的一种方法。其具体形式有很多种，既有派员工走出去，也有把受访者请进来；既有个别交谈，也有开座谈会等形式；既有企业自身人员调查，也有聘请或委托他人调查；既可以在家庭、单位调查，也可以在购物场所、公共场所随机调查。调查员要根据具体调查项目的特点和需求来决定采取何种方式比较合适。面谈访问法的主要方式如下：

① 上门访谈法。市场调查员主动登门拜访，对事先确定的调查对象进行座谈式的访谈调查方法。

② 闹市有奖调查法。市场调查员在热闹的市场上或者街区内，通过分发奖品的方式鼓励人们回答问题的调查方法。

③ 汽车调查法。调查员把开着冷气(暖气)的汽车开到预定的调查地点，邀请劳累而忍受酷暑(寒冷)的受访者上车稍作歇息，并且接受询问的调查方法。

④ 展销现场调查法。调查员在产品的展销现场进行询问式的市场调查方法。

⑤ 歇息场所调查法。调查员在人们比较集中的地方和比较清闲的场所，利用人们的休息时间，与潜在消费者进行聊天式调查或问卷式调查。

⑥ 电脑辅助面访调查。调查员让受访者坐在电脑前，用键盘、鼠标或触摸屏回答屏幕上显示的问卷。

优点：简单、灵活，可随机提出问题，受访者可充分发表意见，利于获取较深入、有用的信息，调查表回收率高，可提高调查结果的可信度。

缺点：成本高、时间长、范围有限、调查结果容易受到调查员的素质、调查问题的性质和受访者的合作态度的影响。

(2) 邮寄访问法。

邮寄访问法又称通信询问法，它是将事先设计好的问卷或调查表通过邮件的形式寄给受访者，让他们填好以后按规定时间寄回来。

优点：选择调查范围不受限制，可以在全国范围选取样本，减少了调查员的劳务费，免除了对调查员的管理；受访者有比较充裕的时间考虑答复的问题，使问题回答得更为准确；匿名性较好，受访者能避免与陌生人接触而引起的情绪波动，受访者有充足的时间填答问卷，可以对较敏感或隐私问题进行调查；不受调查员在现场的影响，得到的信息资料较为客观、真实；不必对调查员进行特别的培训，可以省去很大的时间和工作量。

缺点：邮件回收率很低(一般只有 1%～5%)；信息反馈周期长，各地区寄回来的时间不同，比例也不同，影响其调查的代表性；调查员无法判断邮回信件的人与不邮回信件的人的态度到底有什么区别，如果简单地用邮回信件的人的意见代表全体受访者的意见，就会冒很大的风险。为了提高邮寄访问问卷的回收率，往往会采用一些辅助性的手段，如问卷发放后发跟踪信、打个跟踪电话、附加一点"实惠"物品作为激励等。

(3) 电话访问法。

电话访问法是由调查员根据抽样要求，在样本范围内借助电话向受访者询问预先拟定的问题而获取信息资料的方法。要做好电话访问，需要先设计好问卷调查表，挑选和培训调查员，要求调查员口齿清楚、语气亲切、语调平和，而且要注意调查访问时间的选择，因为有可能受访者白天不在家，晚上或周末在家时乐于家人的团聚，对待访问没有耐心。

目前在国内，电话访问法主要应用于以下四种情况：一是热点问题或突发性问题的快速调查。例如，对 2022 年中国举办冬季奥运会的评价，等等。二是关于某特定问题的消费者调查。例如，对某新产品的购买意向，某新产品推出广告的到达率，某新开播栏目的收视率，等等。三是企业调查。例如，企业领导对某些问题的看法，单位办公室主任对现用传真机的评价以及对新传真机的购买意向，等等。四是特殊群体调查。例如，新闻记者对塑造企业形象的看法，政府官员对扶植国内名牌的态度，投资者对近期投资意向的打算，等等。

优点：辐射面广，可以短时期内调查较多的受访者，成本也比较低，并能以统一的格式进行询问，有些面谈会涉及让受访者感到不自然的问题，电话中可获得坦白的回答，所得信息资料便于统计处理。

缺点：调查结果代表性有限；不易得到受访者的合作，拒答率高；由于时间限制，电话调查的问题只能比较简单，调查难以深入，如果调查的问题比较复杂，这种方法就难以奏效。

(4) 网上调查法。

网上调查法是指在网络上广泛发布问卷，在一定的时间内，征询一切受访者的回答，而后通过预先设定的程序对受访者的意见进行回收和统计的市场调查方法。具体实施方法主要有 E-mail、CATI 系统(计算机辅助电话查询系统)和互特网 CGI 程序调查方法三种。

优点：比较快捷，能够引人注意，有比较好的调查回收率，很有前途。

缺点：很难对受访者进行分类，往往不能满足企业市场营销决策的需求；利用电脑网络进行市场调查，往往只能提问一些比较简单的问题，而不适宜进行深入访谈。

应用范围：适用于一些不需要很多时间和精力就可以完成答卷工作的调查，适用于令受访者比较有情趣和感兴趣的问题的调查，适用于不需要进行市场细分的调查。对一些把全体消费者都作为潜在购买者的产品，或者把上网的"网民"作为受访者的调查，可以取得比较好的调查效果。

(5) 留置问卷法。

留置问卷法就是由调查员将事先设计好的问卷或调查表当面交给受访者，并说明回答问题的要求，留给受访者自行填写，约定时间后再登门取回填写好的问卷；或者等待受访者填写完毕后将问卷当面收回；通过某些单位或组织，间接地向受访者发送问卷，然后再通过它们集体回收；附上回邮信封，要求受访者将填写好的问卷直接寄回。为了感谢合作，一般都要向受访者赠送小礼品。

优点：回收率高，受访者可以当面了解填写问卷的要求，澄清疑问，避免由于误解提问内容而产生的误差,并且填写时间充裕,便于思考回忆,受访者意见不受调查员的影响。

缺点:调查地域范围有限,调查费用较高。

2. 观察法

(1) 观察法的定义。

观察法是由调查员直接或通过仪器(如使用录音机、照相机、摄影机或某些特定的仪器),在现场观察被调查对象的行为并加以记录而获取信息的一种方法。使用观察法进行调查,调查员不许向受访者提问题,也不需要被调查对象回答问题,只是通过观察被调查对象行为、态度和表现,来描述、推测、判断被调查对象对某种产品或服务是欢迎还是不欢迎、是满意还是不满意等。

观察法的主要缺点是只能观察到表面的行为特征,而无法获得导致行为的内在原因的相关信息。例如,消费者的购买动机、消费者对某种商品的看法等信息,都是无法通过观察来获得的。

(2) 观察法的分类。

观察法可分为以下几种:

① 直接观察法。直接观察法就是调查员现场直接察看了解市场的方法。例如,市场研究人员想了解某种果酱罐头的商标对消费者的吸引力,他可以到出售各种牌子果酱罐头的各个商店去观察。如果同类果酱罐头有三种牌子,价格接近,他可以观察顾客到底挑选哪一种。有时企业也派研究人员到自己的商店或门市部去观察柜台情况,倾听顾客选购时的谈话内容,并统计顾客的购货成交率。在调查中,观察者可以采取隐蔽或非隐蔽的方式。由于完全的隐蔽性很难做到,非隐蔽的观察容易造成"实验反应",引起被观察者的不安、反感等情绪,从而使获取的信息资料失真,这需要调查员做好必要的解释说明工作,并且辅以一定的工作技巧。使用这种方法进行调查,要确定是定期观察还是不定期观察,确定观察的次数等。

② 亲身经历法。亲身经历法就是调查员亲自参与某种活动来收集有关资料。例如,调查员可扮作销售人员,直接了解顾客的爱好等。再如,某一家工厂要了解他的代理商或经销商服务态度的好坏,就可以派人到他们那里去买东西;要了解市场信息,常年在一些大商场中派驻信息员,以售货员的身份直接与顾客接触,通过有意识的观察活动了解市场情况,把握市场动态。通过这种办法收集的资料一般是非常真实的,但应注意不要暴露自己的身份。

③ 痕迹观察法。痕迹观察法是指通过对现场遗留下来的实物或痕迹进行观察,用于了解或推断过去的市场行为,如食品厨柜观察法、垃圾清点观察法。

痕迹观察法应用广泛。例如,美国的汽车经销商同时经营汽车修理业务,他们为了了解在哪一个广播电台做广告的效果最好,对开回来修理的汽车,要做的第一件事情就是派人看一看汽车里收音机的指针在哪个波段,从这里他们就可以了解到哪一个电台的听众最多,下一次就可以选择这个电台做广告。

④ 行为记录法。行为记录法是指通过录音机、录像机、照相机及其他一些监听、监视设备来进行市场调查的方法。美国有一个如何测试电视台收看节目观众数的例子,某广告公司搞抽样调查,找了一些家庭作为调查样本,把监听器装入他们的电视机里,记录他们电视机的开关时间、收看电视台名称、收看时间长短以及是在哪一段时间里收看的。经过一段时间搜集监听记录,广告公司便可知道,哪一类电视节目、在什么地方、在什么时间收看的人最多。然后,他们可以根据以上记录研究如何安排电视广告节目,使之收效最好。

但是这种方法也有一定的局限性:一是它只反映了事物的表象,无法深入探究事件发生的原因、态度和动机等问题;二是此种方式调查范围较窄,花费时间较长,费用较高;三是调查员必须具备较高的业务水平和敏锐洞察力，能及时捕捉到所需的资料。另外，这种方法存在法律风险。

(3) 观察法应注意的事项。

调查员在运用观察法进行调查时，应注意以下事项：

① 为使观察结果具有代表性，能反映某类事物的一般情况，应设计好抽样方案，以使观察的对象和时段具有代表性。

② 实际观察时，调查员最好不让被观察者有所察觉，否则，就无法了解到被观察者的自然反应、行为以及感受。

③ 在实际观察时，必须实事求是、客观公正，不得带有主观偏见，更不能歪曲事实真相。因此，要对调查员进行有效的培训，提高调查员的业务素质，要求调查员遵守有关法律和道德准则，不能对涉及国家机密和个人隐私的内容进行观察，除非得到允许。

④ 调查员的记录用纸和观察项目最好有一定的格式，以便尽可能详细地记录调查内容。

⑤ 为了观察客观事物的发展变化过程，进行动态对比研究就需要做长期反复的观察。

(4) 观察法的优缺点。

优点：能客观地获得准确性较高的第一手资料，调查情况比较真实，因为被观察者的活动没受干扰，处于自然的活动状态；可以避免许多由于访问员及询问法中的问题结构所产生的误差因素；简便、易行、灵活性强，可随时随地进行观察。

缺点：往往只能观察到消费者的表面活动，而不能了解市场内在因素、消费者心理变化及市场变化的原因和动机；被观察者的公开行为并不能代表未来的行为；调查时间长，费用支出大；对调查员的业务技术水平要求高。

3. 实验法

(1) 实验法的含义。

实验法在收集市场信息资料中应用很广，特别是在因果关系调查中，实验法是一种非常重要的工具。例如，想知道将某一种产品改变设计、改变质量、改变包装、改变价格、改变广告、改变销售渠道以后对销售量会产生什么影响，可以先在一个小规模的市场范围内进行实验，观察消费者的反应和市场变化的结果，然后再决定是否推广。如果我们把实验本身视为一个由许多投入影响主体并导致产出的系统，则可对实验法有一个更清楚的认识。

(2) 实验法的特点。

实验法最突出特点的在于它的实践性，这是实验法的本质特点。实验法还具有综合性的特点。在实验调查过程中，各种调查研究方法的综合应用，在实验法中也表现得很明显。

(3) 实验法的优缺点。

优点：可以探索不明确的因果关系，实验的结论有较强的说服力。

缺点：成本较昂贵，保密性差，管理、控制困难。

(4) 常用的实验法。

① 实验室实验法。实验室实验法是在人工的、"纯化的"的环境下进行实验，实验者对实验的环境可进行严格、有效的控制。这种方法常在研究广告效果和选择广告媒体时使用。例如，某企业为了了解什么样的广告信息最吸引人，找一些人并将他们集中到一个地方，每人发一本杂志，让他们翻看一遍，问他们杂志里哪几个广告对他们吸引力最大，以便为本企业设计广告信息提供一些有用的参考资料。

② 现场实验法。现场实验法是在自然的、现实的环境下进行实验，实验者只能部分地控

制实验环境的变化。现场实验最常用的方式是构建"实验市场",即该市场中的顾客日流量、地理位置、试验期间的天气状况、营业时间、商品陈列方式均尽可能与公司产品即将走向的市场条件相类似,实验者只人为地改变商品的包装这一个实验条件,检验什么样的新包装能使产品畅销。由于这种实验所处的环境是自然的、现实的环境,其调查结论较易推广应用。

③ 销售区域实验法。销售区域实验法是把少量产品先拿到几个有代表性的市场去试销,看一看那里的销售效果,得到一些资料,然后再分析把产品推销到全国可能有多大的市场占有率,值不值得在全国范围内进行推销等。

④ 模拟实验法。模拟实验法的实验基础是计算机模型。模拟实验必须建立在对市场情况充分了解的基础上,它所建立的假设和模型必须以市场的客观实际为前提,否则就失去了实验的意义。模拟实验的优点是,它可以自动进行各种方案的对比,这是其他实验法难以做到的。实验效果的计算公式如下:

$$E\% = \left(\frac{X_2 - X_1}{X_1} - \frac{Y_2 - Y_1}{Y_1} \right) \times 100\% \tag{5-1}$$

其中,$E\%$为实验结果;X_2为实验组实验后的销售量;X_1为实验组前实验前的销售量;Y_2为控制组实验后的销售量;Y_1为控制组实验前的销售量。

第四节 问卷设计

问卷设计是我国近年来推行最快、应用最广的调查手段。调查问卷是通俗易懂的一种调查方式,且不需要直接面对被调查者,一份设计科学、完整的问卷可以大量节省调查过程中的人力、物力、成本和时间,提高信息收集的效率。问卷设计的好坏在很大程度上决定着调查问卷的回收率、有效率,甚至关系到整个市场调查活动的成败。

一、问卷设计的含义

所谓问卷设计,是指根据调查目的,将所需调查的问题具体化,使调查者能顺利地获取必要的信息资料,并便于统计分析。它是由一系列问题、调查项目、备选方案及说明所组成的。

设计调查问卷是为了更好地收集调查者所需要的信息,因此,在设计调查问卷的过程中,首先要把握调查的目的和要求,其次要争取被调查者的充分配合,以保证最终问卷能提供准确有效的信息资料。一般调查问卷必须进行认真仔细地设计、测试和调整,然后才可以大规模地使用。

问卷设计除了要具备统计学、社会学、心理学、经济学、计算机软件等方面的知识外,还需要有一定的经验和技巧。

二、问卷设计的原则

(一)可信原则

可信原则是指问卷设计能使被调查者讲真话,不产生误导。

信度是指调查问卷和收集的信息资料反映实际情况的可信、可靠程度。信度的高低可反映出问卷设计水平的高低。信度可区分为再测信度、复本信度和折半信度。相对应的，提高和确定信度的方法也有以下三个。

1. 再测信度法

再测信度法指用同一种测量，对同一群被调查者进行前后两次测量，然后根据两次测量的结果计算相关系数，根据相关系数确定再测信度。

具体做法：同一问题，用同样的语言，分两次询问同一个被调查者，中间有一定的时间间隔，一般不低于三周，然后比较两次调查结果。若两次结果吻合或数据一致性高，则认为再测信度高。

2. 复本信度法

复本信度法是指用两套具有相似性的测量工具所测结果的相似程度表示测验结果的稳定性、一致性。

具体做法：同一问题，使用不同的表达方式或调查形式，间隔一定时间，分两次询问同一个被调查者，比较两次调查的结果。

(1) 如果结果比较近似，则认为相关系数大，问卷的复本信度比较高。

(2) 若有较大差距，应该对差距大的部分进行修改，以提高复本信度。

3. 折半信度法

折半信度法是指将测量项目按奇偶项分成两半，分别记分，测算出两半分数之间的相关系数(实际应用 Excel 软件)，再据此确定整个测量的信度系数。具体做法：把问题拆为两半询问记分，再计算它们的相关系数，由此确定信度。

折半信度属于内在一致性信度，强调的是组成量表的一组测量项目内部的一致性，测量的是两半项目间的一致性。这种方法不适合测量事实性问卷，常用于态度、意见式问卷的信度分析。

折半信度法是测量内部一致性最简单的方法。相关系数(如克朗巴哈 a 系数)高，则说明量表内部一致性高。在问卷(非量表)调查中，在对一份问卷、被调查者只进行一次询问时使用。但并非所有问题都可拆为两半，所以应用范围受限。

(二) 有效原则

效度即调查结果的有用程度。问卷设计必须考虑实效性。对于时间过久的问题，除非有记录，否则人们将很容易忘记。在设计问卷时，调查者要深入了解调查的根本目的和具体要求，使问卷设计有比较高的针对性。效度的评定办法如下：

(1) 内容效度。内容效度指的是问卷内容对调查研究是否有用及有用程度的高低。它只能凭借评定者对内容概念的理解和逻辑推理进行。

(2) 准则效度。准则效度指的是用几种不同的测量方式或不同指标对同一变量进行测量时，将其中的一种方式或指标作为准则，其他的方式或指标与这个准则做比较。如果其他的方式或指标与准则的方式或指标具有相同的效果，则其他的方式与指标就具有准则效应。

对相同的调查内容，使用两种以上的调查方法，同时进行调查活动，是调查机构常用的保证工作质量的方法。

(三) 适度原则

适度原则是指调查问卷对企业问题的解决与调查成本的适宜程度。它具体包括调查问卷的内容及范围，以及问题数量、问卷数量、样本数量等。

(1) 问句标准规范，定义清楚，表达简洁易懂。问卷设计的基本前提是被调查者能够充分理解问句的含义。问句要准确，含糊不清的问句会给被调查者造成理解障碍和回答错误，从而影响数据的准确性。采用问句的方式尽量简单，复杂问题应该尽量简单化。

(2) 用词简单通俗、清楚准确。由于被调查者的个人背景(如教育程度、文化水平)有很大差别，因此要避免使用晦涩的词汇，用词要准确通俗、口语化，尽量不使用专业术语。

(3) 尊重被调查者，避免敏感性问题。所提问句应该是被调查者愿意并能够回答的问题。问卷设计者应该尊重被调查者，尽量避免涉及被调查者的个人隐私或可能给被调查者造成尴尬的问题，如常见的收入问题。当问卷内容涉及此类问题时，很可能引起被调查者的反感情绪，不愿说出真心话。若要了解某些对方不愿回答的问题，调查者可以采用间接的方式提问。

(4) 保持问句的客观性，避免引导。调查的最基本要求是客观和真实。问句不能暗含答案或假设，不能加入调查者的主观观点和倾向。带有诱惑性质的问句将影响市场调查结果的真实性和可靠性。

(5) 问句应考虑时效性。对于时间过久的问题，除非有记录，否则人们很容易忘记。问卷设计时应注意缩小时间范围，使答案比较准确。

(6) 问卷的可回收性。被调查者常常因为隐私或时间等因素不愿意回答问卷，因此问卷设计时要注意设法消除被调查者的顾虑，鼓励他们填写问卷。

(7) 问卷内容要适中。根据调查的目的和要求及所要收集信息的范围，适量设计问题数量，答题时间不应超过十五分钟，否则被调查者会厌烦。

三、问卷的一般结构

问卷在形式上是一份由提问和备选回答项目构成的调查表格，一份完整的问卷通常包含以下结构。

(一) 标题

问卷的标题表明了这份问卷的调查对象和调查主旨，使被调查者对所要回答的问题有一个大致的了解。确定标题要简单明确，易于引起被调查者的兴趣，一般不超过十五个字。

问卷的标题概括地说明了调查的主题，能够使被调查者对该问卷的主要内容和基本用意一目了然。问卷标题要简明扼要，切中主题，如"××牌蓝莓口味酸奶销售状况调查""汽车润滑油市场调查"。

(二) 说明信

在问卷的卷首一般有一个简要的说明，主要说明调查意义、内容和选择方式等，以消除被调查者的紧张和顾虑。问卷的说明信要力求言简意赅，文笔亲切、严谨。说明信一般放在问卷开头，篇幅宜小不宜大，主要包括引言和注释。引言应包括调查目的、意义、主要内容、调查的组织单位、调查结果的使用者、保密措施等。其目的在于引起被调查者对问卷的重视和兴趣，消除被调查者的顾虑。

(三) 指导语

指导语既可以写在问卷说明信中，也可单独列出，它主要用于指导调查者的调查作业或指导被调查者如何填写问卷。其目的在于规范调查者的调查工作，通常要特别标识出来。其优点是要求更加清楚，更能引起回答者的重视。

填写说明。

(1) 问卷答案没有对错之分，只需根据自己的实际情况填写即可。
(2) 问卷的所有内容需您个人独立填写，如有疑问，敬请垂询您身边的工作人员。
(3) 您的答案对于我们改进工作非常重要，希望您能真实填写。

(四) 调查的主要问题

按照调查设计逐步逐项列出调查的问题，它是调查问卷的主要部分。这部分内容的好坏直接影响整个调查价值的高低，它主要包括与营销调查有关的调查项目，是按确定的调查目标设计的。在问卷调查中，调查项目是由一系列的提问和备选回答项目组成的。在调查实践中，问卷的招呼语措辞要亲切、真诚，最先几个问题的设计必须谨慎，要比较容易回答，不会使对方感到抵触，给接下来的访问造成困难。

(五) 调查对象的背景资料

当以个人为调查对象时，背景资料涉及性别、年龄、民族、职业、文化程度、单位、收入、所在地区等。当以企业为调查对象时，背景资料涉及名称、地址、所有制、职工人数、商品销售情况等。在实际调查中要根据具体情况选定询问的内容，并非多多益善。如果在统计问卷信息时不需要统计被调查者的特征，则不需要询问其背景资料。这类问题一般适宜放在问卷的末尾。

(六) 致谢

在访问调查完成后，要记得感谢被调查者的友好配合与帮助。为了提高被调查者的参与度，有时候会设置各种物质或精神的奖励，也可以在致谢中给被调查者说明奖励的具体办法。在问卷调查实践中，可以通过感谢来鼓励或提醒被调查者主动检验一下问卷回答情况。

(七) 编码

编码是将问卷中的调查项目赋予代码的过程，即要给每个提问和备选回答项目赋予一个代码(数字或字母)，使用代码能够方便地录入数据。并不是所有问卷都需要编码，在规模较大又需要运用计算机统计分析的调查中，要求所有的资料数据化，与此相适应的问卷就要添加一项编码内容。

(八) 记录调查过程

在问卷的最后，要求注明调查者的姓名、调查开始和结束时间等事项，以利于对问卷的质量进行检查控制。如有必要，还可注明被调查者的姓名、单位或家庭住址、电话等，供复核或追踪调查之用。

四、问卷问题的类型

(一) 自由回答题

自由回答题也称为开放题,是指没有设定答案,由被调查者用自己的语言自由进行回答,或者说由被调查者按照自己的形式自由发表意见的问题。

例如,问:"您通常在什么环境下最想喝茶?"

自由回答题的优点:可使被调查者尽量发表自己的意见,制造一种活跃的调查气氛,消除调查者和被调查者之间的隔阂;可收集到一些为调查者所忽略或意想不到的答案、资料或建设性的意见,避免了固定答案可能带来的诱导;开放式问句适合收集具有一定深度、潜在答案很多或者尚未弄清可能答案的问题。

自由回答题的缺点:答案由调查者当场记录,由于理解不同,记录可能失实,出现偏差;同时因是自由回答,答案很多,且不相同,给资料整理分析工作造成很大困难。

(二) 封闭式问题

封闭式问题是指在调查问卷上已经事先设定了答案,被调查者只能在已经设定的答案中进行选择性回答的问题。它具体包括是非题、单项选择题、多项限选题、多项排序题、等距量表题、矩阵式题、对比题、品牌语意差别题。

封闭式问题的优点:由于封闭式问题的答案都是事先拟定的,标准化程度高,因而便于资料的整理分析和统计,便于被调查者选择,节省了调查时间。

封闭式问题的缺点:限制了被调查者的自由发挥,给出的选项可能对被调查者产生诱导;当被调查者的答案不在备选答案中时,就可能随意选择一种不太确切的答案,并非真正代表自己的意见,从而影响答案的真实性;被调查者处于被动状态,封闭式问题很难挖掘他们的意见和建议。

1. 是非题

是非题又称二项选择题,是指问题只给出两个答案,且答案意思相反,回答者只能选择其中一个。常见答案有:是或否,有或没有,会或不会,等等。例如:

(1) 您是否有中国长城优惠卡? (   )

A. 是　　　　　　B. 否

(2) 如果把购买电脑和上网的初始价格降到3000元,您会购买电脑并上网吗? (   )

A. 会　　　　　　B. 不会

是非题是在民意测验的问卷中使用最多的一种,其优点是回答简单明了,可以严格地把回答者分为两类不同群体;其缺点是得到的信息量小,两种极端的回答类型不能了解和分析被调查者中客观存在的不同层次。

2. 单项选择题

单选题对于了解被调查者最关注的问题,调查产品属性权重的问题等都有很好的效果。问题在于设计问卷时,应该把初步调查时获得的可能的答案,尤其是回答概率比较高的答案,都尽可能写在调查问卷上,避免因为被调查者找不到心目中的答案而放弃回答。例如:

您购买商品房屋最主要的原因是什么?只可以从以下答案中选择一个答案。(   )

A. 解决目前居住紧张状况　　　　B. 改善居住环境
C. 进入上流社会过高级生活　　　D. 实现自己的人生理想
E. 退休后颐养天年享受生活　　　F. 追求美好景色
G. 改善儿女教育环境　　　　　　H. 作为投资保值增值
I. 说不清楚的其他原因

3. 多项限选题

多项限选题比单项选择题更能反映被调查者的实际情况，但是我们无法从答案中看到被选择的顺序，无法区分选项间的程度差别。例如：

请问您认为在节假日或者休闲时间最愉快的事情是什么？(　　)(请最多选择三项)
A. 投入到大自然中　　　　　　　B. 与家人或朋友欢聚
C. 听音乐或看电视　　　　　　　D. 完全放松或睡觉
E. 品茶或小酌　　　　　　　　　F. 长途旅游
G. 逛街购物　　　　　　　　　　H. 上网或玩游戏机
I. 其他(请注明)

4. 多项排序题

在所列举的多个答案中，选择两个以上的答案，并且要求被调查者为自己的答案排序。例如：

你最喜欢看哪一类电视节目？(请将答案填在横线上)
第一类_____　第二类_____　第三类_____
A. 新闻节目　　　　　B. 电视剧　　　　　C. 体育节目
D. 歌舞节目　　　　　E. 教育节目　　　　F. 少儿节目
G. 其他(请注明)

5. 等距量表题

它用来测量被调查者对某事物的态度、意见和评价等，通常用来调查被调查者的行为、态度、评价的深浅程度与复杂程度。例如：

您认为东风风神汽车的减震效果如何？(　　)
A. 很好　　　B. 较好　　　C. 一般　　　D. 较差　　　E. 很差

6. 矩阵式题

这是一种将同一类型的若干问题集中在一起，用一个矩阵来表示的表达方式。例如：
您对中国电信提供的服务看法如何？(请在相应的□内打√)

	很满意	满意	基本满意	不满意	很不满意
A. 装机移机服务	□	□	□	□	□
B. 话费查询服务	□	□	□	□	□
C. 电话障碍修复	□	□	□	□	□
D. 公用电话服务	□	□	□	□	□

7. 对比题

(1) 一对一的品牌对比题。

一对一的品牌对比题是顺序题的一个特例，是指由调查者列举出若干个一对一的产品例子。多是指品牌名称、竞争对手的产品、多种方案的选举、多个同类事物等，让被调查者进行对比。例如：

在以下品牌的空调的对比中，您认为哪个更好？请在您认为更好的那个品牌的后面打√。

  A. 美的 □ 与 科龙 □ B. 松下 □ 与 索尼 □
  C. 海尔 □ 与 科龙 □ D. 日立 □ 与 格力 □
  E. 海尔 □ 与 格力 □ F. TCL □ 与 万家乐 □
  G. 大山 □ 与 北冰洋 □ H. 格力 □ 与 美的 □

(2) 属性对比题。

属性对比题可以罗列关于产品的各种功能，被调查者可能考虑的各种因素，以及其他方面的属性，然后两两对称，进行对比。例如：

在空调以下的各种属性的对比中，您认为哪个更重要？请在您认为更重要的那个属性的后面打√。

  A. 制冷 □ 与 安静 □ B. 性能 □ 与 外观 □
  C. 价格 □ 与 服务 □ D. 形象 □ 与 方便 □
  E. 舒适 □ 与 价格 □ F. 制冷 □ 与 体积 □
  G. 名牌 □ 与 价格 □ H. 容量 □ 与 功能 □

8. 品牌语意差别题

语意差别题也称为印象调查题，是指用有语意差别的词语调查消费者对于某个事物的印象。比较经常调查的问题是品牌印象题。用有语意差别的词语调查消费者对某个品牌印象的方法叫作"品牌印象调查法"，提问的问题称为"品牌语意差别题"。

当谈到茅台酒时，人们会想起一些有关的词语，如国酒、历史悠久的酒、在国际上获得过金奖的酒等。这些与茅台酒品牌有关的文字联想和词语，都是对茅台酒的印象。印象，尤其是主要印象，是品牌在消费者心中的客观定位，消费者往往是通过对品牌的印象进行购买决策的。因此，了解消费者的印象，并且通过产品的改进与促销活动，使产品在消费者心目中与他们的理想品牌接近，可以有效地确定和提高产品的市场定位，增加产品的市场销售。

(1) 印象调查法。

印象调查法多用于产品品牌、产品包装、商标、CI设计等方面的调查。例如：

在您的心目中，您认为珠江啤酒的特点是什么？请在答案旁边的□内打√表示回答。

  A. 非常普通 □ B. 稍有特色 □
  C. 非常有特色 □ D. 与众不同 □
  E. 非常美妙 □ F. 无任何特别之处 □
  G. 很有品位 □ H. 一旦饮用令人难以忘怀 □

(2) 多品牌差别语意联系法。

例如：

下面列举了五种品牌的空调和多个差别的语意句子，请您按照您的判断和意见，把您认为合适的用线连接起来。如果您认为没有合适的也可以不进行连接。

  万宝空调   冷清

TCL 空调	舒适
大山空调	洁净
海尔空调	省电
格力空调	安静
	美观
	质量好
	净化空气

五、问卷设计注意事项

(一) 确定所需要的信息资料

在问卷设计之前，调查人员必须明确需要了解哪些方面的信息、这些信息中的哪些部分是必须通过问卷调查才能得到的，这样才能较好地说明所需要调查的问题。在确定好所要收集的信息资料之后，问卷设计人员应该根据所列调查项目清单进行具体的问题设计。

问卷设计人员应根据信息资料的性质确定提问方式、问题类型和答案选项如何分类等。对一个较复杂信息，可以设计一组问题进行调查。

(二) 提问内容要尽可能短而明确

例如，"您对某百货商场的印象如何？"这样的问题过于笼统，很难达到预期效果，可具体提问："您认为某百货商场商品品种是否齐全？营业时间是否恰当？服务态度怎样？"

(三) 明确问题的界限和范围

时间过久的问题易使人遗忘，如"您去年家庭的生活费支出是多少？""您用于食品、衣服的费用分别为多少？"一般被调查者很难回答出来。我们可以将时间缩短，如"您家上月生活费支出是多少？"显然，这样缩小时间范围可使问题回忆起来较容易，答案也比较准确。

此外，为了明确问题的界限和范围，在问卷设计中应避免或减少使用类似于"经常""一般""普遍"等模糊词汇。

(四) 一项提问只包含一项内容

一个问句中如果包含过多询问内容，会使被调查者无从答起，也给统计整理带来困难。例如，"您觉得这种新款轿车的加速性能和制动性能怎么样？"这项提问中涉及了两个问题，不合适。

(五) 避免诱导性提问

例如，"为了加强全厂职工的团结，我厂准备举行厂庆30周年大会，你赞成吗？"这样的问句容易将答案引向"赞成"这个答案，从而造成偏差。应该问："你赞成在我厂举行厂庆30周年大会吗？"

此外，在问句中要避免使用类似的语句，如"普遍认为""权威机构或人士认为"等。

（六）避免直接提出敏感性问题

对于年龄、收入等私人问题最好采用间接的提问方式，不要直接询问"您今年多大年纪了？"而是在给出的年龄范围中选择。同时，调查者要明确对这些问题将采取保密措施，以保护好被调查者的隐私。

（七）避免否定式提问

例如，"您觉得这种产品的质量不好吗？"这种提问也会给被调查者带来一些困惑，不够直接明了，影响到被调查者是否愿意将自己的真实想法表达出来。

（八）注意问题的排序

在设计问卷时，要讲究问题的排列顺序，使问卷条理清楚，提高回答效果。以下几点可供参考。

(1) 最初的提问应当是被调查者容易回答且较为关心的内容。
(2) 提问的内容应从简单逐步向复杂深化。
(3) 对相关联的内容应进行系统的整理，使被调查者不断增加兴趣。
(4) 作为调查核心的重要内容应该在前面提问。
(5) 专业性强的具体、细致问题应尽量放在后面。
(6) 敏感性问题尽量放在后面。
(7) 封闭式问题放在前面，开放式问题放在后面。

（九）做好问卷设计的检查

在设计市场调查问卷之后，有必要根据计划举行小规模的实验检查，以确保问卷中的每一个问题都是可行的，也是必要的。重点检查的内容包括问卷的格式是否正确、调查的方式是否正确、调查的目的是否达到、调查的内容是否合理等。调查者应对问卷的每一个问题都认真核对，以便被调查者回答相应问题及控制好调查的成本。

思 考 题

一、简答题

1. 市场营销调查对企业营销有何意义？
2. 市场营销调查程序主要包括哪些步骤？
3. 市场营销调查的方法有哪些？
4. 市场营销调查的主要内容有哪些？
5. 问卷设计问题的有哪几种？
6. 问卷设计的原则是什么？
7. 以你身边的一家服装店为例，设计一份调查问卷，了解该服装店的经营情况。

二、案例分析题

《美国文摘》曾经报道，恩维罗塞尔市场调查公司有个叫帕科·昂得希尔的人，他是著名的商业密探。在进行调查时，他一般会坐在商店的对面，静静地观察来来往往的行人。与此同时，他的同事也正在商店里进行着调查工作，他们负责跟踪在商品架前徘徊的顾客，主要调查目的是找出商店生意好坏的原因，了解顾客走出商店以后如何行动，以及为什么许多顾客在对商品进行长时间挑选后还是失望地离开。通过他们的详细工作，许多商店在日常经营过程中做出了多项实际的改进措施。有一家音像商店由于地处学校附近，大量青少年经常光顾，销售量却不大。恩维罗塞尔市场调查公司通过调查，才发现这家商店把磁带放置过高，身材矮的青少年往往拿不到，从而影响了销售。昂得希尔指出应把商品降低18英寸放置，结果销售量大大增加。伍尔沃思公司发现，商店的后半部分的销售额远远低于其他部分，昂得希尔通过观察揭开了这个谜底：在销售高峰期，现金收款机前顾客排着长长的队伍，一直延伸到商店的另一端，妨碍了顾客从商店的前面走到后面，针对这一情况，商店专门安排了结账区，结果使商店后半部分的销售额迅速增长。

(资料来源：百度文库. https://wenku.baidu.com/view/e25870a274c66137ee06eff9aef8941ea66e4b09.html?fixfr=IJUJ%252BEx5liRi92eIjiEaNw%253D%253D&fr=income4-search)

问题：
1. 企业市场营销调查包括哪些主要内容？企业进行市场营销调查有什么重要意义？
2. 帕科·昂得希尔的故事给你什么样的启示？

第六章

目标市场营销战略

市场是一个极其庞大和复杂的整体，任何一个企业，不论其规模有多大，实力有多雄厚，面对一个大市场，绝不可能提供足以满足整个市场所有顾客需要的商品和劳务。一般来说，企业无法为一个广阔市场上所有的顾客服务。因为市场上的顾客人数太多，而应采用所谓"田忌赛马"的策略，用自己的优势与别人的劣势竞争，即确定最有吸引力的、本企业可以提供最有效服务的细分市场，然后在细分市场上确立自己的竞争优势。因此，正确地选择目标市场，明确企业特定的服务对象和服务内容，是制定企业营销战略的首要内容和基本出发点。

目标市场营销是指企业识别各个不同的购买者群体的差别，有选择地确认一个或几个消费者群体作为自己的目标市场，发挥自己的资源优势，满足其全部或部分需要。

目标市场营销战略包括三个方面的内容：①市场细分(segmenting)，即将整个市场分为若干个不同的购买者群，它们各需要不同的产品和营销组合，企业必须找出细分市场的多种方式，然后剖析细分后的各市场；②目标市场选择(targeting)，即企业选定一个或多个细分市场作为自己的目标市场；③市场定位(positioning)，即决定产品的竞争定位和详细的营销组合策略。所以，目标市场营销战略又称为STP战略。

学习目标

1. 掌握市场细分的概念、原则与依据。
2. 了解市场细分的程序与方法。
3. 了解影响目标市场选择的因素。
4. 掌握目标市场选择的五种模式及目标市场营销策略。
5. 掌握市场定位的概念、作用与方式。
6. 了解市场定位的步骤。
7. 掌握市场定位策略。

第一节 市场细分

市场细分是 20 世纪 50 年代才出现的概念。20 世纪 50 年代前，企业往往把消费者看作具有同样需求的整体市场，所以大量生产单一品种的产品，用普遍广泛的分销方式、同样的广告宣传方式进行销售。但是，由于消费者的需求是有差异的，这样的销售方式使得消费者产生不满。作为目标市场战略的践行者，20 世纪 50 年代，美国宝洁公司发现消费者由于洗涤不同的纤维织物的需要，不满足于单一品种的肥皂，于是生产了三种不同性能、不同牌子的洗衣肥皂：第一种是洗涤软性纺织品的碱性小的肥皂，第二种是洗涤较脏衣服的强碱肥皂，第三种是具有多种用途的全能肥皂。由于这三种肥皂满足了不同消费者的需求，宝洁公司在肥皂市场上获得最大的市场份额。美国市场营销学家温德尔·史密斯就是总结了这些经验，提出了市场细分的新概念。市场细分为企业选择目标市场提供了理论基础，是第二次世界大战后西方市场营销思想和战略的新发展。

一、市场细分的概念与作用

(一) 市场细分的概念

所谓市场细分，又称市场区隔、市场分片、市场分割等，是指企业在对市场调查研究的基础上，依据影响消费者需要、欲望与购买行为的有关因素，将某一产品的整体市场划分为若干个具有不同需求倾向的消费者群的市场分类过程。其中，每一个从整体市场中划分出来的消费者群就是一个细分市场(也称为子市场、亚市场、分市场或市场部分)。任何一个细分市场都是一个有相似的欲望和需要的购买者群，都可能被选为企业的目标市场。

每一个消费者群就是一个细分市场，每一个细分市场都是由具有类似需求倾向的消费者构成的群体，所有细分市场的总和便是整个市场。由于在同一个消费者群内，大家的需求、欲望大致相同，企业可以用一种商品和营销组合策略加以满足；但在不同的消费者群之间，其需求、欲望各有差异，需要企业以不同的商品，采取不同的营销策略加以满足。因此，市场细分实际上是一种求大同、存小异的市场分类方法，它不是对商品进行分类，而是对需求各异的消费者进行分类，是识别具有不同需求和欲望的购买者或用户群的活动过程。

市场细分的理论基础是市场"多元异质性"理论。这一理论认为，消费者对大部分产品的需求是多元化的，是具有不同质的要求的。需求本身的异质性是市场可能细分的客观基础。实践证明，只有少数商品的市场，消费者对产品的需求趋于一致，如消费者对糖、食盐、味精、火柴等的需求差异较小，这类市场称为同质市场。在同质市场上，企业的营销策略比较相似，竞争焦点主要体现在价格上。大多数商品的市场属于异质市场，如服装、旅游休闲等，正是因为消费者对商品的需求千差万别，企业营销活动应更重视异质市场的销售。

(二) 市场细分的作用

市场细分的理论可以帮助企业更好地研究市场、分析市场，并为选择目标市场提供可靠的依据，对增强企业在市场中的应变能力和竞争能力，避免人力、财力、物力的浪费，更好地满足消费者的需要，给企业带来更大的经济效益和社会效益，等等都具有重要的意义。具体地说，其作用主要表现在以下方面。

1. 有利于企业分析、发掘新的市场机会

市场上永远存在着未被满足的需求，通过市场细分，企业可以清楚地了解到某类产品的需求状况和目前的满足程度，以及细分市场上的竞争情况，发现那些尚未得到满足或满足得还不够的细分市场，这些细分市场便是客观存在的市场机会，可能形成新的目标市场。抓住这样的市场机会，结合企业的资源状况，从中形成、确立宜于自身发展的目标市场，并以此为出发点设计出相应的营销战略，就有可能赢得市场主动权，取得市场优势地位，提高市场占有率。例如，我国香港香皂市场竞争一直很激烈，但外贸部门通过市场细分发现，香港香皂市场竞争激烈的主要是高中档产品，低档香皂却是一个"空当"。于是，内地香皂厂商利用工资低的优势，顺利进入了香港低档香皂市场。

2. 更好地满足消费者的需要

市场是非常庞大的，消费者的需要是复杂而多样化的，不同层次的顾客群对于同一产品诉诸的需求也是不一样的。也就是说，在了解到的这些需求中，不同顾客强调的重点可能不一样。比如，同样一座房子，遮风避雨、安全、经济等条件可能是所有顾客都会关心的问题，但是对于其他的基本需求，有的顾客会强调方便、设计合理，有的顾客则会强调安静、内部装修等。如果从满足一切市场需要出发，进行毫无特色的产品生产，就哪一个细分市场的需要也满足不了。因此，将整体市场按一定标准分成若干个细分市场，从中认定某一个或几个细分市场作为本企业的目标市场，并拟定进入该细分市场的最优市场策略，可以更好地满足不同类型消费者的需要。

3. 有利于中小企业开发和占领市场

作为市场经营的主体，中小企业为数众多，在促进经济发展方面发挥着越来越重要的作用。但由于中小企业一般资源能力有限，技术水平较低，在与大企业的竞争中往往处于劣势。如果中小企业的有限资源平均使用于各个市场，不仅不能实现经营目标，而且会因为力量的分散削弱其市场竞争力，甚至可能被实力雄厚的大企业挤出市场，面临生存危机。通过市场细分，中小企业会发现某些尚未被满足的需求或需求很强烈但因需求总量太小而大企业不愿涉足的市场空白点，选择一个作为目标市场，集中优势资源，全力满足该市场消费者的需要，不仅能避免与大企业之间的正面竞争，而且常常能给企业带来意想不到的经济效益。在营销实践中，只要是小企业力所能及的，便可以见缝插针，拾遗补阙，建立牢固的市场地位，成为这一小细分市场的市场领先者。小企业还可充分发挥"体制机制灵活"的优势，不断寻找新的市场空隙，开拓新的市场，使自己在日益激烈的竞争中生存和发展。

4. 有利于企业提高经济效益

市场细分对提高经济效益的作用主要表现在以下三个方面。

(1) 市场细分是企业制定营销战略和策略的前提条件。一个企业的营销战略和策略都是具体的，都是针对自己的目标市场而制定的。通过市场细分，企业可以正确地选择目标市场，采取相应的营销组合，制定正确的产品策略、价格策略、分销策略和促销策略，实现企业营销目标。

(2) 企业通过市场细分，可以发现自己力所能及的、最好的市场机会，选择某一个或某几个细分市场作为目标市场，然后集中使用企业的人力、物力和财力，扬长避短，发挥优势，去开展目标市场的营销活动，从而避免分散力量，取得最大的经济效益。

(3) 在进行市场细分之后，企业可以面对自己的市场，组织适销对路的商品。只要商品适销对路，就能加速商品周转，提高资金利用率，从而降低销售成本，提高企业经济效益。

二、市场细分的依据

(一) 消费者市场细分的依据

消费者市场细分的依据，因企业不同而各具特色。一般说来，市场细分主要有地理环境因素、人口因素、心理因素和行为因素四个细分因素，每个细分因素又包括一系列的细分变量因素，见表6-1。

表6-1 消费者市场细分的一般标准

细分因素	细分变量因素
地理环境	区域、地形、气候、交通运输条件、人口密度等
人口因素	年龄、性别、家庭人口、家庭收入、职业、教育、文化水平、信仰、种族、国籍、家庭生命周期等
心理因素	生活方式、社交、态度、自主能力、服从能力、领导能力、成就感
行为因素	购买动机、购买状况、使用习惯、对市场营销因素的感受程度

1. 地理环境因素

按地理环境因素细分市场，就是把市场分为不同的地理区域，如国家、地区、省区市、南方、北方、城市、农村等。以地理变数作为消费者市场细分的基础，是因为地理因素影响消费者的需求和反应。各地区由于自然气候、传统文化、经济发展水平等因素的影响，便形成了不同的消费习惯和偏好，并有不同的需求特点，因此，有些产品只行销于少数地区，有些则行销于全国各地，但各地区市场营销的侧重点不同。例如，我们通常所说的国内旅游市场和国际旅游市场，就是按国界进行市场细分，当然按照旅游目的地国家或地区细分国际旅游市场也非常普遍。此外，地区、城市、乡村、不同的气候带、地形地貌等都可以作为旅游市场地理细分的标准。

企业实施地理市场细分的主要优势如下。
(1) 在增长缓慢和竞争激烈情况下增加销售的出路。
(2) 易于评估细分地区最具有竞争优势的品牌。
(3) 易于开发针对地区偏好的区域性产品或者服务。
(4) 对区域内的竞争可以做出更有效的市场反应。

2. 人口因素

人口细分，就是按人口统计资料所反映的内容(如年龄、性别、家庭规模、收入、职业、文化水平、宗教信仰等因素)来细分市场，不同年龄、不同教育程度的消费者会有不同的价值观念、生活情趣、审美观念和消费方式。对同一产品，由于消费者的欲望、偏好及使用率等均与人口因素有极大的关系，而且人口因素比其他因素更容易测量，因此，人口因素一直是细分市场的重要因素。例如，国内一些旅行社按照家庭生命周期将旅游市场划分为新婚家庭、中年家庭和老年家庭，相应地推出"新婚旅游""合家欢旅游"和"追忆往昔旅游"等不同的旅游产品来满足消费者的个性化需要。

3. 消费者心理因素

心理标准是指按照消费者的心理特征来细分市场的标准。随着社会经济的发展,企业必须从更深层次(消费者的消费心理)上进行细分市场。心里标准主要表现在以下方面。

(1) 社会阶层。每个人都客观地生活在不同的社会阶层中,不同的社会阶层具有不同的价值观念、不同的生活方式及不同的兴趣爱好,因而具有不同的购买心理和购买行为。社会阶层对人们在汽车、服装、家具、休闲活动、阅读习惯等方面的偏好有较强的影响。许多企业都针对特定的社会阶层来设计产品、提供服务。

(2) 生活方式。生活方式是指一个人或群体对消费、工作和娱乐的特定习惯和倾向性的方式。生活方式影响了人们对各种产品的兴趣,而他们所消费的产品也反映出他们的生活方式。甚至可以说,消费者的消费行为就是其生活方式的写照。企业可根据消费者的不同生活方式划分出各种不同的细分市场。

(3) 消费个性。消费者的个性千差万别,表现各异的消费个性会对消费者的需求和购买动机产生不同程度的影响。例如,妇女由于个性的差异,在化妆品的选择上各有所好,基本上可以分为随意型、科学型、时髦型、本色型、唯美型、生态型六种个性类型。根据这些个性类型,可以把这一市场划分为不同的细分市场,企业可以给细分市场有关产品赋予个性特征,迎合消费者的个性来获得营销成功。

(4) 购买动机。购买动机是驱使消费者实现个人消费目标的一种内在力量,购买动机可分为求实动机、求名动机、求廉动机、求新动机、求美动机等。企业可把这些不同的购买动机作为市场细分的依据,把整体市场划分为若干个细分市场,如廉价市场、便利市场、时尚市场、炫耀市场等。

4. 行为因素

行为细分是指根据购买者对产品的认识、态度、使用与反应等因素,将市场细分为不同的群体。许多营销人员认为,行为因素是进行市场细分的最佳出发点。行为因素包括购买时机、追求的利益、使用者情况、使用量、忠诚程度、待购阶段和态度等七个因素。假设购买动机不同,追求的利益就不同。例如,牙膏可以分经济型(低价)、药物型(防蛀)、化妆型(增白)、口感型(好口味)。所以经营牙膏就可以根据购买动机来细分市场。另外,对本企业产品的经常使用者、信赖者,一般无须多做广告等宣传,对不曾使用或不常使用本企业产品的消费者,就应采取必要的促销手段。

总之,市场细分是一个以调查研究为基础的分析过程。对每种产品细分时,可以循序渐进,越分越细,然后根据消费者或用户对商品的潜在需求,选取几个对消费者或用户需求影响可能较大的因素作为细分标准。

(二) 生产者市场细分的依据

消费者市场细分的一些依据,如行为因素、心理因素中的某些变量(使用动机、追求利益、品牌忠诚等),是可以作为生产者市场细分的依据的。当然,生产者市场和消费者市场虽然密切相关,但还是有很大的差别,细分生产者市场的依据即使可以与消费者市场细分的一些依据共用,但运用上还是有区别的。生产者市场细分的一般标准主要有产品最终用户、用户地点、用户规模以及购买者追求的利益等,见表6-2。

表 6-2　生产者市场细分的一般标准

细 分 标 准	具体细分标准
产品最终用户	军用、民用、商用等
用户地点	地区、交通、气候等
用户规模	企业资金、规模、销售额等
购买者追求的利益	质量、价格、服务等

(1) 产品最终用户。按购买者使用产品的最终用途的不同来细分市场是企业常用的细分标准。最终用途不同的购买者，对产品质量、价格、数量等方面的要求不同，需要企业在营销组合上区别对待。例如，地毯厂可根据地毯的最终用途不同，将用户细分为客车汽车制造厂用户、建筑公司用户等。再如，晶体管厂可根据晶体管的用途不同，将市场细分为军用市场、工业市场和商业市场(商业市场主要是用于转卖)。

(2) 用户地点。客户所处地理位置的不同，直接关系到企业对运输路线、运输工具、发货时间等的安排，从而对企业产品定价、包装、服务等产生影响。所以，企业按地理位置细分市场，可使企业的目标市场放在用户比较集中的地区。这不仅有利于节省营销人员往返于不同客户之间的时间，充分合理地利用推销力量，而且有利于有效地规划运输路线，合理配置运输工具，节省运力运费。

(3) 用户规模。用户经营规模的大小是生产者市场细分的重要标准。生产者市场相对于消费者市场来说，用户购买产品次数少、数量大，用户之间购买数量的差别也很大，这是一个重要特点，以用户规模为依据细分市场很有必要。有些产品几个大用户的需求量就等于几百个中小用户，有时几个大用户会占到营销者总销售额的30%～50%，有的甚至达到80%及以上。

企业要选择几个大用户作为目标市场当然很好，但也有风险，一旦用户不需要产品，企业会马上陷入困境。如果企业实力较强，可以同时选择大小不同的用户打交道，采用不同的营销组合策略，这样既可充分发挥企业潜能，又减少了经营风险。

(4) 购买者追求的利益。生产者市场的购买者在购买产品时，所追求的利益往往不同，有的要求价格低廉，有的强调具有良好的售后维修服务，有的强调产品质量，有的强调交货时间等。例如，对光纤市场来说，网吧对光纤产品质量的需求相对较低；而国家重点建设的光纤通信工程，对光纤的性能要求则非常严格。因此，生产者市场可按购买者追求利益的不同进行市场细分，以满足不同消费者的需要。

三、市场细分的原则

市场细分有很多方法，但就营销的观点而言，并非所有的细分都是有效的。例如，食盐市场若按顾客的年龄、性别、肤色等进行细分，因为这些因素与盐的购买并不相关，这种细分就毫无意义。有效的市场细分必须遵循以下原则。

(1) 可区分性原则。可区分性原则是指能分别描述、说明各子市场的清晰轮廓，明确子市场的概貌和基本情况，将整体市场真正区分开来。必须确定市场细分的产品的确存在购买与消费上的明显差异性，足以成为细分依据。例如，香水、服装有必要按男性和女性来进行市场细分，而大米、食盐、矿泉水就没有必要按男性和女性细分。否则，市场细分就没有意义。

(2) 可进入性原则。细分出来的市场是企业通过营销能力能够进入的市场，细分市场非常重要的一点就是要考虑与企业的资源匹配。这些细分市场能使企业资源得到利用,生产的产品能够满足消费者需求,能将企业的产品送达消费者,能把企业信息通过适当媒体传送给消费者。如不具有这些可进入性,细分出来的市场就是毫无意义的。

(3) 可盈利性原则。市场细分的目的是更好地满足目标市场的需求,在特定的目标市场创造差异化价值,攫取更高的利润。要获得更高利润,市场容量必须要大到企业足够盈利。如果细分市场的范围太小,目标客户群不足以支撑企业发展所必需的利润,发展的潜力不够,那么这种细分就是失败的,这样的细分市场就不值得进入。

(4) 相对稳定性原则。细分出来的市场必须具有相对稳定性,能保证企业有足够时间实施营销方案进入市场,获取盈利。如果目标市场变动过快,企业还没来得及实施其营销方案,目标市场就已面目全非,这样会给企业带来较大的风险和损失。为了保证企业长期稳定的利润,细分市场必须具有相对稳定性,只有这样的市场细分才有价值。

(5) 符合伦理性原则。市场细分还必须在法律和道德允许的范围内进行,有些市场需求(如迷信用品、赌具、毒品等)虽有厚利可图,但为法律或道德所不许,也不得作为细分依据,不得选为目标市场。

市场细分的依据很多,凡是能影响消费者需求的因素都可以成为细分市场的依据,但还是要遵循市场细分的原则。企业可根据自己经营的产品、市场状况及企业的特点灵活选择。

四、市场细分的程序与方法

(一) 市场细分的程序

市场细分是一项复杂、细致的工作,它要求有科学的程序,有条不紊地按一定步骤进行。一般地说,市场细分的程序分为以下七个步骤。

(1) 依据需求选定产品市场范围。每一个企业都有自己的特长、核心竞争优势、预期目标和任务等,这将成为企业制定发展战略的重要依据。企业必须根据自身的经营条件和经营能力确定进入市场的范围。企业一旦决定进入哪个行业,接着便要考虑选定可能的产品。产品市场范围的确定,应以顾客的需求为标准,而不是以产品本身的特性为标准。

(2) 列出市场范围内所有顾客的全部需求。在选择适当的市场范围之后,列出所选择市场范围内所有潜在顾客的全部需求,这类需求多半具有心理性、行为性或地理性变量特征,这是确定市场细分的依据。在营销实践中,常从地理、人口、心理、行为等方面一一列出市场范围内所有潜在顾客的需求情况。

(3) 分析可能存在的细分市场。企业通过分析不同的消费者的需求,找出各类消费者的消费行为特点及其需求的具体内容,并找出消费者需求类型的地区分布、人口特征、购买行为等方面的情况,做出估计和判断,构成可能存在的细分市场,但比较粗略。

(4) 寻找主要的细分因素及顾客需求特点。企业应分析哪些需求因素是重要的,即消费者期望得到满足的。将企业的实际条件和核心优势与各细分市场的特征进行比较,通过寻求主要的细分因素及顾客需求特点,筛选出最能发挥企业优势的细分市场。

(5) 确定本企业开发的细分市场。企业应根据潜在消费者需求上的差异性,将消费者划分为不同的群体或者子市场。企业在各类子市场中,应选择与本企业经营优势和特色相一致的细分市场。这样也可以充分发挥企业的竞争优势,实现企业的发展目标。

(6) 进一步对自己的细分市场进行调查研究。企业在初步确定本企业开发的细分市场后,要进一步对细分市场进行调查研究，充分认识各细分市场的特点，主要调查内容包括本企业所开发的细分市场的规模、潜在需求、竞争状况、发展趋势等，通过进一步分析研究，可以为企业制定营销策略打好基础。

(7) 采取相应的营销组合策略开发细分市场。企业选择能够获得有利机会的目标市场以后，开始制定营销商品、营销渠道、价格、促销手段等营销策略，使企业在选定的目标市场上能够不断强化自身优势，从而不断提高企业的竞争能力，实现企业经营目标。

在具体应用时，企业可根据具体情况对以上七个步骤进行简化或合并。

(二) 市场细分的方法

在进行市场细分的时候，既可以用一个变量标准，也可以用两个甚至更多。市场细分的方法是多种多样的，但通行的方法主要有以下三种。

(1) 单一因素法。单一因素法是指根据市场主体的某一因素进行细分，如按品种细分粮食市场、按性别细分服装市场、按用途细分钢材市场等。当然，按单一标准细分市场，并不排斥环境因素的影响作用。考虑到环境的影响作用，更符合细分市场的科学性要求。

(2) 综合因素法。综合因素法是指选用两个或两个以上的因素，同时从各个角度进行市场细分。例如，某个企业根据性别(男、女)、收入水平(假设为1000~2000元、2000~5000元、5000~10 000元、10 000元以上)、年龄(假设为儿童、青年、中年、老年)，将市场细分为32个子市场(2×4×4=32)。综合因素法的核心是并列多因素加以分析，所涉及的各项因素都无先后顺序和重要与否的区别。

(3) 系列因素法。当细分市场所涉及的因素是多项时，且各项因素之间先后有序时，可由粗到细、由浅入深、由简至繁、由少到多进行细分，这种方法叫作系列因素法，如图6-1所示。

图6-1 系列因素法

第二节 目标市场选择

目标市场是指企业需要服务的顾客群体，一般是指企业在市场细分之后所形成的若干个子市场中，根据各个子市场的需求状况，结合企业资源状况和发展战略，企业决定要进入的一个或者几个子市场。

企业的整个营销活动都是围绕其目标市场进行的，因此正确地选择目标市场，明确企业具体的服务对象，关系着企业任务和目标的落实，是企业制定营销策略的首要内容和基本出发点。市场细分是企业选择和确定目标市场的前提与基础，但这并不是说在任何情况下企业选择和确定目标市场之前都要实行市场细分策略。

一、影响目标市场选择的因素

(一) 必须依托于企业的资源和实力

在市场细分的子市场中，可以发现有利可图的子市场有很多，但是不一定都能成为企业的目标市场，企业必须选择有能力去占领的市场作为自己的目标市场。同时，开拓任何市场都必须投入一定的费用，将花费的一定费用和带来的企业利润相比较，只有当带来的企业利润大于企业投入的费用时的目标市场，才是有效的目标市场。

(二) 在被选择的目标市场上本企业应具有竞争优势

竞争优势主要表现为：该市场没有或者很少有竞争；即使有竞争也不激烈，并有足够的能力击败对手；该企业可望取得较大的市场占有率。对于生产型企业来说，原料、生产工艺、设备及规模优势作用较大；对服务型企业来说，人员素质、服务技能优势作用较大；对零售型企业来说，企业渠道、网络、物流环节比较重要。

(三) 必须建立在对细分市场充分评估的基础上

细分市场时就已对整个市场进行了认真分析和研究，但企业还应对细分的市场再次进行认真评估，找出各细分市场的市场规模、增长率和市场的吸引力等方面的差异。

(1) 细分市场的规模和销售增长率。细分市场的规模就是该细分市场的潜在需求，它直接决定了企业生产或营销的规模大小及其规模经济效益的高低。另外，仅有适度的规模而没有较高的潜在销售增长率，企业同样不能取得较高的投资回报。因此，在依托企业实力的基础上，一个细分市场是否具有适度的市场规模和销售增长率，是企业在决定是否进入该细分市场时首先应考虑的要素。

(2) 细分市场的吸引力。细分市场的吸引力主要是指它的长远吸引力，这是一个相对的概念。假如一个细分市场对所有生产者来说都有很强的吸引力，那么，对于某个企业来说它就没有长远吸引力。著名管理学家迈克尔·波特认为有五种力量决定整个市场或其中任何一个细分市场的长期内在吸引力，分别是同行业竞争者、购买者、供应商、潜在的新加入的竞争者、替代产品。细分市场的吸引力分析就是对这五种主要力量做出评估。

(3) 细分市场的相对稳定性。细分后的市场应该有相对应的时间稳定。细分后的市场能否在一定时间内保持相对稳定，将直接关系到企业未来的发展前景。在企业营销实践中，特别是大中型企业以及投资大、周期长、转行难度大的企业，更容易造成企业短期效益虽好，但最终资产闲置，得不偿失，严重影响企业的经营效益。

二、目标市场选择的五种模式

目标市场是企业打算进入的细分市场，或者打算满足的、具有某一需求的消费者群体。企业在选择目标市场时，有五种可供参考的市场覆盖模式，如图6-2所示。

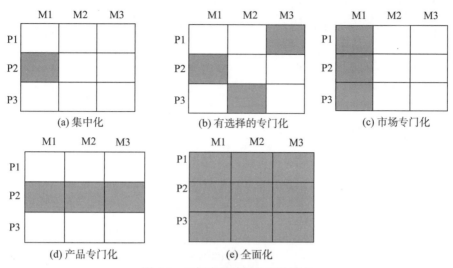

图 6-2 目标市场选择的五种模式

(1) 集中化。集中化是一种最简单的目标市场模式。集中化是指企业只选取一个细分市场，只生产一类产品，供应给一类顾客群，进行集中营销。例如，大众汽车公司集中经营小汽车市场，而保时捷(Porsche)则专门经营运动车市场。此方式的论据是它能更了解细分市场的需要，树立企业的信誉，巩固市场地位，获得经济效益。但应用此策略风险较大，如果该市场出现不景气的情况，企业会面临巨大的经营风险。

(2) 有选择的专门化。有选择的专门化是指企业决定有选择地同时进入某一产品整个市场的几个类型不同的细分市场，并有针对性地向各个不同的顾客群提供不同类型的产品，以满足其特定的需要。例如，某企业选择儿童服装、中年皮鞋、老年保健品来组织生产。这一般是生产经营能力较强的企业在几个细分市场均有较大吸引力时所采取的对策。此方法的前提是，企业具有足够强大的经营实力，细分市场具有良好的发展前景，这些市场都能使企业获取利润。

(3) 市场专门化。市场专门化是指企业生产满足某一类顾客群体的需要，专门生产这类消费者需要的各种产品。例如，某工程机械公司专门向建筑业用户供应推土机、打桩机、起重机、水泥搅拌机等建筑工程中所需要的机械设备。市场专门化由于经营的产品类型众多，能有效地分散经营风险。但由于集中于某一类顾客，当这类顾客由于某种原因需求下降时，会给企业的经营效益带来不利影响。

(4) 产品专门化。产品专门化是指企业决定生产一种类型的系列产品，并将其供应给一产品整个市场的各个顾客群，满足其对一种类型产品的各不相同的需要。例如，显微镜生产商不仅向大学实验室、政府实验室和工商企业实验室销售显微镜，还准备向不同的顾客群体销售不同种类的显微镜，而不去生产实验室可能需要的其他仪器。企业通过这种战略，在某个产品方面树立起很高的声誉。但如果该产品生产被一种全新的技术所替代，企业就会陷入危机。

(5) 全面化。全面化是指企业生产的多种产品能够满足各类顾客群体的需要。因此，只有实力雄厚的大型企业才能选用全面化模式，这种模式由于面广量大，能够收到良好的经营效果。例如，格力集团在全球空调市场上和海尔集团在全球白色家电产品市场上，均采取全面化的目标市场模式。

三、目标市场营销战略的种类

企业确定目标市场的方式不同，选择的目标市场范围不同，其营销策略也不同。一般来说，目标市场营销战略有三种，即无差异型市场营销战略、差异型市场营销战略和密集型(集中型)市场营销战略，如图6-3所示。

(一) 无差异型市场营销战略

当企业面对的是同质市场或同质性较强的异质市场时，就可以采用这一战略开展市场营销活动。也就是说，企业把整个市场看作一个大的目标市场，不细分市场，只推出一种产品，试图吸引尽可能多的顾客，为整个市场服务。

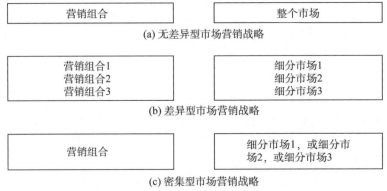

图6-3 目标市场营销战略

优点：由于大批量生产和经营，有利于企业降低成本，取得规模效应；运用这种策略，可以获得成本的经济性；产品种类少，有利于降低生产、库存和运输成本；广告计划之间的无差异，可以降低广告成本；无须进行细分市场的调研工作和筹划工作，可以降低市场营销调研和生产管理成本。

缺点：难以满足消费者的需求，不能适应瞬息万变的市场形势，应变能力差；用一种产品或品牌同时满足所有消费者的全部需要，几乎是不可能的。

因此，一般说来，选择性不强、差异性不大、消费者习以为常的商品，在市场上供不应求的商品，具有专利权的商品，等等，宜于采用无差异型市场营销战略。此外，在生产观念和推销观念盛行的时期，它也是大多数企业实施的营销战略。随着消费者需求向多样化、个性化发展，企业生产力和科技水平进一步提高，市场竞争进一步加剧，其适用范围正逐步缩小。

(二) 差异型市场营销战略

实行差异型市场营销策略的企业，通常是把整个市场划分为若干细分市场，并作为其目标市场。针对不同目标市场的特点，分别制订出不同的营销计划，按计划生产营销目标市场所需要的商品，满足不同消费者的需要，不断扩大销售成果。例如，国内一些自行车公司近年来改变了以前的经营观念，牢固树立以消费者为中心的现代经营观念。按不同消费者的爱好和要求，分别设立生产出轻便男车、轻便女车、赛车、童车等多种产品。同时，企业根据不同消费者的偏好，生产出各种彩色车，改变了过去清一色的黑色车。

优点：小批量、多品种、生产机动灵活和针对性强，能满足不同消费者的需求，特别是能繁荣市场。

缺点：由于品种多，销售渠道、方式和广告宣传的多样，产品改进成本、生产制造成本、管理成本、存货成本和营销成本大大增加；由于产品品种、销售渠道、广告宣传的多样化，市场营销费用会大大增加；在营销实践中，市场营销成本增加的同时，并不保证效益会同步上升。

因此，企业要防止把市场分得过细。如果分得过细，要"反细分"或扩大顾客的基数。

(三) 密集型市场营销战略

密集型市场营销战略也称集中型市场营销战略，是指企业把整个市场细分后，选择一个或少数几个细分市场为目标市场，实行专业化经营，企业集中所有努力向一个市场或少数几个市场推销其产品，占领一个或少数几个细分市场，其余市场则放弃的战略。无差异型市场策略与差异型市场策略都是以整个市场为目标的，而密集型市场策略却选择一个或少数几个细分市场为其经营目标。

优点：可准确地了解顾客的不同需求，有针对性地采取营销策略，可节约营销成本和营销费用，从而提高企业投资利润率。

缺点：风险性较大，最容易受竞争的冲击；因为目标市场比较集中，一旦竞争者的实力超过自己，消费者的爱好发生转移或市场情况突然变化，企业就会因为没有回旋余地而陷入困境，甚至倒闭。

因此，密集型市场战略经常被资源有限的中小企业所采用，因其所追求的不是在较大市场上占有较小的份额，而是要在较小的细分市场上占有较高的份额。

综上所述，三种目标市场营销战略的比较见表 6-3。

表 6-3　三种目标市场营销战略的比较

战　　略	追求利益	营销稳定性	营销成本	营销机会	竞争程度	管理难度
无差异型市场营销策略	经济性	一般	低	易失去	强	低
差异型市场营销策略	销售额	好	高	易发展	弱	高
密集型市场营销策略	形象和市场占有率	差	低	易失去	强	低

四、选择目标市场营销战略的条件

无差异型市场营销战略、差异型市场营销战略和密集型市场营销战略各有利弊，各自适合不同的情况，一般说来，在选择目标市场营销战略时要考虑以下几个因素。

(1) 企业资源。企业资源主要包括资金、物质技术设备、人员、营销能力和管理能力等。如果企业资源丰富，实力雄厚(包括生产经营规模、技术力量、资金状况等)，具有大规模的单一流水线，拥有广泛的分销渠道，产品标准化程度高，内在质量好，品牌商誉高，就可以采用无差异型市场营销战略；如果企业具有相当的规模，技术设计能力强，管理素质较高，可实施差异型市场营销战略；如果企业资源有限，实力较弱，难以开拓整个市场，则最好实行密集型市场营销战略。

(2) 产品特点。对于同质产品，如钢铁、大米、盐、糖等，其品质、功能、形状都是类似的，差异性较小，购买者并不重视其区别，竞争集中在价格上，比较适用于无差异型市场营销战略；反之，对于异质性产品，消费者对这类产品特征感觉有较大差异，如服装、家具、化妆品等，其需求弹性较大，可采取差异型市场营销战略或密集型市场营销战略。

(3) 商品市场生命周期。当企业介绍一种新产品进入市场时，通常只介绍一种或少数几种产品款式，此时宜于实行无差异型市场营销战略，或者集中所有力量为某一个市场部分服务，实行集中型市场营销战略；后来，当产品进入成熟阶段，企业通常都实行差异型市场营销战略，以提高竞争力，开拓新市场。

(4) 市场特点。市场特点是指各细分市场间的区别程度。当各个细分市场的类似程度较高，即消费者的需求、爱好较为接近，每个时期购买的数量也大致相同，对市场促销因素的反应也相同，就可采用无差异型市场营销战略；当各个细分市场的差异程度较高时，则宜采用差异型市场营销战略或密集型市场营销战略。

(5) 竞争者的战略。一般说来，企业实行的营销战略应该同竞争者的战略有所区别，反其道而行之。如果对手是强有力的竞争者，实行的是无差异型市场营销战略，则本企业实行差异型市场营销战略往往能取得良好的效果。如果对手已经实行差异型市场营销战略，本企业却仍实行无差异型市场营销战略，势必失利。在此情况下，可考虑实行更深一层的差异市场营销战略或密集型市场营销战略。当然，这还要依竞争双方的力量对比和市场的具体情况而定，不可能有一种固定的模式。

总之，决策者应从资源、产品、市场、竞争四个方面综合考虑，选择适当的目标营销战略，这是企业营销管理过程中一项极其重要的战略决策，对企业营销的成败有决定意义。

第三节 市场定位

企业进行市场细分和选择目标市场后，必然面临如下问题：如何进入目标市场？以怎样的姿态和形象占领目标市场？简言之，就是确定产品与企业在目标消费者中的地位，即市场定位。

一、市场定位的概念与作用

(一) 市场定位的概念

现代市场营销理论认为，市场定位是指针对消费者对企业或产品属性的重视程度，确定企业相对于竞争者在目标市场上所处的市场位置，通过一定的信息传播途径，在消费者心目中树立企业与众不同的市场形象的过程。

企业进行目标市场定位，是通过创造鲜明的商品营销特色和个性，从而塑造出独特的市场形象来实现的。这种特色可表现在商品范围和商品价格上，也可表现在营销方式等其他方面。科学而准确的市场定位是建立在对竞争对手所经营的商品具有何种特色，消费者对该商品各种属性重视程度等进行全面分析的基础上的。

为此，需掌握以下几种信息：目标市场上的竞争者提供何种商品给消费者？消费者确实需要什么？目标市场上的新消费者是谁？企业根据所掌握的信息，结合本企业的条件，适应消费者一定的要求和偏好，在目标消费者的心目中为本企业的营销商品创造一定的特色，赋予一定的形象，从而建立一种竞争优势，以便在该细分市场吸引更多的消费者。

(二) 市场定位的作用

市场定位的概念提出来以后，受到企业界的广泛重视。越来越多的企业运用市场定位参与竞争、扩大市场。总的看来，它主要在以下三个方面为广大商家提供制胜法宝。

(1) 它有利于企业及产品在市场上建立自己的特色，可以使企业在激烈的市场竞争中立于不败之地。现代社会已进入买方市场时代，几乎每个市场都存在供过于求的现象，为了争夺有限的消费者，防止自己的产品被其他产品替代，保持或扩大企业的市场占有率，企业必须为其产品树立特定的形象，塑造与众不同的个性，从而在消费者心目中形成一种特殊的偏好。例如，华为经过不懈的努力，不断加大手机研发力度，在竞争激烈的中国手机市场上树立了以质量和服务取胜的形象，取得了消费者的信任。

(2) 通过企业自身的市场定位，企业可以获得竞争者难以逾越的竞争优势，并以此来拉开与竞争者的差距。企业一旦拥有了竞争优势，可以在消费者心目中形成独特的消费认知和满足，让消费者感觉获得了优于其他消费者和其他产品的价值感与成就感，从而使消费者形成极高的回购率和极长久的购买惯性。

(3) 市场定位决策是企业制定市场营销组合策略的基础，企业的市场营销组合要受到企业市场定位的制约。例如，假设某企业决定生产销售优质低价的产品，那么这样的市场定位就决定了：产品的质量要高；价格要定得低；广告宣传的内容要突出强调企业产品质优价廉的特点，要使目标消费者相信产品是货真价实的，低价也能买到好产品；分销储运效率要高，保证低价出售仍能获利。也就是说，企业的市场定位决定了企业必须设计和发展与之相适应的市场营销组合。

二、市场定位的方式

市场定位是一种竞争性定位，它反映市场竞争各方的关系，是为企业有效参与市场竞争服务的。定位方式不同，竞争态势也不同。下面我们分析三种主要的定位方式。

(一) 避强定位

避强定位是指企业回避与目标市场上的竞争者直接对抗，将其位置定在市场"空白点"上，开发并销售目前市场上还没有的产品，开拓新的市场领域。

优点：能够使企业远离其他竞争者，在该市场上迅速站稳脚跟，并在消费者心目中尽快树立起一定形象。由于这种定位方式市场风险较小，成功率较高，常常为多数企业特别是企业发展初期所采用。例如，在城市洗衣粉市场上，宝洁和联合利华公司产品长期占据了主要市场份额，雕牌洗衣粉一开始便主攻农村市场，获得了巨大的成功。

缺点：避强往往意味着企业必须放弃某个最佳的市场位置，很可能使企业处于较差的市场位置。

(二) 迎头定位

迎头定位是指企业根据自身的实力，为占据较佳的市场位置，不惜与市场上占支配地位的、实力最强或较强的竞争者发生正面竞争，从而使自己的产品进入与对手相同的市场位置。

在世界饮料市场上,作为后起的"百事可乐"进入市场时,就采用过这种方式,"你是可乐,我也是可乐",与可口可乐展开面对面的正面较量。

实行迎头定位,企业必须做到知己知彼,应该了解以下内容:市场上是否可以容纳两个或两个以上的竞争者,自己是否拥有比竞争者更多的资源和能力,是不是可以比竞争对手做得更好,要对竞争者的反应有一个初步的估计,以便积极应对。否则,迎头定位是一种非常危险的战术,可能将企业引入歧途。当然,也有些企业认为这是一种更能激发自己奋发向上的定位尝试,一旦成功就能取得巨大的市场份额。

(三) 重新定位

重新定位是指随着企业的发展、技术的进步、市场环境的变化,企业对过去的定位进行修正,以使企业拥有比过去更好的适应性和更强的竞争力。例如,万宝路香烟刚进入市场时,以女性为目标市场,它推出的口号是:像五月的天气一样温和。后来,广告大师李奥贝纳为其做广告策划,将其重新定位为男子汉香烟,并将它与最具男子汉气概的西部牛仔形象联系起来,树立了万宝路自由、野性与冒险的形象,使其从众多的香烟品牌中脱颖而出。

重新定位对于企业适应市场营销环境,调整市场营销战略是必不可少的。企业产品在市场上的定位即使很恰当,在出现下列情况时也需考虑重新定位:一是竞争者推出的产品市场定位在本企业产品的附近,侵占了本企业品牌的部分市场,使本企业品牌的市场占有率有所下降;二是消费者偏好发生变化,从喜欢本企业某品牌转移到喜爱竞争对手的品牌;三是企业的经营战略和营销目标发生了变化,如当娃哈哈从一个儿童饮料的品牌发展为全系列的、涉及多个年龄阶层的品牌时,其市场定位就需要进行延伸乃至重塑。

企业的市场定位应该是一个动态战略过程,需要针对新的环境、新的市场需求、新的企业发展战略而不断调整。

三、市场定位的步骤

(一) 确定产品定位的依据

产品定位的依据有很多,如产品的质量好坏、价格高低、技术水平、服务水准、规格大小、功能多少等,通常可以用定位图进行分析。根据定位因素的不同组合,可以绘出不同的定位图。以电视机厂为例,采用功能与价格两个不同的变量组合,就可以绘出目标市场产品的平面定位图(图6-4),可以用产品价格和产品功能两个因素把目标市场划分成六个小区。

产品价格	高	高价少功能	高价多功能
	中	中等价格少功能	中等价格多功能
	低	低价少功能	低价多功能
		少	多
		产品功能	

图6-4 目标市场产品平面定位

(二) 明确目标市场的现有竞争状况

企业要进入的目标市场往往早已有竞争者在经营，因此，产品定位的第二个步骤就是要在调查、分析的基础上，把现有竞争者的情况在定位图上标示出来，以便下一步的定位操作。仍以电视机为例，假如现在市场上已有三家企业生产电视机，则可以用三个圆圈分别表示三家竞争对手，圆圈的大小表示各个竞争对手产品销售量的多少，圆圈的位置则表示竞争对手在市场上的实际区位，如图 6-5 所示。A 企业生产的是中等价格、较少功能的电视机，它的规模最大；B 企业生产的是高价、多功能的电视机；C 企业生产的是低价、功能少的电视机，它的规模最小。这样，目标市场的竞争状况便一目了然。

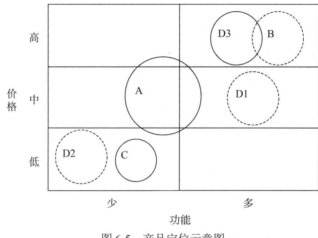

图 6-5　产品定位示意图

(三) 确定本企业产品在市场中的位置

在营销实践中，只有选择那些企业有条件进入、能充分发挥其资源优势的市场作为目标市场，企业才会立于不败之地。企业要确定本企业产品在市场中的位置，一定要对整个市场竞争态势有深入的研究，了解现有竞争者的状况。企业可以根据竞争状况和本企业的条件确定本企业产品在市场中的位置，并据此制定相应的市场营销策略。例如，朵唯手机，定位为女性专用手机，从外形、颜色、功能等设计上，无不体现对女性的关爱，业绩快速增长，足以证明其定位之佳。

四、市场定位战略实施

市场定位战略主要是指市场差别化竞争战略。差别化是市场定位的根本战略，在营销实践中，主要可以从以下几方面实施市场定位差别化竞争战略。

(一) 产品差别化战略

产品差别化战略是从产品质量、产品款式等方面实现差别。寻求产品特征是产品差别化战略经常使用的手段，这需要从产品的原料、产地、品种、性能、用途、生命周期、包装、服务等要素中发现产品在现有市场上的独特性。

例如，华为通过实行强有力的技术领先战略，在通信领域不断地为自己的产品注入新的特征，从而走在市场的前列，同时吸引顾客、赢得竞争优势。

(二) 服务差别化战略

服务差别化战略是向目标市场提供与竞争者不同的优质服务。企业的竞争力越能体现在顾客服务水平上，市场差别化就越容易实现。服务差别化变量包括订货的方便性、送货、安装、培训、咨询、修理等。

如果企业把服务要素融入产品的支撑体系，就可以在许多领域建立其他企业的进入障碍。因为服务差别化战略能够提高顾客购买总价值，保持牢固的顾客关系，从而击败竞争对手。

(三) 人员差别化战略

人员差别化战略是通过聘用和培训比竞争者更为优秀的人员来获取差别优势，利用企业员工的高素质这一优势击败对手。人员差别化变量包括业务水平、可靠性、服务态度、责任心、应变能力、沟通能力等。训练有素的员工应能体现出六个特征，即胜任、礼貌、可信、可靠、反应敏捷、善于交流。

(四) 形象差别化战略

形象差别化战略是在产品的核心部分与竞争者类同的情况下，塑造不同的产品形象以获取差别优势。形象差别化战略的实现手段包括标志、媒体、气氛、事件等。

如果产品差别化是以内在品质服务于顾客的话，那么形象差别化就是以诚信和别具一格的外在形象来占据消费者心目中最好的位置。

企业或产品想要成功地塑造形象，需要具有创造性的思维和设计，需要持续不断地利用企业所能利用的所有传播工具。成功地运用 CI(企业形象识别系统)在实现形象差别化战略中非常重要。企业通过实施 CI 战略，可以使消费者形成关于企业的独特形象，并对其产品产生偏好而乐意购买。

五、市场定位策略

在营销实践中，大致有六种市场定位策略可供企业选择。

(一) 比附定位

比附定位就是比拟名牌、攀附名牌来给自己的产品定位，借名牌之光而使自己的品牌生辉。比附定位主要有三种办法。

(1) 甘居"第二"。企业明确承认本门类中另有最负盛名的品牌，自己只不过是第二而已。这种策略会使人们对企业产生一种谦虚诚恳的印象，相信企业所说是真实可靠的，这样自然而然地就使消费者记住了这个通常不易进入人们心中的品牌。

(2) 攀龙附凤。其切入点如上述，首先是企业承认同一门类中早已卓有成就的名牌，本品牌虽自愧弗如，但在某地区或在某一方面还可与这些最受顾客欢迎和信赖的品牌并驾齐驱，平分秋色。

(3) 奉行高级俱乐部策略。企业如果不能取得第一名或攀附第二名，便退而采用此策略，借助群体的声望和模糊数学的手法，打出入会限制严格的俱乐部式的高级团体牌子，强调自己是这一高级群体的一员，从而提高自己的地位形象。例如，企业可宣称自己是某某行业的三大企业之一、三家大企业之一、三家驰名商标之一等。

(二) 属性定位

产品本身的属性能使消费者体会到它的定位。产品属性包括制造技术、设备、生产流程、产品功能，也包括产品的原料、产品、历史等因素。例如，海南养生堂的定位体现了所使用的原料和悠久的历史，王守义十三香强调了其专门的调料配方，宜宾五粮液、北京烤鸭等产品则强调其产地定位。如果企业的一种或几种属性是竞争者所没有或有所欠缺的，同时是顾客认可和接受的，这时采用按产品属性地位的策略，往往容易收到良好效果。

(三) 利益定位

利益定位，企业即根据产品所能满足的需求或所提供的利益、解决问题的程度来定位。例如，传统牙膏多定位在防蛀和清洁上，着重解决防蛀、美白、口气清新等问题，随着辛辣饮食、工作压力、电脑辐射、失眠等诸多生活问题的出现，牙龈出血、口腔溃疡、口臭等口腔健康问题日益突出，而云南白药牙膏中的药物成分，对各种口腔问题恰好有显著效果。这些传统牙膏所不能解决的、消费群体又存在巨大潜在需求的"空白点"，恰恰是云南白药牙膏能填补的优势点。因此，云南白药牙膏定位于不但对牙龈出血效果显著，而且能有效防治口腔溃疡、牙龈肿痛、牙龈萎缩、牙龈炎、牙周炎、口臭、蛀牙等常见口腔问题的功效。准确的市场定位使得云南白药牙膏从一开始就获得消费者的广泛认可，企业市场份额增长迅速。

(四) 与竞争者划定界线的定位

与竞争者划定界线的定位，就是与某些知名而又属司空见惯的产品做出明显的区分，给自己的产品定一个相反的位置。例如，美国的七喜汽水，之所以能成为美国第三大软性饮料，就是采用了这种策略，宣称自己是"非可乐"型饮料，是代替可口可乐和百事可乐的消凉解渴饮料，突出其与两"乐"的区别，因而吸引了相当部分的两"乐"品牌转移者。但其在广东等地区销售的产品，却注明是委托广州百事可乐汽水厂制造，对某些追求差异化意识较强的购买者来说，可能会产生与可乐饮料没有区分的感觉，从而会抵消这种策略的某些作用。

(五) 市场空当定位

市场空当定位是指企业寻找市场上尚无人重视或未被竞争对手控制的位置，使自己推出的产品能适应这一潜在目标市场的需要的策略。做出这种决策，企业必须对下列问题有足够的把握：①制造这种新产品在技术上是可行的；②按既定价格水平，在经济上是可行的；③有足够数量的喜欢这种产品的购买者。如果上述问题的答案是肯定的，则可在这个市场空当进行填空补缺。

(六) 质量/价格定位

质量/价格定位，即结合对照质量和价格来定位。产品的这两种属性通常是购买者在做购买决策时最直观和最关注的要素，而且往往是相互结合起来综合考虑的。但这种综合考虑，不同的购买者在这两个因素方面会互有侧重。例如，某种选购品的目标市场是中等收入的、理智型的购买者，则可定位为"物有所值"的产品，作为与"高质高价"或"物美价廉"产品相对立的定位。

思 考 题

一、简答题

1. 什么是市场细分？它有什么重要作用？
2. 生产者市场细分的主要依据有哪些？
3. 目标市场的三种营销策略各有什么特点？各适用于哪种环境条件？
4. 进行目标市场策略选择时主要考虑哪些因素？
5. 市场定位的概念是什么？如何进行准确的市场定位？
6. 企业在市场细分的基础上，有哪些不同的目标市场策略？

二、案例分析题

常州电子仪器厂的产品定位

常州电子仪器厂经过调查分析，确定电子琴存在着一个较大的潜在市场，决定开发民用电子琴。

调查发现，不同消费者所需要的电子琴大体分为三种类型：①文艺团体演奏用电子琴。要求音色美、功能全、质量高，能适应多种乐曲的舞台演奏需要。②中小学、幼儿园教学用电子琴。要求音色优于风琴，质量一般，功能从简，但至少有一个风琴的音色和一个欣赏音色。弹奏方式要与风琴一致，以适应教师的演奏习惯，售价低廉。③音乐爱好者欣赏用电子琴。由于音乐爱好者的欣赏水平、经济条件、演奏技巧以及审美观点各不相同，因此对电子琴的功能、结构、质量、价格、外形等方面的要求也不相同。该厂通过分析比较，确定以中小学、幼儿园作为主要销售对象，开发的新产品为教学用电子琴，放弃其他市场。

1. 电子琴功能定位

从满足教学需要的角度考虑，电子琴的音阶范围和琴体结构有多种形式。该厂经过技术、价值、社会心理等方面的综合分析，选定了合适的音阶、音色和演奏性能。

2. 电子琴价格定位

据当时的调查可知，国内同类产品价格均在每台 200 元以上，而用户的期望价格是每台 200 元。原因包括：①以电子琴取代风琴，费用支出最好相当于更新一台风琴的价格；②依据规定，中小学、幼儿园领导的财务审批权最高限额为 200 元，超过 200 元需报上级批准。为促进消费，采取以需求为中心的定价策略，同时考虑力争在国内同类产品中取得价格优势，决定电子琴的最终售价为每台不超过 200 元。根据价格定位，该厂又进行目标成本决策，目标成本不得超过 165 元。

电子琴质量水平和成本之间存在着一定的函数关系，单纯地追求质量和单纯地考虑降低成本费用，都会降低企业的经济效益，该厂通过对电子琴的质量和成本的综合分析，确定电子琴的适当质量：①线路设计要在保证性能可靠、稳定的前提下，尽量采取低价元器件；②

琴键、琴盒等结构件,要在满足基本性能的前提下,能简则简;③外部装饰简洁美观;④音色较美,使人听起来有舒服感。

由于该厂科学的产品定位,再加上科学管理和灵活销售,产品开发终于取得成功。

(资料来源:百度文库. https://wenku.baidu.com/view/6298a506a6c30c2259019e8f.html?fixfr=BAewfHVRVnz%252B0%252FcgXjH3s Q%253D%253D&fr=income4-search)

问题:常州电子仪器厂在进行产品定位时运用的是什么定位方法?对你有什么启示?

第七章

竞争性市场营销战略

在市场经济大环境中,企业需要面对各方面的竞争压力,企业的竞争在一定程度上已成为影响和威胁本企业生存发展的一个关键性因素。企业为了获得更大的市场份额、更多的发展机会,需要认真研究整个市场竞争环境和市场主要竞争者,在此基础上,制定合理的竞争性市场营销战略,优化资源配置,不断提升自己的核心竞争力,积极把握市场规律,力求在整个竞争环境中保持良好的竞争优势,实现营销目标。

学习目标

1. 了解如何识别竞争者。
2. 掌握竞争者分析的具体内容。
3. 了解不同类型竞争者的特点。
4. 了解如何科学评估竞争者的实力和反应。
5. 掌握市场领导者的营销战略。
6. 掌握市场挑战者、市场跟随者及市场利基者的营销战略。

第一节 竞争者分析

随着经济的快速发展和科技的进步,可供消费者选择的商品越来越丰富,企业所面临的市场竞争也越来越激烈。竞争不仅加速了消费者的消费观念和消费方式的改变,还促使企业加大新技术在产品中的运用,创造新型竞争"武器",更加了解市场竞争环境,并在此基础上制定科学的市场竞争策略。在这样的背景下,企业仅仅了解消费者的需求是不够的,还必须了解市场中的竞争者,做到知彼知己,百战不殆。

竞争者分析的目的是准确判断竞争对手的战略定位和发展方向,并在此基础上预测竞争对手未来的战略,准确评价竞争对手对本组织的战略行为的反应,估计竞争对手在实现可持续竞争优势方面的能力。对竞争对手进行分析,是确定企业在行业中如何实施竞争性营销战略的关键和重要方法。

一、识别竞争者

企业参与市场竞争，不仅要了解谁是自己的消费者，还要清楚谁是自己的竞争对手。从表面上看，识别竞争者是一项非常简单的工作，但是，由于需求的复杂性、层次性、易变性，技术的快速发展和演进以及产业的发展，市场竞争中的企业面临着复杂的竞争形势，一个企业可能会被新出现的竞争对手打败，或者由于新技术的出现和需求的变化而被淘汰。企业必须密切关注竞争环境的变化，了解自己的竞争地位及彼此的优劣势。在实践中，识别竞争者极为重要，并且竞争者也并非显而易见。例如，联合利华公司和其他清洁剂制造商对"超声波洗衣机"的研究惶恐不安。如果成功了，该机器洗衣服无须清洁剂。可见，对清洁剂行业而言，更大的威胁可能来自"超声波洗衣机"。

每个企业都要根据内外条件确定自身的业务范围，并随着实力的增加而扩大业务范围。根据确定业务范围所依据的条件的不同，竞争对手也不同。

(一) 产品导向与竞争者识别

产品导向是指企业业务范围限定为经营某种定型产品，在不从事或很少从事产品更新的前提下设法寻找和扩大该产品的市场，见表 7-1。当原有产品供过于求而企业又无力开发新产品时，主要营销战略是市场渗透和市场开发。

表 7-1 企业业务范围的产品导向定义

公司名称	产品导向定义	公司名称	产品导向定义
铅笔公司	生产学生铅笔	灯具公司	生产白炽灯泡
自行车公司	生产山地自行车	酒厂	生产低档白酒

产品导向确定业务适用范围：市场产品供不应求，现有产品不愁销路；企业实力薄弱，无力从事产品更新。

实行产品导向的企业仅仅把生产同一品种或规格产品的企业视为竞争对手。

(二) 技术导向与竞争者识别

技术导向是指企业业务范围限定为经营用现有设备或技术生产出来的产品，见表 7-2。其营销战略是产品改革，一体化发展。

表 7-2 企业业务范围的技术导向定义

公司名称	技术导向定义	产品种类
铅笔公司	生产铅笔	学生铅笔、绘画铅笔、绘图铅笔、办公铅笔、彩色铅笔等
自行车公司	生产自行车	加重车、轻便车、山地车、赛车等
灯具公司	生产灯具	白炽灯、日光灯、吊灯、壁灯、落地灯、医用灯、剧场照明灯等
酒厂	生产白酒	低档酒、中档酒、高档酒、家用酒、礼品酒、宴会酒等

技术导向确定业务适用范围：某具体品种已供过于求，但不同花色品种的同类产品仍然有良好前景。

实行技术导向的企业把所有使用同一技术、生产同类产品的企业视为竞争对手。

(三) 需要导向与竞争者识别

需要导向是指企业业务范围确定为满足顾客的某一需求，并运用可能互不相关的多种技术生产出分属不同大类的产品去满足这一需求，见表 7-3。其营销战略是进行新产品开发，进入与现有产品和技术无关但满足顾客同一需要的行业，即多角化。

表 7-3　企业业务范围的需要导向定义

公司名称	需要导向定义	产品种类
书写用品公司(原铅笔公司)	满足书写需要	铅笔、钢笔、圆珠笔、墨水笔、毛笔、打字机等
短程交通工具公司(原自行车公司)	生产自行车	自行车、助力车、摩托车等
照明用品公司(原灯具公司)	生产灯具	灯具、发光涂料、夜视镜等
佐餐饮料公司(原酒厂)	生产白酒	白酒、红酒、啤酒、黄酒、果汁、可乐等

需要导向确定业务适用范围：商品供过于求，企业具有强大的投资能力，运用多种不同技术的能力和经营促销各类产品的能力。

实行需要导向的企业把满足顾客同一需要的企业都视为竞争者，而不论它们采用何种技术、提供何种产品。

(四) 顾客导向与竞争者识别

顾客导向是指企业业务范围确定为满足某一群体的需要，见表 7-4。

表 7-4　企业业务范围的顾客导向定义

公司名称	顾客导向定义	产品种类
学生用品公司(原铅笔公司)	满足中小学生学习需要	铅笔、钢笔、圆珠笔、墨水笔、毛笔、打字机、学生电脑、练习簿、书包、绘图尺、笔盒、实验用品、其他用具等
婴幼儿用品公司(原玩具公司)	满足婴幼儿的成长需要	玩具、连环画、服装、食品、日用品等

优点：能够充分利用企业在原顾客群体的信誉、业务关系或渠道销售其他类型产品，减少进入市场的障碍，增加企业销售和利润总量。

缺点：要求企业有丰厚的资金和运用多种技术的能力，并且新增业务若未能获得顾客信任和满意，将损害原有产品的声誉和销售。

顾客导向确定业务适用范围：企业在某类顾客群体中享有盛誉和销售网络等优势，并且能够转移到公司的新增业务上。换句话说，该顾客群体出于对公司的信任和好感，而乐于购买公司增加经营的与原产品生产技术上有关或无关的其他产品，公司也能够利用原有的销售渠道促销新产品。

(五) 多元导向与竞争者识别

多元导向是指企业通过对各类产品市场需求趋势和获利状况的动态分析确定业务范围，

新发展业务可能与原有产品、技术、需要和顾客群体都没有关系，见表7-5。

表7-5 企业业务范围的多元导向定义

公司名称	多元导向定义	产品种类
出租车公司	除了可以满足顾客出行的需要，还可以满足顾客其他方面的需要	汽车旅客、驾校、装修服务等

优点：可以最大限度地发掘和抓住市场机会，撇开原有产品、技术、需要和顾客群体对企业业务发展的束缚。

缺点：新增业务若未能获得市场承认，将损害原成名产品的声誉。

多元导向确定业务适用范围：企业有雄厚的实力、敏锐的市场洞察力和强大的跨行业经营的能力。

二、竞争者类型

分析与本企业进行竞争的竞争者类型，可以使企业确认本企业在行业中所处的位置，明确企业的发展战略，拟定较适合企业的市场竞争策略，争取使本企业处于较为有利的竞争地位。我们可以从不同的角度来划分竞争者的类型。

(一) 从行业的角度划分

从行业的角度来看，企业的竞争者可以分为以下三类。

(1) 现有厂商。现有厂商指本行业内现有的与企业生产同样产品的其他厂家，这些厂家是企业的直接竞争者。例如，在空调市场上，格力、美的、海尔、小米就属于显而易见的现有竞争厂商，对现有竞争厂商的研究，是企业制定竞争性营销战略的重要工作。

(2) 潜在加入者。当某一行业前景乐观、有利可图时，会引来新的竞争企业，使该行业增加新的生产能力，并要求重新瓜分市场份额和主要资源。另外，某些多元化经营的大型企业还经常利用其资源优势从一个行业侵入另一个行业。新企业的加入将可能导致产品价格下降，利润减少。例如，随着小米公司的不断发展壮大，其已成为许多消费领域行业一个潜在的加入者。

(3) 替代品厂商。与某一产品具有相同功能、能满足同一需求的不同性质的其他产品，属于替代品。随着科学技术的发展，替代品将越来越多，某一行业的所有企业都将面临与生产替代品的其他行业的企业进行竞争。例如，我国照相机市场目前市场份额下滑的一个重要原因就是智能手机的普及，并且智能手机的照相功能日益强大。同潜在竞争者一样，替代品的产生会导致企业的市场份额下降，企业必须高度重视替代品对企业生产运营的影响。

(二) 从市场的角度划分

从市场的角度来看，企业的竞争者可以分为以下四类。

(1) 品牌竞争者。品牌竞争是指满足相同需求的、规格和型号等相同的同类产品的不同品牌之间，在质量、服务、特色、外观等方面所展开的竞争。因此，当其他企业以相似的价格向同一顾客群提供类似产品与服务时，就是品牌竞争者。例如，电视机市场中，长虹电视、康佳电视、TCL电视等厂家之间就属于品牌竞争者的关系。品牌竞争者是企业在制定竞争性营销战略时必须重点研究的对象。

品牌竞争者之间的产品相互替代性较高，目标顾客群体类似，它们均以培养顾客品牌忠诚度作为争夺顾客的重要手段。

(2) 行业竞争者。企业把提供同种或同类但规格、型号、款式不同的产品的企业称为行业竞争者。所有同行业的企业之间存在彼此争夺市场的竞争关系。例如，家用空调与中央空调的厂家、生产高档汽车与生产中档汽车的厂家之间的关系。

(3) 需要竞争者。提供不同种类的产品，但满足和实现消费者同种需要的企业称为需要竞争者。例如，航空公司和铁路客运、长途客运汽车公司，都可以满足消费者外出旅行的需要；当火车票价上涨时，乘飞机、坐汽车的旅客就可能增加，相互之间争夺满足消费者的同一需要。

(4) 消费竞争者。提供不同产品，满足消费者的不同愿望，但目标消费者相同的企业称为消费竞争者。例如，很多消费者收入水平提高后，可以把钱用于旅游，也可以用于购买汽车或购置房产，因而这些企业间存在相互争夺消费者购买力的竞争关系。消费支出结构的变化，对企业的竞争有很大影响。

(三) 从企业所处竞争地位的角度划分

从企业所处竞争地位的角度来看，企业的竞争者可以分为以下四类。

(1) 市场领导者。市场领导者是指在某一行业的产品市场上占有最大市场份额的企业。例如，柯达公司是摄影市场的领导者，宝洁公司是日化用品市场的领导者，可口可乐公司是饮料市场的领导者等。市场领导者通常在产品开发、价格变动、分销渠道、促销力量等方面处于主宰地位。市场领导者的地位是在竞争中形成的，但不是固定不变的。

(2) 市场挑战者。市场挑战者是指在行业中处于次要地位(第二、三位甚至更低地位)的企业。例如，富士是摄影市场的挑战者，高露洁是日化用品市场的挑战者，百事可乐是软饮料市场的挑战者，等等。市场挑战者往往试图通过主动竞争扩大市场份额，提高市场地位。

(3) 市场追随者。市场追随者是指在行业中居于次要地位，并安于次要地位，在战略上追随市场领导者的企业。在现实市场中存在大量的追随者。市场追随者的最主要特点是跟随。在技术方面，市场追随者不做新技术的开拓者和率先使用者，而是做学习者和改进者；在营销方面，市场追随者不做市场培育的开路者，而是搭便车，以减少风险和降低成本。市场追随者通过观察、学习、借鉴、模仿市场领导者的行为，不断提高自身技能、发展壮大。

(4) 市场补缺者。市场补缺者多是行业中相对较弱小的一些中小企业。市场补缺者专注于市场上被大企业忽略的某些细小部分，在这些小市场上通过专业化经营来获取最大化收益，在大企业的夹缝中求得生存和发展。市场补缺者通过生产和提供某种具有特色的产品和服务，赢得发展的空间，甚至可能发展为"小市场中的巨人"。

综上所述，企业应从不同的角度识别自己的竞争对手，关注竞争形势的变化，以更好地适应和赢得竞争。

三、市场竞争者优劣势分析

在市场竞争中，企业需要分析竞争者的优势与劣势，做到知己知彼，才能有针对性地制定正确的市场竞争战略，以避其锋芒、攻其弱点、出其不意，利用竞争者的劣势来争取市场竞争的优势,从而实现企业营销目标。

市场竞争者优劣势分析主要包括如下内容。

(1) 产品。竞争企业产品在市场上的地位、产品的适销性、产品系列的宽度与深度。

(2) 销售渠道。竞争企业销售渠道的广度与深度、销售渠道的效率与实力、销售渠道的服务能力。

(3) 市场营销。竞争企业市场营销组合的水平、市场调研与新产品开发的能力、销售队伍的培训与技能。

(4) 生产与经营。竞争企业的生产规模与生产成本水平、设施与设备的技术先进性与灵活性、专利与专有技术、生产能力的扩展、质量控制与成本控制、区位优势、员工状况、原材料的来源与成本、纵向整合程度。

(5) 研发能力。竞争企业内部在产品、工艺、基础研究、仿制等方面所具有的研究与开发能力、研究与开发人员的创造性、可靠性、简化能力等方面的素质与技能。

(6) 资金实力。竞争企业的资金结构、筹资能力、现金流量、资信度、财务比率、财务管理能力。

(7) 组织。竞争企业组织成员价值观的一致性与目标的明确性、组织结构与企业策略的一致性、组织结构与信息传递的有效性、组织对环境因素变化的适应性与反应程度、组织成员的素质。

(8) 管理能力。竞争企业管理者的领导素质、激励能力、协调能力、专业知识以及管理决策的灵活性、适应性、前瞻性。

四、判定竞争者的战略和目标

(一) 判定竞争者的战略

各企业采取的战略越相似,它们之间的竞争就越激烈。在行业市场竞争中,根据各自所采取的战略不同,可将竞争者分为不同的战略群体。战略群体是指在某特定行业内推行相同战略的一组公司。同一战略群体内的竞争最为激烈,不同战略群体之间存在现实或潜在的竞争,不同战略群体的进入与流动障碍不同。

公司最直接的竞争者是那些处于同一行业、同一战略群体的公司。例如,汽车行业中,梅赛德斯、BMW(宝马)等主攻高端市场,因此可将它们划分为同一战略群体。企业在进入某一战略群体之前,首先要考虑进入的难易程度;其次要明确谁是主要的竞争对手,谁是次要的竞争对手。在想要进入的战略群体中,一定要有自己的战略优势,否则不能吸引目标顾客。另外,竞争不仅存在于同一战略群体之中,还可能存在于不同战略群体之中。企业必须时刻注视市场的变化,认真分析自己与环境的关系,找准自己的竞争对手,做到有的放矢。

(二) 判定竞争者的目标

识别出主要竞争者后,企业还需进一步判断:每一个竞争者在市场上追求的目标是什么?每一个竞争者的行为推动力是什么?竞争者是否有进攻新的细分市场或开发新产品的意图。

最初经营者推测,所有的竞争者都追求利润最大化,并以此为出发点采取各种行动。但是,这种假设过于简单。不同的企业对长期利益与短期利益各有侧重。有些企业竞争者更趋向于获得"满意"的利润而不是"最大"利润。尽管有时通过其他战略可能使它们取得更多利润，但它们有自己的利润目标，只要达到既定目标就满足了。

在营销实践中，竞争者虽然无一例外地关心其企业的利润，但他们往往并不把利润作为唯一的或首要的目标。在利润目标的背后，竞争者的目标是一系列目标的组合，对这些目标竞争者各有侧重。所以，企业应该了解竞争者对目前盈利的可能性、市场占有率的增长、资金流动、技术领先、服务领先和其他目标所给予的重要性权数。了解了竞争者的这种加权目标组合，就可以了解竞争者对目前的财力状况是否满意，其对各种类型的竞争性攻击会做出什么样的反应，等等。例如，一个追求低成本领先的竞争者，对于其竞争对手因技术性突破而使成本降低所做出的反应，比对同一位竞争对手增加广告宣传所做出的反应强烈得多。

企业必须跟踪了解竞争者进入新的产品细分市场的目标。若企业发现竞争者开拓了一个新的细分市场，这对企业来说可能是一个发展机遇；若企业发现竞争者开始进入本企业经营的细分市场，这意味着企业将面临新的竞争与挑战。对于这些市场竞争动态，企业若了如指掌，就可以争取主动、有备无患。

五、评估竞争者的实力和反应

(一) 评估竞争者的优势与劣势

企业需要分析竞争者的优势与劣势，了解竞争者执行各种既定战略的情报，以及是否达到了预期目标。企业要能发现竞争对手的弱点，专攻其薄弱环节。在市场营销实践中，企业经常要面对一个或一群强大的竞争者，它们拥有雄厚的资金、绝对领先的技术、完美的管理体系、强大的品牌影响、良好的社会关系，以及一流的人才队伍。在这种情况下，企业更需要研究竞争者的优势和劣势并利用其劣势，开展有效的进攻。测量竞争者的优势和劣势，主要分为三个步骤。

1. 收集信息

企业应该监测每个竞争者的市场份额、心理份额和情感份额、销售量、毛利、投资收益率、现金流量、新投资、新设备能力、生产能力的利用等。调查信息中的前三项(市场份额、心理份额和情感份额)结果见表 7-6。一般来说，心理份额和情感份额能够实现稳定增长的公司，必然会在市场份额和盈利性上有所收获。

表7-6　测量竞争者的优势和劣势

分析基础	说　明
市场份额	竞争者在目标市场中的份额
心理份额	当被要求"举出在这个行业中首先想到的公司"时，提名竞争者的顾客所占的百分比
情感份额	当被要求"举出你愿意购买其产品的公司"时，提名竞争者的顾客所占的百分比

调查途径：第二手资料(行业报告、公司年度报告、管理者言论、公司公开发表的文件或信息、竞争者参展资料、公司网址、互联网搜寻、商业媒体)；向顾客、供应商、中间商、前雇员进行调研。

2. 分析评价

根据所得资料综合分析竞争者的优势和劣势，见表 7-7。

表 7-7　竞争者优势和劣势分析

品　　牌	顾客对竞争者的评价				
	顾客知晓度	产品质量	情感份额	技术服务	企业形象
A	5	5	4	2	3
B	4	4	5	5	5
C	2	3	2	1	2

注：5、4、3、2、1 分别表示优秀、良好、中等、较差和差。

在表 7-7 中，公司要求顾客在五个属性上对三家主要竞争者进行评价。评价结果是：竞争者 A 的产品知名度和质量是最好的，但是在技术服务和企业形象方面逊色一些，导致情感份额下降；竞争者 B 的产品知名度和质量都不及竞争者 A，但是在技术服务和企业形象方面优于竞争者 A，使情感份额达到最大；竞争者 B 在技术服务和企业形象方面可以攻击竞争者 A 的品牌，在许多方面都可以攻击竞争者 C 的品牌，竞争者 B 的劣势不明显。

3. 定点超越

定点超越是 20 世纪 90 年代初由西方管理学发展起来的一个新理论，是试图了解某些公司怎么样和为什么在执行任务时比其他公司做得更出色的一种艺术。定点超越是一种模仿，但它不是一般意义上的模仿，而是一种创造性的模仿。定点超越是以他人的成功经验或实践为基础获得有价值的观念，并将其付诸企业的实践，它是一种"站在别人肩上再向上走一步"的创造性活动。例如，施乐公司买进日本复印机，并通过"工程再造"的方法分析日本制造的复印机，使得制造工艺和产品性能有了较大的改进。

定点超越是指企业将其产品、服务和其他业务活动与自己最强的竞争对手或某一方面的领先者进行连续对比衡量的过程。其内涵可以归纳为四个要点：①对比；②分析和改进；③提高效率；④成为最好的。正因为如此，定点超越又可称为比学赶超。

定点超越包含七个步骤，分别是确定定点超越项目、界定测量关键绩效指标、确定最佳级别的竞争者、衡量最佳级别对手的指标值、测定本公司指标值、制订缩小差距的行动计划、执行和监测结果。

（二）评估竞争者的反应模式

估计竞争者在遇到攻击时可能采取什么行动和做出何种反应，有助于企业正确地做出应对。竞争者的反应可能受到其各种假设、经营思想、企业文化、心理状态等因素的影响。从竞争者心理的角度来看，一些常见的竞争者的反应类型见表 7-8。

表 7-8　几种常见的竞争者的反应类型

反应类型	说　　明	举　　例
从容型竞争者	对其他企业的某一攻击行动采取漫不经心的态度。可能是源于对其顾客忠诚的深信不疑，也可能是伺机行动，还可能是缺乏反击能力等	米勒公司于 20 世纪 70 年代后期引进立达啤酒，而行业领袖——安海斯-布希公司不予理睬，米勒公司日益壮大，最终占领了 60% 的市场份额
选择型竞争者	对某些方面的进攻做出反应，而对其他方面的进攻则无反应或反应不强烈	海尔电器对竞争对手的价格战一般不做强烈反应，而是强调它的服务与技术上的优势

(续表)

反应类型	说　明	举　例
凶暴型竞争者	对向其所拥有的领域发动的任何进攻都会做出迅速而强烈的反应，这类竞争者多属实力强大的企业	万家乐与神州的热水器之战
随机型竞争者	对某些攻击行动的反应不可预知，可能采取反击行动，也可能不采取反击行动	—

（三）竞争平衡的影响因素

竞争平衡状态指同行业竞争的激烈程度，即各企业是和平共处还是激烈争斗。如果是和平共处，则视为竞争的相对平衡；反之，如果是激烈争斗，视为竞争的相对不平衡。布鲁斯·亨德森认为，竞争平衡状态取决于影响竞争的因素多少。

(1) 如果产品、经营条件、竞争能力均相同，则竞争不平衡。

(2) 如果竞争胜负的关键因素只有一个，则不易实现竞争平衡。

(3) 如果竞争胜负的关键因素有多个，则比较容易实现竞争平衡，同时，能够共存的竞争数量就越多；反之，则越少。

(4) 任何两个竞争者之间的市场份额之比为 2:1 时，可能是平衡点。任何一个竞争者提高或降低市场份额，可能既不实际又无利益，增加促销和分销成本会得不偿失。

六、确定攻击对象和回避对象

（一）强竞争者与弱竞争者

攻击弱竞争者在提高市场占有率的每个百分点方面所耗费的资金和时间较少，但能提高和增加的利润也较少。攻击强竞争者可以提高自己的生产、管理和促销能力，更可大幅度地扩大市场占有率和利润水平。例如，百事可乐公司从成立之日起就将进攻目标对准了可口可乐公司，最后获得了成功。

（二）近竞争者和远竞争者

多数企业重视同近竞争者对抗并力图摧毁对方，但是竞争胜利可能招来更难对付的竞争者。美国的竞争战略专家波特举了两个毫无意义的"胜利"的例子。

案例1：鲍希-隆巴公司曾积极同其他软镜头生产商对抗并且取得了很大的成功，然而导致失败者纷纷把资产卖给露华浓、强生和谢林·普洛夫等较大的公司，使自己面对更强大的竞争者。

案例2：一家橡胶特种用品生产商把另一家橡胶特种用品生产商当作不共戴天的仇敌来攻击并抽走股份，给这家公司造成很大损失，结果几家大型轮胎公司的特种用品部门乘虚而入，很快打入了橡胶特种制品市场，并倾销产品。

（三）"好"竞争者与"坏"竞争者

"好"竞争者的特点：遵守行业规则；对行业增长潜力提出切合实际的设想；按照成本合

理定价；喜爱健全的行业，把自己限制在行业的某一部分或某一细分市场中；推动他人降低成本，提高差异化；接受为其市场份额和利润规定的大致界限。

"坏"竞争者的特点：违反行业规则，企图靠花钱而不是靠努力去扩大市场份额，敢于冒大风险，生产能力过剩仍然继续投资。

重要的是，要看到竞争者的存在也会给企业带来某些战略利益。例如，增加总需求，导致产品更多的差别，为效率低下的生产者提供成本保护伞，分摊市场开发成本，服务于吸引力不大的细分市场，减少违背反托拉斯法(反垄断法)的风险等。

七、企业市场竞争的总体战略

在营销实践中，企业市场竞争的总体战略主要有以下七种。

(1) 创新取胜。创新取胜是企业获取竞争优势的最重要手段，在当前"大众创新、万众创业"的大背景下，企业应加大创新力度，不断在产品、技术、营销渠道等方面进行变革。企业首先要了解消费者的需求变化，开发适销对路的新产品。例如，格兰仕进入微波炉行业时曾是外资巨头的追随者，但几年后，通过技术创新和产品创新，其击败三星、LG(乐金)、松下等传统厂商，成为销量最大的品牌。

(2) 优质取胜。质量是企业生存和发展的根本，企业要把提高产品质量作为加强竞争能力的主要手段。今后，随着人们对生活品质的要求进一步提升，提高产品质量将成为企业获取持续竞争力的一条重要途径。提高产品质量，必须坚持全员参与，每位员工都有义务和责任做好产品质量，并牢固树立质量意识，严格控制和执行好产品的操作流程。例如，上海晨光文具股份有限公司一直坚持以质量为本，强化质量控制，已发展为一家著名的文具生产企业。

(3) 廉价取胜。企业可通过降低成本、薄利多销来赢得市场。通过这种方式获得市场的企业，要获得良好的利润，重点需要控制好企业的成本，将企业的成本管理工作视为一项系统工程，强调整体与全局，对企业成本管理的对象、内容、方法进行全方位的分析和研究，同时引入先进的成本管理方法和手段，通过薄利多销的方式"以量取胜"。

(4) 快速取胜。企业可依靠速度取得竞争优势。第一个进入市场的企业往往会占据极为有利的位置。采取这种方式的企业必须强化市场研究，对市场反应有高度的敏感性，在密切关注市场上的主要竞争者的同时，加大产品研发力度，迅速占领市场。例如，迪信通不断改进公司流程，提高市场反应速度，及时配货和送货，赢得了顾客的好评。

(5) 服务取胜。企业以优质服务争取消费者。优秀的企业除了要不断提高产品质量之外，还要不断提高服务质量和水平。随着科技的发展，相同产品在质量等方面的差异化已基本消失，而服务的差异化是现在的商家竞争的主要方面。企业全体员工必须严格遵守企业的规章制度进行规范服务，掌握良好的业务知识和技能，不断提高服务水平。例如，新加坡航空因为出色的服务质量，在全球航空业享有盛誉。

(6) 关系取胜。塑造企业形象，开展公关活动。企业营销过程的核心是建立并发展与消费者、供应商、分销商、竞争者、政府机构及其他公众的良好关系。无论在哪一个市场上，营销关系都具有重要作用，甚至成为企业市场营销活动成败的关键。企业要在市场营销中与各关系方建立长期稳定的、相互依存的营销关系，以求彼此协调发展。例如，华为集团除了秉承诚信经营外，还经常参与各种公益活动，解决许多家庭和社会的实际问题，得到了社会的积极评价，成为一家备受尊重的企业，赢得了快速发展的机会。

(7) 宣传取胜。企业运用各种方式宣传企业和产品,提高知名度和美誉度。企业可以利用科学手段向公众宣传企业、宣传产品,树立良好形象,激发顾客的购买欲望,使其产生购买行为,实现在竞争中取胜的目的。例如,农夫山泉股份有限公司一直宣传其产品纯天然、无污染的特点,获得了消费者的青睐,市场份额逐步扩大。

八、竞争性地位分析及市场竞争策略

(一) 竞争性地位分析

根据企业在目标市场上所起的作用,可将企业竞争性地位划分为市场领导者、市场挑战者、市场跟随者与市场利基者,见表7-9。

表7-9 竞争性地位分析

市场地位	市场领导者	市场挑战者	市场跟随者	市场利基者
市场份额/%	40	30	20	10

(二) 市场竞争策略

所谓市场竞争策略,是指企业依据自己在行业中所处的地位,为实现竞争战略和适应竞争形势而采用的各种具体行动方式,见表7-10。

表7-10 企业在行业中所处地位及相应的市场竞争策略

行业地位	市场竞争策略
市场领导者	扩大总需求:开发新用户、寻找新用途、增加使用量
	保护市场份额:阵地防御、侧翼防御、以攻为守、反击防御、运动防御、收缩防御
	扩大市场份额
市场挑战者	正面进攻:完全正面进攻、局部正面进攻
	侧翼进攻:地理性侧攻、细分市场侧攻
	包围进攻:产品围攻、市场围攻
	迂回进攻:发展新产品、多元化经营
	游击进攻
市场追随者	紧密跟随
	距离跟随
	选择跟随
市场利基者	专业化

第二节 市场领导者战略

市场领导者指在相关产品的市场中占有最大的份额,在价格变化、新产品开发、分销渠道建设和促销战略等方面对本行业其他企业起着领导作用的企业。例如,世界著名的微软、可口可乐公司、麦当劳等；我国著名的市场领导者有电视机行业的四川长虹电器股份有限公司、家电行业的海尔、通信行业的中国移动等。

占据着市场领导者地位的企业常常成为众矢之的。企业要保持竞争优势，击退其他对手的进攻，有以下几种战略可供选择，如图 7-1 所示。

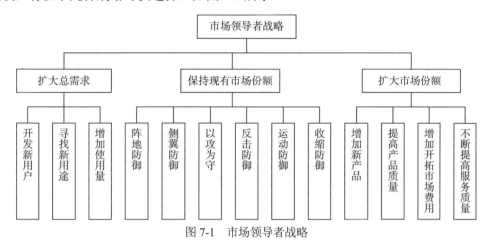

图 7-1　市场领导者战略

一、扩大总需求

市场领导者占有的市场份额最大，在市场总需求扩大时受益也最多。如果美国人拍摄更多的照片，柯达公司一定获益最多，因为美国人所用的大部分胶卷都是柯达公司生产的。如果柯达公司能说服更多的美国人购买相机，说服他们在更多的场合拍摄照片，或者在每个场合拍摄更多的照片，柯达公司将获得相当大的利益。市场领导者扩大总需求的主要途径见表 7-11。

表 7-11　市场领导者扩大总需求的主要途径

途　　径	说　　明
开发新用户	市场渗透战略、新市场战略、地理扩张战略
寻找新用途	为产品不断发掘出更多的新用途
增加使用量	说服人们在每个场合更多地使用产品

(1) 开发新用户。在确定新用户时，营销者应该吸引那些原先不知道该产品，或者由于价格或性能原因而拒绝该产品的购买者。一家公司能够在那些可能使用但还没有使用该产品的购买者中寻找新用户(市场渗透战略)，在那些从未用过该产品的购买者中寻找新用户(新市场战略)，或者在那些仍在其他地方的购买者中寻找新用户(地理扩张战略)。

(2) 寻找新用途。企业可通过发现和推广产品的新用途来扩大市场。例如，喜之郎果冻在休闲食品领域获得巨大成功以后，开发出"水晶之恋"果冻，打开了新的市场。再如，艾禾美为自己的产品找到了多种新用途。

(3) 增加使用量。企业应说服人们在每个使用场合更多地使用产品。最常用的策略是：①促使消费者在更多的场合使用该产品；②增加使用产品的频率；③增加每次消费的使用量。例如，高露洁提醒人们每天刷两遍牙，促进了其产品的销售。

二、保持现有市场份额

占据市场领导地位的企业在努力扩大市场总需求的同时,还必须时刻警惕,保护自己已有的业务免遭竞争者入侵。最好的防御就是不断创新、不断提高、掌握主动,使企业不断加强和巩固自己的竞争优势,在新产品开发、成本控制、顾客满意等方面,始终处于行业领先的地位。一个占市场领导地位的企业可以采用六种防御战略,如图 7-2 所示。

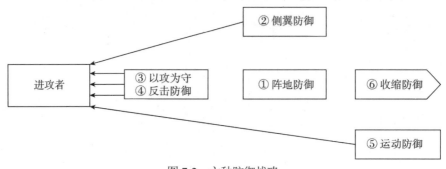

图 7-2 六种防御战略

(1) 阵地防御。阵地防御战略需要企业建立超强的品牌力量,使得品牌几乎无法战胜。例如,亨氏任凭汉斯(Hunt's)对其番茄酱市场进行成本很高的攻击而不回击。汉斯成本高昂的战略失败了,亨氏继续占有美国 50%以上的市场,而汉斯的市场份额仅为 17%。

(2) 侧翼防御。市场领导者还应该建立一些前哨阵地,以保护薄弱的前沿阵地或作为进行反攻的出击基地。例如,某企业的 A 品牌烈性酒占有美国伏特加市场的 23%,它受到了另一企业 B 品牌的攻击,后者每瓶的定价要低 1 美元。企业决定将 A 品牌的售价提高 1 美元并增加了广告投入;同时,它还推出了一个定价比 B 品牌低的 C 品牌来竞争,这样就保护了本企业 A 品牌的侧翼。

(3) 以攻为守。更为积极的防御策略是在竞争对手开始进攻前先向对手发动攻击。企业可以在此处打击一个竞争对手,在彼处打击另一个竞争对手,使每一个对手都不得安宁;企业可以尽力包围整个市场,正如精工集团(Seiko)在全球分销 3000 余款式的手表的做法一样。企业采用的其他做法有开展持续的价格攻击,或者发出市场信号警告竞争者不要发动进攻。

(4) 反击防御。大多数市场领导者在受到攻击时,都会进行反击。反击防御主要可以采取以下策略:

① 正面反击,即与对手采取相同的竞争措施,迎击对方的正面进攻。

② 攻击侧翼,即选择对手的薄弱环节加以攻击。

③ 钳形攻势,即同时实施正面攻击和侧翼攻击。

④ 退却反击,即在竞争者发动进攻时我方先从市场退却,避免正面交锋的损失,待竞争者放松进攻或麻痹大意时再发动进攻,收复市场,以较小的代价取得较大的战果。

⑤ 围魏救赵,即在对方攻击我方主要市场区域时攻击对方的主要市场区域,迫使对方撤退以保卫自己的大本营。一个有效的反击方式是入侵攻击者的主要市场,使它不得不防卫自己的领地。另一个方法是利用经济或政治打击来阻碍攻击者。例如,当美国西北航空公司有利的航线之一——明尼阿波利斯至亚特兰大航线受到另一家航空公司降价促销进攻时,西北航空公司采取报复手段,将明尼阿波利斯至芝加哥航线的票价降低,因为这条航线是对方主

要收入来源,迫使进攻者不得不停止进攻。

(5) 运动防御。在运动防御中,市场领导者采用市场拓宽和市场多元化的做法,把它的范围扩展到能够作为防守和进攻中心的新领域。例如,当菲利普·莫里斯等美国烟草公司认识到对吸烟的限制在日益增强时,它们迅速转入不相关的啤酒和食品行业。

(6) 收缩防御。当一些大企业认识到它们不再有能力防守所有的领域时,最好的行动方针将是有计划地收缩(也称为战略撤退),放弃较薄弱的领域,把资源重新分配到较强的领域。这种行为巩固了企业在市场上的竞争实力,并将核心力量集中在重要市场上。例如,亨氏、通用面粉和乔治亚—太平洋公司(Georgia-PacificLLC)是近年来采用收缩防御战略大量削减产品线的公司中的几家。

三、扩大市场份额

一般来说,市场领导者可以采用以下几项战略措施来扩大市场份额。

(1) 增加新产品。研制新产品是提高市场占有率的重要手段。根据有关调查资料,新产品在销售额中所占的比例比竞争对手所占的比例增加时,企业市场占有率就会增加。无论是对已经形成的或者开始形成的产品市场,革新产品都是广泛使用的战略。通信行业不断地对产品性能、体积以及功能不断改良,加工食品、日常生活用品、家庭用品业改革成分、香味、大小、包装等刺激消费者,都属于这种战略。

(2) 提高产品质量。提高产品质量是扩大市场占有率的有力手段。这里的产品并不是指豪华产品,大部分市场销售最好的一般是中档品,制造质量比其他企业好的中档商品出售是最重要的。例如,宝洁设计的产品质量高于一般标准的产品的质量,产品一旦推向市场,宝洁就随时准备改进该产品的质量。

(3) 增加开拓市场费用。扩大市场占有率的第三个因素是市场费用,包括推销员费用、广告费用、促销费用。消费品和工业企业产品的促进销售费用扩大是扩大企业市场份额的关键因素。例如,宝洁是美国最大的消费包装商品的广告主,它每年的广告开销超过 30 亿美元,其借助电视的力量创造强有力的消费者知名度和偏好,现在还在网上建设其品牌并成为市场领导者。当然,企业要扩大市场份额,除了要增加开拓市场的费用外,还要注意提高开拓市场费用的使用效率。

(4) 不断提高服务质量。对市场领导者而言,顾客不单单是购买其产品,更重要的是购买其服务精神和服务态度,切不可因为处于领先位置而忽略了服务质量的提升。企业要在全方面实现承诺、优质服务。开发客户时的每一个承诺,都需要在服务过程中兑现。开发客户难,维系客户、保持客户更难。别人做到的必须做到,别人做不到的也要尽量做到,让客户真正享受到品牌服务的内涵。

第三节 市场挑战者战略

在行业中名列第二、三名等次要地位的企业向第一位的企业发起挑战,希望夺取市场领导者地位的企业,称为市场挑战者。这类市场竞争者的营销战略往往具有较强的进攻性,如果挑战成功,往往可以迅速占领市场,使市场份额得到快速增加。

一、确定战略目标与竞争对手

大多数市场挑战者的目标是增加自己的市场份额和利润，减少竞争对手的市场份额。战略目标与所要进攻的竞争对手直接相关。

(1) 攻击市场领导者。这一战略风险大，潜在利益也大。当市场领导者在其目标市场的服务效果较差而令顾客不满或对某个较大的细分市场未给予足够关注的时候，采用这一战略带来的利益较为显著。

(2) 攻击规模相同但经营不佳、资金不足的企业。企业应当仔细调查竞争对手是否满足了消费者的需求，是否具有产品创新的能力，如果竞争对手在这些方面有缺陷，就可将其作为攻击的对象。

(3) 攻击规模较小、经营不善、资金缺乏的企业。这种情况在我国比较普遍，许多实力雄厚、管理有方的外国独资和合资企业一进入市场，就击败了当地资金不足、管理混乱的弱小企业。

二、选择挑战策略

选择挑战策略应遵循密集原则，即把优势力量集中在关键的时刻和地点，达到决定性的目的。其中，经典的例子是百事可乐与可口可乐之间的百年"战争"。

(一) 正面进攻

集中全力向竞争对手的主要市场发动进攻，即进攻竞争对手的强项而不是弱点。在这种情况下，进攻者必须在产品、广告、价格、促销等主要方面大大超过竞争对手，才有可能成功。发动这种进攻需要大量人力、物力和财力的支持，具体可采用以下策略。

(1) 完全正面进攻。进攻者模仿其竞争对手，追求同样的产品和市场，在产品、价格、推广等方面进行直接较量。由于是向市场领导者的强项直接挑战，这种策略有可能两败俱伤或是失利。例如，美国无线电公司、通用电气公司和施乐公司都曾向 IBM 发动完全正面进攻，然而防御者强大的实力反而使进攻者陷入被动。

(2) 局部正面进攻。在营销组合诸要素中，选择一个或少数几个因素进行正面进攻。只要在某一方面优于竞争对手，便可取得"相对强者"的地位，增加取胜的机会。例如，东芝在美国市场上，在其他营销要素与竞争对手不分上下的情况下，采用极富攻击性的价格策略，使竞争对手不敢贸然跟着降价，但又无法使消费者了解其昂贵定价的合理性。又如，录像机技术是由索尼首先发明的，该企业的产品在市场上占有领先地位。松下公司后来了解到消费者更想要放映时间长的录像机，于是设计出一种容量大、体积小的录像系统，性能更可靠，价格也较索尼的产品低一些。这些优势终于使松下压倒了对手，占有了当时日本录像机三分之二的市场份额。

(二) 侧翼进攻

集中优势力量进攻竞争对手的弱点，寻找竞争对手的薄弱地区或未进入的细分市场。这是一种最有效也最经济的战略形式，比正面进攻有更多成功的机会。它可以分为以下两种策略类型。

(1) 地理性侧攻。进攻者选择竞争对手实力薄弱或尚未涉足的地区市场进行进攻。例如，日本制药和医疗器械公司为了进入美国市场，不是直接与美国公司硬拼，而是选择了美国公司的薄弱环节——南美洲为基地，确立自己在该市场的地位，并以此为突破口，登陆美国市场。

(2) 细分市场侧攻。进攻者选择对手未能满足消费者需求的细分市场为攻击目标，针对被忽略的消费者的需求，推出竞争对手所没有的差异性产品。例如，德国和日本的汽车公司知道美国市场主要经营大型、豪华、耗油高的汽车，它们并不以此和美国公司竞争，而是专攻节油、小型汽车的细分市场。结果，美国人对节油的小型汽车的爱好不断增长，并发展成一个广阔的市场。

(三) 包抄进攻

包抄进攻是一种全方位、大规模的进攻战略，大多是以产品线的深度和市场的广度围攻竞争对手。挑战者拥有优于竞争对手的资源，并确信围堵计划的完成足以打垮对手时，可采用这种战略。包抄进攻的策略意图非常明确：进攻者从多个方面发动攻击，迫使竞争对手同时进行全面防御，分散其力量。包抄进攻可采用以下两种策略类型。

(1) 产品围攻。进攻者推出大量品质、款式、功能、特性各异的产品，加深产品线来压倒竞争对手，如耐克对阿迪达斯的围攻。

(2) 市场围攻。市场围攻是指进攻者努力扩大销售区域来攻击竞争对手。例如，日本本田公司，一方面采用产品围攻策略，推出轻型高质量的摩托车，增加三级变速、自动变速装置，向美国哈雷公司的豪华重型车发起围攻；另一方面采用市场围攻策略，以洛杉矶的销售子公司为基地，逐步从西部向东部扩大销售区域，建立包括钓具店、运动器材商店、汽艇销售店在内的广泛销售网络，努力做好维修、零配件的供应工作，终于使本田摩托车顺利登陆美国市场，继而一跃成为世界驰名的产品。

(四) 迂回进攻

迂回进攻是一种间接的进攻战略，即完全避开竞争对手现有的阵地而展开攻击，其做法有以下两种。

(1) 发展新产品。进攻者以新产品超越竞争对手，而不必在现有产品上进行竞争。例如，日本开发的录像机、激光唱盘等，虽然在原有的机电行业中，竞争对手也未改变，但这些全新的产品已使公司无须在原有的市场上与竞争对手分享利益。采用这一策略，要求进攻者拥有实力雄厚的科技能力。

(2) 多元化经营。多元化经营就是企业尽量增大产品大类和品种，跨行业生产经营多种多样的产品或业务，扩大企业的生产经营范围和市场范围，充分发挥企业特长，充分利用企业的各种资源，提高经营效益，保证企业的长期生存与发展。进攻者可以在适当的条件下，努力摆脱对单一业务的依赖，转而进入新行业，在更为广阔的市场空间寻求立足点。

(五) 游击进攻

游击进攻是用于规模较小、力量较弱的企业的一种战略。其目的在于以小型的、间断性的进攻干扰竞争对手的士气，以占据长久性的立足点。游击进攻的具体行动几乎没有固定模式，它往往是针对特定的竞争对手进行的。在某一市场突然降低产品价格、在某一时期采取强烈的促销活动、吞并竞争对手的渠道成员、挖走竞争对手的高级管理人员、盗获取竞争对手的商业秘密等,都具有游击进攻的特点。

第四节　市场追随者战略与市场利基者战略

在市场竞争环境中,许多中小企业为了避免与实力强大的企业正面交锋,选择采用市场追随者和市场利基者战略。相对而言,这两种战略风险较低,投资成本相对较少,比较适合中小企业采用。

一、市场追随者战略

市场追随者指那些在产品、技术、价格、渠道和促销等大多数营销战略上模仿或跟随市场领导者的企业。在很多情况下,市场追随者可让市场领导者和市场挑战者承担新产品开发、信息收集和市场开发所需的大量经费,自己坐享其成,减少支出和风险,并避免向市场领导者挑战可能带来的重大损失。当然,市场追随者也应当制定有利于自身发展而不会引起竞争者报复的战略,可分为以下三类。

(一) 紧密跟随

紧密跟随型企业,指在各个细分市场和产品、价格、广告等营销组合战略方面模仿市场领导者,完全不进行任何创新的企业。

这种战略是在各个子市场和市场营销的全方面,尽可能仿效市场领导者。这种跟随者有时好像是挑战者,但只要它不从根本上侵犯市场领导者的地位,就不会发生直接冲突;有些甚至被看成靠拾取市场领导者的残余谋生的寄生者。

(二) 距离跟随

距离跟随型企业,指在基本方面模仿市场领导者,但是在包装、广告和价格上又保持一定差异的企业。

这种跟随者是在主要方面,如目标市场、产品创新、价格水平和分销渠道等方面追随市场领导者,但仍与市场领导者保持若干差异。这种跟随者可通过兼并小企业而使自己发展壮大。

(三) 选择跟随

选择跟随型企业,指在某些方面紧跟市场领导者,在某些方面又自行其是的企业。也就是说,这种类型的跟随者不是盲目跟随,而是择优跟随,在跟随的同时发挥自己的独创性,但不进行直接的竞争。这种跟随者之中有些可能发展为市场挑战者。

二、市场利基者战略

在许多教材里,市场利基者又称市场补缺者。"利基(Niche)"一词是英文的音译,即拾遗补阙或见缝插针的意思,因此,所谓利基市场可以指空缺市场。在市场经济条件下,一些企业专注于市场的某一细分环节,它们不与强势企业正面竞争,而是通过专业化经营,见缝插针地占据有利的市场位置,这部分市场就可称为利基市场。利基营销则是指企业通过整合各种营销要素,如开发产品、市场推广、客户服务等,集中力量于某一特定市场,从而形成独具特色的经营策略与经营方式,最终造就在这一领域的差异化优势。

选择利基市场的企业必须随市场、顾客、产品或市场营销组合来确定一个行得通的专业化形式。表 7-12 中所列的 11 个"专家"角色可供市场利基者选择。

表 7-12 专业化的市场补缺者

专家专长	说 明
最终用户专家	公司专门为某一类型的最终使用顾客服务
纵向专家	公司专长于生产—分销价值链上的一些纵向层次
顾客规模专家	公司集中力量向小型、中型、大型的顾客群进行销售
特定顾客专家	公司把销售对象限定为一个或少数几个顾客
地理区域专家	公司把销售集中在某个地方、地区或世界的某一个区域
产品或产品线专家	公司只拥有或生产一种产品线或产品
产品特色专家	公司专长于生产某一类型的产品或产品特色
定制专家	公司为单个客户定制产品
质量—价格专家	公司选择在低端或高端的市场经营
服务专家	公司提供一种或多种其竞争对手无法提供的服务
渠道专家	公司专门为一种分销渠道服务

(资料来源:Philip Kotler. 营销管理[M]. 2 版. 宋学宝,卫静,译. 北京:清华大学出版社,2003.)

理想的利基市场往往具备以下特征:①具有一定的规模和购买力,能够盈利;②具备发展潜力;③强大的企业对这一市场不感兴趣;④本企业具备向这一市场提供优质产品和服务的资源与能力;⑤本企业在顾客中建立了良好的声誉,能够抵御竞争者入侵。

市场利基者是弱小者,它面临的主要风险是当竞争者入侵或目标市场的消费习惯发生变化时有可能陷入绝境。因此,它主要有三大任务:①创造利基市场;②扩大利基市场;③保护利基市场。

注意: 多重补缺比单一补缺更能减少企业经营风险。

由此可见,小企业有许多机会能以有利可图的方法来服务消费者。虽然好的机会可经过较系统的方法开发出来,但是也有许多企业找到这种可能只是一种偶然的机遇。

思 考 题

一、简答题

1. 如何识别竞争者?
2. 按照市场进行划分,竞争者可以分为哪四种类型?
3. 竞争者分析包括哪些方面的内容?

4. 企业市场竞争的总体战略主要有哪些？
5. 市场领导者通常可采取哪些营销策略？
6. 市场挑战者通常可采取哪些营销策略？
7. 市场追随者与市场利基者通常可采取哪些营销策略？

二、案例分析题

聪明的印度涂料商

立邦漆产品遍布世界各地，口号就是"处处放光彩"。支持其处处放光彩的基础就是种类繁多，共有100多种。立邦漆按档次又分了几种，每一种漆又分为亚光、半光、全光等。这也是立邦漆的优势所在。产品色彩、品种齐全，只要有需求，就能满足你，这就是它所营造的品牌形象。

印度的一家企业也生产涂料，他们看到立邦漆在印度稳坐头把交椅，就想：有什么办法能把立邦漆拉下马，从而与他平起平坐呢？于是，他们针对这一目标采取了下列措施。

先走访立邦漆的代理商和购买立邦漆的顾客，问他们对立邦漆不满意的三个方面，然后再采访从商店里走出来的非立邦漆的顾客，问他们为什么不买立邦漆，也说出三条理由。这样，总结下来，有以下几种说法。

(1) 有的说名牌太贵。

(2) 有人觉得立邦漆并不比别的漆好，刷在墙上，也显不出来立邦漆的标志，又没有暗示什么，没有什么品牌效应，它不像衣服和手表什么的，能看出牌子，可以炫耀，你就是带人看自家的房子，也不会说："看，我们家用的全是立邦漆。"这些东西，只要内在一样，刷在墙上的效果也是一样的。

(3) 有的代理商说："立邦漆的优点是品种多，但代理它的门槛太高：你要体现处处放光彩，肯定每一个品种都要有，共一百多个品种，每种就是只拿五桶，也要500多桶，一般代理商没有地方存放，再说也没有资金，所以对其也只能是望而生叹。"

(4) 立邦漆是有几种产品很赚钱，但也有几种产品基本上卖不出去，也就是说赚钱的赚了很多，但赔钱的也赔得不少，这样一来，到年底结账，赔赚相抵，忙活一年下来也没赚多少钱，然而把不赚钱的产品扔掉又不行，因为它体现的是处处放光彩，这样做的话就体现不出这个特点了。

(5) 它的整体成本比较高，资金回笼慢，代理商的资金周转速度比较慢。

看准了这个市场机会，这家企业基本确定了其战略目标。

(1) 经过市场调查，找出了立邦漆比较畅销的5种产品，只做这5种，产品比较单一。

(2) 在价格上比立邦漆便宜1/3，这是它的价格优势。

(3) 在宣传策略上，他们宣称：如果你要买这5种产品当中的一种，你没有理由买立邦漆(我的最好)；如果你买这5种产品以外的漆，那请你继续去买立邦漆。

也就是说，针对这5种产品来说，我的产品与它的产品质量一样，还比它便宜1/3，你有什么理由不买我的产品而去买它的呢？

接下来就是与消费者沟通，又便宜又好的东西有吗？假如我现在告诉你现在有个地方卖20万元一辆的奔驰，你会去买吗？你可能还会问：20万元一辆的奔驰，是真的吗？毕竟大家认定的是"一分价钱一分货"，又便宜又好，你凭什么？你做得比别人好，为什么会比别人便宜呢？

针对这一点，他们是这样解释的。

(1) 我的产品单一，就 5 种，而它有 100 种，这 100 种产品下来就需要 100 条生产线，卖得好的产品生产线利用率还可以，但是卖得不好的产品生产线呢？今天生产一点，后天生产一点，甚至有时候一个星期也不用一次，生产线基本闲置，这样的话，生产成本也就比较高。而我就只有 5 种产品生产线，市场需求量又比较大，所以说产品生产线利用率比较高，也就降低了产品的生产成本。

(2) 中间环节费用低，假如一个代理商代理 5 种产品，就是一种 5 桶，一共才 25 桶，占用资金比较少。

(3) 5 种产品全是畅销产品，卖得快，来钱快，折扣低一点，代理商数量也会增加，成本也就拉下来了。

经过这番解释，大家都明白了。这是让利销售，把利润给了经销商。那么，厂家还赚什么钱呢？没有利润厂家怎么活？实际上，在市场经济竞争比较激烈的环境中，对厂家来讲，钱是一分没少赚，但它是在成本这里赚的，而不是在利润方面赚的。

这个企业在准备完毕后，发起全面进攻，取得了辉煌的成就。

(有删改)

(资料来源：张昊民. 营销策划[M]. 北京：电子工业出版社，2021.)

问题：聪明的印度涂料商是如何制定竞争性营销战略的？这个案例给我们什么样的启示？

第八章

产品策略

现代企业的营销活动需要以满足消费者市场需求为中心任务，而产品是满足消费者需求最为重要的核心内容，不断提高产品质量，增加产品的总价值是企业参与市场竞争，获得消费者青睐的重要手段。在整个营销组合要素中，产品要素处于核心地位，其对其他营销组合要素也会产生深刻影响。

学习目标

1. 全面理解产品以及整体产品的概念，了解产品组合的相关概念以及产品组合策略。
2. 把握产品生命周期的概念及其各阶段的营销对策。
3. 理解新产品的内涵并了解新产品开发的基本原则，掌握新产品开发的科学程序以及新产品开发的趋势。
4. 了解品牌的概念、内涵及种类，熟悉品牌决策的基本流程，掌握品牌定位、设计及管理的基本内容。
5. 了解包装的概念及作用，了解包装设计的基本原则并掌握包装策略。

第一节 产品的整体概念

产品设计、研发和销售是企业从事市场营销工作的重点内容，也是企业获取市场、赢得市场的关键性因素。当今社会，高新科技发展日新月异，产品竞争异常激烈，产品更新换代加速。一个企业的兴衰存亡，关键在于是否有适销对路、能够很好地满足消费者需要的产品。市场竞争的核心还是产品之间的竞争，产品是企业竞争取胜的基础，是企业设计营销组合策略的出发点。

一、产品整体概念及其层次

对产品的理解，人们通常局限在狭义的产品概念上：人们通常把产品理解为具有某种物质形状、能提供某种用途的物质实体，如服装、食品、汽车等。事实上，消费者购买某种产品，并不只是为了得到该产品的物质实体，而是通过购买该产品来获得某方面利益的满足。例如，人们购买高档次的商品，更看重这些商品给人带来的价值体验。从市场营销的观点来看，产品概念的内涵被大大扩展了。从而引申出广义的产品概念：一切能满足消费者某种利益和欲望的物质产品和非物质形态的服务均为产品。简言之，产品＝有形物品＋无形服务。有形物品包括产品实体及其品质、特色、款式、品牌和包装；无形服务包括可以给消费者带来附加利益和心理上的满足感及信任感等，这就是"产品整体概念"，即现代营销意义上的产品。

不同的学者对产品的整体概念的观点持有不一，大体上有两种：一种是产品整体概念包括三个层次，即核心产品、形式产品和附加产品；另一种是产品整体概念包含五个层次，即核心产品、形式产品、附加产品、期望产品和潜在产品。产品整体概念如图 8-1 所示。本节重点介绍这五个层次。

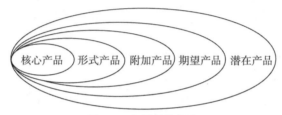

图 8-1　产品整体概念

(1) 核心产品。核心产品指消费者购买某种产品时所追求的利益，是消费者需求的核心部分，也是产品整体概念中最基本、最主要的部分。消费者购买某种产品，并不是为了占有或获得产品本身，而是为了获得能满足某种需要的效用和利益。例如，人们购买化妆品是希望可以体现气质、增加魅力等，而不是为了买一些化学物质。因此，企业在开发产品、宣传产品时，首要任务就是发现产品能提供的真正需要，针对不同消费者，提供核心的利益和服务。

(2) 形式产品。形式产品指核心产品所展示的全部外部特征，即呈现在市场上的产品的具体形态或外在表现形式，主要包括产品的款式、质量、特色、品牌、包装等。具有相同效用的产品，其表现形态可能有较大的差别。例如，手表有机械表、石英表，还有有方形的、圆形的，等等。因此，企业进行产品设计时，除了要重视用户所追求的核心利益之外，还要重视如何以独特形式将这种利益呈现给目标顾客。

(3) 附加产品。附加产品指消费者购买有形产品时所获得的全部附加服务和利益，包括提供信贷、免费送货、保证、安装、售后服务等。附加产品的概念来源于企业对市场需要的深入认识。因为消费者的目的是满足某种需要，所以他们希望得到与满足该项需要有关的一切。例如，当消费者购买空调时，就需要一些免费送货、安装、售后等附加服务。因此，企业要赢得竞争优势，就应向消费者提供比竞争对手更多的附加利益。

(4) 期望产品。期望产品指消费者购买某种产品期望得到的与产品密切相关的一整套属性和条件。一般情况下，消费者在购买某种产品时，往往会根据以往的消费经验和企业的营销宣传，对所欲购买的产品形成一种期望。例如，当消费者选择酒店服务时，不仅期望干净整洁的房间，还期望房间包括电话、电视、电脑、免费 Wi-Fi 等配套设施。因此，只有为消费者提供与期望一致的产品，才能让消费者满意。

(5) 潜在产品。潜在产品指一个产品最终可能实现的全部附加部分和新增加的功能，指出了现有产品可能的演变趋势和前景。例如，智能手机可能发展为集电脑、银行卡、遥控等为一体的多功能产品。因此，企业只有不断寻求满足消费者的新方法，不断地将潜在产品变成现实的产品，才能使消费者得到更多的意外惊喜，更好地满足消费者的需要。

以宾馆为例，宾馆所提供的核心利益就是为顾客提供休息和睡眠，有形产品就是房间、床、被、毛巾等，期望产品就是顾客所期望的干净的房屋、整洁的床被和安全的居住环境，附加产品就是宾馆所提供的专车接送、机票预订等，潜在产品就是如何用创新方法满足客人的需要。

二、产品整体概念对企业营销管理的意义

以上五个层次结合起来，就是产品整体概念。它十分清晰地体现了以消费者为中心的现代营销理念，强调企业只有从产品整体概念出发来研究产品的策略，才能更好地满足市场需求和消费者需求。产品整体概念对企业营销管理具有十分重大的意义。

(1) 它向企业表明，明确顾客所追求的核心利益十分重要。我们从事产品设计、研发和推销等工作都必须首先明确消费者的核心利益点，明确消费者最关注产品的哪一个层次。

(2) 企业必须特别重视产品的无形方面，包括产品形象、服务等。顾客对产品利益的追求包括功能性和非功能性两个方面，随着社会经济的发展和人民收入水平的提高，顾客对产品非功能性利益要求越来越多，在很多情况下甚至超越了对产品功能性利益的关注。

(3) 产品整体概念的提出，给企业带来了新的竞争思路，那就是可以通过在款式、包装、品牌、售后服务等各个方面创造出差异，形成竞争优势，来确立企业的市场领导者地位。

三、产品分类

(一) 根据产品是否耐用和有形的分类

根据是否耐用和有形划分，产品可分为耐用品、非耐用品和劳务。

(1) 耐用品。耐用品指使用时间较长，至少在一年以上的物品，如电冰箱、汽车、电视机、机械设备等。耐用品单位价值较高，购买频率较低，需要许多的人员推销和服务，销售价格较高，利润也较大。

(2) 非耐用品。非耐用品指使用时间较短，甚至一次性消费的商品，如手纸、糖果、牙膏等。这类产品单位价值较低，消耗快，消费者往往经常购买、反复购买、大量使用。所以，销售中可以定低价、广布销售网点和加强广告宣传。

(3) 劳务。劳务指以活劳动形式为他人提供某种特殊使用价值的劳动。这种劳动不是以实物形式，而是以活劳动形式提供某种服务。这种服务可以是满足人们精神上的需要，也可以是满足人们物质生产的需要，如理发和修理，它更多地需要质量控制、供应商可靠性及信誉度。

(二) 根据产品之间销售的相互影响和作用的分类

根据产品之间销售的相互影响和作用划分，产品可分为独立品、互补品、替代品和条件品。

(1) 独立品。独立品指某一种产品需求交叉零弹性，产品的需求及价格变化将不会影响到其他产品。例如，手机和洗衣机之间需求交叉零弹性。

(2) 互补品。互补品指一种商品的消费必须与另一种商品的消费相配套。一般而言，某种商品的互补品价格上升后，将会因为互补品需求量的下降而导致该商品需求量的下降。例如，照相机价格上升，胶卷的需求量下降，两者呈现反方向变化。

(3) 替代品。两种物品，如果一种物品价格的上升引起另一种物品需求的增加，则这两种物品称为替代品。例如，洗衣粉和洗衣液、沐浴露和香皂等。

(4) 条件品。条件品指一种产品的购买以另一种产品的前期购买为条件。在这种情况下，只有那些曾购买过某种产品的购买者才会成为另一种相关产品的潜在购买者。

四、生产资料分类

生产资料又称工业品，是指用于制造其他产品或者满足业务活动需要的物品和服务。生产资料的种类大大超过消费品的种类，通常较消费品复杂得多，因此其市场营销活动比消费品需要更多的技术知识和专业知识。由于生产资料购买者的购买规模、使用方式、业务性质均与消费品有很大差异，生产资料的分类就不能套用消费品按照顾客的购买习惯或选购特性的分类，通常是根据生产资料进入生产过程的程度以及它们的相对成本来划分的。这种分类把生产资料分为原材料与零部件、资产项目、易耗品及服务三类。

(一) 原材料与零部件

原材料与零部件指完全进入产品制造过程的工业品，它又分为原料以及材料和零部件两类。

1. 原料

原料是指从未经过加工，但是经过加工制造就可以成为实际产品的物品。原料可分为天然产品和农产品两大类，它们各有其营销方式上的特点。

(1) 天然产品。天然产品指煤、原油、铁矿石、原木等。这类原料供应量有一定的限度，而且没有其他完全可以代替的产品，通常由少数规模巨大的生产者向市场提供。其营销方式上的特点是：营销的好坏基本上取决于运输条件的组织安排，适宜采取最短的销售路线，严格按照合同如期交货是最基本的营销手段，广告及其他促销活动意义不大，价格是最主要的选购因素。因此，天然产品应根据标准进行分级。

(2) 农产品。农产品指小麦、棉花、烟叶、水果、羊毛、肉类等。其营销方式上的特点是：必须有很多中间商和很长的销售渠道；集中力量解决好储存问题；广告及其他促销活动的作用不大。因此，对农产品的分级不能忽视。

2. 材料和零部件

材料是指已经过部分加工，尚需继续深加工才能成为成品的物品，如棉纱、面粉、生铁、橡胶等。零部件是指已经过部分加工程序，通常不再需要做进一步加工，但是还需要装配于产品之上才成为产品的组成部分的物品，如轮胎安装于汽车，压缩机安装于电冰箱，等等。

材料和零部件一般均按事先的订单大量供货，中间商所起的作用较小，其经营成败最关键的因素是在质量符合使用要求的前提下，是否在价格和出售者提供的服务上有优势。

(二) 资产项目

资产项目指在生产过程中长期发挥作用，其价值是逐渐、分次地转移于所生产的产品中去的劳动资料。它分成主要设施和附属设备两类。

(1) 主要设施是生产资料购买者投资的主要支出，包括建筑物(如厂房、办公室等)和固定设备(如锅炉、汽轮机、发电机之于发电厂，纺纱机、织布机之于纺织厂等)。主要设施由于价值大，使用时间长，且在生产过程中起举足轻重的作用，因此通常由供需双方的高层管理人员直接谈判，通过购销合同的形式成交，一般不经过中间商。主要设施的销售和提供修理、补充配件等技术服务关系很大，远较价格因素重要。主要设施的供应者给购买者以不同形式的财务上的支持，已被证明为一种对买卖双方均有利的促销方式。

(2) 附属设备是指协助生产资料的购买者完成生产经营活动所需要的各种产品，如各种手工工具、手推货车、小型马达、办公室家具、打字机、复印机、计算器以及各种衡器量具等。附属设备通常价值较低，使用时间较短，对整个企业的生产经营活动的影响较小，因此一般不需由高层管理人员做出决策。由于其通用程度高、用户广泛，大多经过中间商出售给使用者。广告或其他传播手段的采用对促进销售有明显的影响。

(三) 易耗品及服务

易耗品及服务是维持企业生产经营活动所必需，但其本身完全不进入生产过程的产品。易耗品又分为使用易耗品(如润滑油、燃料、打字纸、铅笔等)和维修易耗品(如油漆、扫帚等)。易耗品由于单价低、顾客众多、地区分散，通常都通过中间商销售。易耗品大多已相当标准化，因此，用户对品牌的忠诚度不高。价格和供应者提供的销售服务是消费者选购时的主要考虑因素。

作为生产资料的服务包括维修服务(如擦洗窗户、修理打印机等)和咨询服务(如法律顾问、管理顾问、广告策划等)。维修服务通常需要签订合同，除维护工作常由小型专业公司提供外，修理服务则大多由原设备的制造商提供。咨询服务是纯粹的非实体产品，购买者选购时主要考虑的因素是咨询者的声誉及其所拥有的人才的业务与技术水平。

上述关于产品分类的分析，说明消费品和工业品两类产品，由于购买对象、购买目的、购买方式和购买组织均不相同，购买行为、市场范围、销售渠道、促销方法等方面都有很大的差异，从而影响市场营销策略的制定。值得注意的是，产品分类的特点并不是影响市场营销策略的唯一因素。市场营销策略的制定还要取决于产品的生命周期、竞争者动态、市场细分的程度以及整个市场的经济情况等因素。

第二节 产品组合

通常情况下，一家企业不可能只经营单一产品，更不可能经营所有产品。因此，企业在生产和销售多种产品时，会考虑所经营产品之间的协调，因此产品之间的组合关系应运而生。

一、产品组合的有关概念

产品组合是指一个企业生产销售的各种产品线及其产品品种、规格的组合或相互搭配。

产品组合一般是由若干产品线组成的，每条产品线又由若干产品项目构成。

产品线是产品组合中的一大类，是指能够满足同类需要，在功能、使用和销售等方面具有类似性的一组产品。产品线内一般有许多不同的产品项目。

产品项目是指产品大类或产品线中各种不同的品种、规格、质量的特定产品，在企业名录中列出的每一种产品就是一个产品项目。产品项目是构成产品线的基本元素。

产品组合的宽度是指一个企业生产经营的产品大类有多少，即企业生产经营拥有多少条产品线。产品组合的宽度说明了企业经营的范围大小、跨行业经营以及多元化经营的程度。例如，纳爱斯的产品线包含护肤美容、洗发护发、口腔护理等多条产品线。

产品组合的深度是指每个产品线所包含的花色、样式、规格的多少，即产品项目的多少。例如，纳爱斯牙膏有防蛀修护、强根固齿、抗过敏等多种类型的功效。

产品组合的长度是指一个企业所有产品线中产品项目的总和。

产品组合的相关性是指各个产品线在最终用途、生产技术、分销渠道和其他方面的关联程度。例如，一个企业生产沐浴露、肥皂，则其产品组合的相关性较大；若这个企业同时生产服装、电子产品等，那么其产品组合的关联性就小。

二、产品组合的类型

产品组合的宽度、深度、长度和关联性不同，可以形成不同类型的产品组合。产品组合主要有以下五种类型。

(1) 全线全面型。企业尽可能增加产品组合的宽度、深度和长度，以全面满足整个市场的需要。整个市场又有广义和狭义之分，广义上的整个市场是指不同行业产品市场的总体，狭义上的整个市场则是指某个行业的各个细分市场的总体。广义上的全线全面型产品组合，就是尽可能向整个市场提供各方面的产品或服务，不受产品线之间关联性的约束；狭义上的全线全面型产品组合，就是提供属于某一个行业的全部产品，也就是产品线之间有密切关联性。

(2) 市场专业型。企业向某个专业市场(某类顾客)提供其所需的各种商品。这种产品组合，是以满足同一类用户的需要而联系起来的。例如，旅游公司向旅游者提供他们所需要的各种产品和服务，如住宿、餐饮、交通以及其他旅游产品。

(3) 产品线专业型。企业专门经营某一类产品，并将其产品提供给各类顾客。例如，某服装厂专门生产各类服装，如男装、女装、童装、中老年人服装等。

(4) 有限产品线专业型。企业根据自己的专长，集中经营有限的或单一的产品线，以满足有限的或单一的市场需要。例如，有的服装厂只生产童装，而不生产成人服装。

(5) 特殊产品专业型。企业根据自己的专长，经营某些满足特定需要的特殊产品项目。例如，一家制药厂专门生产治疗某种疾病的特效药。由于产品特殊，所以市场开拓范围有限，但是竞争威胁也较小。

三、产品组合调整策略

企业的产品组合状况，应该与企业内部条件和外部环境相适应。因此，企业应根据市场竞争状况和销售、利润的变化，适时地调整产品组合，使其保持最佳的组合状态。常见的调整策略有以下几种。

(一) 扩展产品组合

扩展产品组合是指开拓产品组合的宽度和深度。扩展产品组合的宽度是指在现有的产品组合中增加一条或几条产品线,以扩大企业经营范围。它主要有两种方式:一种是关联扩展,即增加与现有产品线相关的产品线,如肥皂厂在肥皂产品线之外增加洗衣粉、清洁剂等产品线;另一种是无关联扩展,即增加与现有产品线无关的产品线,如化妆品生产企业增加珠宝首饰产品线。扩展产品组合的深度是在原有产品线内增加新的产品项目。

扩大产品组合的主要优点:
(1) 满足不同偏好的消费者多方面的需求,提高产品的市场占有率。
(2) 充分利用企业信誉和商标知名度,完善产品系列,扩大经营规模。
(3) 充分利用企业资源和剩余生产能力,提高经济效益。
(4) 减小市场需求变动性的影响,分散市场风险,降低损失程度。

(二) 缩减产品组合

缩减产品组合是指减少产品组合的宽度,从现有的产品组合中剔除那些微利甚至亏损的产品线,缩小企业经营范围,以便集中企业资源发展利润高的产品线。在市场不景气、原料和能源供应紧张时,采取这种策略有利于企业实现专业化经营,提高生产效率,降低生产成本。另外,这种策略有利于中小企业集中力量发展自己的优势产品线,以较少的资源获取较高的效益。

(三) 延伸产品线

延伸产品线是指不增加产品线,而是增加产品线的长度。每一家企业的产品都有特定的市场定位。产品线延伸是指全部或部分改变原有的市场定位,它包括向上延伸、向下延伸、双向延伸和水平延伸几种。

(1) 向上延伸。向上延伸即在原有的产品线内增加高档次、高价格的产品项目,以提高产品和企业的知名度、企业产品的市场定位。高档产品销售增长潜力大、利润率高,因此,企业具有经营高档产品的资源能力和营销能力时,可考虑采取这种策略。当然采用这种策略时,企业也要承担一定的风险,因为要改变产品在消费者心目中的原有印象是有相当难度的,如果决策不当,不仅难以收回开发新产品的成本,还会影响老产品的市场份额。

(2) 向下延伸。向下延伸即在原有的产品线内增加低档次、低价格的产品项目,使产品线趋向大众化,以扩大市场份额。当高档产品市场竞争激烈或增长缓慢时,企业可以利用自己经营高档产品所建立的市场声誉增加低档产品,以吸引购买力水平较低的顾客,从而实现企业充分补充产品项目空白,形成产品系列;有利于企业增加销售总额,扩大市场占有率。

(3) 双向延伸。双向延伸即在现有的产品线中既增加高档产品,又增加低档产品,利用原先已建立的品牌,双向突破,使产品档次齐全,满足不同细分市场的需求,以扩大产品市场范围。

(4) 水平延伸。水平延伸即在现有的产品线中增加同档次的,并且与现有产品有适当差异的产品项目。当企业生产能力过剩,或者经销商有增加产品品种的要求,或者市场上还存在着尚未填补的空缺,或者企业希望成为产品线内容丰富的领导者时,均可考虑采取这种策略。

(四) 更新产品线

如果产品线长度适宜,但其产品已经老化,造成销售量和利润不断下降,这时就必须更新产品线,即设计采用新技术的设备来更新现有的产品线,以保持和增强自己的竞争力,吸引顾客转向购买升级换代型的产品系列。

更新产品线的关键是要把握更新的最佳时机。更新过早,会影响现有产品的销售;更新过迟,则可能会被竞争对手抢占先机。

(五) 缩短产品线

缩短产品线,是指从现有产品线上削减那些资金占用多而盈利能力差,或者市场需求急剧下降、没有发展前途的产品项目。产品线中含有滞销的、疲软的产品,会影响整个产品线的盈利能力,因此企业应定期考虑产品线的缩短问题。另外,当企业生产能力不足时,应该分析各个产品项目的获利情况,集中力量生产利润率较高的产品项目,削减微利或亏损的项目。

第三节 产品生命周期

产品生命周期是指产品的市场寿命。一种产品进入市场后,它的销售量和利润都会随时间推移而发生相应的改变,呈现一个由少到多再由多到少的过程,就如同人的生命一样,由诞生到成长,再到成熟,最终走向衰亡,这就是产品的生命周期。在不同的产品生命周期,企业可以制定不同的营销策略,以满足市场的需求。

一、产品生命周期概述

(一) 产品生命周期的基本概念

产品生命周期是指产品从研制成功,经过批量生产到投放市场,再到市场饱和,直至最后被市场淘汰的全部过程,即产品从投入市场开始到退出市场为止所经历的全部过程。产品生命周期不是指产品的使用寿命,而是指产品的市场寿命。产品生命周期一般可分为导入期、成长期、成熟期及衰退期四个阶段,常用产品生命周期曲线表示,如图8-2所示。

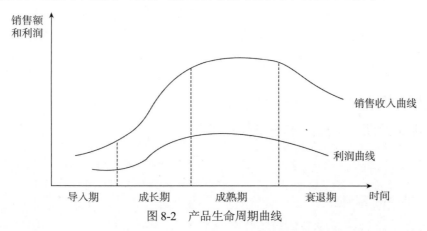

图8-2 产品生命周期曲线

(1) 导入期指新产品投入市场试销的阶段,此时,消费者对产品还不了解,只有少数追求新奇的消费者可能购买,销售量很低。

(2) 成长期指产品在市场上迅速被消费者接受,企业的销售额迅速上升,利润也迅速增长。竞争者纷纷进入市场参与竞争，使同类产品供给量增加，价格随之下降。

(3) 成熟期指大多数消费者已经接受该产品，市场需求趋向饱和，潜在的消费者已经很少，销售额增长缓慢直至下降。

(4) 衰退期指销售额急剧下降，企业从这种产品中获得的利润很低甚至为零，大量的竞争者退出市场，或者消费者的消费习惯已发生明显改变。

(二) 讨论产品生命周期时应注意的问题

(1) 产品生命周期和产品使用寿命是两个完全不同的概念。一般地，产品使用寿命是指产品自然使用的寿命或称耐用程度，它是一个具体的变化过程；而产品生命周期是指产品的市场寿命。产品的使用寿命是由消费过程中的使用时间、使用强度、维修保养等因素决定的；产品生命周期则是由各种市场因素决定的，如新一代代用产品的出现。

(2) 产品生命周期是就某类产品的具体品种而言的，是指某一特定品种产品的经济寿命，而不是指整个这一类产品。理论上讲，产品生命周期概念能够用于分析一个产品种类(酒)、一种产品形式(白酒)、其中的一种形式(伏特加)或一种品牌(斯米诺)，但在实践中，就产品种类而言，人们往往无法预见其生命周期，它可能无限地延长下去，如香烟类产品会长期存在，但作为某一种香烟，在竞争中则不断地被新品牌的香烟所代替而结束其产品生命周期。

(三) 产品生命周期与成本、价格及利润的关系

产品生命周期与成本、价格、利润之间有着极其密切的关系。企业获利的最佳时期是成长期和成熟期。在导入期，产品处于试产试销或小批量生产阶段，成本较高，促销费用较大，销售量有限，企业的利润很小或是负值；当产品进入成长期，特别是成熟期以后，由于技术熟练，批量生产，产品成本大大降低，利润大幅度增加；当产品进入衰退期时，由于市场需求下降，竞争激烈，代用品增加，为了维持该产品在市场上的地位，企业必须改进产品并大力促销，因而生产成本尤其是销售成本增加，致使利润下降甚至亏损。由此可见，延长产品生命周期，即延长成长期和成熟期。

延长产品生命周期通常有以下方法。

(1) 在成长期，不断提高产品质量，开发产品的新款式、多功能；加强促销环节，树立良好的企业形象和产品形象；巩固原有销售渠道，增加新的销售渠道，开拓市场。

(2) 在成熟期，更大范围地寻找新客户、新市场；将新型产品或服务投入市场，以增加销售额和扩大消费市场；优化营销组合，通过多种营销手段(价格、渠道、促销)来延长产品的生命周期。

二、产品生命周期各阶段的市场特征及策略

(一) 导入期的市场特征及策略

1. 导入期的市场特征

导入期的市场特征一般表现在以下几个方面。

(1) 顾客对产品了解少，销售量很低，企业盈利少。

(2) 为了扩展销路，需要大量的促销费用对产品进行宣传。

(3) 产品的技术有待改进，产品的成本高、价格高。

(4) 此时企业甚至可能出现亏损，承担较大的市场风险。

2. 导入期的市场策略

针对导入期的市场特征，企业为了尽快打开局面，应采取以下基本策略。

(1) 注重产品的品质和产品给消费者的第一印象。实践证明，在导入期，产品品质较高，销售量会有明显增长；反之，如果产品给消费者的第一印象不良，轻则使产品导入期延长，重则使产品不得不退出市场。

(2) 借助现有产品提携支持，如将新产品与原有产品一起出售，或随同现有的受到消费者欢迎的相关产品免费赠送，或将新产品合并陈列。

(3) 建立有效的分销渠道，搞好试销，千方百计地打开销路。

(4) 利用各种促销手段宣传产品。

导入期就价格和促销两个因素考虑，可以组合采用以下四种策略。

(1) 快速撇脂策略。该策略的特点是高价格、高促销费用，以高价格配合大规模的促销活动首先占领市场。企业采取这种策略的条件是：①潜在市场需求很大，大多数潜在购买者都不知道有这种产品；②购买者求新意识较强，急于购买这种产品并愿意为此付出高价；③企业面临同行业竞争的威胁，须尽快培养顾客的品牌偏好。

(2) 缓慢撇脂策略。该策略的特点是高价格、低促销费用。企业采用该策略的主要目的是获得丰厚利润。企业采取这种策略的条件是：①产品竞争威胁较少；②大多数潜在的购买者对产品已有所了解；③适当的高价顾客可以接受。

(3) 密集型渗透策略。该策略的特点是低价格、高促销费用，即企业以低价配合大规模的促销活动，达到最快的市场渗透，有重点地占领某一市场，然后随着销量和产量的扩大，产品成本降低，取得规模效益。该策略如果获得成功，企业会迅速发展；但风险较大，一旦失败，亏损难以弥补。企业采取这种策略的条件是：①产品的市场规模大；②潜在购买者对产品不了解；③大多数顾客对价格很敏感；④潜在竞争的威胁大。

(4) 缓慢渗透策略。该策略的特点是低价格、低促销费用，即以低价配合较少促销活动的姿态进入市场。低价格有利于消费者迅速接受新产品，低促销费用降低企业经营成本。采用这种策略的条件是：①产品的市场规模大；②潜在购买者了解这种产品；③产品的价格弹性很大，促销弹性很低；④潜在竞争威胁较大。

（二）成长期的市场特征及策略

1. 成长期的市场特征

成长期的市场具有以下特征。

(1) 消费者对新产品已经熟悉，销售量迅速增长。

(2) 由于技术的改进，生产效率提高，成本大幅度下降，利润也迅速增长。

(3) 因为产品有利可图，大批竞争者加入，市场竞争开始加剧。

2. 成长期的市场策略

针对上述市场特征，企业为了保持较快的增长率和较高的市场占有率，应采取以下策略。

(1) 改良产品品质：对产品质量、性能、式样、色彩及包装都应该进行相应的改进，以满足和适应消费者的要求，增强竞争力。

(2) 加强营销调研：不断开发新的市场。

(3) 完善分销系统：向中间商提供促销支援，积极开发新的营销渠道和新的市场，努力扩大产品在市场上的覆盖面。

(4) 强化品牌认知：促销重点应由建立产品知名度转向增强产品信任感。具体做法是宣传公司名称和品牌，培养消费者的选择性偏好。

(三) 成熟期的市场特征及策略

1. 成熟期的市场特征

成熟期的市场具有以下特征。

(1) 产品已被大部分消费者了解，销售量达到顶峰，市场趋于饱和，销售增长减慢，总体趋于稳定。

(2) 生产成本降到最低，利润达到最高，利润稳定或开始下降。

(3) 竞争者之间已经各有自己特定的目标客户，市场占有率变动小。

2. 成熟期的市场策略

针对上述基本特征，企业应采取以下市场策略。

(1) 从广度和深度上进一步开辟新市场或扩充原有市场。从广度上看，企业把市场从城市拓展到农村，从国内拓展到国外。从深度上看，企业将产品原来只适应顾客一般要求，有针对性地转变为能够适应顾客的特殊要求，还可以发掘产品新的用途。

(2) 进行产品改革，使产品多样化、差异化。例如，改善产品的耐用性、可靠性、安全性和方便性，或者改变产品的性能、规格、款式、设计和材料等。其目的在于使消费者感受到产品新出现的吸引力，以突破销售量增长减缓或停滞不前的困境。

(3) 调整市场营销组合手段，即调整某种营销组合的因素，如改进包装、降低价格、加强服务、改进广告宣传等，以刺激销售量的增加。

(4) 在促销过程中，要强调品牌差异和产品给消费者带来的利益与好处。

(四) 衰退期的市场特征及策略

1. 衰退期的市场特征

衰退期的市场具有以下特征。

(1) 产品销售量下降，消费者兴趣发生转移，利润减少甚至无利可图，企业被迫退出市场。

(2) 产品的缺陷已经显露，出现了更加完善的多功能产品。

(3) 竞争者纷纷退出市场，生产经营者减少，竞争减弱。

2. 衰退期的市场策略

针对衰退期的市场特征，企业应采取以下策略。

(1) 有计划地逐步淘汰疲软产品，即减产、转产或将产品转让给其他企业生产。

(2) 促销减至最低水平，即减少到保持坚定忠诚者需求的水平。

(3) 对分销系统进行选择，逐步淘汰无盈利的分销网点。

第四节 新产品开发策略

在科技迅猛发展、消费需求变化快、市场竞争激烈的当代社会，企业要发展壮大，就必须不断地开发新产品，把开发新产品作为关系企业生死存亡的战略重点，以适应市场需求发展变化及产品生命周期日益缩短的趋势。

一、新产品的概念及分类

(一) 新产品的概念

对新产品的定义可以从企业和市场两个角度进行解释。从企业的角度来讲，第一次生产销售的产品都叫作新产品；从市场的角度来讲，只有第一次出现的产品才叫新产品。现代营销学对新产品下的定义：凡是产品整体性概念中任何一部分的创新、改进，能给消费者带来某种新的感受、满足和利益的产品，都称为新产品。一般来说，新产品具有下列特点。

(1) 新颖性。产品的新颖性一般是指产品具有新原理、新结构、新技术、新的材料或元件、新功能或新用途。

(2) 商品化。一件产品如果只具有新颖性的特点，而缺乏商品化的特征，那就只能算是一项科研成果、专利或发明，而不能被看作一件新产品。

(3) 风险性。开发新产品是一项艰难的工作，不仅需要投入大量资金，而且过程复杂、成功率低，具有很大的风险性，因此应慎重决策。

(二) 新产品的分类

市场营销学中的新产品与科学技术发展所创造出来的新产品并不是完全相同的概念。市场营销学中新产品的含义要广泛得多，它不但包括产品的有形部分，还包括产品的无形部分，既可以是产品实体的创新，也可以是产品形象的改进。市场营销学中的新产品按照新颖程度划分，一般可以划分为以下四种类型。

(1) 全新型新产品。全新型新产品是指应用新原理、新技术、新结构、新材料研制成功的前所未有的及能开创全新市场的产品。例如，真空管、盘尼西林、电话、打字机、电报、复印机、电子数字积分计算机等，都是1867—1960年世界公认的全新产品。全新产品是极为难得的，因为任何一项科技创造和发明，从理论到实践、从实验室到工业化生产，都要花费大量的人力、物力、财力，一般企业难以提供这类新产品。

(2) 换代型新产品。换代型新产品是指在原有产品的基础上，部分采用新技术、新材料、新元件等，使结构性能有显著提高的产品。将普通车床改制为数控车床、黑白电视机向彩色电视机的转化、奔腾四代中央处理器取代奔腾三代中央处理器等，都属于这一类新产品。

(3) 改进型新产品。改进型新产品是指对老产品在质量、结构、功能、材料、花色品种等方面做出改进的产品，主要谋求性能更加良好、结构更加合理、精度更加提高、功能更加齐全、式样更加新颖，能够满足消费者不断变化的需求。例如，药物牙膏、花粉食品、人参酒等产品，就是在原有产品的基础上派生出来的改进型新产品。

(4) 仿制型新产品。仿制型新产品是指国内外市场上已经存在，企业对其进行引进、仿制并不断进行改造和完善的产品。例如，引进汽车生产线并加以改善，制造销售各种类型的汽车，等等。

二、新产品开发的原则和方法

(一) 新产品开发的原则

为了使新产品尽可能成功地进入市场，避免陷于失败的境地，企业开发新产品应该遵循以下原则。

(1) 创新原则。新产品必须具有新的性能、用途和特点。新产品如果不具备优于旧产品的性能、用途和特点，即新产品和旧产品相比没有多大足以吸引消费者的优势，这种所谓的新产品对消费者来说就是没有意义的。

(2) 适销对路原则。企业在开发新产品时，要深入、细致、彻底地了解消费者需求，扎扎实实地做好市场调研工作，做出深入的分析和预测，切不可为了产品早日推向市场而仓促做出决策，在条件允许的时候，我们还要让消费者参与到新产品设计和研发过程中，力争新产品适销对路，适应市场的需要。

(3) 量力而行原则。企业开发新产品必须具备一定的人力、物力、财力资源，要量力而行，否则，研究、开发、生产和营销成本过高，企业难以支持，结果半途而废、前功尽弃。

(4) 效益原则。企业开发新产品应尽量考虑充分利用原有生产能力，力求降低成本。同时，企业要为新产品进入市场制定出一个合理的价格，既要被消费者所接受，又要保证能获得预期的利润。

(二) 新产品开发的方法

开发新产品的方法基本上有以下三种。

1. 企业自行研制

由企业自身独立进行产品研制分为以下三种情况。

(1) 从基础理论研究到应用技术研究，再到产品开发研究的全部过程都靠自己的力量进行。

(2) 利用社会上基础理论研究的成果，企业只进行应用技术研究和产品开发研究。

(3) 利用社会上应用技术的研究成果，企业只进行产品开发研究。

很显然第一种(包括第二种)如果研制成功，可使企业居于独占新产品的地位，但是须从探讨产品的原理与结构、新材料、新技术开始，这样企业要具备很雄厚的实力，同时承担较大的风险。所以，企业如以产品更新换代乃至开发全新产品为目标，采用独自研制的方式，一般需要强有力的盈利产品作为财力后盾，即适用于大型企业。最后一种方式较适合中小企业。总的来讲，独自研制方式是一种独创型的发展新产品策略，目的是发展有本企业特色的新产品，从而在市场上占据有利地位。

2. 实行技术引进

实行技术引进是指通过与外商进行技术合作、补偿贸易，向国外购买专利技术、关键设备等，引进比较先进和成熟的新技术。其优点是：能够利用有限的资金和技术力量，较快地掌握先进的生产技术，缩短与国外产品的技术差距，提高企业的竞争能力；有利于进入国际市场。但是，由于这种产品的市场往往已为其他企业率先占领，技术引进的代价也较高，只能有选择地重点引进，引进以后，要在一定时间、一定范围内取得产品市场优势。所以，企业采用这种方式时要注意引进的技术应该是较为先进的、对于本企业生产技术水平的提高具有推动和启发作用的。

3. 研制与引进并重

采用技术引进方式开发新产品往往是与独自研制相结合的，既重视引进先进生产技术，又不放弃独立研究制造的手段，这是现代工商企业最常用的一种新产品开发方式。这一方式汇集了独立研制和技术引进的优点，以技术引进为起点，与本国、本企业的科研成果相结合，创造出技术先进的新产品，可收到花钱少、见效快的效果，既有利于对引进技术的消化和进一步研究，更好地发挥引进技术的作用；又避免了研制费用过高，受别人技术封锁的缺点。只要有可能，任何企业都应该首先采用这一方式开发新产品。

三、新产品开发程序

新产品开发包含成功和失败两种可能性，根据国外有关资料记载，新产品的失败率高达80%~90%。彼得·德鲁克提出："任何企业只有两个，仅仅是两个基本职能，就是贯彻营销观点和创新，因为它们能创造顾客。"他认为创新是当代企业的特征之一，创新活动的成败直接关系到企业的成败。为了提高新产品开发的成功率，必须遵循科学的新产品开发管理程序。一般地，新产品的开发大体经过以下五个阶段。

（一）新产品构思阶段

所谓构思，不是凭空瞎想，而是有创造性的思维活动。新产品构思实际上包括两方面的思维活动：一方面根据得到的各种信息，发挥想象力，提出初步设想的线索；另一方面，考虑到市场需要什么样的产品及其发展趋势，提出具体的产品设想方案。可以说，产品构思是把信息与人的创造力结合起来的结果。

新产品构思来源于企业内外的各个方面，顾客是其中一个十分重要的来源。据美国六家大公司调查，成功的新产品设想有60%~80%来自用户的建议。一种新产品的设想可以提出许多方案，但一个好的构思必须同时兼备以下三个特点。

(1) 构思要非常奇特。创造性的思维，就需要有点异想天开。只有富有想象力的构思，才会形成具有生命力的新产品。

(2) 构思要尽可能接近于可行，包括技术和经济上的可行性。根本不可能实现的设想只能是一种空想。

(3) 构思的来源需要集思广益。构思的主要来源有顾客、经销商、科研机构、竞争对手、广告代理商、市场研究公司、有关的报刊媒介、企业内部员工等。

（二）新产品构思筛选、评价阶段

该阶段也可称为可行性分析阶段，主要做好以下几项工作。

(1) 根据企业的利润目标、销售稳定目标、销售增长目标、企业形象目标等，评价新产品构思是否符合企业目标。不同的企业追求的目标是不相同的，因此，评价新产品构思可选择企业侧重的目标，不一定用全部的企业目标去评价新产品的构思。

(2) 根据企业资金状况评价新产品构思，以此衡量企业是否有实力生产这种新产品。

(3) 根据企业的技术和设备状况,评价新产品构思能否得到合理的成本。

(4) 根据企业的效益目标,评价新产品构思将会给企业带来的经济效益和社会效益。

(5) 根据对新产品构思的综合评价,并筛选出可行性较高的构思。构思甄别的目的是淘汰那些不可行或可行性较低的创意想法,将企业有限的资源集中于成功机会较大的产品构思上。

(三) 新产品试制阶段

试制是指按照一定的技术模式实现产品的具体化或样品化的过程。它包括新产品试制的工艺准备、样品试制和小批试制等方面的工作。新产品试制是为实现产品大批量投产的一种准备或实验性的工作,因而在工艺准备、技术设施、生产组织等方面都要考虑实行大批量生产的可能性。

根据已选择的最佳构思方案,在进行新产品试制的过程中,企业的研制部门不仅要制作一个实体样品,做好对新产品的性能、外观、加工、价值等方面的分析;还要研制出不同的模型,供正式投产选择。

企业的销售部门应采取多种方式进行消费试验,其主要消费试验的方式如下。

(1) 实验室试验,即通过研究部门的技术处理和检验,鉴定新产品的功能和质量等。

(2) 消费者试验,即以所谓试用的形式,鉴别新产品的外观以及其他方面的质量。

(3) 样品征询试验,即把样品交给消费者评价,测定消费者对新产品的需求偏好。

(四) 新产品试销阶段

试销,实际上是在限定的市场范围内,对新产品进行的一次市场实验。通过试销,可以实地检查新产品正式投放市场以后,消费者是否愿意购买,并且制定在市场变化的条件下,新产品进入市场应该采取的决策或措施。有些新产品经过试销,受到消费者的好评,销售量较大,即可正式投产,全面上市;也有一些新产品试销时无法得到消费者的认可,则要停止上市,或者经过修改后再试销上市。试销阶段既是对新产品全面考察的阶段,也是决定新产品生命周期的阶段。

(五) 商品性投产阶段

商品性投产阶段也称为批量生产阶段,它包括新产品的正式批量投产和销售工作。在决定产品的商业性投产以前,除了要对实现投产的生产技术条件、资源条件进行充分准备以外,还必须对新产品投放市场的时间、地区、销售渠道、销售对象、销售策略的配合以及销售服务进行全面规划和准备,这些是实现新产品商业性投产的必要条件。如果不具备这些必要的条件,商品性投产就不可能实现,新产品的开发就难以获得最后的成功。因此,企业各部门在不同阶段应密切合作、统一协调,控制新产品开发的风险,提高成功率。

四、新产品开发策略

在市场营销中,企业的新产品开发策略一般有以下几种。

(一) 奇特策略

奇特策略是利用并适应消费者喜欢新奇、特殊的心理,创造产品的新用途、新功效、新式样以及新鲜、奇特的色彩、感受等。消费者行为研究表明，消费者购买商品时一般都有好奇心，许多购买行为都是由好奇心的驱使而促成的。认识和掌握这一点，对于开发新产品的意义极大。例如，日本一家企业生产出一种款式新颖的音乐手套，顾客戴上这种手套，当两手交叉在一起时，便会听到一曲悦耳的音乐。原来，这种手套的左手内装有集成电路音乐装置，右手内装有一个小磁石，当两手交叉时，磁场就会使音乐装置发出声音，令消费者感到新奇。这家企业采用奇特策略开发新产品获得了巨大成功。事实证明，利用奇特策略开发的新产品往往会促使消费者竞相购买。

（二）合并策略

合并策略是将两种以上的产品功能、效用合并在一种产品上，从而使该产品成为新产品的策略。运用合并策略开发新产品，可增加产品附加价值，这已成为市场上产品竞争的一种常用手段和方法，尤其是在开发日用品方面更为多见。例如，西方女性喜欢戴项链和手镯，一家企业采用合并策略制成一种长短可以伸缩的项链，伸长时可以作为项链戴在脖子上，缩短时可以作为手镯套在手腕上，一物二用，引发了许多女性的购买欲望。再如，国外市场上有一种多功能的小工具，形状像一把剪刀，可以用来剪布、裁纸、夹核桃、剪电线、削果皮、起瓶盖、拧螺钉等，一物多用，使用异常方便。

（三）节便策略

"节"是指节约能源；"便"是指产品结构简单，使用方便，易于操作。在消费者需求变化多端而能源问题日渐突出的现代社会，许多工商企业都利用这一策略开发新产品，并且获得了巨大的成功。例如，一般的家用电冰箱的制冷是通过冰箱后部的散热网将热量散发到空气中去的，从节约能源的角度来讲，这样做显然是对热能的一种浪费。德国西门子股份公司生产出一种电冰箱热水器，即在电冰箱后壁安装特制的热交换器和水箱，将本来向空气中扩散的热量用于冷水加热，这种电冰箱的水加热器一昼夜可将 75 千克 15℃ 的冷水加热到 65℃，可供四口之家一天使用。

（四）差异策略

差异策略是指与一般的产品比较，制造出具有不同规格、尺寸、款式、造型、颜色、包装等的新式产品。其目的是增加消费者对产品的选择范围，满足不同要求、不同爱好消费者的需求。例如，某品牌电视机改变传统的造型，设计成鱼形、水果形等，受到许多新潮的、追求个性的消费者的喜爱。

第五节 品牌策略和包装策略

品牌和包装在市场营销活动中具有重要的作用，品牌代表着消费者从企业购买产品的同时，得到了产品特征、利益和服务的承诺，品牌的拥有者能够通过品牌获得超额的利润和价值。而包装对消费者购买产品发挥着重要的宣传和推广作用。产品良好的包装形象有利于消费者购买产品，并形成购买偏好。

一、品牌策略

(一) 品牌的概念

"品牌"这个词源于古斯堪的纳维亚语 brandr,意思是"燃烧",指的是生产者燃烧印章烙印到产品上。19 世纪 20 年代,brandr 演化成 brand,其含义被进一步扩展。

品牌是生产者或销售者为本企业产品所规定的商业名称。它可以是一个名词、术语、符号、设计或其四者的组合,用于识别一个或一群卖主的产品,并用于区别不同的竞争者。简单地讲,品牌是指消费者对产品及产品系列的认知程度。

品牌一般包括品牌名称和品牌标志两个部分。品牌名称是指品牌中可以用语言称谓表达的部分。例如,凤凰、飞鸽、索尼、日立、可口可乐等都属于可以用语言称谓的品牌名称。品牌标志是指品牌中可以被认出,但不能用语言称谓的部分。例如,凤凰牌自行车的品牌标志是用凤凰鸟的图案来表示的。

但是在日常工作中,很多人容易把品牌和商标这两个术语混用、通用,甚至错误地认为标注商标的符号就成为一个品牌。事实上,两者既有联系又有区别。

商标是指一切用于识别任何企业的产品、物品或服务的有形标记;品牌是指顾客或消费者通过购买和使用某种产品或服务,从精神上或功能上获得了某一特定利益的满足,此后在其心目中形成一种与众不同的内在印象和认知的总和。

商标与品牌的联系:品牌的法律保护由商标权利来保障,商标是品牌在法律上的形式体现。

商标与品牌的区别:商标是法律概念,而品牌是市场概念。

(二) 品牌的作用

绝大多数企业都为自己的产品规定品牌。一些企业在初创时期,往往不惜花费重金,通过报纸、杂志、广播、电视、街头招贴、展销会等各种媒介渠道宣传其产品,其中宣传的核心就是品牌,以达到创出名牌、扩大销售的目的。待创出名牌后,有些企业会继续宣传其名牌,以便巩固和加强消费者对商品的印象。同时,利用法律手段,及时进行商标注册,以保证自己的产品不被仿冒。设计品牌并创出名牌是极其昂贵的,有些企业甚至不惜拿出利润作为宣传费用。这些企业之所以大力宣传品牌,是因为品牌能起到以下作用。

1. 品牌对消费者的作用

(1) 品牌有助于消费者识别产品,使消费者更有效地选购商品。
(2) 品牌有利于维护消费者权益,品牌实质上代表着对消费者利益的保障。
(3) 品牌可以体现消费者的身份和价值。
(4) 好的品牌对消费者具有很强的吸引力,有利于消费者形成品牌偏好,满足消费者的精神需求。

2. 品牌对企业的作用

(1) 品牌有助于树立企业形象,促进产品的销售量。消费者往往倾向于选择某品牌并伴随心理信任,这样的品牌忠诚度更有利于企业树立良好的形象。
(2) 品牌有助于企业新产品的开发,降低产品宣传成本。借助打响的品牌,利用其一定的知名度，扩大企业的产品组合或延伸产品线，推出新产品，进一步扩大市场份额。

(3) 品牌有助于稳定产品的价格，减少价格弹性，增强对动态市场的适应性，减少未来的经营风险。

(4) 品牌有利于保护品牌所有者的合法权益。一旦品牌经注册后获得商标专用权，其他任何未经许可的企业和个人不得仿冒侵权。

(5) 品牌有利于约束企业的不良行为。品牌是一把"双刃剑"，它给企业带来利益的同时，约束企业规范自己的各个环节，保障广大消费者的利益和承担相应的社会责任。

(三) 品牌决策

品牌是企业重要的无形资产。一方面，品牌给企业本身、社会和消费者都带来一些益处；另一方面，品牌本身也增加了开支，提高了成本。这就要求企业在制定和实施品牌策略时，结合具体情况，做出以下决策。

1. 品牌有无决策

(1) 无品牌策略。无品牌策略，即不采用品牌。一般来说，品牌在产品销售中可以起到很好的促销作用，但并非所有的产品都必须使用品牌。对于以下几种产品，可采取无品牌策略：①产品本身没有因生产者不同而形成不同的特点，如电力、煤炭、木材等品质均衡的产品；②消费者需求差异不大，习惯上并不是认品牌而购买的产品，如粮食、纸张等；③生产简单，没有一定技术标准，选择性不大的低价商品，如品种繁多的日用百货；④试制、试销中尚未定型的产品；⑤临时性、一次性出售的产品。

上述几种情况，产品本身的性质决定其不可能形成特点，不易或没必要同其他同类产品进行区分，为其设计品牌只能徒增费用支出，一般不设计品牌或商标，但企业仍应尽可能标明厂名、厂址，以对消费者负责。

(2) 品牌化策略。品牌化策略是指企业为其产品确定采用品牌，并规定品牌名称、品牌标志，以及向政府工商管理部门注册登记的一系列业务活动。在当今市场上，大部分企业或产品还是采用品牌化策略，因为消费者越来越看重品牌，它给消费者带来的不仅是产品，还包括更多的利益和价值。

2. 品牌归属策略

(1) 生产者品牌策略。生产者品牌策略，即生产者对本企业生产的产品采用自己的品牌，也叫制造者品牌策略。生产者使用自己的品牌，因为品牌所代表的无形价值可以增强企业的核心竞争力，尤其知名品牌可以得到消费者的广泛认同。除此之外，还可以建立全国性的企业形象和产品形象，提高企业和产品的知名度，既能争取经销商推销其产品；又能通过品牌提高企业和产品的声誉，便于新产品的问世。

(2) 中间商品牌策略。中间商品牌策略，即生产者决定将其产品大批量卖给中间商，中间商再用自己的品牌将货物转卖出去。中间商在产品与消费者之间起着质量保证和售后服务保证的信誉作用。中间商使用自己品牌的优势主要包括：①可以更好地控制价格，在某种程度上，遏制制造商；②进货成本较低，销售价格低，利润空间大，竞争力较强；③中间商可以树立品牌形象，极容易被消费者接受和认可。

(3) 生产者品牌和中间商品牌兼用策略。这种策略可以让生产者和中间商分摊风险。一些产品往往借助于知名中间商打开市场，之后再考虑使用生产者品牌，或者将两种品牌同时赋予产品。这样有利于中间商提高销售业绩，节约推广费用和宣传费用。

3. 品牌组合策略

(1) 个别品牌策略。个别品牌策略是指企业决定各种不同的产品分别采用不同的品牌名称，如广州铝制品工业公司，就使用了"三角牌""双菱牌""海鸥牌""钻石牌"分别作为其电茶壶、电水壶、铝高压锅、铝刀架等产品的品牌名称。采取这种策略的优点是：可以适应不同消费对象的不同需要，争取更多的消费者；企业的整体声誉不会受某种产品的不良影响，即一种产品失败了，不至于影响整个企业的形象与声誉。其缺点是：采取多种品牌在管理上较为困难，广告宣传和商标设计等费用支出也较高。

(2) 统一品牌策略。统一品牌策略是指企业决定其所有产品都统一使用一个品牌名称。例如，北京同仁堂股份有限公司同仁堂制药厂生产的各种药品均以"同仁堂"为商标，日立公司的各种产品都是"日立牌"。采用统一品牌策略，可以使企业节省宣传和介绍新产品的费用开支。因为企业不必再花费大量广告费用来宣传介绍新产品的品牌名称，如果企业声誉好，其产品必然畅销。但当企业投放市场的各种产品在质量和服务内容上有显著差别时，使用统一品牌就会影响品牌信誉，特别是有损于较高质量产品的信誉。

(3) 各大类产品单独使用不同品牌名称的策略。生产或经营很多种类产品的企业，为避免统一使用一个品牌名称而使不同类别产品相混淆，往往采取此策略。例如，美国西尔斯器具类产品的品牌名称为Kenmore，妇女服装类产品的品牌名称为Kerry-brook，主要家庭设备类产品的品牌名称为Homart。

(4) 企业名称与个别品牌名称并用策略。企业决定其各种不同产品分别使用不同的品牌名称，而且各种产品的品牌名称前面冠以企业名称。采用这种策略，可以借企业声誉提携不同的新产品品牌，便于新产品打开销路；而各种不同的产品分别使用各自的品牌，又可使各种新产品各具特色。例如，通用汽车公司生产的各种小轿车分别使用"别克""雪佛兰"等品牌。

4. 品牌扩展策略

品牌扩展策略是指企业利用其成功的品牌名称的声誉去推出其改良产品或新产品。例如，北京日化三厂在成功推出"奥琪"增白粉蜜、"奥琪"抗皱美容霜品牌名称之后，又利用其声誉推出"奥琪"牙膏、"奥琪"香皂。企业采取这种策略，可以使新产品迅速、顺利地打入市场，减少新产品的市场风险，强化品牌效应，增强核心品牌的形象，提高整体品牌组合的投资效益。

5. 多品牌策略

多品牌策略是指企业决定在一种产品上同时采用两种或两种以上互相竞争的品牌。这种决策是美国宝洁首创的。在第二次世界大战以前，该公司的汰渍(Tide)牌洗涤剂畅销，很成功；在第二次世界大战之后，该公司于1950年推出Cheer牌洗涤剂，新品牌的洗涤剂虽然抢了一些Tide品牌的洗涤剂的生意，导致Tide品牌的洗涤剂销售额有所下降，但是这两种品牌的洗涤剂销售总额却大于只经营Tide品牌的洗涤剂的销售额。由于这种策略很成功，许多生产者都竞相采用此种策略。

6. 品牌更新策略

品牌更新是指随着企业经营环境的变化和消费者需求的变化，品牌的内涵和表现形式也要不断发展变化，以适应社会经济发展的需要。品牌更新是社会经济发展的必然，它包括两个方面。

(1) 形象更新。形象更新，就是品牌不断创新形象，适应消费者心理的变化，从而在消费者心目中形成新的印象的过程。形象更新有以下两种情况。

第一种是消费观念变化导致企业积极调整品牌战略，塑造新形象。例如，随着人们环保意识的增强，消费者已开始把无公害消费作为选择商品、选择不同品牌的标准，企业这时可以重新塑造产品形象，更新品牌形象为环保形象。

第二种是档次调整。企业要开发新市场，就需要为新市场而塑造新形象。例如，日本小汽车在美国市场的形象，就经历了由小巧、省油、耗能低、价廉的形象到高科技概念车形象的转变，给品牌的成长注入了新的生命力。

(2) 品牌再定位。从企业的角度来讲，不存在一劳永逸的品牌；从时代发展的角度来讲，要求品牌的内涵和形式不断变化。品牌会因竞争形势而修正自己的目标市场，有时也会因时代特征、社会文化的变化而引起修正定位。例如，英国创立于1908年的李库珀(Lee Cooper)牛仔裤是世界上著名的服装品牌之一，也是欧洲领先的牛仔裤生产商，百余年来，其品牌形象不断地变化：20世纪40年代——自由无拘束；20世纪50年代——叛逆；20世纪60年代——轻松时髦；20世纪70年代——豪放粗犷；20世纪80年代——新浪潮下的标新立异；20世纪90年代——返璞归真。

(四) 品牌设计原则

从市场营销的观点看，一个良好的品牌与商标设计应符合以下原则。

(1) 品牌或商标的设计不远离商品属性，能显示商品的优点。它应包括用途、特性与品质。例如，"黑又亮"皮鞋油、"北冰洋"电冰箱、"娃哈哈"果奶等，既显示了产品的用途特性，又符合消费心理。所以，企业设计品牌名称时，要根据产品特点、销售对象等各种因素进行周密分析，慎重选择。

(2) 不与其他企业的品牌雷同或相类似，以避免抄袭、假冒之嫌；其文字在读音和字义上切忌让人产生误解或错觉，或令人费解；有鲜明的特点，便于消费者识别。好的品牌应简洁、鲜明、富有感染力、形象明朗、引人注目、便于传播。

(3) 品牌设计要与时代相协调，赋予某种意义，具有启发性，引起联想。我国的一些名牌商标，大多数与其时代特点相协调，赋予某种意义，以提高其知名度。例如，中华人民共和国成立前，天津的"抵羊牌"毛线，寓意是抵制"洋货"，这在当时大大地长了中国人的志气，现在"抵羊牌"毛线仍是广大消费者信得过的产品。

(4) 商标造型应优美别致，图案要鲜明形象，以增强对消费者的艺术感染力。优美的造型可使图案形象鲜明地呈现在消费者面前，在刹那间抓住消费者的视觉，使其乐于欣赏，满足其审美心理的需要，从而使其对品牌或商标所代表的产品产生好感，促进其购买欲望。

(5) 品牌设计要尊重和注意不同民族、种族、宗教和地域的风俗习惯，特别是出口产品的商标，更应有意识地采用当地人喜爱与认为吉利的标志，避免采用被当地人忌讳的物品做商标。否则，即使产品质量再好，也难以受到当地消费者的欢迎。

(6) 雅俗共赏，有持久性，不会因日久而陈腐过时。

二、包装策略

包装(Packaging)已成为现代商品生产的继续。包装的主要目的是在流通过程中保护产品，方便储运，促进销售。包装是按一定的技术方法所用的容器、材料和辅助物等的总体名称；也指为达到上述目的，在采用容器、材料和辅助物的过程中施加一定技术方法等的操作活动。营销型包装侧重策划策略，已成为市场竞争的一种重要手段。

(一) 包装的作用

产品的包装在现代经济生活中已成为商品生产不可缺少的组成部分。产品包装由于直接影响商品的价值和销路，除了少数属于原材料类型的商品(如黄沙、碎石、砖瓦、煤炭等)外，一般商品都需要不同方式的包装。包装技术已发展为专门的学科，也已成为一个独立的工种或行业。包装之所以为经营者所重视，是因为其起着如下四方面的作用。

(1) 保护产品。产品从出厂起到消费者手上为止的整个流通过程中都存在运输和储存。即使到使用者手中，从开始使用到使用完毕，也有存放的需要。商品在运输过程中可能会受到震动、挤压、碰撞、冲击以及风吹、日晒、雨淋等损害；在储存时也会受到温度、湿度和虫蛀、鼠咬、尘埃等损害或污染。包装起着防止各种可能的损害，充分发挥保护商品使用价值的作用。对某些商品，包装所起的这种作用特别明显，如感光器材、化工产品、药物、食品、饮料等，如果没有一定的包装，它们的使用价值就不可能存在。

(2) 便于运输、携带和储存。商品有气、液、固、胶等不同物质形态，它们的理化性质也各异，可能是有毒的、有腐蚀性的或易挥发的、易燃的、易爆的等，其外形上可能有棱角、刃口等危及人身安全的形状。凡此种种，只有加以合适的包装后，才便于运输、携带和存放，或者保证储运中的安全。

(3) 便于使用。适当的包装，有便于使用和指导消费的作用。根据商品在正常使用时的用量进行包装，如瓶装酒用一斤装、半斤装，味精用一斤装(适用于食堂)、一两装(适用于家庭)，药片一千片装(适用于医院)、十片装(适用于个人)等。另外，适当的包装结构起着便于使用的作用，如拉环式、璇扭式易开罐头。

(4) 美化商品，促进销售。商品采用包装以后，首先进入消费者视觉的往往不是商品本身而是商品的包装。能否引起消费者的兴趣，触发其购买动机，在一定程度上取决于商品的包装，因而包装成为"无声的推销员"。一般说来，商品的内在质量是商品市场竞争能力的基础。但是一个优质产品，如果不和优质包装配合，在市场上就会削弱其竞争能力，降低"身价"，这在国际市场上特别明显。例如，苏州的檀香扇在香港市场上的售价原为 65 元，由于改用锦盒包装，售价提高到 165 元，销售量大幅度增长；名贵药材人参，过去用木箱包装出口，每箱 20 斤，改用精致的小包装后，售价平均提高 30%。

(二) 包装的策略

符合设计要求的包装固然是良好的包装，但是良好的包装只有和科学的包装策略结合起来才能发挥更大的作用。在国际市场上，商品包装的策略主要有如下几种。

(1) 类似包装策略。类似包装策略是指一个企业所生产的各种不同产品，在包装上采用相同的图案、色彩或其他共同的特征，使顾客极易发现是同一家企业的产品。类似包装具有与采用统一商标策略相同的好处，即节省包装设计费用，增加企业声势，有利于介绍新产品。但是，类似包装适用于同样质量水平的产品，如果质量相差悬殊，优质产品将蒙受不利影响。

(2) 附赠品和多品种包装策略。附赠品包装是指利用赠品吸引消费者，这是外国厂商多乐于采用的策略。例如，在香烟或糖果盒中附有连环图画、彩色人物照片、历史故事等。

多品种包装策略是指把使用时互有关联的多种商品，如家用药箱、针线包、工具箱等，纳入一个包装容器内，同时出售。这样既便于使用，也扩大了销路。

(3) 再使用包装策略。再使用包装策略又称为双重用途策略，即原包装的商品用完后，空的包装容器可移作其他用途。例如，果酱、酱菜采用杯形包装，空的包装杯可以做旅行杯；糖果、饼干的包装盒适合做文具盒、针线盒；罐头包装的设计可考虑用作饭盒、酒杯；等等。再使用包装策略能引起顾客的购买兴趣，同时能发挥广告的作用。

(4) 改进包装策略。商品包装上的改进，正如产品本身的改进一样，对销售有重大意义。当企业的某种产品在同类产品中，内在质量近似，而销路打不开时，就应注意改进包装设计。当一种产品的包装已采用较长时间，也应考虑推陈出新、变换包装。当然，采用这种策略是有条件的，就是商品的内在质量达到使用要求。如果不具备这个条件，商品的内在质量不好，那么，即使在包装上做了显著改进，也无助于销售的扩大。

(5) 等级包装策略。等级包装策略是指企业为不同等级质量的产品分别设计和使用不同的包装，使包装质量与等级相配。它可以适应不同的购买力水平或不同顾客的购买心理，从而扩大产品销售。例如，销售茶叶时，低档茶叶用塑料袋、纸袋进行包装，高档茶叶用听装或盒装。这样便于消费者选购不同等级的产品。

(6) 包装标识语策略。商品包装容器上加写标识语，是国外商品推销中流行的一种做法。包装上的标识并非厂牌与商标，也不是品名，而是针对消费者所做的一种宣传。虽然它寥寥数字，却有很大功能。标识语有以下三种：

① 指标性标识语是指在包装的中心部位或四角加上一个标记，如火花形、星形、大圆点、椭圆点、斜条等，以最强的红、黄、白做底色，标上"新鲜""软""特优"等提示性标识语，以最精练的文字表明商品的特点。

② 解释性标识语是指为消除消费者对商品所含成分的顾虑而进行解释。例如，日本快速面包袋上标明"无漂白"；西德(联邦德国)的速溶咖啡上标明"无咖啡因"；法国的花生酒瓶上标明"绝无胆固醇，不含黄曲霉"；我国出口的水仙牌蘑菇罐头上，也标明"生产中从不使用漂白剂"的标识语。

③ 鼓动性标识语是指商品包装上的标识语必须语言精练，抓住要害，容易记忆，以达到刺激购买欲望的作用，如洗发剂瓶上标出"啊！你的头发好香呀"。

思 考 题

一、简答题

1. 什么是产品整体概念？产品整体概念对企业营销管理有何意义？
2. 什么是产品组合？产品组合的宽度、长度和深度分别指是什么？如何使企业的产品组合保持最佳状态？

3. 什么是产品生命周期？在产品生命周期的不同阶段应分别采取什么样的市场营销策略？
4. 什么是新产品？可供选择的新产品开发策略有哪些？
5. 什么是品牌？品牌策略包括哪些主要内容？如何树立好名牌意识？
6. 什么是包装？包装的作用是什么？包装的策略主要有哪些？

二、案例分析题

"中华"——长盛不衰的"国烟"

中华香烟(简称"中华")自 1951 年诞生以来，便一直在品牌林立的中国烟草王国里保持着"国烟"的地位。

中华人民共和国成立前，上海的卷烟市场大部分被英美烟草占领，高级卷烟就是"白锡包"。中华人民共和国成立后，生产自己最好的卷烟品牌提到了卷烟工业发展的议事日程上。这个任务被国家领导人郑重地交给了由上海市军管会接管的中华烟草公司。面对这厚重的信任，中华烟草公司人员上下一心，只用了一年半就生产出了优质的"中华"样品。当这个精心设计、精心制作的卷烟样品专程送到北京，毛泽东等中央领导人品吸后，得到了一致的高度评价。于是，中华烟草公司就为这个"最好的卷烟品牌"起了一个响亮而又自豪的名字——"中华"。

1951 年"中华"第一次正式与消费者见面，便一举击败了长期占主导市场地位的"白锡包"。在那个辞旧迎新、民族意识格外高涨的年代，"中华"这个中国人自己研制生产出来的第一个高档卷烟品牌的市场定位，很容易激发起人们的民族自豪感。因此，借助当时消费者心理的"中华"能够轻而易举地打败了外烟。

"中华"自诞生起就给消费者"第一"的深刻印象：它是中国第一个高档卷烟，它是中国唯一获质量金质奖的卷烟品牌；它还是中国最神秘的一种卷烟品牌。"中华"从一开始就被赋予了特殊的品牌文化，它代表了中华民族的形象。特别是那些海外华人，他们一看到"中华"就想到了中国。因此，它被消费者亲切地称为"国烟"。

上海烟草(集团)公司员工把"中华"称为"老一辈传下来的宝"。对于这个宝贝，公司上下都把它视为命根子。他们在企业内部确立了这样一个观念：以"中华"为中心，提高整个企业的卷烟质量。

在上海烟草(集团)公司，我们随处都能看到"和搏一流"四个大字，它是上海烟草(集团)公司的企业精神。凭着这种精神，上海烟草人在半个世纪里创造了"中华"品牌的辉煌。

"中华"不断进行工艺配方上的改进与创新。在上海烟草(集团)公司专门负责技术开发的部门里，特设品牌工程师。"中华"的品牌改造由专人负责。企业对"中华"配方的调整是非常慎重的，总是先在其他牌号产品上反复试验，成功后才在"中华"上使用。"中华"的配方经过多次调整，在坚持"降焦"和"吸味"的一致性上取得了满意的成效。

"中华"的包装也在不断创新，逐步形成了包括"中华"大礼盒、各种抽拉式小包装盒等近 10 个品种规格，使消费者购买时有了更多的选择。

(资料来源：百度文库. https://wenku.baidu.com/view/30da5ebda300a6c30d229f56.html?fixfr=uHqRuaKiu3EVtJdY49iUtA%253D%253D&fr=income10-search，有删改)

问题："中华"牌香烟是如何做到长盛不衰的，企业在提高产品质量上做了哪些重要的工作，它给我们什么样的启示？

第九章

价 格 策 略

价格是企业拟定市场营销策略的重要因素,也是营销组合中最为活跃的因素。产品价格是否适当,往往直接影响企业的经济效益及竞争对手的市场行为。价格策略与企业的市场占有率、市场接受新产品的快慢、企业及其产品在市场上的形象都有着密切的关系。定价策略的正确与否,对企业营销计划的成败至关重要。面对复杂的市场环境,企业在制订经营计划时,应高度重视价格这个因素,同时要根据市场变化和营销实际,对价格进行适当调整,以实现企业的经营目标。

学习目标

1. 掌握影响定价的主要因素及其有关概念的含义。
2. 了解企业的定价目标,熟悉企业定价的程序。
3. 掌握定价的基本方法和策略。
4. 理解企业的价格调整策略与企业面对竞争者调价时的应对措施。

第一节 影响定价的因素

企业为实现其经营目标,需要制定适当的价格,使自己的产品价格既能够被消费者接受,又能够实现企业的经营目标。企业在定价时,常常受到多方面因素的影响,主要包括生产成本、市场货币流通状况、消费结构、消费习惯与爱好的变化情况、居民收入变化情况、市场供应力与供求结构状况等。

一、成本因素

产品成本是指企业为了生产产品而发生的各种耗费,可以指一定时期为生产一定数量产品而发生的成本总额,也可以指一定时期生产产品的单位成本。产品成本有狭义和广义之分,狭义的产品成本是指企业在生产单位(车间、分厂)内为生产和管理而支出的各种耗费,主要有原材料、燃料和动力,以及生产工人工资和各项制造费用。广义的产品成本还包括生产发生的各项管理费用和销售费用等。产品成本是产品价格的下限,即最低限度。许多企业力图降低成本(如去掉产品的过剩功能,节省一切不必要的费用等),以降低价格、扩大销售和增加利润。如果企业某种产品的成本高于竞争者的成本,该产品在市场上就会处于十分不利的竞争地位。因此,成本是影响定价决策的一个重要因素。

产品成本有多种表现形式,市场营销中所涉及的成本主要有如下几种。

(1) 固定成本。固定成本是指在一定限度内不随产量的增减而增减,具有相对固定性质的各项成本费用,如固定资产折旧费、房租、地租、办公费用等。

(2) 变动成本。变动成本是指随着产品产量的增减而增减的各项费用,如原材料消耗、储运费用、生产工人的工资等。

(3) 总成本。总成本即固定成本与变动成本之和。一般来说,产品价格的最低限度是要收回产品的总成本。

(4) 边际成本。边际成本是指每增加或减少一个单位产量所造成的成本变动数。边际成本的变动与固定成本无关,在产量增加初期,边际成本呈现出下降趋势,低于平均成本,导致平均成本下降;当产量超过一定限度,边际成本则高于平均成本,将导致平均成本上升。

(5) 机会成本。机会成本是指企业为了经营某一种商品或项目只好放弃另一项目经营的机会。被放弃的另一项目所取得的收益即现在经营项目的机会成本。

二、供求状况因素

供求关系对价格的影响是极大的。在商品经济条件下,供求关系影响价格,价格反过来调节供求运行的方式。总的来说,当产品供不应求时,可以提高价格;当产品供过于求时则降低价格。

企业在定价格时不仅需要分析供求状况对价格的影响,还应考虑到不同的产品具有不同的价格弹性。在正常情况下,市场需求会与价格呈反向变动,即价格升高,需求量下降;价格下降,需求量上升。但是价格变化对各种商品需求量变化的影响程度是不同的。需求弹性就是研究因价格变动而引起的需求量的变动率,反映需求变动对价格变动的敏感程度。我们用 E 表示需求弹性系数,则

$$E = \frac{需求量变动的百分比}{价格变动的百分比} \tag{9-1}$$

由于价格变动与需求变动相反,所以需求弹性系数小于零。方便起见,常用绝对值来表示 E。

(1) 当 $E>1$ 时,反映出需求量变动的百分比大于价格变动的百分比,即需求弹性强。对这类商品,价格的下降会引起需求量较大幅度的增加,因此企业在定价时,应通过降低价格达到扩大销售量、增加盈利的目的。例如,汽车、计算机、奢侈品等。

(2) 当 $E<1$ 时,反映出需求量变动的百分比小于价格变化的百分比,即需求弹性弱。对这类商品,价格上升所引起的需求量减少程度较小,因此企业在定价时,较低的价格反而减少总收入。例如,盐、纯净水等生活必需品。

(3) 当 $E=1$ 时,说明价格与需求量等比例变化,即单位弹性。对于这类商品,由于价格的上升或下降引起需求量等比例减少或增加,因此价格变化对营利影响不大,可选择市场通

行的价格。

三、市场竞争因素

市场价格是在市场竞争中形成的。按市场竞争的程度，竞争可以分为完全竞争、完全垄断和不完全竞争(垄断竞争和寡头垄断竞争)。不同竞争状况对企业制定价格策略会产生不同的影响。

(1) 完全竞争。完全竞争是指没有任何垄断因素的市场情况，市场上存在着数量众多的卖主和买主，买卖双方的信息是完全对称的。生产要素可以自由流动，产品同质，不同卖家的产品完全可以互相替代，卖家进入和退出市场是充分自由的。任何一个卖主或买主都不可能单独左右该种商品的价格，价格完全由供求关系决定，买卖双方都是价格的接受者。因此，在完全竞争的市场条件下，企业几乎没有定价的主动权，只能随行就市，接受市场价格。完全竞争在绝大多数情况下只是一种理想状态，在现实中并不存在。

(2) 完全垄断。完全垄断是指一种商品完全由一家或几家企业所控制的市场状况。形成完全垄断的原因主要包括技术壁垒、资源独占、政府特许等。在完全垄断的市场条件下，由于一家企业或几家企业联合控制市场，缺乏竞争对手，因此它们可以完全控制市场价格。但在实际市场中，垄断企业定价也受多种情况的限制，如引起消费者的抵制或者政府的干预等。

(3) 垄断竞争。垄断竞争是指既有垄断又有竞争的市场状况。垄断竞争介于完全竞争和完全垄断之间，属于不完全竞争，是现代市场经济中存在的最普遍的竞争模式。在垄断竞争条件下，市场上的卖主和买主的数量比较多，卖主之间存在激烈的竞争，各个卖主所提供的同种商品在质量、包装、花色、式样、品牌、售前售后服务及对顾客的心理刺激等方面存在着差别。因此，在这种市场条件下，企业只有不断创新，生产出独特的产品，才能在市场竞争中不被淘汰。

(4) 寡头垄断竞争。寡头垄断竞争是竞争和垄断的混合物，也是一种不完全竞争。它是指在寡头垄断竞争的市场条件下，只有少数几家大公司供给该行业的大部分产品，每家企业的市场份额都相当大，它们有能力影响和控制市场价格。寡头垄断企业之间互相竞争且密切相关，一家企业价格的变动马上会引起竞争对手的强烈反应。提价会失去市场，降价则会降低整个行业的收入。因此，任何一家寡头垄断企业在定价时都密切注意竞争对手的态度。在这种竞争条件下，整个行业的市场价格比较稳定。

四、货币价值和流通量的影响因素

企业经营商品的定价，还受货币本身价值和货币流通量的影响。因为货币是衡量商品价值的尺度，是充当一般等价物的特殊商品。商品的价值是通过货币来表现的，这就决定了商品在与货币交换的过程中，商品定价的高低。它一方面取决于商品价值的大小，另一方面取决于货币价值的大小。例如，在通货膨胀时期，许多商品的价格将会有明显的上涨趋势。

五、政策法规因素

在当今市场经济舞台上，政府扮演着越来越重要的角色。为了维护市场秩序和其他目的，政府可能会通过"有形的手"对市场上的价格策略进行干预。这也是维护社会公平正义和公共利益的需要。具体表现为政府出台一系列的经济法律法规和条例，如规范企业定价的法律法规有《中华人民共和国价格法》《中华人民共和国反不正当竞争法》等。此外，政府还采取了一些其他调控措施，包括毛利率、规定最低最高限价、价格补贴等。政策法规在不同方面和不同程度上制约着企业的定价行为。企业的价格策略必须严格遵循政府的政策法规。

六、产品差异性因素

所谓产品差异性，是指产品具有独特的个性，拥有竞争者不具备的特殊优点，从而与竞争者形成差异。产品差异性不仅指实体本身，而且包括产品设计、商标品牌、款式和销售服务方式的特点等。拥有差异性的产品，其定价灵活性较大，一是因为产品差异性容易培养顾客对品牌形成特有的偏爱；二是因为产品差异性可以降低顾客对价格的敏感性，使企业在行业竞争中保持领先地位。在营销实践中，一些具有专利性的产品往往可以定价更高。

七、产品生命周期因素

在产品生命周期的不同阶段，市场需求、竞争状况、企业的内部条件存在着显著差异，这些都制约着企业产品的定价。企业必须区分导入期、成长期、成熟期及衰退期的不同阶段，制定不同的价格，以适应市场的需求和变化。

八、营销组合市场因素

由于价格是营销组合的策略之一，所以定价策略必须与产品的整体设计、渠道和促销策略相匹配，形成一个协调的营销组合。只有这样，企业才会获取利润和快速发展。然而许多日本企业通常先制定价格策略，然后根据价格策略制定其他营销组合策略。例如，日本本田公司首先研究了低收入阶层所能接受的价格范围，然后在这个范围内设计中低档汽车。这里，价格是产品市场定位的主要因素，价格不仅决定了产品的目标市场、竞争者和产品设计，还决定了产品具有什么特色以及生产成本的高低。在这种情况下，其他营销组合因素的决策，要以定价策略为转移。

第二节 定价目标

企业对其生产经营的商品或劳务事先确定所要求达到的目的和标准，即企业的定价目标。科学地确定定价目标是选择定价方法和确定价格策略的前提和依据，它是企业整体营销战略在价格上的反映和实现，是企业制定价格策略的指导思想和总体方向。只有确定定价目标，才能确定价格水平。企业的定价目标主要有以下几个。

一、利润目标

获取利润是企业从事生产经营活动的最终目标，也是企业发展的原动力。获取利润的目标主要有以下三种情形。

(1) 获取利润最大。此目标是指企业追求在一定时期内获得最高利润额的一种定价目标。利润最大化取决于合理价格所推动的销售规模，因而追求最大利润的定价目标，并不意味着企业要制定最高单价。最大化利润既有长期和短期之分,又有企业全部产品和单个产品之别。有远见的企业经营者,会着眼于追求长期利润最大化,当然并不排除在某种特定时期或情况下,对其产品制定高价以获取短期最大利润。此外,还有一些多品种经营的企业,经常使用组合定价策略,即有些产品的价格定得比较低,有时甚至低于成本,以招徕顾客,并带动其他产品的销售,从而实现企业利润最大化。

(2) 获取投资收益。投资收益定价目标是指企业实现在一定时期内能够收回投资并能获取预期的投资报酬的一种定价目标。采用这种定价目标的企业,一般是根据投资额规定的收益率,计算出单位产品的利润额,加上产品成本作为销售价格,但必须注意两个问题:第一,确定适度的投资利润率。一般来说,投资收益率应该高于同期的银行存款利息率,但不可过高,否则消费者难以接受。第二,企业生产经营的必须是畅销品,与竞争对手相比,其产品要具有明显的优势,不然产品卖不出去,预期的投资收益也就不能实现。

(3) 获取满意利润。获取满意利润目标是指在当期利润最大化和预期利润之下,企业所获得的适当利润。由于市场竞争激烈,各种内外部因素不断变化,企业要获得最大利润或预期利润并不是一件很容易的事情,因此,许多企业为了减少风险,求得持续发展,常常会根据企业的实际情况,以适当的利润为满意利润,并将其作为企业的定价目标。追求满意利润,不仅可以规避由于追求利润最大化被其他竞争对手淘汰的风险,由于价格适中,消费者容易接受,还可以使企业在获得发展所必需的适当利润的同时获得长期利润。此定价方法对那些本身生产规模达不到利润最大化的企业更加合适。追求满意利润,企业可以按照成本加成的方法计算价格,只要加成的比例适度、合理,就可以实现满意利润。但要注意随着产销量的变化、投资者要求的变化、竞争对手的变化、市场需求量的变化和消费者心理的变化,一定要对加成的比例进行调整。

二、市场占有率目标

市场占有率目标,也称市场份额目标,即把保持和提高企业的市场占有率(市场份额)作为一定时期的定价目标。市场占有率是一个企业经营状况和企业产品在市场上竞争能力的直接反映,关系到企业的兴衰存亡。较高的市场占有率,可以保证企业产品的销路,巩固企业的市场地位,从而使企业的利润稳步增长。企业提高市场占有率通常有以下两个方法。

(1) 定价由低到高。在保证产品质量和降低成本的前提下,产品导入期的定价低于市场上主要竞争者的价格,以低价争取消费者,打开产品销路,挤占市场,从而提高产品的市场占有率;待占领市场后,企业再通过增加产品的某些功能或提高产品的质量等措施来逐步提高产品的价格,旨在维持一定市场占有率的同时获取更多的利润。

(2) 定价由高到低。企业对一些竞争尚不激烈的产品,定价可高于竞争者的价格,利用消费者的求新心理,在短期内获取较高利润;待竞争激烈时,企业可适当调低价格,赢得主动,扩大销量,提高市场占有率。

三、竞争目标

竞争目标是指企业根据市场竞争的状况制定价格,即在制定商品价格之前,广泛收集有关信息,认真研究竞争对手的营销策略,分析企业自身实际情况,将本企业产品的特点、质量、成本以及服务等与竞争对手进行权衡后,通过自己的定价目标去对付竞争对手,以便占领市场或保护既得市场。根据企业的不同条件，一般有以下三种竞争目标。

（1）当企业准备在一个行业中长期经营时，或者当某行业经常发生市场供求变化与价格波动而需要一个稳定的价格来稳定市场时，企业应该避免正面价格竞争，从而选择稳定的价格目标。这样，对大企业是稳妥的，中小企业也可避免遭受由于大企业的随时随意提价而带来的打击。

（2）当企业有意识地通过给产品定价主动应付和避免市场竞争时，企业会选择追随定价目标。企业价格的制定，主要以对市场价格有影响的竞争者的价格为依据，根据具体产品的情况选择稍高或稍低于竞争者的定价。一般情况下，中小企业的产品价格定得略低于行业中占主导地位的企业的价格。

（3）当企业具备强大的实力和特殊优越的条件时，企业可以选择挑战定价目标，从而获取更大的市场份额。实力较强的企业主动挑战竞争对手，可采用低于竞争对手的价格出售产品；实力雄厚并拥有特殊技术或产品品质优良或能为消费者提供更多服务的企业，可采用高于竞争对手的价格出售产品。为了防止其他竞争对手加入同类产品的竞争行列，在一定条件下，往往采用低价入市，迫使弱小企业无利可图而退出市场或阻止竞争对手进入市场。

四、生存目标

生存目标是指企业置长远的利润于不顾，而只考虑以尽可能低的成本进行定价以保证生存的目标。这种定价通常需要有以下几种条件：①企业遇到了严重的经营问题，如产品过剩、大量积压、资金周转严重不灵等；②企业在市场上遇到了异常激烈的竞争，如竞争者突然发动价格大战或其他进攻；③消费者的需求发生了变化，如不可预料的倾斜；等等。此时，企业的生存目标远远超过利润目标，为此，企业假定市场是价格敏感型的，为了实现库存周转，维持企业的继续生产，就会制定一个尽可能低的价格，即销售价仅仅可以弥补可变成本和部分固定成本，甚至连固定成本的抵偿都不考虑，以维持企业简单再生产，从而实现生存目的。但是，生存只是企业走出危机、渡过难关的权宜之计，这种定价目标只能在企业面临生存危机时临时使用。任何企业都必须以利润为中心，追求长远经济利益，否则终将破产倒闭。

五、质量领先目标

质量领先目标目标是指企业依据其产品或服务质量的领先地位确定价格的目标。采用此定价目标，一般要具有以下条件：①有些企业由于采用了新技术，生产出的产品形象较好；②市场上的消费者对产品质量的关注超过价格；③企业希望树立产品领先形象。在这种情况下，企业提供给市场超过平均质量水平的产品，也采用与其质量相当的超过平均定价水平的价格。由于消费者优质优价的观念，市场上久而久之就会形成此产品质量领先、高价的定位。

六、企业信誉目标

1996年，斯特恩商学院的名誉教授查尔斯·丰布兰较明确地给出了企业信誉的定义："企业信誉是一个企业过去一切行为及结果的合成表现，这些行为及结果描述了企业向各类利益相关者提供有价值的产出的能力。"企业的信誉是企业非常宝贵的无形资产。良好的企业信誉可以帮助企业获得更多的社会资源，在消费者心中树立良好的公众形象。采取以企业信誉为目标的定价是为了维护或提高企业的信誉水平，帮助企业赢得社会的认可和好感。价格是树立企业信誉的一种强有力手段，而信誉不仅为企业制定价格提供依据，还为企业带来丰厚的利润，它是企业的一项无形财富。

第三节 定价方法

定价方法是企业为实现其定价目标所采取的具体方法。在选择定价方法时，企业要充分考虑产品成本、市场需求和竞争形势这三大影响企业定价的最基本因素，并使价格与这些因素的要求相适应。但在实际定价中，企业往往只能侧重于考虑某一类因素，选择某种定价方法，并通过一定的定价政策对计算结果进行修订。与之相对应，就形成了以成本、需求、竞争为导向的三大类基本定价方法。

一、成本导向定价法

成本导向定价法，是指企业以产品的成本为基础，再加上一定的利润和税金而形成价格的一种定价方法。成本导向定价法简便易行，是我国现阶段最基本、最普遍的定价方法。由于作为定价基础的成本分类繁多，以成本为基础的定价方法也存在一定的差异，主要包括以下几种形式。

(一) 成本加成定价法

成本加成定价法是指在单位成本的基础上，加上一定百分比的利润来制定产品销售价格。加成的含义就是在成本上加一定比率的利润。成本加成定价公式为

$$P = AC \times (1 + U) \tag{9-2}$$

其中，P 为单位产品售价，AC 为单位产品成本，U 为成本加成率。

【例9-1】某单位生产的某种产品，单位成本为100元，加成(预期利润)率为30%，则该产品的售价为 $100 \times (1 + 30\%) = 130(元)$。

采用成本导向定价法，关键是要确定预期利润率，不同的产品由于性质、特点、市场环境不同，加成比率也不同。成本导向定价法的优点：计算简便易行，极大地简化了定价程序，也不必常常依据外界变化调整价格；企业和消费者都有公平感；引起价格竞争的可能性会减至最低限度。成本导向定价法的缺点：忽视了供求状况和竞争状况，有可能与市场需求脱节，并难以适应竞争的变化；由于事先很难准确预测在该价格水平上的销售量，固定成本的分摊难以确定；忽略现行价格弹性的定价方法难以确保企业实现利润最大化。成本导向定价法一般只适用于经营状况和成本水平正常的企业，以及供求大体平衡、市场竞争比较缓和的产品。

(二) 盈亏平衡点定价法

盈亏平衡定价法是指在销量既定的条件下，按照预期的利润要求确定价格，又称为目标利润定价法。企业产品的价格必须达到一定的水平才能做到盈亏平衡、收支相抵。它的基本

原理如图 9-1 所示。

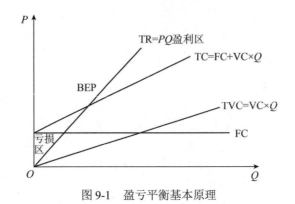

图 9-1 盈亏平衡基本原理

P-价格；Q-产量或销售量；TR-总收入；TC-总成本；FC-固定成本；VC-变动成本；BEP-盈亏平衡点

在产品销售量一定的情况下，当价格增加到一定界限时，产品生产的固定成本和变动成本才能为销售收入所抵偿，即达到盈亏平衡点。如果价格低于这一平衡点，就会发生亏损；只有当价格高于此点，企业才会盈利。

盈亏平衡时的定价公式为

$$P = \frac{VC \times Q + FC}{Q} \tag{9-3}$$

获得利润 R 的定价公式为

$$P = \frac{VC \times Q + FC + R}{Q} \tag{9-4}$$

【例 9-2】某企业生产某种产品，企业的年固定成本为 100 万元，每件产品的变动成本为 5 元/件，当年的预期销售量为 50 万件，目标利润要求为 200 万元，问如何定价？

解：盈亏平衡时，$P = (1\,000\,000 + 5 \times 500\,000)/500\,000 = 7$(元/件)。

获得目标利润时，$P = (1\,000\,000 + 5 \times 500\,000 + 2\,000\,000)/500\,000 = 11$(元/件)。

答：保本定价为 7 元/件，获得目标利润定价为 11 元/件。

盈亏平衡定价法的优点是将产品定价和企业的投资活动联系起来，更清晰地选择定价；其缺点是销售量预测的准确性对市场状况有很大的影响。一般来说，应用这一定价方法应具备的前提条件是：①产品为单一品种的大批量产品；②虽然品种繁多，但品种结构稳定；③收支平衡点产量的总成本能准确地计算出来；④预期销售任务必须能够全部完成。盈亏平衡点定价法往往适用于在竞争中占主导地位或者是垄断性的产品。

(三) 边际成本定价法

边际成本定价法也称边际贡献定价法，该方法以变动成本为定价基础，只要定价高于变动成本，企业就可以获得边际收益(边际贡献)，用于抵补固定成本，剩余即盈利。其基本公式为

$$单位产品价格 = 单位产品变动成本 + 单位产品边际贡献 \tag{9-5}$$

【例9-3】某企业的年固定成本消耗为150 000元,产品的单位变动成本为20元,计划总贡献为120 000元,销售量预计可达10 000件,其产品价格为

$$产品价格=20+120\,000/10\,000=32(元/件)$$

边际成本定价法的优点:能极大地提高产品的竞争力,是因为采用这种方法的价格一般低于采用成本加成法的价格;根据边际贡献的大小,可以合理地安排企业的产品线和产品组合。

边际成本定价法缺点:如果边际收益不足以弥补固定成本,企业总体上将会出现亏损。边际成本定价法适用于竞争十分激烈的市场、生产能力过剩的市场、企业开拓新地区市场、企业经营淡季时的定价。

(四) 目标收益定价法

目标收益定价法,也称投资收益率定价法,是指企业在确定目标利率的条件下,根据事先估计的未来可能达到的销售量和总成本,在保本分析(收支平衡)的基础上,加上预期的目标利润额(投资报酬额),然后再计算出具体的价格。

其计算公式如下:

$$投资报酬额=\frac{总投资额}{投资回收期} \tag{9-6}$$

$$单位产品价格=\frac{总成本+投资报酬额}{预计销售量} \tag{9-7}$$

【例9-4】某企业总投资额为60万元,投资回收期为5年,总成本为30万元,产品预计销售量为5万件,该产品的售价为

$$目标投资报酬额=60\div5=12(万元)$$
$$单位产品价格=(30+12)/5=8.4(元)$$

目标收益定价法的优点是简便易行,也有利于加强企业管理的计划性,较好地实现投资回收;目标收益定价法的缺点是销售量预测的准确性对市场状况有很大的影响。但这种方法要求企业有较高的管理水平,它常为一些大型企业劳务工程和公用事业单位所采用。西方许多大型公用事业公司常以目标收益定价法定价。

二、需求导向定价法

需求导向定价法是一种以市场需求强度与消费者接受程度为主要依据的定价方法,它主要包括感受价值定价法、需求差异定价法和逆向定价法。

(一) 感受价值定价法

感受价值定价法是以消费者对商品价值的感受及理解程度作为定价的基本依据。把买方的价值判断与卖方的成本费用进行比较,定价时更应侧重考虑前者。因为消费者购买商品时总会在同类商品之间进行比较,选购那些既能满足其消费需要,又符合其支付标准的商品。因此,企业向目标市场投放产品时,应该拉开本企业商品与市场上同类商品的差异,突出商

品的特征,并综合运用各种营销手段加深消费者对商品的印象,使消费者感到购买这些商品能获得更多的相对利益。

感受价值定价法的关键在于准确计算出消费者对商品价值的感受。如果估值过高,产品价格高,销售量就偏低;如果估值过低,价格偏低,就削减了企业的利润。因此,企业必须通过有效的市场调研来把握消费者对产品的认知价值。

(二) 需求差异定价法

需求差异定价法是以不同时间、地点、商品及不同消费者的消费需求强度差异为定价的基本依据,针对每种差异决定其在基础价格上是加价还是减价。需求差异定价法主要有以下四种情况。

(1) 以目标消费者为基础的差异定价。因为不同消费者为了满足自己不同的消费心理要求,会对同一商品产生不同的需求弹性。有的属于实惠型,对价格敏感,所以要从价格上适当给予优惠,诱其购买;有的属于优越型,对价格不敏感,可以照价收款甚至高价出售;有的属于时尚性,可以从观念上进行诱导;等等。

(2) 以产品为基础的差异定价。因为对同一商品的不同款式、包装与颜色等,消费者的偏好程度不同,需求量也不同,所以,据此定价可以吸引不同需求的消费者。

(3) 以时间为基础的差异定价。因为同一种商品或劳务因时间不同,其需求量也不同,企业可据此制定不同的价格,争取最大销售量,获得最大利润。例如,一些季节性较强的产品,反季销售通常价格较低。

(4) 以地理为基础的差异定价。不同的地理位置常常会产生不同的需求,也就会对商品的售价产生不同的影响。例如,商业黄金口岸的价格要远远高于位置偏僻的地区价格。

总之,需求差异定价法能反映需求差异及变化,有助于提高企业的市场占有率和增强企业产品的渗透率,但这种定价法不利于成本控制,而且需求差异不易精确估计。

(三) 逆向定价法

逆向定价法,也称倒推定价法,是指在产品设计以前就先按照消费者能接受的价格来确定产品的市场零售价,然后逆向推出批发价的定价方法。其定价程序与成本加成法相反。

逆向定价法的优点是制定出的价格针对性强,既能为消费者所接受又能与竞争对手抗衡;缺点是容易造成产品的质量下降和消费者的不满,并导致客源减少。

逆向定价法可以反映市场需求情况,有利于加强与中间商的良好关系,保证中间商的正常利润,使产品迅速向市场渗透,并可根据市场供求情况及时调整,定价比较灵活。

三、竞争导向定价法

竞争导向定价法是以竞争对手的价格为基础,与竞争者同类产品价格保持一定比例的定价方法。竞争导向定价法的特点是:只要竞争对手价格不发生变化,即使成本或需求有所变化,产品价格也不变;一旦竞争对手的价格有了变动,不论如何价格都要及时做出调整。竞争导向定价法主要有以下三种。

（一）行业价格定价法

行业价格定价法是根据同行业平均价格或者同行业中居于领导者的产品价格来制定本企业产品价格的一种定价方法。行业价格定价法的优点是：平均价格水平在人们观念中常被认为是"合理价格"，易为消费者接受；试图与竞争者和平相处，避免激烈竞争产生的风险；一般能给企业和零售商带来合理、适度的盈利，实现共赢。

行业价格定价法的条件是：①测算成本有困难；②竞争者不确定，很难了解购买者和竞争者对本企业的价格的反应；③企业打算与同行业和平共处。此定价法所定的价格不是固定不变的，当市场价格或某一主要竞争对手的价格发生变化时，本企业的产品价格也将随之改变。这种定价方法为现代许多企业，特别是中小型企业广泛采用。

（二）主动竞争定价法

与行业价格定价法相反，主动竞争定价法不是追随竞争者的价格，而是根据零售店商品的实际情况及与竞争对手的商品差异状况来确定价格。此种方法一般为富有进取心的零售店所采用。定价时首先将市场上竞争商品价格与零售店估算价格进行比较，分为高、一致及低三个价格层次；其次，将零售店商品的性能、质量、成本、式样、产量等与竞争零售店进行比较，分析造成价格差异的原因；再次，根据以上综合指标确定零售店商品的特色、优势及市场定位，在此基础上，按定价所要达到的目标确定商品价格；最后，跟踪竞争商品的价格变化，及时分析原因，相应调整零售店商品的价格。

（三）密封投标定价法

密封投标定价法是指企业根据竞争对手的报价来制定自己的投标价格的一种方法，常用于批量采购、大型机械设备制造或建筑工程项目投资等。一般是由买方公开招标，卖方竞争投标，密封递价，买方按质优价廉的原则到期公布中标者名单，中标企业与买方签约成交。企业参加投标的目的在于赢得合同，所以报价应低于竞争对手(其他投标人)的报价。

投标价格是投标企业根据对竞争者的报价估计确定的，而不是按照投标企业自己的成本费用或市场需求来制定的。密封报价成败的关键是准确预测竞争者报价、预期中标率和合理确定预期利润，特别是处理好报价与中标概率之间的关系。一般来说，报价高，利润大，但中标机会就小；反之，报价低，虽然中标机会大，但利润低，企业可能得不偿失。因此，企业应同时考虑企业目标利润和中标概率，以求确定投标的最佳报价。

第四节　定价策略

定价策略是指企业根据市场中不同变化因素对商品价格的影响程度，采用不同的定价方法，制定出适合市场变化的商品价格，进而实现企业的定价目标。定价策略在市场营销组合中十分关键，企业在制定价格时，需要考虑定价目标、产品成本、产品生命周期等诸多方面。

一、新产品定价策略

新产品定价关系到新产品能否顺利进入市场、占领市场，是企业价格决策中至关重要的问题。新产品定价一般有以下三种策略。

(一) 撇脂定价策略

撇脂定价策略又称高价厚利策略，是指将新上市产品的价格定得较高，使单位价格中含有较高的利润，以便在短期内获取尽可能多的利润，尽快收回投资成本。

撇脂定价的优点：①新产品初上市时，竞争者尚未进入，利用顾客求新、求异的心理，以较高的价格刺激消费，有助于开拓市场；②由于价格较高，可以在短期内获取较多利润，有利于尽快收回投资；③由于开始定价较高，当大批竞争者进入市场时，可以主动降价，增强自身的竞争能力；④顺应了顾客接受降价容易、接受涨价难的心理。

撇脂定价的缺点：①在新产品尚未建立起声誉时，高价策略不利于打开市场；②如果新产品上市后销售旺盛，则高价厚利将很快引来众多竞争者，从而导致价格下降，好景不长。

由于消费者对昂贵的产品往往望而却步，所以采用撇脂定价策略的风险较大。因此，运用撇脂定价策略需要具备一定的条件：①产品为独家生产；②产品需求价格弹性较小；③市场机会极好。例如，美国雷诺曾对其新推出的圆珠笔采用这种定价策略，并取得了巨大成功。当时每支圆珠笔的生产成本只有 0.5 美元，而出厂价却高达 10 美元，零售价则高达 20 美元。在一般情况下，这种价格是无人问津的，但圆珠笔投放市场后却被抢购一空，原因就在于：①圆珠笔当时为雷诺独家生产，该公司居于绝对垄断地位；②圆珠笔是书写工具的革新性产品，与铅笔和钢笔相比有其独特的优点；③雷诺推出圆珠笔这种新产品时，第二次世界大战刚刚结束，美国市场上老产品供应紧张，新产品极易受到消费者青睐；④雷诺将圆珠笔投放市场的时间选在圣诞节前夕，很多消费者将其买来作为圣诞礼物，因而对价格并不计较。

(二) 渗透定价策略

渗透定价策略是指企业在产品上市初期，利用消费者求廉的消费心理，有意将价格定得很低，使新产品以物美价廉的形象吸引顾客、占领市场，以谋取远期的稳定利润。

渗透定价的优点：①在产品进入市场初期，实行低价策略能给消费者以"价廉物美"的感觉，迎合顾客求实、求廉的消费心理，从而刺激消费，扩大销售，迅速占领市场；②低价薄利使竞争者感到无利可图，所以能有效地阻止竞争者进入市场，有利于企业在市场中取得支配地位。

渗透定价的主要缺点：①投资回收期长，见效慢；②一旦不能像预期的那样迅速占领市场，或是遇上强有力的竞争对手，则可能遭受重大损失。

采用渗透定价策略要具备一定的条件：①对于竞争者容易进入的产品市场，或者技术已经公开的新产品，或者易于仿制的新产品，或者市场已有类似替代品的新产品，可以采取低价策略以阻止竞争者进入；②对于产品需求弹性较大的产品，如果企业拥有较大的生产能力，也可以采用低价策略以扩大销售，刺激更多的市场需求；③产品具有规模效益，从而进一步做到薄利多销。例如，小米 2S 降价到 1299 元后，小米完成了在手机入门市场的全覆盖，紧接着推出 699 元的红米。在每个价位段，小米的性价比都具备了比较明显的比较优势。在一定程度上，采用渗透定价策略，是小米成功的关键所在。

(三) 满意定价策略

满意定价策略是介乎撇脂定价策略和渗透定价策略之间的一种定价方法。由于撇脂定价策略定价过高，对消费者不利，既容易引起竞争，又可能遇到消费者观望(拒绝)，具有一定风险；渗透定价策略定价过低，对消费者有利，对于企业最初收入不利(可能赔本)，资金的回收期也较长，如果企业实力不强，将承受不起；满意定价策略则能尽量做到生产者和消费者都有利、都满意。

满意定价策略的优点：既能避免高价策略带来的风险，又能防止采取低价策略给生产经营者带来的麻烦；满意定价策略的缺点：实行起来困难较多，缺乏可操作性。因此，大多数企业对新产品的定价都采用此法。通用汽车公司的雪佛兰汽车的定价水平是相当大一部分市场都承受得起的，市场规模远远大于愿意支付高价购买它的"运动型"（SPORTY）外形的细分市场。这种适中的定价策略，甚至当这种汽车的样式十分流行、供不应求时，仍持续多年。

二、心理定价策略

心理定价策略，是指把消费者的心理特征作为定价的重要参考依据，以激发和强化消费者的购买欲望。

（一）尾数定价策略

尾数定价策略是指在确定产品价格时，保留价格尾数上的零头，而不进位成整数。尾数定价策略目前在市场上被广泛使用。据调查，企业采用数字9、8、5、6、2作为价格尾数的相对较多。例如，服装标价599元，而不标价600元；一个手机标价999元，而不标价1000元；等等。这种定价一般并不是精确计算成本的结果，而是为了适应消费者心理需求所做的取舍。一方面，尾数定价可使消费者觉得企业定价认真，计算精确，对企业定价产生信任感；另一方面，由于价格取低一位数，能使消费者产生"便宜"的错觉，迎合消费者的求廉心理。

（二）整数定价策略

整数定价策略在定价时，把商品的价格归整，不带尾数，使消费者产生"一分钱一分货"的感觉，以满足消费者的某种心理，提升商品的形象。整数定价策略主要适用于高档消费者或消费者不太了解的某些商品。例如，许多珠宝公司将产品定价为300元/克。

（三）分级定价策略

分级定价就是通过对同一类商品的质量、花色、规格进行比较，将其档次分成几级，并分别确定不同的价格。分级定价在营销实践中应用得比较广泛，其主要有以下作用。

(1) 便于调整定价。采用分级定价既可简化企业核算商品价格的过程，又便于对商品价格进行调整，满足不同层次消费者的需要。

(2) 方便交易。分级定价不仅便于消费者根据自己的经济条件、习惯档次选购商品，还便于售货员记忆价格，提高销货效率。

(3) 扩大销售。分级定价便于顾客按需购买，有利于满足不同消费层次的顾客需求，从而可以扩大商品销售量。采用分级定价策略，一要注意合理划分商品档次的数目，二要合理确定各档次之间的差价。

（四）声望定价策略

声望定价策略是指在定价时，把在顾客中有声望的企业商品的价格定得比一般的商品要高,即根据消费者对某些商品或公司的信任心理而使用的价格策略。在长期的市场经营中,有些商店、生产企业的商品在消费者心目中有了威望,消费者认为其产品质量好、服务态度好、不经营假冒伪劣商品、不坑害顾客等,因此,这些经营公司的商品可以定价稍高一些。

(五) 习惯定价策略

在市场上,有些产品的功能、质量、替代品等情况都已为消费者所熟悉,而且消费者对其价格已经习以为常,家喻户晓,如矿泉水、饮料、早餐等均属此类。对于这类产品,个别生产者将难以改变其价格。因此,企业在定价时要尽量顺应消费者的习惯价格,不能轻易改变,否则会引起顾客的不满。即使生产成本大幅度提高,企业确实无法维持时,也不宜提价。但在这种情况下,企业可以采用降低质量或减少分量的办法以变相提价,也可以生产新的花色品种或改进包装后再重新定价。

三、地理定价策略

地理定价策略是一种根据商品销售地理位置不同而规定差别价格的策略。企业通常需要先确定基准地价格,然后根据地域差异、物流成本、消费者特征、营销成本等因素,为其他市场区域制定相应的价格。

(1) 产地价格。产地价格又称离岸价格(FOB),是指顾客在产地按出厂价购买产品,卖主负责将产品运至顾客指定的运输工具上。交货前的运输和保险等费用由卖方承担,而交货后的运输、保险等费用则由买方负担。

产地价格策略对于卖方来说是最简单和方便的价格策略,但它对距离产地较远的买主不利。

(2) 统一运送价格。统一运送价格是指企业对于卖给不同地区顾客的某种产品,都按照相同的出厂价加相同的运费(按平均运费计算)定价。也就是说,对全国不同地区的顾客,不论远近,都实行一个价格。该策略适用于体系小、重量轻、运费低的产品。

(3) 分区运送价格。分区运送价格是指卖方把整个市场划分为几个区域,根据这些区域的距离远近及运费不同,对不同的区域采用不同的价格,但在同一个区域内则实行统一价格。

(4) 目的地交货价格。目的地交货价格是由卖方承担从产地到目的地的运费及保险费的价格。在国际贸易术语中,这种价格称为到岸价格或成本加运费和保险费价格。目的地交货价格由出厂价格加上产地至目的地的手续费、运费和保险费等构成,虽然手续较烦琐,卖方承担的费用和风险较大,但有利于扩大产品销售。

(5) 运费补贴价格。运费补贴价格是指以产地价格为标准,卖方对距离较远的买主给予适当的运费补贴,即给予运费折让。这种策略有利于企业抢占距离较远的市场区域,提高市场占有率。

四、折扣折让策略

折扣和折让策略是指企业为了调动各类中间商和其他用户购买商品的积极性,按照原定的价格少收一定比例或者一定数量的货款或价款。

(一) 数量折扣

数量折扣就是根据代理商、经销商或顾客购买货物的多少，分别给予不同的折扣。数量越多，折扣越大。数量折扣又分为以下两类。

(1) 累计数量折扣。累计数量折扣规定在一定时期内(如一个月、半年或一年等)，同一顾客购买产品累计达到一定数额时，按总量给予一定折扣。这种办法在批发及零售业务中都经常采用，它有利于稳定顾客和与顾客建立长期交易关系。

(2) 是非累计数量折扣。是非累计数量折扣是指在顾客一次购买达到一定数量或金额时所给予的价格折扣。采用这种价格策略，有利于鼓励顾客一次性大量购买，减少交易次数，从而减少销售费用。

(二) 现金折扣

现金折扣，也称付款期折扣，就是对在约定付款期内以现金提前付款的顾客，给予一定的价格折扣。比如，对付款期限为 30 天的货款，立即付款给予 5%的折扣，10 天内付款给予 3%的折扣等。实行现金折扣，可以加速企业资金周转。实行现金折扣的关键是要合理地确定折扣率。一般来说，折扣额不能高于企业由于加速资金周转所增加的盈利，同时，折扣率应比同期银行存款利率稍高。

(三) 功能折扣

功能折扣，又称交易折扣，是企业根据中间商在产品分销过程中所承担的功能、责任和风险的大小，给予不同的折扣价格。功能折扣是企业给中间商的额外折扣，包括两个方面：一方面主要是鼓励中间商大批量订货，扩大销售，争取顾客，并与生产企业建立长期、稳定、良好的合作关系；另一方面是对中间商经营的有关产品的成本和费用进行补偿，并让中间商有一定的盈利。

(四) 季节折扣

季节折扣是指生产季节性商品的企业，对该季节内准时来采购的顾客和中间商，给予的折扣优待。其目的是鼓励他们早日储存商品，组织销售，不使企业该季节的生产受到影响。例如，啤酒生产厂家对在冬季进货的商业单位给予大幅度让利，羽绒服生产企业则为夏季购买其产品的客户提供折扣。

(五) 促销折让

促销折让是指生产企业对为其产品进行广告宣传、布置专用橱窗等促销活动的中间商给予减价或津贴，作为对中间商开展促销活动的报酬，以鼓励中间商积极宣传本企业的产品。这种策略特别适用于新产品的投入期。

(六) 推广津贴

生产企业对中间商提供各种促销工作，如刊登广告、布置专门橱窗等费用方面的销售津贴，称为推广津贴。特别是新产品，采取高促销的努力是有积极作用的，原因是零售商分布广，影响面大，促销作用也大。

五、促销定价策略

企业为了促进销售,有时会把价格定得低于价目表,甚至低于成本,这种价格称为促销价格。

(1) 招徕定价。招徕定价是指零售商利用部分顾客求廉的心理,特意将某几种商品的价格定得较低来吸引顾客。某些商店随机推出降价商品,每天、每时都有一至两种商品降价出售,吸引顾客经常来采购廉价商品,同时选购其他正常价格的商品。

(2) 特别事件定价。特别事件定价就是在某些季节、节假日或者特别事件(如商家周年纪念等)实行促销定价,以吸引顾客到商店中选购商品。例如,每年秋季开学之前,学生用品经销商就降低书包和文具的价格,以吸引顾客进入本店选购商品。

(3) 现金回扣。现金回扣是一种生产者定价策略,即向在特定时间内从经销商处购买本企业产品的顾客提供现金回扣,并直接把回扣送给顾客,以吸引他们购买自己的产品。这样做可以使生产者在不降低价格的情况下扩大销售。

(4) 心理折扣。心理折扣是先把商品价格定得很高,然后大幅度降价出售,使顾客心理上产生非常便宜的感觉。采用这种定价方式需要充分了解消费者的消费特点和我国的法律政策,灵活谨慎运用,切不可让消费者有受到欺骗的感觉。

六、需求差别定价策略

需求差别定价策略是指采用多种不同价格销售同一种产品或服务,但是,这种价格差异并非成本差异所致,而是目标顾客及顾客偏好不同所致。

(1) 顾客定价。顾客定价是指对同一产品或服务,向不同的顾客收取不同的价钱。例如,有的公共交通工具对学生和老人的收费较正常票价低。

(2) 产品形式定价。产品形式定价是对不同型号、不同款式或不同包装的产品实行不同的定价。但是,这种价格差异与产品成本变化并不成比例。例如,带有一定纪念标志的产品,往往比具有同样使用价值的普通产品价格要高得多;包装精美别致的产品往往比普通包装的产品价格要高得多;等等。

(3) 时间定价。时间定价是对同样的产品,在不同季节、不同日期或不同时刻销售时采取不同的定价。例如,旅游景点门票价格,在旅游旺季可定得高一些,在淡季可定得低一些。再如,长途电话费,白天和夜间、节假日和平日有不同的收费标准。

(4) 地点差别定价。地点差别定价是指对于不同地区的购买者采用不同的价格。例如,同一地区或城市的影剧院、运动场或游乐场等,因地点或位置不同,价格也不同。

七、产品组合定价策略

产品组合定价策略是指企业对于不同产品之间的关系和市场表现进行灵活定价,使整个产品组合的利润实现最大化的定价策略。常用的产品组合定价策略主要有以下几种。

(1) 产品线定价。产品线定价是根据购买者对同一产品线不同档次产品的需求,精选设计几种不同档次的产品和价格点,即企业对其生产或经营的产品大类中各个相关联的产品制定一个适当的"价格差额"(同一产品不同规格、花型、颜色等项目间的价格差额)。

(2) 任选品定价。任选品是指企业在提供主要产品时,附带提供的任选产品。例如,顾客去饭店吃饭，除了要饭菜之外，可能还会要烟、酒、饮料等，这里的饭菜是主要产品，烟、酒、饮料则是任选品。

为任选品定价有两种策略可供选择：一是为任选品定低价，借以吸引顾客购买主要产品；二是为任选品定高价，使之可以独立盈利。

(3) 连带产品定价。连带产品是指必须与主体产品一同使用的产品。例如，胶卷是照相机的连带产品，计算机软件是计算机的连带产品。既生产主体产品又生产连带产品的企业，往往将主体产品价格定得较低，而将连带产品价格定得较高，主要靠出售连带产品来盈利，即以高价的连带产品获取高利，补偿因主体产品低价造成的损失。

(4) 副产品定价。在肉类加工业、石油化学工业生产中，常常会产生副产品。如果副产品没有利用价值，或者副产品的处理成本很高，就会影响主产品的定价。为此，企业应该尽量为副产品寻找市场，使副产品的收入至少能够补偿其处理费用。这样，企业就能够降低主产品价格，以提高竞争能力。

第五节　调价策略

企业制定产品价格并不是一劳永逸的，随着市场环境的不断变化，还需要适时地进行价格调整。企业调整价格可以采用降价策略或提价策略，有时是主动行为，有时是面对竞争者的被动行为。

一、降价策略

(一) 降价原因

企业降价可能有以下原因。
(1) 市场上同类产品供过于求，生产能力过剩，经过努力仍然滞销。
(2) 市场竞争加剧，迫使企业降价以维持和扩大市场份额。
(3) 企业相对于竞争者有成本优势，降价可以扩大销售，并可进一步降低成本。
(4) 需求弹性较大的产品，降价会吸引大批顾客，实现规模生产和销售。
(5) 企业资金周转困难，必须快速回转资金。
(6) 产品进入生命周期的衰退期，马上有新产品上市。

(二) 降价策略

降价策略包含直接降价策略和间接降价策略。直接降价策略是指直接降低基本价格。间接降价策略是指在基本价格不变的情况下，采取增加免费项目、改进产品性能和质量、增加折扣种类、提高折扣率以及馈赠礼品等方法，变相降低产品价格。

二、提价策略

(一) 提价原因

企业提价可能有以下原因。

(1) 通货膨胀，物价普遍上涨，迫使企业提高价格。
(2) 企业产品供不应求，通过提价抑制部分需求。
(3) 需求弹性较小的产品，企业适当提价可以促进商品利润的提高和总利润的扩大。
(4) 出于竞争需要，企业将自己产品价格提高到同类产品之上，以树立高品质形象。
(5) 原材料、人工等成本上涨，企业需要通过涨价获得利润。

（二）提价策略

企业提价不一定都是提高基本价格，也可以在价格不变的情况下，通过采取以下策略实现提价。
(1) 减少免费服务项目或增加收费项目。
(2) 减少价格折扣。
(3) 压缩产品分量。
(4) 使用便宜的材料或配件。
(5) 减少或改变产品功能以降低成本。
(6) 使用低廉的包装材料或推销大容量包装的产品，以降低包装的相对成本。
(7) 缩小产品尺寸和体积。

三、市场对企业调价的可能反应

企业调整产品价格，会对顾客、竞争者等产生影响。因此，在实施调价前后，必须调查和估计市场有关方面对企业调价的可能反应，以便减少调价给企业带来的不利影响。

（一）顾客的反应

1. 顾客对降价的可能反应

(1) 产品样式老了，将被新产品代替。
(2) 产品有缺点，销售不畅。
(3) 企业财务困难，难以继续经营。
(4) 价格还要进一步下跌。
(5) 产品质量下降了。

2. 顾客对提价的可能反应

(1) 产品很畅销，不赶快买就买不到了。
(2) 产品很有价值。
(3) 卖主想赚取更多的利润。

除此之外，购买者对价值不同的产品价格的反应也有所不同，对于价值高、经常购买的产品的价格变动较为敏感；而对价值较低、不经常购买的产品，即使单位价格高，购买者也不太在意。

（二）竞争者的反应

竞争者的反应也是企业调价所要考虑的重要因素。企业在调价前，必须了解竞争者当前的财务状况、近年来的生产和销售情况、经营目标及其顾客忠诚度等，以便预测竞争者可能对本企业调价做何反应。竞争者可能有以下反应。

(1) 该企业想与自己争夺市场。
(2) 该企业想促使全行业降价来刺激需求。
(3) 该企业经营不善，想改变销售不畅的状况。
(4) 该企业可能将推出新产品。

四、企业应付竞争者调价的策略

在同质产品市场，如果竞争者降价，企业必随之降价，否则企业会失去顾客；某一企业提价，其他企业随之提价(如果提价对整个行业有利)，但如有一个企业不提价，最先提价的企业和其他企业将不得不取消提价。

在异质产品市场，购买者不仅要考虑产品价格高低，而且要考虑质量、服务、可靠性等因素，因此购买者对较小价格差额无反应或不敏感，则企业对竞争者价格调整的反应有较大自由。

企业在做出反应时，必须先分析：竞争者调价的目的是什么？调价是暂时的，还是长期的？能否持久？是否应做出反应？如何反应？企业要做出迅速的反应，最好事先制定好反应程序，到时按程序处理，提高反应的灵活性和有效性。

在营销实践中，经常出现竞争对手降价、抢占市场份额的事情，企业可以采取以下一种或几种措施来积极应对。

(1) 企业可以跟进减价，以便和竞争对手的价格相匹配。在市场对价格敏感的情况下，企业不减价会失去太多的市场份额。企业在减价的同时应努力维持其产品的质量，控制好企业经营成本。

(2) 企业可以维持原有价格，但是要提高顾客感知质量。企业可以改善与顾客的交流活动，强调优于低价竞争者的产品质量。

(3) 企业可以通过改善产品质量和适当提高价格，对企业品牌进行重新定位。以较高的产品质量来证明较高的价格是值得的，较高的价格反过来能使企业保持较高的利润。

(4) 企业可以设立一种低价格的"战斗品牌"——在产品系列中增加较低价格的产品，或者单独创建一种较低价格的品牌。当正在丢失的细分市场对价格敏感时，这种应对方法往往可以取得良好的效果。

思 考 题

一、简答题

1. 影响企业定价的因素有哪些？
2. 企业如何选择定价目标？
3. 简述成本、需求、竞争为导向的三大类基本定价方法的含义。
4. 论述新产品定价策略。
5. 某企业生产某产品，投入固定成本20万元，单位产品变动成本为15元，预计销售量

5万件。试求：收支平衡的产品价格。

6. 论述产品调价策略和方法。

二、案例分析题

休布雷公司巧定酒价

休布雷公司在美国伏特加酒市场上属于营销出色的公司，其生产的史密诺夫酒，在伏特加酒市场占有率达23%。20世纪60年代，另一家企业推出一种新型伏特加酒，其质量不比史密诺夫酒低，每瓶价格却比它低1美元。

按照惯例，休布雷公司有三条对策可选择。

(1) 降低1美元，以保住市场占有率。

(2) 维持原价，通过增加广告费用和销售支出来与对手竞争。

(3) 维持原价，听任其市场占有率降低。

由此看出，不论该公司采取上述哪种策略，都会处于被动地位。

但是，该公司的市场营销人员经过深思熟虑后，却采取了对方意想不到的第四种策略。那就是，将史密诺夫酒的价格再提高1美元，同时推出一种与竞争对手新型伏特加酒价格一样的瑞色加酒和另一种价格更低的波波酒。

这一调价策略不仅提高了史密诺夫酒的地位，而且使竞争对手的新产品沦为一种普通的品牌。结果，休布雷公司不仅渡过了难关，而且利润大增。实际上，休布雷公司的上述3种产品的味道和成分几乎相同，只是该企业懂得以不同的价格来销售相同的产品策略而已。

(资料来源：百度文库. https://wenku.baidu.com/view/1189023625d3240c844769eae009581b6ad9bd01.html?fixfr=JheaCUi8tciyUHBMHNIC0A%253D%253D&fr=income1-wk_sea_vip-search)

问题：

1. 结合案例，简述影响定价的主要因素和基本定价策略。

2. 休布雷公司成功的定价策略给你带来了哪些启示？

第十章

分销渠道策略

在现代商品经济条件下，大部分制造商都不是将自己的产品直接销售给最终顾客，而是由位于制造商和最终顾客之间的众多执行不同职能、具有不同名称的营销中介将产品转移到消费者手中，这些营销中介形成了一条条分销渠道。一个生产企业，除了重视产品策略、定价策略外，还应该制定合理的分销渠道策略，以方便顾客购买。

分销策略是企业市场营销组合策略之一，营销渠道决策是企业管理层面临的最重要的决策，企业所选择的渠道将直接影响所有其他营销决策。在当今社会中，生产者与消费者之间在时间、地点、数量、品种、信息、产品估价和所有权等方面存在着差异和矛盾。企业生产出来的产品，必须通过直接或间接的市场营销渠道，才能在适当的时间、适当的地点以适当的价格供应给顾客。企业能否制定合理的分销策略，对于满足市场需要、实现企业的市场营销目标有着重要的影响。

学习目标

1. 掌握分销渠道的概念，了解分销渠道的功能及类型。
2. 掌握分销渠道的选择与管理方法。
3. 了解中间商的类型及其评价和挑选。
4. 了解并掌握分销渠道中的实体分配及物流支持。
5. 应用分销渠道理论分析中间商存在的必要性等营销现实问题。

第一节 分销渠道

在现实商业环境中，大部分产品制造企业都需要通过各类经销商、代理商等渠道成员实现销售目标。整个渠道就成了企业实现产品或者服务销售的关键因素。加强成员之间的互利合作，提高渠道的工作效率，可以帮助渠道成员实现经营目标，获取更大的竞争优势。

一、分销渠道的概念

美国市场营销协会在 1960 年给分销渠道下的定义为：分销渠道是指"企业内部和外部代理商和经销商(批发和零售)的组织结构，通过这些组织，商品才得以上市营销"。

科特勒认为："一条分销渠道是指某种货物或劳务从生产者向消费者移动时，取得这种货物或劳务的所有权或帮助转移其所有权的所有企业和个人。因此，一条分销渠道主要包括商人中间商(因为他们取得所有权)和代理中间商(因为他们帮助转移所有权)。此外，它还包括作为分销渠道的起点和终点的生产者和消费者，但是，它不包括供应商、辅助商等。"

本书给分销渠道的定义是，商品和服务从生产者转移至消费者的过程中，取得这种商品和服务的所有权或帮助所有权转移的所有企业和个人，即商品和服务所有权转移过程中所经过的各个环节连接起来形成的通道。其起点是生产者，终点是消费者或用户，中间环节是中间商，包括各种批发商、代理商、零售商、商业服务机构(交易所、经纪人等)。

分销渠道的概念可以从三个要点理解。

(1) 分销渠道的起点是生产者，终点是消费者或者用户。销售渠道作为产品据以流通的途径，就必然是一端连接生产，另一端连接消费。通过销售渠道使生产者提供的产品或劳务源源不断地流向消费者。这个流通过程主要包含商品所有权转移和商品实体转移。

(2) 分销渠道是一组路线，是由生产商根据产品的特性进行组织和设计的，在大多数情况下，中间商是生产商设计分销渠道策略充分考虑的重要因素。

(3) 分销渠道是指某种特定产品从生产者向消费者转移所经历的流程，不仅包含商品价值形态，而且包含商品实体运动。

二、分销渠道的功能

从现代营销的观点看，分销渠道的基本要求是：能有效地弥合产品、劳务的生产者和使用者之间在时间上、空间上和所有权等方面的缺口；最大限度地覆盖目标市场；能以最快的流通速度、最佳的服务质量、最省的流通费用，把产品连续不断地送到消费者手中。具体来说，分销渠道具有下述一系列主要功能。

(1) 信息，即收集与传递营销环境中制订计划和进行交换时所必需的信息。
(2) 促销，即设计和传播有关商品的信息，鼓励消费者购买。
(3) 接触，即寻找潜在的购买者并与之进行接触和沟通。
(4) 配合，即按照买主的要求调整供应的产品，包括制造、分级、装配以及包装等活动。
(5) 协商，即代表买方或者卖方参加有关价格和其他交易条件的谈判，以促成最终协议的签订，实现产品所有权的转移。
(6) 实际分销，即从事商品运输、储存。
(7) 融资，即收集和分散资金，以负担分销工作所需的部分费用或全部费用。
(8) 风险承担，即承担与渠道工作有关的风险。

以上八项分销功能，前五项主要是促成交易，后三项主要是辅助交易的完成。这些任务交给中间商来执行，比生产者自己承担可以节省费用，降低交易成本，提高流通效率，更好地满足目标市场的需求，并增加企业效益。

三、分销渠道的长度与宽度

(一) 分销渠道的长度

分销渠道可根据渠道层次的数目来分类。在产品从生产者转移到消费者的过程中，任何一个对产品拥有所有权或负有推销责任的机构，就叫作一个渠道层次。因为生产者与最终消费者都执行某些渠道工作，所以他们均属渠道的一部分。但市场营销学却以中间机构层次的数目确定渠道的长度。针对消费品的分销渠道的长度不同，可概括为直接渠道和间接渠道(一、二、三层渠道)两大类，如图10-1所示。

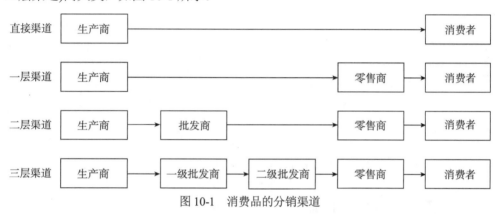

图10-1 消费品的分销渠道

(1) 直接渠道：也称为零层渠道，是由生产企业直接将其产品销售给消费者或用户，没有中间商介入。直接销售的三种主要形式是上门推销、邮购和生产企业开设自销商店。

(2) 间接渠道。

① 一层渠道：生产企业和消费者或用户之间，含有一个营销中介机构。在消费者市场，这个中介机构通常是零售商。采用这种分销渠道的企业通常生产耐用消费品和高级选购品。

② 二层渠道：生产企业和消费者或用户之间，含有两个营销中介机构。在消费者市场，这个中介机构通常是批发商和零售商。这种分销渠道是传统的渠道模式(尤其对中小企业来说)。

③ 三层渠道：生产企业和消费者或用户之间，含有三个营销中介机构。在消费者市场，这个中介机构通常是一级批发商、二级批发商和零售商。肉食类食品及包装类产品的制造商通常采用三层渠道分销其产品。

除此之外，还有层次更多的渠道，但不太常见。从生产企业的立场来看，层次数越少，渠道越好控制；相反，层次数越多，渠道就越复杂。

(二) 分销渠道的宽度

分销渠道的宽度是指渠道的每个层次使用同种类型中间商数目的多少，如批发商、零售商和代理商的数量。一般来说，分销渠道按其宽度通常分为三种，即广泛分销、独家分销和选择分销，见表10-1。

表 10-1　分销渠道的宽度

销售类型	每种销售类型的具体内容
广泛分销	日用品和一般原料的生产者通常采用密集渠道的销售策略，即尽可能在更多的商店中销售其产品。这些产品必须占有地利，以便最大限度地创造品牌展露度和提供便利性
独家分销	所谓独家分销，是指生产企业要求这种经销商不得再经营与之竞争的产品线。通过授权独家销售，生产企业希望销售活动更加积极并能做到有的放矢，而且能够在价格、促销、信用和各种服务方面对中间商的政策加强控制。独家分销有利于提高产品形象和获得较高的利润
选择分销	处于密集销售和独家销售之间的是选择分销，即利用中间商的数目不止一个，但对有意经营某一产品的中间商并不全部都加以利用

(1) 广泛分销。广泛分销是指生产企业广泛利用大量的批发商和零售商推销自己的商品。其优点是市场覆盖面广泛，潜在消费者有较多机会接触到产品。缺点是中间商的经营积极性较低。价格低、购买频率高的日用消费品，工业用品中的标准件、通用小工具等，多采用此种分销方式。

(2) 独家分销。独家分销是指在一定地区、一定时间内只选择一家中间商经销或代理，授予对方独家经营权。这是最窄的一种分销渠道形式。其优点是中间商经营积极性高，责任心强；其缺点是市场覆盖面相对较窄，而且有一定风险。生产和经营名牌、高档消费品和技术性强、价格较高的工业用品企业多采用这一形式，如高档品牌服装、品牌汽车、品牌电脑等。

(3) 选择分销。选择分销是指生产企业从愿意合作的众多中间商中选择一些条件较好的批发商和零售商去销售本企业的产品。这是介于独家分销商和广泛分销商之间的一种中间形式。选择分销主要适用于消费品中的选购品、工业用品中的零部件和一些机器、设备等。

第二节　分销渠道的选择、设计和调整

每个分销渠道的良好运作都离不开渠道成员之间的互利合作，这些渠道成员如同接力队员一样，共同为实现产品和服务的高效率传递贡献力量。在营销实践中，我们要根据企业的营销环境以及各成员之间的具体情况，对整个分销渠道进行选择、设计和调整，实现整个分销渠道的优化。

一、分销渠道的选择

(一) 分销渠道选择的内容

企业可以选择的销售渠道具体来说有直接渠道与间接渠道、长渠道与短渠道、宽渠道与窄渠道。分销渠道的选择包括以下三方面内容。

(1) 确定渠道模式，即确定渠道的长度。企业分销渠道的选择，首先是要决定采取什么类型的分销渠道，是选择直接渠道还是间接渠道；如果选择间接渠道，还要进一步决定采用长渠道还是短渠道，以及选择什么类型和规模的中间商。

(2) 确定中间商的数目，即确定渠道的宽度。企业所使用的中间商数目，应根据商品的特性和企业的实力来决定，通常有三种形式(广泛销售、独家销售和选择销售)可供选择。

(3) 规定渠道成员彼此的权利和责任。在确定了渠道的长度和宽度之后，企业还与中间

商彼此之间确定一定的权利和责任，从而形成贸易关系，如价格政策、销售条件、分销商的地区划分权、相互的服务与责任。

(二) 影响分销渠道选择的因素

企业要有效地选择销售渠道，必须认真对影响渠道选择的各种因素进行分析，然后再做出决策。一般来说，影响分销渠道选择的因素主要有以下几个方面。

1. 产品因素

(1) 产品单价。一般来说，产品的单价越低，渠道越长；反之，产品的单价越高，渠道越短。单位产品价格高的产品，宜采用短而窄的渠道，尽量减少流通环节，降低流通费用。例如，彩电、空调等高档耐用消费品，生产者大多是将产品直接交给大型零售商或家电商场销售；而单位产品价格低的产品，宜采用较长和较宽的渠道，以方便消费者购买。例如，牙膏、香皂等日用品。

(2) 产品的体积和重量。产品的重量和体积直接影响运输费用和存储费用。因此，对于体积庞大而笨重的重型设备，运输和储存比较困难，一般选择的渠道较短；对于体积小而重量轻的产品，由于储运比较便利，费用也较小，选择的渠道可以长一些。

(3) 产品自然生命周期。对于一些易腐、易碎、易失效等自然生命周期短的产品，如海鲜、水果等，尽可能选择较短的销售渠道；对于一些耐储存、耐碰撞和长效等自然生命周期长的产品，销售渠道可以长一些。

(4) 产品的技术复杂程度和对服务的要求。技术复杂程度高或对服务要求多的产品，其销售渠道要短，尽可能直接销售给用户，以便用户了解产品和获得服务；相反，技术、服务要求低的产品则可选择长渠道。

2. 市场因素

(1) 消费者购买习惯。有的消费者喜欢到企业买商品，有的消费者喜欢到商店买商品。所以，生产企业应既直接销售，也间接销售，既满足了不同消费者的需求，也增加了产品的销售量。

(2) 市场范围大小。商品销售的市场范围越大，则销售渠道越长，如企业产品在全国范围或出口销售，需要经过较多的中间环节；如果产品销售范围小或只在当地销售，则可由企业直接销售。

(3) 顾客集中程度。如果顾客较集中，可考虑设点直接推销；相反，如果顾客较分散，则适合于经过批发商、零售商销售。

(4) 竞争者使用的渠道。出于市场竞争的需要，企业有时选择与竞争者相同的渠道、相似的地点，但必须做到优于竞争对手；企业有时则故意避开竞争者常用的渠道，别出心裁，一反常规，开辟新的渠道。

3. 企业自身因素

(1) 资金实力。一般来说，企业实力强、资金雄厚、声誉高，对渠道选择的自由度较大，既可以建立自己的销售队伍，也可以直接向零售商供货；相反，一些不出名或实力弱的中小企业，即使产品适合选用直接渠道，也不得不放弃，因此必须依赖中间商来销售产品。

(2) 销售能力。生产企业在销售力量、储存能力和销售经验等方面具备较好的条件，则应选择直接分销渠道；反之，则必须借助中间商，选择间接分销渠道。

(3) 企业的产品组合。产品组合越广，适合于选择较短的销售渠道；产品组合越深，则适合于选择较窄的销售渠道；关联性较强的产品组合，适合于选择同样的销售渠道。

(4) 企业控制渠道的愿望。如果企业希望对销售渠道进行控制和管理，使其全力销售自己的产品，应该选择直接渠道或较短的渠道；但有一些企业并不希望控制渠道，会根据成本等因素采取较长而宽的分销渠道。

4. 经济形势与有关法规

(1) 经济形势。当经济形势较好时，企业选择分销渠道比较自由；当经济形势不容乐观时，市场需求下降，企业就必须减少一些中间环节，使用较短的分销渠道。

(2) 有关法规。企业选择分销渠道必须符合国家有关政策和法令的规定。某些按国家政策应严格管理的商品或计划分配的商品，企业无权自销和自行委托销售；某些商品在完成国家指令性计划任务后，企业可按规定比例自销，如专卖制度(如烟)、专控商品(控制社会集团购买力的少数商品)。另外，税收政策、价格政策、出口法、商品检验规定等也会影响分销途径的选择。

二、分销渠道的设计步骤

分销渠道设计流程如图 10-2 所示。设计一个完整的分销渠道应该由以下步骤组成。

(1) 分析市场上消费者的需求。这一步主要指通过市场调研，找出并分析消费者的需求。这一步的关键是要充分考虑到消费者的当前需求和潜在的需求，以及消费者的关注点。

(2) 设定渠道的目标和限制。根据第一步的分析结果，设定渠道的目标，即应该建立怎样的渠道，才能最大化地满足消费者的需求。在设定目标时，应充分考虑到各种设定渠道的影响因素。

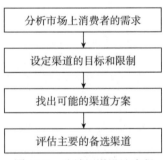

图 10-2　分销渠道设计流程

(3) 找出可能的渠道方案。根据渠道目标和影响因素，并结合企业自身的条件，尽可能列举可行的渠道方案。

(4) 评估被选方案。根据渠道设计的限定性因素，选择最佳方案。确保方案能够在高效率地满足消费者需求的同时，能实施企业既定的营销目标。

三、分销渠道的管理

企业为了使产品顺利地转移到消费者或用户手中，从而实现自己的预期目标，在进行渠道设计后，还必须通过对中间商的选择、激励与定期评估，实现对分销渠道的有效管理，以确保分销渠道的效率与效益。

(一) 渠道成员的选择

制造商对中间商的吸引力取决于制造商本身的声誉和产品销路。有些企业很容易找到合适的中间商，可能是因为其产品好销售或者是产品知名度高；而有些企业难以找到合适的中间商，尤其是那些刚进入某市场的产品。对一个有吸引力的制造商来说，主要的问题是如何选择以及根据哪些条件来选择中间商。一般而言，中间商选择的标准主要包括：①其经营时间的长短及其销售和获利能力；②其信誉及协作态度；③其市场覆盖范围；④其业务人员的能力和素质；⑤其经销经验及偿债能力；⑥其顾客类型及需求特点。

(二) 渠道成员的激励

生产者不仅要选择中间商，还要经常激励中间商，使其不断提高经营水平。制造商应尽量避免激励过分与激励不足两种情况。当制造商给予中间商的优惠条件超过其取得合作与努力水平所需的条件时，就会出现激励过分的情况，其结果是销量提高，而利润下降。当制造商给予中间商的条件过于苛刻，以致不能激励中间商的努力时，则会出现激励不足的情况，其结果是销量下降，利润减少。因此，制造商必须认真确定合理的激励水平。一般来说，对中间商的合理激励水平，应以保证交易关系为基础，主要体现在以下三个方面：①中间商能努力经营企业的产品；②中间商愿意并追求与企业的长期合作关系；③企业能够从这种长期合作中获得更大的利益。因此，企业往往视与中间商不同的合作关系确定其不同的激励水平。

(三) 确定制造商和中间商的关系

制造商和中间商的关系主要有三种形式，即合作、合伙和分销规划。制造商与中间商之间关系方式的不同导致合作结果的不同。

(1) 合作关系。多数制造商与他们的中间商建立合作关系，他们常采用两方面的措施。一方面，制造商利用高利润、特殊优惠、合作推销折让、销售竞赛等办法，激励中间商的推销热情和工作积极性；另一方面，制造商面对表现不好的或工作消极的中间商，降低利润率，推迟发货，甚至终止合作关系。

(2) 合伙关系。比较成熟的制造商一般与他们的中间商建立一种合伙关系，签订协议。在协议中明确规定双方的责任和权利(如规定经销商的市场覆盖面、市场潜量以及应提供的市场信息和咨询服务等)，根据协议执行情况对经销商支付报酬。

(3) 分销规划。这是一种最先进的办法，它是一种把制造商和中间商的利益融为一体的"纵向营销系统"，统一规划营销工作(如拟定销售目标、存货水平、培训计划以及广告和营业推广方案等)，使产销双方协调一致。

(四) 渠道成员的监管

(1) 签订契约、明确中间商的责任。企业在与中间商合作，特别是建立长期合伙关系时，应与之签订有关绩效标准、奖惩条件和契约。在契约中明确经销商的责任，如价格水平、销售努力程度、市场覆盖率、平均存货水平、送货时间、次品与遗失品的处理方法，对企业促销的合作程序以及应向顾客提供的服务等。

(2) 发布销售配额。企业应定期发布销售配额，以明确目前的预期绩效。企业可以在一定时期内列出各经销商的销售额，并依销售额大小排出名次。在排列名次时，不仅要看其销售的绝对量，还要看其增长率及定额完成率，这样可以促使经销商相互竞争，努力销售。

(五) 渠道成员的评估

企业除了对渠道成员进行选择和激励外，还必须定期评估他们的绩效。通过渠道成员评估，可以及时掌握情况，发现问题，采取相应的补救措施，提高渠道的营销效率。如果发现某些经销商的绩效欠佳，就应采取一定的措施进行激励或要求该经销商在一定时期内有所改进。否则，就应取消合作关系，重新选择经销商。

四、分销渠道的调整

企业在确定了渠道系统后，不能放任其自由运行而不采取任何纠正措施。事实上，由于市场环境的不断变化，企业需要经常地对渠道系统进行调整和改进。分销渠道的调整往往比分销渠道的选择更加困难，因为它和企业的长远发展息息相关。分销渠道的调整主要有以下三种办法。

(1) 增减渠道对象。这是指在分销渠道中，对个别经营不善、长时间不能履行合同而影响整个分销渠道效益的中间商，进行契约关系的终止，并在适当的时候，增加符合分销渠道整体利益的中间商。

(2) 增减某一个销售渠道。这是指企业增设或取消某一地区的中间商。如果某一地区的业务萧条，企业可以考虑终止该地区的销售，解散与该地区中间商的契约关系。同时，增加新的、市场潜力较大的地区的销售，与新的地区的销售建立合作关系。

(3) 调整整个渠道。改变整个渠道系统，是企业调整渠道决策最困难的一种。这种调整，应该由企业最高管理层做出决定。因为这不仅要改变渠道，而且要调整企业已经习惯的销售因素组合和政策。

第三节　分销渠道的中间商

中间商是作为承担产品分销功能的实体组织，是整个分销渠道的核心组成部分。企业需要通过中间商来实施自己的营销战略，满足消费者的需求，同时利用中间商来扩大市场份额。

一、中间商的作用

中间商是指在生产者与最终消费者之间参与交易业务、促使买卖行为发生和实现的经济组织及个人。中间商在分销渠道中的作用表现在以下几个方面。

(1) 沟通生产者和消费者。中间商一头连接生产者，一头连接消费者，接触面广，熟悉市场。中间商可以把消费者的需求信息传递给生产者，同时把生产者的产品信息传递给消费者，从而把寻求某产品的购买者与生产该产品的厂商联系在一起。对于那些想要进入新市场的企业、向市场投放新产品的企业以及缺乏足够资金的企业来说，中间商的经验和地位特别有利用价值。

(2) 降低交易成本。中间商的存在有利于经济合理地组织商品流通。如果没有中间商的介入，生产者将不得不采取直接销售的方式，则每一个生产者都必须直接和所有的消费者发生交易，流通过程将极为复杂，甚至难以实现商品交换。中间商的存在则可以简化交易过程，从而降低交易成本，降低商品售价。

(3) 使产品的集中、平衡和分散。所谓集中，就是指中间商将分散在各地的制造商生产的产品汇集成比较大的批量，发挥"蓄水池"的作用。所谓平衡，就是指中间商可以调节产需双方在品种、数量、质量、时间、空间等方面的矛盾，起着平衡供求关系的作用。所谓分散，就是指中间商根据市场需求，将集中起来的成批、大量的产品分解成为许多小批量，扩散到各地区、各部门和各商店中去，以方便消费者或用户购买。

(4) 代替生产者行使市场营销职能。中间商可以代替生产者执行所有的市场营销职能，如进行营销调查、刊登产品广告、从事实体分配以及为顾客提供产品支持服务等。由于中间商具有执行某些市场营销职能的专门知识和技术，所以生产者将市场营销职能转由中间商来执行，能够降低市场营销费用，而且效果往往更好。

二、中间商的类型

中间商可以从不同角度进行分类。按是否拥有商品所有权分类，中间商可分为经销商和代理商；按其在流通过程中的不同作用分类，中间商可分为批发商和零售商；等等。

(一) 批发商

1. 批发商的概念

批发商是指向生产企业购进产品，然后转售给零售商、生产者组织或各种非营利组织，不直接服务于个人消费者的商业机构，位于商品流通的中间环节。专门从事批发业务的组织或个人就是批发商，在西方称为商人批发商、中间商或分销商。批发商拥有产品所有权，进销差额构成批发毛利。

2. 批发商的职能

批发商的职能如下。

(1) 销售与促销职能。批发商的销售力量使生产商能够以较小的成本接触更多的中小客户。由于批发商接触面比较广，常常比生产商更多地得到买方的信任。

(2) 采购与搭配货色职能。批发商根据顾客需要替顾客选购产品和有效搭配货色，把整批货物分解成较小的单元，这样就大大减少了运载货物的情况，从而节省了时间和费用。

(3) 仓储服务职能。批发商备有一定的库存，降低了供应商和顾客的存货成本和风险。

(4) 运输职能。批发商往往与运输车队或运输公司关系密切，所以能做到快速提货。

(5) 融资职能。批发商从生产商那里大量购进货物，可加速后者的资金周转；批发商也为其顾客提供财务援助，如准许赊购等。

(6) 风险承担职能。批发商在分销过程中，由于拥有货物所有权，所以可承担失窃、损坏或过时被弃等各种风险。

(7) 提供信息职能。批发商作为生产厂商和零售商之间的中介，可以为他们提供各种有关的竞争者、新产品和价格变化等方面的情报。

(8) 管理、咨询、服务职能。批发商可以经常帮助零售商培训推销人员、布置商店以及建立会计系统和存货控制系统，从而提高零售商的经营效益。

3. 批发商的基本类型

(1) 专业批发商。专业批发商是指专门经营某类或有限几类商品的批发商业机构。专业批发商主要向某行业的各个生产企业进货，销售给其他批发商、零售商和工业用户。专业批发商经营的产品品种规格很多，品牌齐全，品种之间的消费替代性和连带性很强，同一产品和同一品种的进销批量都很大，为购买者提供了充分的比较选择余地。专业批发商与本行业的生产企业联系广泛，有较多的专业知识，能为经营同类商品的专业零售商店和工业用户提供更多的技术咨询和服务。我国大中城市传统的专业批发公司和小城市的专业批发商店都属此种类型。

(2) 普通商品批发商。普通商品批发商的经销对象主要是综合零售店及小商小贩。普通商品批发商经营商品范围广，品种规格也较多，但不及专业批发商有深度。我国的工业品贸易中心、工业品批发市场、农副产品批发市场、小商品批发市场及传统的综合批发商店都属此种类型。

(3) 商人批发商。商人批发商按其职能和提供服务的程度分类，分为完全服务批发商和有限服务批发商两大类。

① 完全服务批发商。完全服务批发商执行批发商业的全部职能，不仅包括预测市场需求、提供市场信息和适销对路的货源，还提供储存商品、运输送货、信贷援助及协助管理等服务。

② 有限服务批发商。有限服务批发商只执行批发商业的一部分职能，对其供应者和顾客只提供一部分有限的服务。根据所提供的服务不同分类，有限服务批发商又可进一步细分为以下几种类型：

a. 现购自运批发商。这种批发商既不赊销也不送货，顾客必须当时付清货款，并自备车辆将货物运回，因而其批发价格一般低于完全服务批发商，主要从事食品、杂货的批发。

b. 直运批发商。这种批发商接到订单就向制造商、矿商等生产者进货，并通知生产者将货物直运给客户，所以直运批发商不需要仓库，只有一间办公室即可，因而也叫"写字台批发商"。直运可避免重复运输，减少储运费。直运批发商多经营煤炭、木材等笨重商品。

c. 卡车批发商。卡车批发商从生产者那里把货物装上卡车后，立即运送给客户或送到超市、小杂货店、医院、餐厅等，现货现卖，主要执行销售和送货制度，适合经营那些易腐商品。

d. 货架批发商。货架批发商也称专柜寄售批发商，在超级市场或其他食品杂货店设置自己的货架，展销其商品，实现销售后才向零售商开单收款。货架批发商主要经营家用器皿、化妆品、玩具等，提供送货、陈列商品、储存商品和融通资金等服务。

e. 邮购批发商。这类批发商全部批发业务都采取邮购方式。他们向零售商、工业用户寄送商品目录，订货配齐后，以邮寄、卡车等有效方式运送货物。他们主要经营化妆品、专门食品、小五金等小商品，主要顾客是边远地区的小零售商。

在现实经济生活中，还存在若干生产企业自愿组合的批发企业、生产企业和商业联合的经营批发企业。批发商的存在使整个社会营销关系大大简化，使社会规模的营销成本有所降低。

(二) 代理商和商品经纪人

代理商和商品经纪人是为自己的委托人从事购买、销售，按销售额提取一定比例的报酬，但不取得商品所有权的商人。代理商和商品经纪人都不从事产品的实际买卖，不拥有产品所有权，主要通过促进买卖获取佣金。

1. 代理商

代理商是以代理卖方和买方销售产品或采购商品为主要业务，从中向委托方收取代理费。

常见的代理形式有以下四种。

(1) 制造商代理商。制造商代理商即厂家代理,他们通常代表几家产品线互相补充的生产企业,在一定地区按厂方规定的销售价格和其他销售条件销售产品,制造商按销售额的一定比例付给佣金,鼓励其以最好的价格积极推销。这种代理商类似厂方的推销员,他们往往与厂方有相对固定的长期代理关系。

(2) 销售代理商。销售代理商通常受制造商委托代销商品。与制造商代理商不同的是,销售代理商具有销售制造商全部产品的权利,厂方不得再委托其他代理商或雇员推销其产品。销售代理商实际上是厂方的独家全权销售代理商,对产品的价格、交易条件等有很大的影响力,而且不受地区限制。这种委托关系也相对较持久。

(3) 佣金商。佣金商或称商行,是指对委托销售的商品实体具有控制力并参与商品销售谈判的代理商。佣金商和委托人的业务一般包括一个收获季节或一个销售季节。佣金商通常备有仓库,可以替委托人储存、保管货物;佣金商还执行替委托人发现潜在买主、获得最好价格、分等、打包、送货、给委托人和购买者以商业信用(预付货款和赊销)及提供市场信息等职能。佣金商对委托代销的货物通常有较大的经营权利。佣金商收到委托人运来的货物以后,有权不经过委托人同意而以自己的名义按照当时可能获得的最好价格出售货物,以免经营的易腐品变质造成损失。佣金商卖出货物后扣除佣金和其他费用,即将余款汇给委托人。

(4) 采购代理商。采购代理商是与买主保持较长期的关系,为买主采购商品,并提供收货、验货、储存、送货等服务的机构。例如,大规模服装市场上有一种常驻买客,专门物色适合于小城镇的一些小零售商经营的服装。他们知识丰富,可向委托人提供有益的市场情报,并为其采购到适宜的优良商品。

各种代理商的作用主要有两点:一是弥补了生产企业和批发商销售网点及销售能力的不足,有助于扩大产品销路,对新产品或滞销产品的推销更为适用;二是委托他人代理销售,可以减少许多与经销商在利益分配上的矛盾和争执。在现代经营活动中,代理商是一种比较理想的销售渠道。

2. 商品经纪人

商品经纪人的联系面广,认识许多买主和卖主,了解哪些卖主要卖什么,哪些买主要买什么。他们拿着货物说明书和样品,替卖主寻找买主,或者替买主寻找卖主,把卖主和买主结合在一起,介绍和促成卖主和买主成交。成交后,由卖主把货物直接运给买主,而经纪人向委托人收取一定的佣金。他们不存货,不卷入财务,不承担风险,只是担任买卖双方的媒介,不承担其他责任。

(三) 零售商

1. 零售商的概念

所有面向个人消费者的销售活动都称为零售。从事这种销售活动的企业和个人就是零售商。零售是商业流通的最终环节,也是商品分销渠道的出口。零售商的基本任务是直接为个人消费者服务,因此在开设地点、营业时间、服务项目、购物环境等方面的努力特别重要。

2. 零售商的作用

从社会再生产过程的角度来说,零售的作用是不可忽视的,零售本身就是社会再生产过程的一个重要部分,一方面起着联系生产和消费的桥梁及纽带作用,实现生产者与消费者之间的交换；另一方面作为生产活动的延续，创造出新的劳动价值。具体来说，零售商具有以下作用。

(1) 完成商品转化为货币的过程。商品生产的目的是获得利润。在货币经济中，这一目的只有在商品变为货币之后才能实现。对于满足消费者需要的最终产品来说，商品向货币转变的最后环节是在零售过程中完成的。

(2) 节约流通费用。零售最为重要的社会作用就是能够节约流通费用。换句话说，零售商介入商品分销过程，通常会降低商品分销的社会资源的占用和耗用，而不是增加社会成本。

(3) 提供大量社会就业机会。总体来说，零售是劳动密集型的状态。一方面，传统零售采用人员推销的方式，已经为消费者所习惯；另一方面，零售过程包括大量惯性的非程序化的事物，因此零售需要大量的劳动投入。

(4) 提供商品展示和促销的场所。零售以店铺销售为主要方式，各个零售店铺将大量的空间改造成商品的展示场所，并进行大量的促销活动，如服装零售店等。

3. 零售商的类型

零售商的形式千变万化，新形式层出不穷。零售形式的划分标准很多，通常可按商品经营范围的广度和深度不同，把零售商划分成以下几种类型。

(1) 专业品商店。专业品商店是经营某一类商品的商店，如常见的服装店、鞋店、家具店、体育用品商店、书店等。由于市场细分化和产品专门化的趋势日增，专用品商店继续迅速发展，越分越细，并且在规模上也出现了超级专用品商店。实际上，任何一个大型商业中心都主要由大大小小的专业品商店组成。

(2) 百货公司。百货公司通常规模较大，经营的产品面较宽，深度则取决于其规模的大小，经营范围涉及消费者生活的各个方面，尤其是服装、家庭用品、美容化妆品等。百货公司大多设在城市繁华区和郊区购物中心，店内装饰富丽堂皇，橱窗陈列琳琅满目。经营的目标顾客是中产及中产以上阶级。百货公司通常采用传统的售货方式，每个商品部、商品柜都有若干服饰整洁、彬彬有礼、主动热情的营业员为顾客介绍商品，解答问题，取、拿包装商品。

(3) 超级市场。超级市场是大规模、低成本、低毛利、消费者自我服务的零售经营方式，主要经营食品、洗涤品及家庭其他日常用品。超级市场的经营品种齐全，特别适合购买频繁、用量大的易耗类消费品。超级市场出售的商品一一注明分量、定价，包装整齐地陈列在货架上或悬挂起来，顾客可自由选取，然后统一计价付款。超级市场的规模从几十平方米到几万平方米不等，提供的服务较少，适合家庭大量购买。

(4) 大型仓储式市场。大型仓储式市场包括超级商店和特级市场。超级商店较传统的超级市场更大，平均营业面积达 3.5 万平方英尺(1 平方英尺等于 0.0929 平方米)，目的在于满足消费者对日常购买的食品类商品的全部需要，有的还提供洗衣、修鞋、快餐等服务。特级市场比超级商店还大，营业面积在 10 万～20 万平方英尺不等，综合了超级市场、折扣商店和仓库商店的经营方式，经营范围超出了日常用品，包括家具、大小家用电器、服装和其他许多商品。其基本做法是将原装商品陈列，由消费者自行选择、搬运，对大型器具给予折扣。

(5) 折扣商店。折扣商店是指以薄利多销的方式出售标准化的商品的商店。一个真正的折扣商店具有下列特点：①商店经常以低价销售商品，商店销售全国性品牌，因此价格低廉并不说明商品质量低下；②商店在自助式、设备最少的基础上经营，店址趋向于租金低、且能吸引较远处的顾客的地区。折扣商店之间、折扣商店与百货公司之间的竞争非常激烈，从而导致许多折扣商店走向高级化，经营品质高、价钱高的商品。另外，百货商店经常降价与折扣商店竞争，使两者之间的差距日益缩小，区分越来越模糊。

(6) 便利商店。便利商店一般接近居民生活区，旨在使消费者方便日常生活中购买的小商品，通常全年无休，从清早到深夜，甚至 24 小时营业。其商品价格略高于一般零售业态的商品价格。经营范围为人们日常生活中必要、基本的商品和服务，如加工食品、日用杂货、报纸杂志、快递服务等。近十几年来，大量发展特许加盟店使得便利商店同样能获得规模效益而迅速成长。

(7) 连锁商店。连锁商店是在同一所有者集中控制下的若干个商店，实行统一店名、统一管理和集中采购所形成的零售商业组织。其特点是：对组织中的各家商店在经营范围、产品定价、宣传推广、销售方式，甚至店铺设计等方面都有统一规定，以便树立统一形象。连锁商店具有以下形式：

① 自愿连锁，即一批所有权独立的商店(多为小型商店)，自愿归属于一个采购联营组织和一个管理服务中心领导，目的是与正规连锁商店进行竞争。

② 加盟连锁，又称特许连锁，是指由一个特许人(生产商、批发商或服务组织等)和若干个特许经营者(购买了特许权的独立商人)形成的契约式联合组织。特许连锁的基础一般是独特的产品、服务、商标、技术、良好信誉等。其特点是所有权分散、经营权集中，并具有正规连锁的优势，深受加盟者和消费者欢迎。

(8) 无店铺零售。无店铺零售涉及的领域很广，是近年来兴起的一种零售方式。它主要有以下几种具体形式：

① 直接销售，又称访问销售，就是直销企业派出推销人员，上门直接向顾客推销产品或服务。其特点是：产品随身携带，当面交易；与店铺零售相比，交易地点由商店变为顾客的工作或生活场所。

② 直复营销，即直销公司利用一定的印刷媒体或通信媒体，如目录、报纸、杂志、电话、电视、广播等，向顾客传递商品或服务的信息，顾客一旦产生购买欲望，可以用信函、电话、传真等方式表达购买意愿，直销公司则通过邮寄、送货上门或顾客到指定地点自取等方式完成商品运送，最终达成交易。

③ 自动售货，即利用通过硬币控制的自动售货机来出售一些方便人们随时购买的商品。例如，自动售货机 24 小时服务，广泛用于方便购买或冲动性购买的商品上，如饮料、糖果、香烟、报纸、化妆品、书籍、胶卷、T 恤、袜子。自动售货较一般商店价格高 15%～20%，且有机器易被损坏、不便退货、库存告罄等影响消费者购买的问题。

④ 购物服务公司是一种会员制的中介组织，专门为某些特定的集团顾客(如学校、医院、政府机构等)服务。该组织与许多零售商订有契约，其会员向这些零售商购物，可享受一定的价格优惠。

第四节　分销渠道中的物流管理

在市场竞争环境中，企业需要在尽可能低的总成本条件下实现既定的客户服务水平，并由此创造企业在竞争中的战略优势。根据这个目标，企业需要合理规划和实施分销渠道中的物流管理，达到同一分销渠道成员或者供应链上企业间协同作用最优化。

一、物流管理概述

(一) 物流管理的概念

《物流术语》(GB/T 18354—2021)中规定:物流是"物品从供应地到接收地的实体流动过程,根据实际需要,将运输、储存、装卸、搬运、包装、流通加工、配送、信息处理等基本功能实施有机结合"。

(二) 物流管理的内容

从市场营销的角度来看,分销渠道中的物流管理就是对发生在分销渠道中的产品实体转移所从事的管理活动。因此,物流管理的内容主要包括订单处理、包装、装卸搬运、运输、仓储、库存控制等六个方面。

(1) 订单处理。订单处理是指处理从接受订货到发运交货过程中所涉及的各种单据。它包括订单的接收、记录、整理、汇集、传递等工作。订单处理的效率及质量反映企业的服务水平,并直接影响着实体分配的效率。

(2) 包装。包装分为商品包装和工业包装。物流管理中的包装指工业包装,目的是保护货物,便于运输和储存。物流中包装形式、包装材料和包装方法的选择都要与物流管理的其他要素相适应。例如,产品特性、运输工具与运送距离、储存条件、装卸方式等不同,会对包装提出不同的要求。

(3) 装卸搬运。装卸搬运工作主要包括产品的装上卸下、移动、堆码等。在产品实体移动过程中,装卸次数的多少和装卸质量的好坏,对于实体分配成本有很大影响。因此,装卸搬运合理化是物流管理中的重要内容。科学地装卸搬运可以提高运输效率,充分发挥站、港、库的效用,加快货物周转,减少资金占用,简化包装,降低损耗,减少事故。

(4) 运输。运输就是借助于各种运力,实现产品实体空间位置的转移。运输决策包括两项内容:一是选择合理的运输方式,如公路、水路、铁路、航空或管道等运输形式;二是确定运输路线。运输决策必须考虑运输方式和其他分销要素的权衡与选择,如仓库、存货等要素。当不同的运输方式所伴随的成本随时间的推移而发生变化时,企业应该重新分析其选择,以便找到最佳物流分配安排。

(5) 仓储。仓储是利用一定的仓库设施与设备储存和保管产品的活动。在实体分配过程中,仓储起着储存和位移的双重作用,能够解决生产与消费在时间上或空间上的矛盾。对于需要储存的产品,企业应合理选择仓库地址和仓库类型。

(6) 库存控制。保持合理的库存是为了在分销过程中保证产品销售能够连续进行。库存控制的内容包括确定产品的储存数量与储存结构、进货批量与进货周期等。库存过多或过少都会对企业经营造成不利影响,因此企业必须确定合理的库存水平。

二、物流管理的目标和原则

(一) 物流管理的目标

(1) 物流管理要以实现客户满意为第一目标,这里的客户不仅指物品的需求方,还包括物流服务的接受方,即物流业务的委托方。客户满意是一个综合指标,具体包括效率、质量、速度、成本、安全等。

(2) 物流管理以整体最优为目的,这里的整体最优表现为对运输、储存、装卸、库存、配送、信息等基本功能要素实施优化管理,处理好物流各要素之间的关系,在保证物流系统效率与质量的前提下,实现物流成本的最小化。

(3) 物流管理既重视效率又重视效果,即在确保整体最优的基础上,充分重视环保、公害、交通等因素,积极发展符合 21 世纪发展潮流的绿色物流。

(二) 物流管理的原则

(1) 在总体上,坚持物流合理化的原则,即在兼顾成本与服务的前提下,对物流系统的构成要素进行调整改进,实现物流系统整体优化。

(2) 在宏观层面上,物流管理除了完善支撑要素建设外,还需要政府以及有关专业组织的规划和指导。

(3) 在微观层面上,物流管理除了实现供应链的整体最优管理目标外,还要实现服务的专业化和增值化。现代物流管理的永恒主题是成本和服务,即在努力削减物流成本的基础上,努力提升物流增值性服务。

(4) 在服务上,物流管理具体表现为 7R 原则即适合的质量、适合的数量、适合的时间、适合的地点、优良的印象、适当的价格和适合的商品,为客户提供上述七个方面的恰当服务。

三、物流管理的决策

在物流管理的总成本中,运输、仓储和库存管理三项费用高达 80%及以上,因此,运输决策、仓储决策和库存控制是物流管理决策最主要的内容。下面就专门讨论这三项决策。

(一) 运输决策

1. 选择运输方式

可供企业选择的运输方式主要有铁路运输、公路运输、水路运输、航空运输和管道运输五种。

(1) 铁路运输是最重要的运输方式,其最大的优点是运费低、运量大、速度较快。它适用于长距离地运输大批量货物或笨重货物。

(2) 公路运输主要是卡车运输。采用公路运输,能够灵活安排运输时间和运输路线,能够实现直接送货上门,而且速度较快,只是长距离公路运输成本较高。因此,公路运输多用于中小批量商品的短途运输,或者用于要求抢时间的长距离运输。

(3) 水路运输分为远洋运输、近海运输和内河运输三种。其主要优点是运量大、运费低,缺点是时间长、速度慢。它适用于运送笨重或不易变质的大宗货物。

(4) 航空运输是最快的也是运费最高的运输方式。一般来说,它主要适用于价值高、体积小、易变质、精度高或时间性强的产品。航空运输在运输业所占的比重较低,但其重要性越来越明显。

(5) 管道运输是一种特殊的运输方式,一般只适用于运输液体或气体商品。其主要优点是安全性强、运费低。

企业在选择运输方式时，应当根据对运输时间、运载能力、可靠性和运输费用等的考虑，选择合适的运输方式。例如，如果企业以追求速度为主要考虑，则宜采用航空运输或公路运输；如果企业以降低运费为主要考虑，则宜采用水路运输或管道运输。

2. 选择运输路线

选择运输路线的主要标准如下。

(1) 运输里程最短。

(2) 商品在途时间最短。

(3) 当向众多客户运送货物时，要首先保证重要客户得到较好的服务。

具体确定运输路线时，可应用运筹学方法设计最佳运输路线。

(二) 仓储决策

1. 选择仓库地址

仓库选址的主要标准如下。

(1) 有利于降低运输费用。为此，仓库地址要考虑客户的地址、订货量及购买频率。因为运输费用是由全部运输量乘以运输里程和单价确定的，所以仓库地址一般应尽量靠近运输吨公里最大的客户。

(2) 有利于提高顾客服务水平。仓库选址对顾客服务水平影响最大的是交货时间。因此，仓库应设在有利于缩短交货时间、提高交货速度的地方。

(3) 仓库选址要与仓库数量相配合。若仓库多，则仓库地址应分散，这样有利于满足各类用户的需要；若仓库少，则仓库地址应集中，首先满足主要用户。

2. 选择仓库类型

选择仓库类型时主要考虑以下几个方面。

(1) 选择自建仓库还是租赁仓库。自建仓库更适合企业自身的业务特点，日常存储费用较低，企业对仓库拥有完全的控制权，但一次性投资大。租赁仓库的最大优点是灵活，可根据客户地址、需求规模及企业经营范围的变化随时调整租赁仓库的位置、仓库设施等。

(2) 选择储存仓库还是中转仓库。储存仓库适用于商品的中长期储存；中转仓库适用于接受来自各生产企业或供应商的货物，然后根据客户订单，尽快编配和转送出去。

(3) 选择单层仓库还是多层仓库。单层仓库方便搬运商品，但占地面积大；多层仓库占地面积小但商品搬运费用高。

(4) 选择老式多层仓库还是新式自动化仓库。显然，老式多层仓库成本低，而新式自动化仓库效率高。

(三) 库存控制

企业存货水平的高低与顾客的需求量密切相关。存货水平太低，就不能满足顾客的需求和保证供货；存货水平太高，又会增加成本，影响经济效益。因此，为了保持适当的存货水平，企业要做好两项决策：一是何时进货(订货点)，二是进多少货(进货量)。

1. 订货点的确定

库存水平随着不断销售而下降，当库存水平降到一定数量时，就需要再进货，这个需要再进货的存量就称为订货点。订货点的确定取决于订货时间、顾客要求的服务水平和库存费用三种因素。订货时间是指从订货到正式收到货物所需要的时间。一般而言，订货时间越长，订货应越高；同时，顾客对交货时间和交货速度的要求程度越高，订货点也相应越高。但订货点越高，平均库存量就越大，从而将导致库存费用上升和企业利润下降。因此，应在提高顾客服务水平与降低库存费用之间进行权衡，以便确定合理的订货点。

确定订货点的基本公式如下：

$$订货点＝平均日需求量×平均订货完成周期$$

【例 10-1】某摩托车中心仓库的平均日需求量为 80 辆，平均订货完成周期为 15 天，则该仓库的平均订货点为：80×15＝1200(辆)。

2. 订货量的确定

在库存控制中，订货费用和保管费用是一对矛盾的成本因素。订货费用包括采购人员差旅费、订货手续费、运费等，主要取决于订货次数的多少，而与订货批量关系不大。

从降低订货费用的角度来看，应当减少订货次数，加大订货批量。保管费用包括占用资金的利润损失、仓库及设备的折旧费用等，主要取决于订货批量，而与订购次数多少关系不大。

从降低保管费用的角度来看，应当增加订货次数，减少订货批量。由此产生了使库存总费用(订货费用和保管费用之和)最小化的方法，即经济订货批量法。所谓经济订货批量，是指能使订货费用和保管费用之和最小化的订货批量。

经济订货批量的计算公式如下：

$$经济订货批量＝\sqrt{\frac{2×每次订货费用×年订货总量}{单位商品年平均保管费用}}$$

【例 10-2】某企业每年要订购某种商品 9000 件，每次订购费用为 25 元，单位商品年保管费用为 5 元，则

$$经济订货批量＝\sqrt{\frac{2×25×9000}{5}}＝300(件)$$

思 考 题

一、简答题

1. 什么是分销渠道？它承担着哪些功能？
2. 简述影响渠道选择的因素。请分析服装与家用轿车市场的特点，以及如何选择合适的分销渠道。
3. 如何对分销渠道成员进行有效的管理与控制？
4. 分析广泛分销、选择分销和独家分销这三类分销渠道策略各自的优缺点。
5. 试分析纯净水、空调、运动鞋这三种商品在城市中采取哪种分销形式最好。
6. 以你所熟悉的一种消费品或一种产业品为例，说明商品销售过程中是否一定要有中间

商介入。如果一定要有，应执行什么功能？

7. 什么是物流管理？它包括哪些要素？

二、案例分析题

蒙牛的渠道变革

蒙牛正在寻找各种模式以拓宽其在全国的销售渠道。为了加快开店进度，蒙牛投入巨资用于连锁，还在30多个城市设立连锁分公司。从2006年起，蒙牛放开了只允许蒙牛经销商加盟的要求，同步发展其他法人特许加盟商。与大多生产企业一样，蒙牛在各地一般都通过当地经销商分销到超市、大卖场、便利店等。山西太原一位蒙牛经商告诉记者，超市的各种费用让我们日子难过。各项收费几乎和销售毛利差不多。如果再被拖欠货款，就赚不到钱了。

"建立连锁专卖店，蒙牛主要是从品牌营的角度考感。"蒙牛连锁事业本部总经理萧桂森表示，单一用大量的广告投入已难以打动消费者，而主流渠道也无法传达蒙牛独特的文化，只有建专卖店能达到这一目的，还能帮助蒙牛直接感知市场的变化。

为了鼓励加盟，从2006年起，蒙牛允许经销商以外的法人加盟，交纳包括加盟费、权利金、保证金在内的费用2.5万元，然后，购买相关设备就可以开店了。蒙牛甚至还能提供资金在5000元/月以内，30m²左右的铺面，允许50%的商品为蒙牛以外的产品。商品价格可以比卖场时价格略低。

乳业与零售业同属于微利行业，一个月需要多少的销售额才能保证盈利？又如何确保加盟商的稳定收益？同时，商铺正变得日益稀缺，房租上涨，运营成本只增不降。蒙牛推出的这种专卖店的业态，会直接与传统的零售渠道产生冲突。如果管理得不好，有可能两败俱伤。而且专卖店仍要依靠其原有经销商的配送体系，短时间内无法实现全国统一配送。而不同的分销渠道，如何维持正常的价格体系？如何有跨区管理？

对于蒙牛的动机，汤志庆认为"渠道越多元化对量的增长越有利"。乳业销售的一个要件是铺设网络，无论专卖店未来如何经营，都能更好地对终端进行控制。

未来，蒙牛专卖店能够在原有的主流覆盖之外辐射一个新的区域，在自己控制的分销渠道中整合蒙牛的系列产品，从而在相对饱和的渠道之外建立一个新的市场。

(有删改)

(资料来源：马进军. 市场营销学[M]. 北京：机械工业出版社，2013.)

问题：

1. 请结合所学知识探讨蒙牛应如何协调渠道成员之间的关系。
2. 试从渠道关系的角度分析蒙牛的渠道策略。

第十一章

促 销 策 略

在全球化经济发展的大背景下,企业难以完全掌握顾客的真实需求,同样,广大消费者也不能完全清楚商品供应商的基本情况。正因为客观上存在企业和消费者之间信息分离的矛盾,企业需要通过各种促销手段,把产品的信息传递给消费者,同时消费者也可以将自己的需求准确反馈给企业。科学制定和实施促销方案,不仅可以让广大消费者了解、熟悉并购买企业产品,还可以通过与消费者沟通,及时调整企业的营销战略,帮助企业生产出适销对路的产品,以满足市场的需求,实现供需双方的双赢局面。

学习目标

1. 掌握促销与促销组合的含义以及促销组合的决策因素。
2. 掌握影响促销组合决策的主要因素。
3. 掌握广告的含义、各种广告媒体的特点以及广告预算的主要方法。
4. 掌握人员推销的含义、人员推销的基本类型和技巧、人员推销的程序以及人员推销的管理。
5. 掌握营业推广的含义和特征、营业推广的主要方式。
6. 掌握公共关系的含义、特征和工作程序。

第一节 促销和促销组合

现代市场营销不仅要求企业生产适销对路的、具有竞争力的产品,制定出有针对性的价格,选择和确定理想的分销渠道,而且要求企业善于与目标消费者沟通,开展多种多样的促销活动。促销的方法和手段主要有广告、人员推销、营业推广和公共关系。它们构成了促销组合策略的重要内容。

一、促销

(一) 促销的定义

促销是指企业利用各种有效的方法和手段，使消费者了解和注意企业的产品，激发消费者的购买欲望，并促使其实现最终的购买行为。促销具有以下两层含义。

(1) 促销的核心是信息沟通。企业向外部传递信息，与中间商、消费者及各种不同的社会公众进行沟通，树立良好的产品形象和企业形象，使消费者最终认可企业的产品。

(2) 促销的最终目的是激发消费者的购买欲望，吸引消费者对企业或产品和服务产生兴趣，促使消费者产生最终的购买行为。

(二) 促销的作用

(1) 传递产品销售信息。促销活动的本质是消费者、生产者和中间商之间的信息流动。在产品正式进入市场以前，产品销售的信息沟通活动就应开始了。企业必须及时向中间商和消费者传递有关的产品销售情报。通过信息传递，使社会各方了解产品销售的情况，建立起企业的良好声誉，引起消费者的注意和好感，从而为企业产品销售的成功创造前提条件。

(2) 创造需求，扩大销售。企业不论采用什么促销方式，最终目的都是激发潜在消费者的购买欲望，引发他们的购买行为。消费者的消费需求、购买动机具有多样性和复杂性的特点，因此，企业只有通过采取灵活有效的促销活动，诱惑或激发消费者某一方面的需求，才能扩大产品的销售，并且通过企业的促销活动可创造需求，发现新的销售市场，从而使市场朝着有利于企业销售的方向发展。

(3) 突出产品特色，增强市场竞争力。随着社会经济的发展，市场竞争日趋激烈，不同的厂商生产经营许多同类产品，这些产品差异十分微小，消费者几乎无法辨别。促销人员应该在面对面沟通的过程中，有针对性地介绍产品的特色，吸引消费者的兴趣和购买欲望，从而提高市场竞争力。

(4) 反馈信息，提高经济效益。有效的促销活动可以使更多的消费者或用户了解、熟悉和信任本企业的产品，并通过消费者对促销活动的反馈(包括消费者的真正需求、对产品的建议等)，及时调整企业决策，使企业生产经营的产品适销对路，扩大企业的市场份额，巩固企业的市场地位，从而提高企业营销的经济效益。

二、促销组合

(一) 促销组合的定义

所谓促销组合，是指企业将广告宣传、人员推销、营业推广、公共关系四种基本促销方式有机结合起来，使企业的全部促销活动互相配合、协调一致，最大限度地发挥整体效果，从而顺利实现企业目标。

(二) 促销组合的方式

企业的促销活动方式繁多，但主要有广告宣传、人员推销、营业推广和公共关系四种，它们构成了促销组合的方式。这四种方式各有其特点,既可以单独使用,也可以组合在一起使用,以达到更好的效果。

(1) 广告宣传。广告宣传指企业以付款方式,通过不同的媒体对产品进行广泛宣传,促进产品销售的传播活动。

(2) 人员推销。人员推销指企业派出推销人员或委托推销人员,直接与消费者接触,向目标顾客进行产品介绍、推广,促进销售的沟通活动。

(3) 营业推广。营业推广指企业为刺激消费者购买,由一系列具有短期诱导性的营业方法组成的沟通活动。

(4) 公共关系。公共关系指企业通过开展公共关系活动宣传企业产品和形象。

促销组合体现了现代市场经营理论的核心思想——整体营销。促销组合是一种系统化的整体,四种基本促销方式则构成了这一整体的四个子系统。每个子系统都包括一些可变因素,即具体的促销手段或工具,某一因素的改变意味着组合关系变化,也就意味着一个新的促销组合。表11-1主要介绍了各种促销方式的优缺点。

表 11-1　各种促销方式的优缺点

促销方式	优　　点	缺　　点
广告宣传	触及面广,形象生动,多次运用	说服力小,难以促成立即交易
人员推销	促销方法灵活,容易激发兴趣,促成当时交易,反馈及时	费用高,接触面窄,好的推销人员难觅
营业推广	吸引力大,可以改变顾客购买习惯,促成即时购买	接触面窄,降价等会引起顾客不信任
公共关系	影响面广,增进公众信任和了解,树立企业良好形象	涉及面广,长期坚持才会取得成效

(三) 促销组合策略

促销组合策略是根据产品特点和经营目标的要求,有计划地综合运用各种有效的促销手段所形成的一种整体的促销措施。促销组合策略是促销组合的某种结果或具体表现形式。在促销中,企业一般采用推动式策略或拉动式策略。

(1) 推动式策略。推动式策略是指厂商以人员推销为主要手段,首先争取中间商的合作,然后利用中间商的力量把新的商品或者服务推向市场,推向消费者。推动式策略流程如图11-1所示。

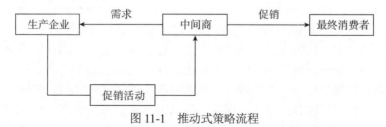

图 11-1　推动式策略流程

(2) 拉动式策略。拉动式策略是指企业先通过广告等直接面向最终消费者的强大促销攻势把新的商品或者服务介绍给最终市场的消费者,使其产生强烈的购买欲望,形成急切的市场需求，然后中间商纷纷要求经销这种商品(图11-2)。

图 11-2　拉引策略流程

两个不同的促销策略采用的是不同的促销组合，推动式策略采用的是以人员推销为主的促销组合，而拉动式策略采用的是以广告宣传为主的促销组合。企业对这两种策略有不同的偏好，有些企业偏重"推"，有些企业偏重"拉"。

(四) 影响促销组合决策的因素

促销组合决策，就是决定如何选择和组合应用以上几种促销方式，以达到有效促销的目的。促销组合策略有很多种，影响促销组合决策的主要因素如下。

(1) 产品的属性。从基本属性角度来看，产品可分为生产资料和生活资料。生产资料采取以人员推销为主的促销组合方式，因为生产资料产品技术性较强，购买者数量较少，但购买数量大且金额较高；生活资料采取以广告宣传为主的促销组合方式，因为生活资料市场的购买者人数众多，产品技术性较简单，标准化程度较高。一般情况下，在生产者市场和消费者市场上，其他促销方式起配合作用。

(2) 产品的价格。产品技术性能相对复杂、价格较高的产品，一般采用以人员推销为主、以其他促销方式为辅的促销组合；反之，一般化的、价格较低的产品，一般采用以广告宣传为主、以其他促销方式为辅的促销组合。

(3) 产品的生命周期。产品生命周期的不同阶段有不同的促销目标，因而应采取不同的促销组合策略，见表11-2。

表 11-2　不同产品生命周期应采取的促销组合策略

产品生命周期	促销目标重点	促销组合
导入期	使消费者了解产品	介绍性广告、人员推销
成长期	提高产品知名度	形象性广告
成熟期	增强产品信誉度	形象性广告、营业推广
衰退期	维持信任、偏爱	营业推广为主、提醒性广告

(4) 目标市场特点。目标市场的特点是影响促销组合决策的重要因素之一。目标市场的销售范围大，涉及面多，应采取以广告宣传为主、以其他促销方式为辅的组合策略；反之，目标市场相对集中，销售范围较小，需求量较大，应采取以人员推销为主、以其他促销方式为辅的组合策略。如果目标市场消费者文化水准较高，经济收入宽裕，应较多地采用广告宣传和公共关系为主的促销组合；反之，则应采用以人员推销和营业推广为主的促销组合。

(5) 促销预算。企业开展促销组合活动都需要一定的人力、物力和财力，而每家企业所能投入促销活动的费用是一定的。因此，企业应该依据目标市场、目标客户和企业自身因素，综合考虑成本最低、效益最好的促销组合方案。因此，在满足企业销售目标的前提下，销售预算约束着企业的促销组合策略。

三、促销的主要步骤

促销策划流程如图 11-3 所示。

一般来说，一个完整的促销活动主要有以下几个步骤。

(1) 建立促销目标。促销目标是指企业制定的整个促销活动所要达到的具体效果。在总体上，促销目标是受企业市场营销总目标所制约的，为了最后进行促销效果评价，企业在制定促销目标时，要较为具体，以保证促销目标符合客观实际。同时，对各项活动都要有一个准确的规定。

(2) 选择促销工具。促销主要有人员推销、广告宣传、营业推广和公共关系这四大工具，这四种促销各有其特点和适用范围。此外，同一特定的促销目标还可以采用多种促销方式来实现，我们需要对各种促销组合进行比较选择，实现组合优化，以实现促销效果最佳，同时要注意促销的成本控制。

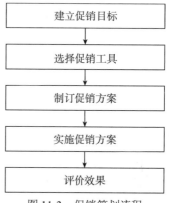

图 11-3　促销策划流程

(3) 制订促销方案。企业开展促销活动时，为了实现与目标市场进行有效的沟通，企业必须根据实际经营情况和促销预算，同时结合目标市场需求特点，制定行之有效的促销方案。在营销实践中，促销是一种综合性的活动，企业必须从整体上制订促销方案，以实现预期的促销目标。

(4) 实施促销方案。促销方案的实施是整个促销活动方案的关键。在促销实施中，企业要注意消费者对促销活动的真实反应，对促销的范围、强度、频度和重点进行优化调整，保持对促销方案实施的良好控制，以顺利实现和达到促销预期的目标和效果。

(5) 评估促销效果。这是一项重要而有价值的工作。整个评估工作需要综合考虑企业的经营效果、消费者的满意指数、顾客回购率、产品的曝光率等诸多因素，以便企业今后设计出更优的促销方案。在效果评估中，企业要认真听取消费者和渠道商的意见，通过各种途径获得他们对这些促销手段的真实反应，同时结合整个促销所取得的实际效果进行综合评价。

第二节　广告策略

广告是一种比较常见的促销手段，特别是随着新媒体技术的普及和发展，广告的形式和内容更加丰富。出色的广告不仅可以带动产品销售，而且可以树立企业良好的社会形象。

一、广告

(一) 广告的概念

《中华人民共和国广告法》对"广告"的定义是：广告主为了达到特定的目的，以付费的形式，通过一定媒介和形式，直接或者间接地介绍自己所推销的商品或者所提供的服务。广告有广义和狭义之分。

广义的广告包括非经济广告和经济广告。其中，非经济广告指不以营利为目的的广告，又称效应广告，如政府行政部门、社会事业单位乃至个人的各种公告、启事、声明等，其主要目的是推广。

狭义的广告仅指经济广告，又称商业广告，是指以营利为目的的广告，通常是商品生产者、经营者和消费者之间沟通信息的重要手段，或者企业占领市场、推销产品、提供劳务的重要形式，其主要目的是扩大经济效益。

(二) 广告的作用

广告主要有以下作用。

(1) 传递信息，加速流通。传递各种信息是广告最基本的作用。通过广告，企业能够将各种产品的商标、性能、用途、使用和保养方法、购买地点和购买方法、价格等多项内容传递给需求者，借助广告促进商品的销售，从而加速商品的流通。

(2) 刺激和满足消费者需求。一则好的广告能诱导消费者的兴趣，引起消费者购买该商品的欲望，直至促进消费者的购买行动。消费者通过企业发布的广告，能及时了解产品和企业的各种情况，从而进行正确的选择和判断，最终买到称心如意的产品。

(3) 提升企业形象，促进竞争。广告在一定程度上是企业的一项重要竞争策略。因为广告宣传能使消费者进一步认识企业和产品，从而树立企业良好的形象和提高企业知名度，促使企业在激烈的市场竞争中不被淘汰。

(4) 丰富生活，陶冶情操。良好的广告可以帮助消费者树立正确的道德观、人生观，并且给消费者以科学技术方面的知识，陶冶人们的情操。

(三) 广告的种类

根据不同的传播方式和途径，可以将广告划分为以下几种。

1. 报纸广告

报纸广告是指企事业单位为了推销产品、介绍企业情况而在报纸上进行广告宣传，以引起消费者兴趣和购买动机的实用文体。

优点。

(1) 对于大多数综合性日报或晚报来说，其出版周期短，信息传递较为及时，有利于发布一些时效性强的产品广告，如新产品的上市和促销活动等。

(2) 报纸以文字和图片来传递信息，信息容量大，在详细说明产品特点方面，有着其他媒体不可替代的优越性。

(3) 专业性报纸有其相对固定的读者群，在该类报纸上登广告，目标对象较明确。

缺点。

(1) 生命周期短，一般只有一天左右。

(2) 印刷质量欠佳。

(3) 读者层面有一定的局限性。

2. 杂志广告

杂志以登载各种专门知识为主，是各类专门产品的良好的广告媒体。

优点。

(1) 目标对象非常明确。大部分杂志都有自己特定的读者层，广告主可根据自己的目标市场选择相应的杂志。

(2) 生命周期较长。杂志出版周期长，利于反复阅读，并且常常被保存。

(3) 印刷精美，吸引力强。

(4) 内容多、容量大，可以容纳较多的广告信息。

缺点。

(1) 出版周期较长，时效性较差。

(2) 影响面不广。目前，除极少数杂志外，大部分杂志的覆盖面不广。

3. 广播广告

广播是通过无线电波或金属导线，用电波向大众传播信息、提供服务和娱乐的大众传播媒体。

优点。

(1) 传播速度快，特别有利于那些时效性要求很强的广告，如一些促销广告。

(2) 制作方便，可随时按照广告主的要求，根据市场的不同情况对广告信息进行调整和修改。

(3) 许多特约栏目是以参与性栏目的性质出现的，消费者可以通过"热线电话"参与节目，可以收到电视、报纸、杂志等单向传播媒体所达不到的互动营销效果。

缺点。

(1) 生命周期短，信息无法保留，转瞬即逝。

(2) 传播的是单一的声音信息，每段广告容纳的信息内容较少，缺乏形象性。

4. 电视广告

自从电视机尤其是彩色电视机进入家庭以来，电视广告正以其极大的优势大行其道。

优点。

(1) 既有图像，又有声音，形象生动，感染力强，适宜做企业的形象广告，这是电视广告的最大优点。

(2) 受众范围广。无论男女老少，各层次的消费者都可接触电视，不像报纸和杂志那样有特定的读者层。

(3) 市场反应快。短期内的大量播出可以在几天内就将企业的知名度提高到一定水平。

(4) 深入家庭。电视是以家庭为单位收看的，家庭成员在收看电视时可以互相交流，对于家庭消费品或需要家庭成员共同决策的产品，电视媒介是很有效的。

缺点。

(1) 时间较短，一般只有 15～30 秒(直销广告和专题片除外)，有些则更短，很难传达更多的产品信息，只适宜做形象广告。

(2) 广告片制作成本高，因此，一个企业的电视广告片往往一年甚至更长时间才更换一次，应变性较差。

5. 户外广告

户外媒介是最古老的广告媒介，是指在城市道路两侧、公路两侧、建筑物、路牌、霓虹灯、大屏幕电子显示屏、户外灯箱等设置的商业广告。

优点。

(1) 户外媒介是长期性媒介，多在繁华地段和人口流动量较大的地区，广告信息的到达率和暴露频次比较高。

(2) 简洁明快，主题鲜明，形象性很强，一看就能留下较深的印象。

缺点：由于大多数户外广告位置固定不动，覆盖面不会很大，宣传区域小，受众具有较强流动性的特点，因此其接收率难以评估。

6. 销售点广告

销售点广告(以下简称POP广告)，是一种设置于销售现场的广告形式，如张贴、悬挂于卖场内的海报和挂旗，橱窗、卖场内灯箱、模型、挂板及各种制作品。

优点。

(1) 利于营造销售现场气氛，使消费者不用费力就可以了解最主要的销售信息。

(2) 当卖场中同时有多家企业的产品时，好的POP广告能使本企业的产品突出出来。

(3) 制作精良、别致的POP广告很容易引起消费者注意，并引起消费者对企业和产品的好感。

缺点。

(1) 设计要求高。差的POP广告不但起不到作用，而且有负面影响。

(2) POP广告越来越多，尤其是在商场内，过多的POP广告已极大地削弱了企业的广告效果。

7. 赠品广告

赠品广告是指经销商通过向消费者赠送一些印有产品或企业信息的礼品，以达到推广和宣传产品的目的。

优点。

(1) 广告赠品大多是有实用价值或欣赏价值的物品，可以较长时间地保留和使用，因而其生命周期较长。

(2) 吸引力强，好的广告赠品甚至会达到消费者为了广告赠品而购买企业产品的目的。

缺点。

(1) 成本居高不下，即使一些低值物品，由于发放数量不能太少，花费也相当可观。

(2) 广告信息容量有限，一般只标明企业名称、品牌或其他一些简单的信息。

8. 网络广告

网络广告是指采用多媒体技术，提供文字、声音、图像等综合性的信息服务，不仅能做到图文并茂，而且可以双向交流，使信息准确、快速、高效地传达给每一位用户。

优点。

(1) 传播范围广，无时空限制。

(2) 灵活的互动性和选择性，互联网信息共享的特点决定了网络广告的互动性。

(3) 内容丰富、形象生动。

(4) 价格低廉。网络广告无须印刷、拍摄或录制，在互联网上发布广告的总价格较其他形式的广告价格低很多。

(5) 易于实时修改。在传统媒体上，广告发布后就很难再更改了，即使可改动，往往也需付出很高的经济代价。网上的广告可按照需要及时变更广告内容。

(6) 传播的主动性。用户需要一定的查找才能找到需要的广告。

缺点。

(1) 创意的局限性。Web 页面上的旗帜广告效果很好，但是创意空间非常小。
(2) 可供选择的广告位有限。

9. 其他广告

除了以上广告之外，还有一些其他的媒体广告，如体育广告、包装纸广告、赞助广告、邮寄广告、明星广告等。

二、广告设计的原则

(一) 真实性原则

真实性是广告的生命和本质，是广告的灵魂。作为一种负责任信息的传递，真实性原则始终是广告设计的首要原则和基本原则。广告的真实性体现在三个方面。

(1) 宣传的内容要真实，应该与其推销的产品或提供的服务相一致，既不能弄虚作假，也不能曲意夸大，必须以客观事实为依据。

(2) 广告的感性形象必须是真实的。无论在广告中如何进行艺术处理，其所宣传的产品或服务形象应该是真实的，应与商品的自身特性相一致，不能夸大与歪曲。

(3) 广告的感情必须是真实的，表现的应是真情实感，不矫揉造作，要以真善美的审美情趣去感染受众，唤起美好的感情，最终达到预期的目的。

(二) 创新性原则

广告设计的创新性原则实质上就是个性化原则，它是一个差别化设计策略的体现。个性化内容和独创的表现形式的和谐统一，显示出广告作品的个性与设计的独创性。广告在创造及维护品牌个性上扮演着重要的角色。当品牌有鲜明和动人的个性时，消费者便会期望使用此品牌。广告设计的创新性原则有助于塑造鲜明的品牌个性，能让此品牌从众多的竞争者中脱颖而出，能强化其知名度，并鼓动消费者选择此品牌。

(三) 形象性原则

产品形象和企业形象是品牌和企业以外的心理价值，是人们对商品品质和企业感情反应的联想，现代广告设计要重视品牌和企业形象的创造。商品的心理价值就是品牌和企业的印象，包括消费者对商品和企业的主观评价，它往往是消费者购买行为的指南。因此，如何创造品牌和企业的良好形象，是现代广告设计的重要课题。每一项广告活动和每一个广告作品，都是对商品形象和企业形象的长期投资。因此，企业应该努力遵循形象性原则，在广告设计中注重品牌和企业形象的创造，充分发挥形象的感染力与冲击力，让经过创造的独特的形象根植于消费者的心目中，这样才能使商品的销售立于不败之地。

(四) 感情性原则

感情是人们受外界刺激而产生的一种心理反应。人们的购买行动受感情因素的影响很大，消费者在接受广告时一般要遵循一定的心理活动规律，即"科学的法则是遵循心理学法则的"。通常，人们将在购买活动中的心理活动规律概括为引起注意、产生兴趣、激发欲望和促成行动四个过程,这四个过程自始至终都充满感情因素。在现代广告设计中,企业必须注意感情性原则的运用,尤其对于某些具有浓厚感情色彩的广告,更是广告设计中不容忽视的表现因素;要在广告中极力渲染感情色彩,烘托商品给人们带来的精神美的享受,诱发消费者的感情,使其沉醉于商品形象所给予的欢快愉悦之中,从而产生购买的愿望。

三、广告媒体选择策略

广告媒体的选择过程包括:确定所期望的送达率、频率和影响力,选择主要的媒体种类,选择特定的媒体载体,确定媒体的使用时机以及确定媒体的地域分配。

(一)确定送达率、频率和影响力

送达率是指在特定的时间内,特定媒体计划一次最少能触及的个人或家庭数目;频率是指在特定的时间内,平均每个人或家庭触及信息的次数;影响力是指通过特定媒体的展露所产生的定性价值。

在给定的广告预算条件下,要确定送达率、频率和影响力的最佳成本效益组合。例如,当企业推广新产品时,送达率最为重要;而当市场存在强大竞争者或消费者阻力较大时,频率最为重要。

(二)选择主要的媒体种类

选择媒体种类时要考虑目标顾客的媒体习惯、产品的特点、传播信息的特点等因素。不同的广告媒体各有其不同的特点。主要广告媒体的优缺点见表11-3。

表11-3 主要广告媒体的优缺点

媒 介	优 点	缺 点
报纸	具有广泛性、保存性、伸缩性,改稿容易	读者看时匆忙,有时不留意图片
期刊	选择目标读者容易,保存性好、转读率高、伸缩性高,彩色印刷复制效果好	不易选择到销售量大的杂志
电视	利用视觉、听觉的效果,具有强大的影响力,理解程度高,具有示范作用,普及范围广,容易发挥创作力	费用高,目标观众的选择性较低
电台	广泛,费用较低,适于一边工作、一边收听	注意力不如电视
广告函件	选择特定购买对象,节省不必要的浪费,具有亲切感	购买者广泛,邮寄困难
户外广告	费用较低,具有一定的持久性	无法选择目标对象,创作力受限制

(三)选择特定的媒体载体

确定了广告媒体种类,广告客户还将面临大量的选择。例如,企业产品选择做电视广告,它还要选择在哪一级电视台、哪个频道,在有线还是无线做广告。广告客户选择特定的媒体载体时,主要考虑:①刊登广告实体单元的数量;②接触媒体载体的人数;③接触媒体载体且具有目标市场特征的人数;④具有目标市场特征且实际看过广告的人数等因素。

(四) 确定媒体的使用时机

广告客户要考虑何时投入广告。例如，有季节性的商品，是应安排在旺季，还是淡季；投入模式是采用连续式广告，还是集中式广告。

(五) 确定媒体的地域分配

广告客户安排媒体时，不仅要考虑时间问题，还要考虑地域问题，要根据产品的销售范围，确定是在国家级媒体做广告，还是在地区级媒体做广告。

四、广告预算

(一) 广告预算的定义

广告预算是企业广告计划对广告活动费用的预算，是企业投入广告活动的资金费用使用计划。它规定在广告计划期内从事广告活动所需的经费总额、使用范围和使用方法，是企业广告活动得以顺利进行的保证。

广告预算主要包括广告活动中所需的各种费用，如市场调研费、广告设计费、广告制作费、广告媒介使用租金、广告机构办公费与人员工资等。

(二) 广告预算的方法

常用的制定企业广告费用预算的方法有以下几种。

(1) 随机分摊法。随机分摊法是指预算的制定并不采用仔细分析方法，广告费用支出额简单地根据负责人的感情决定。目前这种方法的应用比前几年较少，但仍有些企业的广告负责人未经仔细计划即决定广告费用分摊额。

(2) 销售额比例法。许多企业根据销售额(过去的、现行的或预计的)一定比例确定广告费用预算。例如，企业决定按下一年预计销售额 500 万元的 2%分配广告费用，则广告预算为 10 万元。销售额比例法是一种广泛使用的方法，简单易懂。

(3) 投资报酬法。有些市场营销专家建议广告费用支出应视作企业投资，所以，它也和企业其他投资一样，应作为企业资金的一个组成部分。虽然这种方法在理论上有一定逻辑根据，但未能推广和被广泛接受。主要原因是这种方法还缺乏实践经验，管理人员很难估计出所支出的广告费能收回多少报酬。

(4) 竞争平衡法。许多企业的广告费用预算是建立在与竞争企业的广告费用预算相平衡的基础上的。各工业部门的广告费用预算资料可以很容易地从各种广告期刊和各种贸易杂志上获得。

(5) 负担能力法。许多企业确定广告费用预算是根据企业可负担广告费用的能力，即企业能担负多少广告费用就担负多少费用。在确定企业广告预算时很少单独使用这种方法。因为只根据这种方法所制定的广告费用预算很难符合企业的广告目标，实施这种预算的结果不是超支，就是多余。

(6) 目标与任务法。为了正确地确定年度广告预算，企业应具体规定其广告目标和详细列出为完成目标所必须进行的各项工作，并计算完成各项工作所必需的费用。这种方法被认为比所有其他方法都好，因为它清楚地把分配的预算与要做的广告工作密切地联系在一起。

五、广告效果的检验

广告效果是指企业通过媒体传播广告后,目标消费群受到的影响。广告效果检验就是运用科学的方法检测广告的效果。

有许多方法可用于检查广告的效果。但究竟应该选择哪一种方法,管理部门必须考虑下列因素:①准备何时进行检查;②检查的期限;③可用于检查工作的人力、物力和财力的情况;④检查的费用与效益之间的关系。广告部经理和(或)其委托的广告代理商可聘请市场调查组织承担这样的检查工作。

广告效果的检验方法主要包括事前广告检验的方法和事后广告检验的方法,即在广告刊登(播映)之前进行或在广告(播映)之后进行。

(1) 事前广告检验。事前广告检验是在一份广告未刊登或播映时,预先估计可能产生的效果。事前广告检验的重点可以是收集潜在消费者对广告主题、用语、外观、图像等某一方面的反应或确定潜在消费者对整个广告的反应。也就是说,在企业准备更多地投资于制作某一项广告之前,先测量广告的预期效果。如果企业能做到事先检验一项广告或一个广告战役的潜在效果,在刊登或向公众播放广告之前,就可以决定是否刊登、修改或撤回广告。

(2) 事后广告检验。事后广告检验是在广告已经刊登或播映以后评价其效果。如果企业能正确测量广告的实际效果,就可以将广告的实际效果与广告目标进行对比。事前广告检验不能直接联系市场对广告的反应,但事后广告检验可以做到这一点。事后广告检验包括检查消费者对广告注意程度的变化、销售量的增加或者其他广告或广告战役的目标。有了这些资料,企业管理者可决定是否应继续刊登或修改、撤回广告。

(一) 事前广告检验的方法

1. 直接排队评选法

邀请消费者分析各种广告设计方案或用通信形式请消费者对广告的感染力、趣味性等依次排队评选。

直接排队评选法的主要缺点是假定排在前面的广告设计方案将取得成功,在这些设计方案中尽管能评选出一个或两个较为优秀的方案,但事实上所有这些方案中可能没有可以获得成功的广告。

为了避免出现这种难点,可采用各种不同的等级范围来达到评选目的。广泛采用的等级范围就是语义上的差异,即要求评审者用一对语意正相反的词进行评判,如"有—没有""难懂—易懂"。

2. 读者或观众回忆测验法

读者或观众回忆测验法是指通过阅读或观看广告后检查读者或观众记忆广告内容的程度来衡量广告的效果。通常采用的一种方法叫样本试验法,就是在被测验者面前展示一组要测验的广告。在看过广告样本后,要求被测验者回答其所看到的广告内容,要求其尽可能多地回忆出所看到的每项广告的内容。

广告的效果也可以通过无声的广告媒体进行检验。将用于检验的杂志(杂志内刊登广告)分发给被测验者阅读,读后请他们回忆所看到的广告内容。

为了检验电视广告的效果，可邀请被检测者在特定的放映室里观看要测验的电视广告，观看后请他们回忆广告的具体内容；也可以采用电子仪表测验他们观看广告的反应。

3. 其他检验法

广告有时还可以采用实验室测量法检验其效果，如采用各种方法检查被测验者的心率、血压、瞳孔的变化。这些技术测量方法，主要用于衡量广告是否具有吸引人们注意力和兴趣的能力。

(二) 事后广告检验的方法

1. 内容分析核对表

采用核对表分析广告的具体内容，以评价它的效果。采用这种方法的企业应确定使用什么标准对广告的主题思想、标题、内容和图像说明进行评价。广告刊登以后，应按所选择的标准进行评价。

例如，广告部门负责人希望得到下列问题的答案：广告是否简明易懂？广告的标题是否引人注目？广告内容是否可以信赖？广告信息是否便于记忆？

2. 认知测验

认知测验是抽取一组读者做样本，对他们提出问题：他们是否在某一杂志或报纸上阅读过某项广告？

询问最广泛读者的认知测验方法是通过报刊询问所选择的读者，调查报告可提出三种主要的认知数据。

(1) 约略认知百分比。回忆看到过某项广告的读者的百分比。

(2) 联想认知百分比。能记起广告的某一部分内容，由这部分内容能联想起产品名称或服务项目的读者的百分比。

(3) 较深认知百分比。不但记得看过广告，而且能说出广告的一半以上内容的读者的百分比。

3. 弹性系数测定法

对企业来说，从广告费的支出层面来看，其对销售额的影响是非常重要的，因为这是企业广告目标的最终考察标准。

测量广告的销售效果可用下式表示：

$$E = \frac{\frac{\Delta S}{S}}{\frac{\Delta A}{A}} \tag{11-1}$$

其中，S 为销售量，ΔS 为增加广告费后销售的增加量，ΔA 为增加的广告费的支出，A 为广告费原来支出，E 为弹性系数。

如果 E 值比较大，则表示效果比较好。

第三节　人员推销策略

人员推销是指企业通过派出销售人员与一个或一个以上可能成为购买者的人交谈，做口头陈述，以推销商品，促进和扩大销售。人员推销是销售人员帮助和说服购买者购买某种商品或劳务的过程。

一、人员推销的内涵及特点

（一）人员推销的内涵

(1) 沟通信息。有效的信息沟通是推销工作成功的关键。一方面，推销人员要将企业及其产品的有关信息传递给顾客，以利于其做出购买决策；另一方面，推销人员在推销过程中要进行市场调查，及时向企业反馈市场信息，为企业经营决策提供依据。

(2) 推销产品。推销产品是人员推销的中心任务，也是各种推销活动的最终结果。推销人员在向顾客推销产品时，必须明确他推销的不是产品本身，而是一种隐藏在产品背后的对顾客的建议，即告诉顾客，通过购买产品，他能得到某些方面的满足。同时，推销人员要掌握顾客心理，善于应用推销技巧，对不同顾客使用不同的策略，最终达到说服顾客购买的目的。

(3) 提供服务。服务贯穿于人员推销的全过程。推销人员不仅要把产品推销出去，而且有责任为顾客提供各种服务。良好的服务有利于建立企业信誉，赢得顾客的信任，稳定企业与顾客的合作关系。

(4) 分配货源。首先，推销人员要对顾客的需求潜力、信誉等情况做出评价，以指导企业的销售活动；其次，在企业产品供不应求时，推销人员要将有限的货源在顾客间进行合理的分配，并对顾客做好解释和安抚工作，帮助顾客解决困难，尽可能协调供需双方的利益。

（二）人员推销的特点

从上述人员推销的基本内涵可以总结出人员推销具有以下主要特点。

(1) 信息传递的双向性。在推销过程中，推销人员一方面把企业信息及时、准确地传递给目标顾客，另一方面把市场信息和顾客的要求、意见、建议反馈给企业，为企业调整营销方针和政策提供依据。

(2) 销售的针对性。与顾客的直接沟通是人员推销的主要特征。由于是双方直接接触，相互间在态度、气氛、情感等方面都能捕捉和把握，有利于推销人员有针对性地做好沟通工作，解除各种疑虑，引导购买欲望。

(3) 良好的买卖双方关系。推销人员与顾客直接打交道，交往中会逐渐产生信任和理解，加深双方感情，建立起良好的关系，容易培育出忠诚顾客，稳定企业销售业务。

(4) 销售的有效性。人员推销的又一特点是提供产品实证，推销人员通过展示产品，解答疑问，指导产品使用方法，使目标顾客能当面接触产品，从而确信产品的性能和特点，易于引发购买行为。

二、人员推销的程序

为了有效地履行人员推销的职能，推销人员必须遵循一定的工作程序。推销工作程序一般包括以下几个步骤。

(一) 寻找顾客

推销工作的第一步就是寻找产品的潜在购买者。潜在购买者应该对企业销售的产品有需要，而且有支付能力和购买决策权。寻找顾客的方法很多，可以通过推销人员个人观察、访问、查阅资料等方法直接寻找，也可以通过广告吸引、他人介绍、会议寻找等方式间接寻找。由于产品和推销环境的不同，推销人员寻找顾客的方式不尽相同，成功的推销人员往往有其独特的寻找方式。

(二) 推销准备

在正式约见顾客之前，推销人员必须做好以下推销准备工作。
(1) 充分掌握信息，包括潜在顾客的情况及其可能提出的异议、自己所推销产品的情况以及竞争产品的情况等。
(2) 制订周密的推销计划，包括确定拜访顾客的步骤和议题、准备必要而充分的推销材料、选择合适的推销方式和策略、设计自己的推销形象以及做好约见的心理准备等。

(三) 约见顾客

约见顾客是接近顾客的开始，可使对方做好见面准备。约见顾客既有利于接近顾客，又可引起顾客重视，有利于双方进入实际洽谈。约见时要向顾客说明约见的内容、时间和地点。常见的约见方法主要有当面约见、信函约见、电讯约见、广告约见和委托约见等。

(四) 接近顾客

接近顾客是推销人员与推销对象正式接触的开始，它是推销洽谈的前奏。在这一阶段，推销人员要注意自己的态度、表情和言行举止，争取给顾客良好的第一印象，进而使其对自己所推销的产品发生兴趣，为顺利进行推销洽谈创造条件。

(五) 推销说明

推销说明是推销人员向顾客传递推销信息并运用各种方法说服顾客购买产品的过程。推销说明的目的是向顾客全面介绍企业及其产品的情况，使顾客能较好地了解、认识并喜爱产品。推销说明的方法可分为提示说明和演示说明两大类。提示说明是指利用语言艺术来传递推销信息；演示说明是指通过展示或操作产品、出示文字或图片、播放声音和图像等来传递推销信息。

(六) 处理异议

异议是指顾客对推销人员所做的推销说明提出不同的意见和看法，它对成交构成障碍。推销人员必须认真分析异议的类型以及顾客持异议的理由，并采取恰当的方法处理顾客的异议，力求克服成交障碍。

(七) 促成交易

成交并无确定的时间，在推销过程的各个阶段都可能存在达成交易的机会。因此，推销人员要善于识别和捕捉顾客发出的成交信号，依据成交信号当机立断地采取适当方法，促使顾客立即采取购买行动。成交越早，推销效率就越高。如果这个时候提出想了解的问题，推销人员需要快速解答处理问题，不要让顾客有过多的思考机会，要不然太多的疑问不仅会让推销人员手忙脚乱、打断销售进程，还会让顾客疑虑越来越多甚至无法控制，觉得你并不专业或者产品不好，从而动摇其购买的决心。

(八) 后续工作

成交以后，推销人员就应立即着手履行交易协定，如及时交货、收取货款、处理顾客的购后不满、为顾客提供各种售后服务等。此外，推销人员还应认真总结推销的经验教训，以便为开展新的推销工作提供指导。

三、人员推销的基本类型和技巧

(一) 人员推销的基本类型

(1) 上门推销。上门推销是最常见的人员推销形式。它是由推销人员携带产品样品、说明书和订单等走访顾客，推销产品。这种推销形式可以针对顾客的需要提供有效的服务，方便顾客，所以为顾客广泛认可和接受。

(2) 柜台推销。柜台推销又称门市推销，是指企业在适当地点设置固定门市，由营业员接待进入门市的顾客，推销产品。门市的营业员是广义的推销员。柜台推销与上门推销正好相反，它是等客上门的推销方式。门市里的产品种类齐全，能满足顾客多方面的市场需求。

(3) 会议推销。会议推销是指利用各种会议向与会人员宣传和介绍产品，开始推销活动。譬如，在订货会、交易会、展览会、物资交流会等会议上推销产品。这种推销形式接触面广、推销集中，可以同时向多个推销对象推销产品，成交额较大，推销效果较好。

(二) 人员推销的技巧

推销不仅是一种技术，而且是一种艺术，有很强的技巧性。因此，推销人员只有掌握一定的推销技巧，才能争取顾客，促成交易。

(1) 注意推销自己。推销人员在推销过程中，要注意塑造自己的推销形象，让顾客信赖你、接受你，从而接受你所推销的产品。另外，一个顾客记住了你，他就可能给你介绍更多顾客，有利于建立与顾客今后的交易。

(2) 想顾客之所想。推销人员不应立足于推销自己的产品，而应立足于满足顾客的需要，要想顾客之所想，为顾客当好参谋，注意说明产品功能与顾客需要的一致性，促使顾客购买其"最需要的东西"。

(3) 推销产品。推销人员对自己所推销的产品必须了如指掌，熟知其特性和优点，这样才能在推销洽谈中有针对性地进行推销说明，有效地处理异议，促使顾客采取购买行动。介绍产品要简单实用。

(4) 让顾客动手操作或试用。顾客动手操作和试用产品可以获得亲身体验，比只听推销人员口头介绍所获得的印象要强得多。因此，在推销过程中，凡有可能，都应让顾客亲自动手操作或试用产品，如让顾客摸一摸、尝一尝、用一用等，使其准确地了解产品的质量和性能。

(5) 突出重点。推销说明无须面面俱到，而应突出重点。一方面，产品介绍要突出重点，如产品的功能、品质、价格等，使顾客对产品的基本情况有所了解；另一方面，要着重介绍顾客最感兴趣的东西，这样可以刺激顾客的购买欲望，有利于顾客达成购买行为。

(6) 注意倾听顾客的意见。注意倾听顾客的意见对产品是十分重要的，这样做可以使顾客感到你对他的尊重，更重要的是可以从顾客的谈话中获得有价值的行动提示。倾听顾客谈话时要聚精会神，注意理解顾客表达的意思，抓住其谈话的精神实质。

四、人员推销的管理

人员推销的管理主要包括对推销人员的招聘、训练、激励、评价、报酬五个方面的工作，目的是促使推销人员有效地履行人员推销职能。

(一) 推销人员的招聘

推销人员素质的高低对扩大产品销售和实现企业目标有着举足轻重的影响。因此，企业必须十分重视推销人员的招聘工作。

理想的推销人员是否应该具备某些特质？一般认为，推销人员应该富有自信、精力充沛、性格外向、能言善辩，但事实上也有许多成功的推销人员温文尔雅、性格内向、不善言辞，因此，关于推销人员的特质问题尚无定论。尽管如此，企业在招聘推销人员时总要根据工作要求制定一些选择标准，如年龄、身体、学历、口才、智商、能力、仪表等。招聘的程序一般是刊登广告、申请应聘、面谈、测试、调查、体检、安排工作等。

(二) 推销人员的训练

在新录用的推销人员上岗之前，必须对其进行系统的知识和技能方面的训练。训练后，推销人员应该具备以下素质。

(1) 推销员必须对所代表的公司有一个全面了解。

(2) 推销员应该是产品专家，应全面了解从产品设计到生产的全过程，熟悉产品性能、特点、使用、维修，熟知产品成本、费用、出厂价格。

(3) 了解顾客的购买条件、方式和时间，深入分析不同顾客的心理、习惯、爱好和需求。

(4) 推销员要掌握的相关知识主要包括营销策略、市场供求情况、潜在顾客数量及分布、购买动机、购买能力、有关法规等。

(5) 良好的文化、法律和商务素质及熟悉推销礼仪。

训练可以采取课堂讲授、角色扮演、观看有关推销技术的录像以及跟班实习和观摩等方式进行。在整个训练过程中，企业要特别强调理论与实践相结合，可以组织优秀的推销人员介绍经验，以提高训练的效果。

(三) 推销人员的激励

对推销人员的激励包括物质激励和精神激励两个方面。物质激励主要通过报酬制度来实现，这里着重讨论精神激励。

为了激励推销人员，首先，企业必须制定科学合理的销售定额。销售定额不应高到难以完成，也不应低到轻易就能完成。要让推销人员参与制定销售定额，这样他们更能接受销售定额，并积极地去完成定额。其次，企业要创造一个重视推销工作和推销人员的组织氛围。例如，企业领导者应对推销工作和推销人员给予极大的关心，要主动地与推销人员保持经常的沟通和联系，要重视推销人员的意见和建议等。最后，企业应对推销人员采取公开的、正面的精神鼓励措施。例如，定期表扬表现突出的推销人员、每年评选最佳推销人员、开展销售竞赛、提供更多的晋升机会等。

(四) 推销人员的评价

推销人员的评价工作是人员推销管理的重要环节，因为许多关于推销人员的重要决策都是以此为基础做出的，如推销人员的报酬、晋升、去留等。评价推销人员最主要的是考核其销售定额的完成情况，就是将其完成的销售量与销售定额相比较。其他评价标准还有实现毛利、推销访问次数、访问成功率、平均订单数、新订单数、丧失客户数、销售费用及费用率等。

为了正确地评价推销人员的工作，可采取多种方法，从不同角度进行评价。常用的评价方法主要有以下三种。

(1) 横向比较。横向比较就是对不同的推销人员在同一时期完成各种销售指标的情况进行比较。采用这种方法，必须注意不同推销人员的推销环境和推销条件具有可比性。

(2) 纵向比较。纵向比较就是对同一推销人员在不同时期完成各项销售指标的情况进行比较。纵向比较能反映推销人员工作的改进情况。

(3) 素质评价。素质评价就是对推销人员的知识、技能、品行、工作态度、进取精神等方面进行评价。

(五) 推销人员的报酬

推销人员的工作具有很大的独立性、流动性和自主性，难以对其进行日常控制，而且他们的工作环境很不稳定，风险较大。因此，推销人员报酬制度应当具有较大的灵活性。一般来说，推销人员的报酬形式有以下三种。

(1) 薪金制。薪金制即固定工资制，其优点是便于管理，能给推销人员以安全感。但由于推销人员的业绩与其所得脱节，其激励作用较差，容易导致推销效率低下。

(2) 佣金制。佣金制，也称分成制，就是按一定的比例从销售额或利润中提取推销人员的报酬。其优点是能最大限度地调动推销人员的积极性，比较适合推销工作的特点。其缺点是容易导致推销人员为了追求高销售额而采用不恰当的手段推销产品，以致损害企业声誉；推销人员的安全感相对较低。

(3) 混合制。混合制就是将推销人员的报酬分为两个部分：一部分是相对固定的薪金，包括基本工资、福利补贴等；另一部分是佣金，与推销人员的销售业绩挂钩。这种方式既保留了薪金制和佣金制各自的优点，又尽可能避免了两者的缺点。采用这种报酬形式，关键在于如何确定薪金和佣金的合理比例，以及如何准确考核推销的各项工作。

第四节 营业推广策略

营业推广是企业进行促销活动的重要手段，是一种适宜短期推销的促销方法。营业推广的具体形式多种多样，有赠送、买一送一、优惠打折等。企业可以根据自身情况和市场变化灵活运用。

一、营业推广的定义及特征

(一) 营业推广的定义

营业推广，又称销售促进，是指那些不同于人员推销、广告宣传和公共关系的销售活动，旨在运用各种诱因鼓励消费者、中间商和经销商购买产品或服务的促销活动，如陈列、展出与展览表演和许多非常规的、非经常性的销售尝试。营业推广是一种适宜短期推销的促销方法。

(二) 营业推广的特征

营业推广告具有以下特征。

(1) 营业推广是一种强烈刺激需求、扩大销售的活动。营业推广的强烈呈现特征使消费者有得到千载难逢机会的感觉，可迅速消除顾客疑虑、观望的心理，达到即时促销的效果。

(2) 营业推广是一种辅助性质的、非常规性的促销方式。一般来说，人员推销、公共关系、广告宣传等促销方式都带有持续性和常规性，而营业推广则常常是上述促销方式的一种辅助手段，用于特定时期、特定商品的短期特别推销。

(3) 营业推广有一定局限性和副作用。由于营业推广具有特殊优惠的特征，难免显出企业急于出售产品的意图，容易使消费者怀疑和产生逆反心理，有可能降低其品牌声誉。

二、营业推广的方式

根据目标市场不同，营业推广可以分为面向消费者、中间商、企业内部员工的三个推广方式。

(一) 对消费者的营业推广方式

(1) 赠送样品。企业通过随销售其他商品时附送或凭企业广告上的附条领取等方式，向目标市场消费者提供免费样品，供其试尝、试用、试穿，以诱使消费者使用产品，逐步增强消费者对产品的信任。这一营业推广方式适合于处于市场生命周期引入期的新产品的推广和介绍，推广对象应是企业目标市场的最终消费者，赠送的样品通常是非耐用品。

(2) 有奖销售。企业在销售某商品时，对购买商品的消费者设立若干奖励，奖给那些对号中奖的顾客，从而吸引大量顾客购买。例如，凭商品中的某种标志(如瓶盖)可免费或以很低的价格获取一定的好处。奖励的对象可以是全部购买者，也可以用抽奖或摇奖的方式奖励部分消费者。有奖销售方式的刺激性很强，常用于推销一些品牌成熟的日用消费品。

(3) 发放优惠券。企业向目标市场的部分消费者发放一种优惠券，凭券可以按实际销售价格折价购买某种商品。优惠券可以采取直接赠送或广告附送的方式发放。发放优惠券方式可直接吸引消费者购买指定产品，适用于刺激成熟品牌商品的销路，也可鼓励买主在产品导入期试用新品牌。

(4) 包装促销。以较优惠的价格提供组合包装和搭配包装的产品，是向消费者提供低于常规价格的优惠价销售商品的一种方法，主要是采取在商品包装上进行由整到零的改装和不同商品的组合等方式。

(5) 现场示范。企业派人将自己的产品在销售现场进行示范表演，表演产品的生产过程和使用方法。现场示范既可以将一些技术性较强的产品的使用方法介绍给消费者，又可以使消费者直观地看到产品的使用效果，以增加顾客对产品的了解，刺激购买。现场示范方式对使用技术比较复杂或直观性比较强的产品开拓新市场比较有效。

(6) 组织展销。企业将一些能显示企业优势和特征的产品集中陈列，利用橱窗或货架等展示空间专门布置某种产品，设计和制作节省占地面积的陈列方法，力求利用陈列品、广告牌和广告招贴等取得促进销售的显著效果，边展边销。展销可由一个企业单独举办，也可由多个企业共同举办。若能围绕一定的主题组织展销活动并同广告宣传活动配合起来，促销效果会更好。

(7) 会议促销。会议促销指各类展销会、博览会、业务洽谈会期间的各种现场产品介绍、推广和销售活动。

(二) 对中间商的营业推广方式

(1) 数量折扣和推广津贴。生产企业可以按中间商购买产品的数量给予一定的折扣，购买数量越多，折扣越大，从而鼓励中间商大批量购买。生产企业也可以在一定期限内向中间商提供一定金额的推广津贴，以补偿中间商在广告宣传、商品储运等方面的费用支出，有助于加强与中间商的合作。生产企业通过数量折扣和推广津贴等推广方式，鼓励经销商去购买一定数量的商品或者去经营那些它们通常不愿进货的新品种。

(2) 交易会或博览会。与针对消费者的营业推广方式一样，企业也可以通过举办或参加交易会或博览会的方式来向中间商推销自己的产品，以便吸引消费者或中间商前来观看、购买或洽谈业务。由于交易会或博览会能集中大量的优质产品，并能形成对促销有利的现场环境效应，对中间商有很大的吸引力，使之成为一种难得的营业推广机会和有效的促销方式。

(3) 销售竞赛。企业如果在同一个市场上通过多家中间商来销售本企业的产品，可以定期在中间商之间开展销售竞赛，在事先控制好的促销预算的约束下，对销售业绩优胜的中间商给予一定的奖励，如现金奖励、实物奖励和给予较大的数量折扣。开展销售竞赛有利于鼓励中间商加倍努力完成规定的推销任务。

(4) 扶持零售商。生产商对零售商专柜的装潢予以资助，提供 POP 广告，以强化零售网络，促使销售额增加；可派遣厂方信息员或代培销售人员。生产商这样做的目的是提高中间商推销本企业产品的积极性和能力。

(三) 对内部员工的营业推广方式

对内部员工的营业推广，主要是针对企业内部的销售人员，鼓励他们积极推销产品或处理某些老产品，或促使他们积极开拓新市场。一般可采用的方式有销售竞赛、免费提供人员培训、技术指导等。

三、营业推广的作用及注意事项

(一) 营业推广的作用

(1) 吸引消费者购买。这是营业推广的首要目的,尤其是在推出新产品或吸引新顾客方面,由于营业推广的刺激比较强,较易吸引顾客的注意力,使顾客在了解产品的基础上采取购买行为,也可能使顾客追求某些方面的优惠而使用产品。

(2) 奖励品牌忠实者。因为营业推广的很多手段,如销售奖励、赠券等通常都附带价格上的让步,其直接受惠者大多是经常使用本品牌产品的顾客,他们更乐于购买和使用本企业产品,以巩固企业的市场占有率。

(3) 实现企业营销目标。这是企业的最终目的。营业推广实际上是企业让利于购买者,它可以使广告宣传的效果得到有力的增强,破坏消费者对其他企业产品的品牌忠实度,从而达到本企业产品销售的目的。

(二) 应用营业推广应注意的事项

(1) 确定适当的营业推广目标。企业应根据目标市场的特点和整体营销目标来制订推广目标,即"向谁推广"和"推广什么",只有明确推广的对象是谁,才能有针对性地制订具体的推广方案。

(2) 选择推广工具。营业推广的方式方法很多,但如果使用不当,则适得其反。因此,选择合适的推广工具,是取得营业推广效果的关键因素。企业一般要根据目标对象的接受习惯、产品特点、目标市场状况等来综合分析选择推广工具。

(3) 选择适当的方式。企业应根据市场需求和竞争状况,选择有效的营业推广方式。例如,企业为了增强产品竞争力,抵制竞争对手,可采用折价方式;为了开拓新产品市场,可免费赠送样品。

(4) 选择适当的时间和期限。许多产品的需求具有明显的季节性,企业营业推广活动应安排在销售旺季。营业推广的时间安排必须符合整体营销策略,与其他促销活动相协调;应利用最佳的市场机会,确定适当的推广期限。

(5) 选择适当的地点。针对消费者开展营业推广的地点应尽可能选在居民区或闹市区,以便于更多的消费者参与。

(6) 及时评价营业推广的实施效果。每项营业推广工作应当确定实施和控制计划,在一项营业推广结束后,企业应及时总结,对实施效果进行评估,并注意同其他促销策略之间的合作。

第五节 公共关系策略

当一个企业或个人有意识地、自觉地采取各种措施改善和维持自己的公共关系状态时,就是在从事公共关系活动。公共关系活动对企业非常重要,出色的公共关系活动有利于企业树立良好的社会形象,促进产品的销售。

一、公共关系的含义和特征

(一) 公共关系的含义

公共关系是指企业为改善与社会公众的关系，促进公众对企业的认识、理解及支持，达到树立良好组织形象、促进商品销售的目的等而进行的一系列公共活动。

科特勒认为公共关系是指这样一些活动：争取对企业有利的宣传报道，协助企业与有关的各界公众建立和保持良好关系，建立和保持良好的企业形象，消除和处理对企业不利的谣言、传说及事件。良好的企业形象是企业一项能发挥巨大作用的难以估价的无形资产。

(二) 公共关系的特征

公共关系是社会关系的一种表现形态，但是它又不同于社会关系。公共关系有其独有的特征，了解这些特征有助于加深对公共关系的理解。

(1) 人、组织和社会的和谐。公共关系强调的是和谐的人和环境、人事氛围、社会舆论，以赢得社会各界的了解、信任、好感与合作。公共关系就是要追求和谐的境界，为组织的生存、发展或个人的活动创造最佳的软环境。

(2) 双向沟通。公共关系是以真实为基础的双向沟通，而不是单向的公众传达或对公众舆论进行调查、监控，它是主体与公众之间的双向信息系统。组织一方面要吸取人情民意，以调整决策、改善自身；另一方面要对外传播，使公众认识和了解自己，达成有效的双向意见沟通。

(3) 广泛存在。公共关系的广泛性包含两层意思：第一层意思是公共关系存在于主体的任何行为和过程中，即公共关系无处不在，无时不在，贯穿于主体的整个生存和发展过程中；第二层意思是其公众的广泛性，因为公共关系的对象可以是任何个人、群体和组织，既可以是已经与主体发生关系的任何公众，也可以是将要或有可能发生关系的任何暂时无关的人。

(4) 企业整体形象。公共关系的宗旨是使公众全面地了解自己，从而建立起自己的声誉和知名度。它侧重于一个组织机构或个人在社会中的竞争地位和整体形象，以使人们对自己产生整体性的认识。它并不是要单纯地传递信息，宣传自己的地位和社会威望，而是要使人们对自己各方面都要有所了解。

二、公共关系的职能

公共关系是现代社会组织或个人与社会公众之间相互了解、相互合作而进行的传播活动，公共关系具有的职能丰富多样，主要有以下四种。

(1) 信息管理。信息管理的主要体现是信息收集、整理、分析与评估。信息管理包括企业公共关系的形象价值和企业公共关系中的公众环境关系。只有充分了解这些公共关系的变化，企业自身才能与外部环境持平，企业才可以调整相关的公关活动的目标和政策来适应这种变化，提高销售额，树立企业良好的形象。

(2) 沟通协调。对企业内部来说，需要借助情感沟通来增强企业的凝聚力；对企业外部来说，需要争取公众对企业的理解和信任。当出现矛盾和纠纷的时候，企业应该及时进行有效的沟通以解决问题、消除不良后果。因此，建立有效的沟通协调机制是企业公共关系最基本的职能。

(3) 咨询建议。咨询建议指公共关系人员向社会组织的领导者和决策者提供有关公关方面的信息意见，作为决策的依据。其主要内容包括：①对组织内部方针政策提供咨询建议；②对组织公共关系战略、经营战略提供咨询建议；③对组织生存环境相关发展变化提供预测咨询。

(4) 危机处理。危机处理是企业公共关系的重要职能。当企业遇到风险或者企业形象受损时，公关人员应该及时处理，保护企业的利益。但如果是企业自身过失危害了公众，企业应该主动承担责任，给公众好的交代，尽量降低不良影响。

三、公共关系的工作程序

公共关系的工作程序主要包括以下四个方面。

(1) 公共关系调查。公共关系调查是指社会组织通过运用科学方法，收集公众对组织主体的评价资料，进而对主体公共关系状态进行客观分析的一种公共关系实务活动。公共关系调查作为公共关系工作程序的基础步骤和首要环节，对组织的整个公共关系活动具有重要意义。

(2) 公共关系策划。在完成了调查研究以后，公共关系活动就进入了制订计划阶段，这是公共关系工作中最富有创意的部分。公共关系策划可以分成战略策划和战术策划两个部分。其中，战略策划指对组织整体形象的规划和设计，因为这个整体形象将会在相当长一段时间内连续使用，关系到组织的长远利益。战术策划指对具体公共关系活动的策划与安排，是实现组织战略目标的一个个具体战役。

(3) 公共关系实施。计划制订好之后，就进入实施阶段。公共关系活动的性质非常复杂，但以传播性活动为主。公共关系传播的方法很多，要获得理想的传播效果，首先需要正确选择传播渠道。公共关系媒介应该根据公共关系工作的目标、要求、对象和传播内容来选择。

(4) 公共关系评估。公共关系作为现代社会的一项管理方法，应当设计周密，有头有尾。因此，公共关系工作程序的第四步就是对公共关系活动效果的总结评估。所谓总结评估，就是有关专家或机构依据科学的标准和方法，对公共关系的整体策划、准备过程、实施过程以及实施效果进行测量、检查、评估和判断的一种活动。

思 考 题

一、简答题

1. 何谓促销？促销组合有哪些内容？制定促销组合策略应考虑哪些因素？
2. 比较广告宣传、人员推销、营业推广与公共关系这四种促销方式的特点。
3. 两个学生组成一组，互换角色扮演推销员与顾客后进行公开分析讲评，并进一步归纳提炼推销理论。
4. 欣赏一些好的广告并找出它们成功的原因。
5. 选择某种消费品，评价其促销组合方案。
6. 某新产品上市，根据所学的促销相关理论，设计一份促销方案。
7. 如何做好人员推销的管理工作？

8. 简述营业推广的主要方式和作用。

二、案例分析题

打 1 折

　　估计大家都喜欢去买打折的商品，因为感觉能便宜很多。其实打折是很多商家的一种变相的赚钱方式。一般都是打 7 折、8 折，5 折就很少见了。但是，今天要说的这个却是打 1 折！大家是不是很好奇呢？我们一起来看看吧！

　　据悉，日本东京有个银座绅士西装店。这里就是首创"打 1 折"销售的商店，曾经轰动了东京。当时销售的商品是"日本 GOOD"。他们是这么实行的！首先定出打折销售的时间，第一天打 9 折，第二天打 8 折，第三天、第四天打 7 折，第五天、第六天打 6 折，第七天、第八天打 5 折，第九天、第十天打 4 折，第十一天、第十二天打 3 折，第十三天、第十四天打 2 折，最后两天打 1 折。看起来好像最后两天买东西是最优惠的，是吗？那我们看下面——

　　商家的预测是：由于是让人吃惊的销售策略，所以，前期的舆论宣传效果会很好。抱着猎奇的心态，顾客们将蜂拥而至。当然，顾客可以在打折销售期间随意选定购物的日子，如果你想要以最低的价格购物，那么你在最后的那两天去买就行了，但是，你想买的东西不一定会留到最后那两天。实际情况是：第一天前来的客人并不多，即使前来也只是看看，一会儿就走了。从第三天就开始一群一群地光临，第五天打 6 折时客人就像洪水般涌来开始抢购，以后就连日客人爆满，当然等不到打 1 折，商品就全部卖完了。

　　那么，商家究竟赔本了没有？你想，顾客纷纷急于购买到自己喜爱的商品，就会引起抢购的连锁反应。商家运用独特的创意，把自己的商品在打 5 折、6 折时就已经全部推销出去了。"打 1 折"只是一种心理战术而已，商家怎能亏本呢？

　　见过打折促销的，却是没见过如此"打 1 折"的神奇策略的，我们在佩服商家的聪明生意经的同时，也感受到网络营销的强大奇迹！

（资料来源：https://www.sohu.com/a/230650592_443862）

　　问题： 银座绅士西装店能够促销成功的主要原因是什么？给你带来了什么样的启示？

第十二章

市场营销计划、组织、执行与控制

市场营销作为一种计划及执行活动，其内容包括对一个产品、一项服务或一种创意思想的开发、制作、定价、流通和促销等。企业的市场营销工作需要相关部门(包括决策层和市场管理部门等)将企业资源投入到市场营销活动中去，需要从企业的整体发展战略系统地考察整个营销体系的计划、组织、协调和执行情况，诊断在营销过程中企业产生问题的主要原因，并据此提出整改措施，确保营销工作能够顺利实施并完成企业营销目标。市场营销工作的实施，也是企业为确保营销目标的实现，将营销战略和计划转化为具体的营销活动的过程。制订实施市场营销计划、评估和控制市场营销活动是企业的一项重要任务，这直接关系到企业的发展目标能否顺利实现。

学习目标

1. 掌握市场营销计划的含义、主要内容、作用和类型。
2. 了解市场营销计划的编制程序。
3. 了解市场营销组织的演变。
4. 了解市场营销执行中的问题与原因。
5. 掌握市场营销控制的定义及必要性。

第一节 市场营销计划

为了使企业的营销能够有效地为整体战略规划服务，企业常常需要制订具体的营销计划，使得企业目标、资源和它的各种环境机会能够建立与保持一种可行的适应性，从而实现企业的市场营销战略目标。同时，营销计划是统一相关部门和员工营销行为的纲领，既为营销实施提供了指导，也为营销控制提供了参照系。

一、市场营销计划的含义及主要内容

(一) 市场营销计划的含义

市场营销计划是企业在研究市场发展前景、市场营销状况，以及对企业进行 SWOT 分析的基础上，对企业市场营销目标、财务目标、市场营销战略、市场营销行动方案以及预计损益表进行确定和控制，使企业的营销工作有序地开展和进行。

(二) 市场营销计划的主要内容

一般来说，市场营销计划包括以下主要内容。

1. 计划概要

一般来说，营销计划要形成正式的文字，即各种具体的营销计划书，在计划书的开头便要对该计划的主要营销目标和措施做简要的概括。计划概要是市场营销计划的开端，是整个市场营销计划的精神所在。

通常，市场营销计划需要提交上级主管或有关人员审核。计划部门可以通过提要把计划的中心描述出来，列成表格或者使用流程图等，便于决策者迅速了解、掌握计划的要求，思考关键性问题。如果上级主管或有关人员需要仔细推敲计划，可查阅计划书中的有关部分。所以在形式上，最好在内容提要的后面附列整个计划的目标。

2. 环境分析

营销计划的第一个主要内容是提供该产品当前营销状况的简要而明确的分析。这一部分主要是有关市场、产品、竞争、分销以及现实环境有关的背景资料，为编制计划提供客观依据。环境分析主要包括以下几个方面。

(1) 市场行情。计划部门必须对市场行情(主要包括竞争者、顾客和一些宏观环境等)进行认真的调查与研究，对产品的供求和价格的变化及其原因进行认真的分析，并对变化的趋势做出判断。计划书中应重点描述目标市场的基本情况，包括市场规模与增长，分析过去几年的总量、总额，企业在各地的市场发展情况；提供消费者或用户现实需求和潜在需求、消费者的消费观念的变化趋势等。

(2) 产品情况。产品情况指过去几年中有关产品的销售、价格、利润及差额方面的资料，一般包括产品性能分析、产品质量分析、产品价格分析、产品采购分析、产品工艺分析等。

(3) 竞争形势。竞争形势指出主要竞争者与市场跟随者，分析它们的规模、目标、市场占有率、产品质量、市场营销战略和策略、战术，以及任何有助于了解其意图、行为的资料。

(4) 分销情况。分销情况指各条分销渠道的销售情况，各条渠道的相对重要性及其变化。不仅要说明各个渠道商(供应商、中间商等)的经营能力和对整个供应链的要求，还要分析对它们进行激励所需的投入、费用和交易条件。

(5) 宏观环境。宏观环境阐述影响该产品市场营销的宏观环境的有关因素，如人口因素、科学技术因素、经济因素、技术因素、政治法律因素、社会文化因素等的发展变化趋势。

3. SWOT 分析

机会是指营销环境中对企业有利的因素，威胁是指营销环境中对企业不利的因素。找出这些因素，以便使其中比较重要的因素受到特别的关注。除了机会与威胁分析以外，还有必要对本企业的优势和劣势进行分析。优势指企业可以利用的要素，劣势指企业应加以改进的部分。与环境机会与威胁相反，优势和劣势是内在因素，反映企业在竞争中与对手相比较的长处和短处。通过广泛宣传环境方面的信息，并在此基础上进行深入分析，努力抓住各种机会，利用企业自身优势，克服其不足和劣势，确定企业的营销目标。

4. 营销目标

营销目标，是指企业在营销活动中预期完成的营销任务和预期取得的营销成果。营销目标是营销计划的核心部分。营销目标的确定为企业营销活动指明了方向、规定了任务、确定了标准、从而增加了营销工作的目的性，它将决定随后的策略和行动方案的拟订。在确定营销目标的过程中必须遵循以下原则。

(1) 营销目标要形成一个有机的目标体系。在总目标之下，企业应建立相应的中层目标，并将其分解为具体目标，同时应该注意各项目之间的协调和平衡，使之相互配合。

(2) 确定营销目标应具有先进性和可行性。没用先进性，即缺乏一定的难度，则没有鼓励作用；若没有可行性，则目标无法实现。

(3) 营销目标应具有一定的弹性。任何营销目标都应考虑各种可能出现的情况，要有一定的伸缩性，能灵活做出调整。

5. 营销策略

每一个目标都可以通过多种途径去实现。营销策略就是企业为了达到营销目标所灵活运用的逻辑方式和推理方法。营销策略需要企业注意各方面的分析，保证营销计划的可行性。营销策略是企业用于达到营销目标的基本方法，包括目标市场、市场营销组合策略、市场费用等。

6. 行动方案

行动方案是指将营销策略转化为具体的行动措施。行动方案以行动的时间、空间、人力、步骤、经费为要素，规定那些能导致目标实现的行动，防范那些背离和干扰目标的行动，克服混乱和浪费。其内容包括：①要做些什么？②何时开始，何时完成？③由谁负责？④需要多少成本？按上述问题把每项活动都列出详细的程序表，以便于执行和检查。

7. 预算

决定目标、战略和战术以后，可以编制一份类似损益报告的辅助预算。根据行动方案编制预算方案，收入方列出销售数量及单价，支出方列出生产、实体分销及市场营销费用，收支差为利润或亏损。上级主管部门负责该预算的审查、批准和修改，而且批准后，此预算成为购买原料、安排生产、支出营销费用的依据。

8. 控制

控制是市场营销计划的最后一部分，主要说明企业如何对计划的执行过程、进度进行管理。通常目标、预算是按月或季度制定的，便于上级主管及时了解各个阶段的状况，掌握未能完成的任务和环节，并要求在一定时间内提出改进措施。对预先难以预测的情况，企业要制订紧急方案。

二、市场营销计划的作用

随着商品经济的发展和科学技术的高速发展，各企业生产的产品在技术性能上没有过多的差异，消费者对商品的选择性加强，如何确保企业在激烈的市场竞争中成长和发展？这就要求企业制订有效的营销计划。市场营销计划有以下作用。

(1) 有利于企业实现预期目标。由于市场营销计划详细说明了企业预期的经济目标，这样既可以减少企业经营的盲目性，又可以根据计划执行情况不断调整行动方案，采取相应措施，力争达到预期目标。

(2) 有利于企业节约成本和费用。由于市场营销计划确定了实现市场营销计划活动所需要的资源，从而企业可根据资源的需要量，测算企业所要承担的成本和费用。这样有利于企业精打细算，节约费用开支。

(3) 有利于企业各有关人员完成各自的任务。由于市场营销计划描述了将要进行和采取的任务和行动。这样，企业就可明确规定各有关人员的职责，使他们有目的、有步骤地去争取完成或超额完成自己所接受的任务。

(4) 市场营销计划有助于企业得到进一步的巩固和发展。由于市场营销计划有利于监测各种市场营销活动的行动和效果，有利于企业控制自身的各种营销活动，协调各部门及环节的关系，从而有助于企业顺利完成各项任务和目标，使企业得到进一步的巩固和发展。

总之，市场营销计划对任何生产经营企业来说，都是至关重要和不容忽视的。只有详细而有策略地制订好企业营销计划，企业生产和经营的目的才能顺利而有效地实现。

三、市场营销计划的类型

根据企业经营产品组织结构在贯彻现代市场观念上不尽相同，营销计划在不同的企业有着不同的形式。一般来说，可以从以下几个方面进行分类。

(一) 按计划的时间长短分类

按计划时间长短分类，市场营销计划可以分为短期计划、中长期计划和专项计划。

(1) 短期计划主要以年度计划为主(也有半年计划甚至季度计划)。短期计划的制订多以产品的季节性或生命周期为依据。比如对于时装等季节性更换的产品和更新升级快速的高科技产品，大多适用短期计划。

(2) 中长期计划一般有三年、五年的，也有十年、二十年的，主要根据各企业的具体情况来制订。目前大多数企业实行中长期计划。

(3) 专项计划是企业为某个产品所做的单项计划，或者是企业为了解决某种特殊问题而制订的计划。它一般具有独立性、限时性、针对性和灵活性等特点，因此，专项计划日益成为营销计划的必要补充，被广大企业所采用。

(二) 按企业的机构职能分类

按企业的机构职能分类，市场营销计划可以分为企业整体计划、职能部门计划和利润中心计划。

(1) 企业整体计划是指整个企业的经营计划，是企业营销计划的高度概括，包括企业的营销任务、营销目标、发展战略、营销组合决策、投资决策等，但不包括整个业务单位的活动细节。企业计划既可以是年度计划，也可以是长期的计划。

(2) 职能部门计划是指企业内部各职能部门根据公司计划的目标编制的部门计划，分为人事计划、财务计划、生产计划、销售计划等。各职能部门也要根据部门的计划制订子计划，如销售部门可下设广告、市场拓展、市场调研计划等。

(3) 利润中心计划是指企业在经营管理体制上采取按产品大类或者细分市场来设置独立核算事业单位的形式，包括品牌计划、产品计划、事业部计划等。

(三) 按企业营销计划的内容分类

1. 产品营销计划

产品营销计划是营销计划的核心部分，包括以下几个方面。

(1) 产品销售计划。产品销售计划是以产品销售为主要内容的营销计划，包括主产品、副产品、多种经营产品、可重复使用的包装物品，通过对其性质、特点的分析和市场需求的把握，制定出相应的营销策略。

(2) 新产品上市计划。新产品试制成功，投入市场试销或上市，应编制上市计划方案，使新产品能够迅速打开市场。

(3) 老产品更新换代计划方案。

(4) 产品结构调整及产品最佳组合计划方案。

(5) 产品市场生命周期分析及其不同阶段的策略计划方案。

(6) 出口产品销售计划方案。

2. 市场信息、调查、预测计划

市场信息、调查、预测计划包括以下三个方面。

(1) 有关市场信息方面的计划方案包括市场信息收集、整理、存储、传输计划，企业市场信息系统建立计划，市场信息网络，与外部信息联网的计划，等等。

(2) 有关市场调研方面的计划方案包括用户调研、产品调研、竞争对手调研、流通渠道调研、技术服务调研及未来市场领域分析研究等方面的计划。

(3) 有关市场预测方面的计划方案包括市场预测计划、市场环境监控系统计划等。

3. 促销方案

按促销方式涉及的内容，促销方案一般包括以下几个方面。

(1) 人员推销计划：包括推销人员选拔、培训计划、推销人员考核、奖惩计划等。

(2) 广告宣传计划：包括宣传计划，广告计划，广告预算，产品样本、目录等的设计、制作、分发、反馈计划，不同广告媒体选择及建立计划，等等。

(3) 营业推广总体设计计划及其单项计划：包括促成交易的营业推广计划、直接对顾客的营业推广计划等。

(4) 公共关系方面的计划：包括公共关系的目标、对象、活动方式及发展方面的计划等。

4. 分销渠道设计方案

分销渠道设计方案包括以下几个方面。

(1) 销售网络建立与发展计划。

(2) 有关流通渠道完善计划：包括与运输、银行、保险、海关、广告、仓储、邮电、旅游等部门建立广泛的横向经济联系的计划等。

(3) 建立或参加企业集团、企业群体、科技生产联合体以及发展横向经济联合的计划等。

5. 综合营销计划方案

企业市场营销计划是一个完整的计划体系，在现实的市场营销活动中，必须把上述计划全部组织在计划体系之中，进行综合平衡、全面安排，使之能统筹兼顾、相互协调。同时，企业要把营销观念、营销方针、目标、战略、市场营销因素及组合等定性计划，以及提高企业市场营销竞争能力、市场开拓能力、适应环境能力、提高经济效益能力等方面的措施列入计划，组成综合营销计划。

四、市场营销计划的编制程序

市场营销计划的编制程序大致如下。

(1) 分析营销环境、现状。这是营销决策的第一步。首先要研究企业营销活动的外部环境，明确企业面临的挑战与机会；然后要分析企业营销活动的内部条件，认识企业的长处和短处、优势与劣势。

(2) 确定营销目标。营销目标是营销决策所要达到的目的和结果，它是根据研究营销环境发现问题和所要解决的问题来确定的。企业营销目标要从实际出发，切实可行，目标必须明确，应尽可能量化，分清主要目标与次要目标，以便于制订各种可行方案。

(3) 制订可行方案。可行方案是指能够保证营销目标实现的方案。制订可行方案时，企业要围绕确定的目标，广泛收集有关信息资料，预测未来的发展趋势，根据目标要求和预测结果拟订各种可行方案。

(4) 确定评价标准。在方案选优前，企业要建立合理的评价标准，采用定性分析与定量分析相结合的科学评价方法。针对不同类型的决策问题，选择不同的评价标准。

(5) 选择可行方案。方案的选择必须坚持战略的、系统的观点，在评价的基础上从这些方案中选择一个最优方案。如果决策者经过分析、论证、评价后认为没有最优方案，就必须探索和补充新方案、修正原方案甚至重新审定目标，直到选出最优方案为止。

(6) 方案的实施与反馈。选好最优方案后，做出营销决策并不是决策过程的结束。要使营销决策变为现实、达到预期目标，必须把营销方案落实到有关部门或个人，并组织实施。在执行方案的过程中，要进行追踪检查，收集反馈信息，对执行情况进行控制，以保证营销目标的实现。

第二节　市场营销组织

营销计划要靠营销组织去实施。市场营销组织是判定实施营销战略和评估控制营销活动的基础。现代企业必须有健全而有效的营销组织。在当前全球竞争日益激烈、科技网络迅猛发展的商品经济环境中，企业需要经常重组其业务和营销，以便适应业务环境中的最新和重大变化，同时使其满足消费者的需要。

一、市场营销组织的演变

市场营销组织是指企业内部涉及市场营销活动的各个职位及其结构。在不同的企业，市场营销组织往往有不同的称谓。在许多企业，市场营销组织也常常不只是一个机构或科室。

企业的营销部门是实行营销计划、服务购买者的部门。营销部门的组织形式主要受宏观营销环境、企业营销管理哲学以及企业自身所处的发展阶段、经营范围、业务特点等因素的影响。企业的营销部门是随着营销管理哲学的不断发展演变而来的，大致经历了单纯的销售部门、兼有附属职能的销售部门、独立的营销部门、现代营销部门和现代营销企业五个阶段。

(1) 单纯的销售部门。单纯的销售部门是生产观念期的产物。20世纪30年代以前，西方企业以"生产观念"作为企业营销哲学思想，大部分都采用这种形式。一般说来，所有企业都设立一个销售经理，主要负责有销售员的产品销售工作，很多其他的营销功能都由其部门管理。尽管形式上销售部门与生产部门、财务部门并列，但在以生产为中心的时期，生产加工部门是整个企业的核心，销售部门的职责仅仅是推销生产部门生产出来的产品。产品生产、库存管理等完全由生产部门决定，销售部门对产品的种类、规格、数量等问题几乎没有发言权。因此，在这一阶段，销售部门的地位显得无足轻重。

(2) 兼有附属职能的销售部门。这种组织机构以"推销观念"为企业经营指导思想。在这一时期，企业同样设立一个销售经理，但随着企业规模的扩大，市场竞争加剧，销售工作日益复杂，此时的销售经理除负责产品销售工作外，还兼管其他的一些市场营销活动，如广告与促销、市场调研、销售训练、销售服务、销售分析等。但这种销售部门的权利依然有限，对产品的生产、库存管理等只有有限的建议权。

(3) 独立的营销部门。随着市场条件的变化、竞争的加剧，营销决策者日益认识到必须从顾客的角度去设计和生产产品，真正帮助顾客解决问题，使其需求得到满足。要达到满足顾客需求的目的，就有必要设置独立的营销部门专门负责除销售以外的营销工作。另外，由于销售经理忙于销售活动，无暇兼管营销工作，客观上也有设置独立营销部门的必要。于是，营销部门成为一个相对独立的职能部门。市场营销副总经理同销售副总经理一样直接受营销总经理的领导，销售和市场营销成为平行的职能部门。但在具体工作上，这两个部门需要进行广泛的协调和沟通。这种安排常常被许多企业所采用，它向企业领导者提供了一个全面的、从各角度分析企业面临的机遇和挑战的机会。

(4) 现代营销部门。在上个阶段中，尽管许多企业把销售以外的营销职能分离出来，成立了单独的营销部门，但是随着市场经济的发展和竞争的不断加剧，这种组织形式很快又不适应形势的发展需要了。在这种情况下，有些企业为了适应形势发展的需要，将销售部门并入营销部门，建立企业统一管理的现代市场营销部门。

(5) 现代营销企业。一个企业仅仅有了上述现代市场营销部门还不是现代场营销企业。现代市场营销企业取决于企业内部各种管理人员对待市场营销职能的态度，只有当所有的管理人员都认识到企业各部门的工作都是"为顾客服务"，"市场营销"不仅是一个部门的名称，而且是整个企业的经营哲学时，这个企业才能算是一个"以顾客为中心"的现代市场营销企业。

二、市场营销组织的形式及特征

(一) 市场营销组织的形式

为了实现企业目标,企业必须选择合适的营销组织。营销组织主要分为专业化组织和结构性组织两种。

1. 专业化组织

专业化组织包括以下五种类型。

(1) 职能型组织。

这是最常见的营销机构模式,它是依据市场营销活动的不同功能设立的,由营销副总经理统一协调行动。副总经理下设:①营销行政经理,主要负责费用控制、销售人员的安排、拟订长期计划与年度营销计划、解决顾客的不满以及企业之间的纠纷;②广告及促销经理,主要负责提供有关企业形象方面的信息、企业产品与劳务方面的信息,具体说来就是拟定广告文稿,选择广告媒体,安排广告活动日程,维持并发展与广告公司的业务关系,设计和组织一系列推广活动等;③销售经理,主要负责管理各地区的现场推销人员及其组织,反馈顾客意见等;④市场调研经理,主要负责市场营销调查及市场预测等工作;⑤新产品经理,主要负责新产品的设计、开发及试销等工作。

职能型组织形式的主要优点:①贯彻专业分工的要求,有利于在人力利用上提高效率;②职责分明,落实各类人员对各类工作成果的责任;③集中管理、统一指挥,有利于维护领导对指挥和控制活动的权力及威信。不过随着企业产品种类增多、市场扩大,这种组织形式可能暴露出其效益较差的弱点。

职能型组织形式的缺点:①当产品进入成熟期后,由于产品未具体分配专人负责,某些特定的产品或市场容易被遗漏;②各职能部门从自身利益出发,往往为争取更多的预算或为其地位的重要程度而引发纠纷,营销副总经理不得不花费很多时间和精力处理与协调部门之间的矛盾和平衡。

(2) 区域型组织。

企业的业务涉及全国甚至更广时,可以按照地理区域组织管理销售人员。比如,在销售部门设有中国市场经理,下有华东、华南、华北、西北、西南、东北等大区市场经理。每个大区市场经理的下面,按省、自治区、直辖市设置区域市场经理。再往下,还可以设置若干区域经理和销售代表。从全国市场经理到地区市场经理,所管辖的下属人员的数目即"管理幅度"逐级增加。

(3) 产品型组织。

产品型组织由产品经理领导若干个产品群经理,每一个产品群经理主管几个产品经理,而一个产品经理负责几项具体的产品或品牌。产品经理的主要任务包括:①制订产品的长期竞争策略;②制订年度营销计划进行销售预测;③与广告代理商及商品推销商共同拟定广告文稿,确定广告活动等;④激发销售人员和经销商对销售商品的兴趣;⑤收集顾客与经销商的意见,建立营销信息系统网络;⑥主动适应市场需求的变动,对产品进行改进。

产品型组织结构的优点:产品经理能够有效地协调部门内各种市场营销职能,能够对各类产品的市场变化做出积极反应,较小品牌的产品不会受到忽视。因而,这种组织结构比较适宜于生产多种类或多品牌产品的企业。

产品型组织结构的缺点：产品营销负责人容易陷入日常事务性工作之中，而忽视产品开发与规划工作，并且产品经理任职期限较短，致使市场营销计划缺乏长期连续性；当企业产品品种不断增多时，将引起管理人员的相应增多，造成销售成本的增长；各个产品经理相互独立，他们会为保持各自产品的利益发生摩擦，事实上有些产品可能面临着被收缩或淘汰的境地；产品经理权力有限，产品的一系列营销工作难以顺畅开展，不利于产品经理精通某些营销功能；产品营销管理部门与其他职能部门之间的职权不容易划清，有争议时协调比较困难。

(4) 市场管理型组织。

企业按照市场的不同划分建立市场管理型组织。①一名市场营销经理主管若干营销职能部门以及针对不同类型市场设置的若干名市场经理；②市场经理的职责是负责制订所辖市场的长期计划和年度计划，分析市场动向并提出企业应该为市场提供何种新产品等建议；③市场经理开展工作时所需要的职能型服务由有关的职能部门提供。

市场管理型组织结构的优点：企业的市场营销活动是针对不同的市场、按照满足各类不同顾客的需求来组织和安排的，因而可以使企业的产品更好地满足不同市场的需要，使企业与消费者之间的关系更加密切和稳定，有利于企业加强销售和市场开拓工作。当一个企业的产品线比较单一，产品销售市场范围很大，不同类型的市场又有很大差异时，就需要按市场来划分营销职责并确定组织结构。

市场管理型组织结构的缺点：与产品型组织相类似，易于发生权责不清和多头领导的矛盾。

(5) 事业部组织。

从事多元化经营的大企业发展到一定规模后，有时将较大的产品类改为独立的事业部，这些事业部各设自己独立的职能部门，由此产生了营销职能如何在公司总部和各事业部之间分工的问题。企业通常的几种模式有：①公司总部不设营销部门，营销职能完全由事业部自己完成；②公司总部设一个规模很小的营销部门，只负责极少的营销职能，如为最高管理部门进行总体市场机会评估，应各事业部之邀提供咨询服务等；③公司总部设一个规模较大的营销部门，为事业部提供各种服务，如组织全公司的广告、公关活动，提供市场研究、推广、政策咨询、人员培训等服务；④公司一级设有强大的营销部门，直接参与各事业部的营销规划及实际业务工作，甚至部分地控制它们的销售活动。

2. 结构性组织

(1) 金字塔型组织。

金字塔型组织是各类组织中最常采用的一种结构模式，它是按职能专业化设置的组织结构，它以企业及其产品为中心、以市场为终点、以推销产品为目的。这种组织结构模式是在总经理领导下设置相应的职能部门，形成垂直的专业管理。其优点是：指挥权集中，决策迅速，容易贯彻到底；分工细密，职责分明；各职能部门仅对自己应做的工作负有责任，既可减轻管理人员的负担，又可充分发挥专家特长。其不足之处在于：各部门责权范围有限，往往缺乏对企业整个市场营销状况的了解；企业内部规章多，反应较慢，不利于企业适应新的变化。

(2) 矩阵型组织。

矩阵型组织结构由纵、横两套管理系统交织而成：横列为营销职能，如营销管理、市场研究、促销业务等；纵列为营销项目，如地区、产品、市场、专项营销项目、专项科研开发项目等。矩阵型组织结构，采用纵、横两条权力线来调整每个营销项目的活动，能够将行政管理、职能管理和项目管理有机结合，既能保证市场营销行政管理整体调控的实施，又能发挥职能机构的专业管理作用，同时突出专项任务，使项目管理具有自主性和灵活性，因而能够提高工作效率，适应现代市场营销的需要。应注意的是，矩阵型组织形式仍处于发展完善阶段，尚存在许多亟待解决的问题，如管理职责不够明晰、运作费用比较高等。

（二）市场营销组织的特征

市场营销组织不仅完成产品销售任务，实现商品实体的价值转移和物质转移，而且是以整个企业与外界相联系的开放性系统，它不断与外部环境进行市场的信息交换，因而是一个不断适应外界变化的动态系统。现代营销组织的特征表现在以下方面。

(1) 灵活性。一个良好的营销组织，必须具有一定的机动灵活性，能适应内外经营环境的变化而不断调整自身的经营状态。由于市场是多变的，影响企业经营的因素又是多样的，企业经营组织必须根据市场需求的变化态势，把握各种经营环境要素的变动脉搏，并对这种变动会给企业带来多大的影响做出准确判断，从而适当调整自身系统的运行规则，使之符合环境要求。

(2) 开放性。由于企业营销任务的完成并不是单纯地取决于推销人员的业务素质，还取决于企业对预测未来的信息视野宽度和为准备营销方案而收集数据的活动视野广度。信息视野越宽和活动视野越广，营销组织的环境适应性就越强，反之就越差。因此，企业的营销组织必须是一个开放性的系统，能及时吸收环境信息和扩散企业信息，并经常处于动态交换状态，不断与外界进行物质、信息的交换，使企业营销系统不断地调整、完善和发展。

(3) 系统性。现代社会中的营销活动是一种全方位的活动，它不仅是推销人员和顾客达成产品交换的简单行为，在这种成交行为背后，还必须做大量的售前售后工作。营销工作的完成又是营销人员与顾客、企业和外界环境相互作用的结果。营销组织的一切活动都是建立在对顾客的市场信息的了解基础上的，从这个意义上讲，现代营销组织具有一定的系统性和完整性。

(4) 真正以市场为导向。在变化纷呈和日趋细分化的市场里，营销组织只有密切接触市场、真正以市场为导向，才能产生对市场极为敏锐的嗅觉，捕捉稍纵即逝的机会。而现行不少企业的组织结构是按照经营顺序设置相应的职能部门的，以研究开发为起点、以顾客为终点，中间依次设置采购、生产、营销部门，这种模式从企业经营的角度来看是合理的，但各职能部门缺乏的有效协作，缺少对市场的关注而缺乏市场价值。因此，现代市场营销组织必须以市场为导向。

(5) 以顾客为营销组织的核心。营销的实质是通过满足顾客需求来追求盈利，顾客是企业营销的客体。在以标准化产品为代表的"大量生产、大量消费"时代已经结束，顾客需求日益个性化和多样化的当今时代，企业必须彻底改变传统的组织结构，借助信息技术的发展为顾客提供及时、有效的服务。现代营销组织要能通过对所有的客户进行对口管理和终身服务，与顾客建立中长期的伙伴关系，使顾客真正成为营销组织的核心。

三、市场营销组织设计的影响因素及原则

(一) 市场营销组织设计的影响因素

(1) 企业规模。一般来说，企业规模越大，市场营销组织越复杂。大企业需要较多的各类市场营销专职人员、专职部门以及较多的管理层次。企业规模较小，市场营销组织也就相对简单。

(2) 市场。一般来说，市场的地理位置是决定市场营销人员分工和负责区域的依据。如果市场由几个较大的细分市场组成，企业需要为每个细分市场任命一位市场经理。对于销售量较大的市场，一般需要较大的市场营销组织。

(3) 经营的产品。产品类型的多少也关系到市场营销组织的形式，特别是那些面对生产者市场的企业，其产品更多的是通过推销人员直接销售，依赖广告较少。若产品类型多，相应地就要设置产品经理。面对消费者市场的企业，往往有较庞大的广告部门，而促销部门较简单。

(4) 企业类型。从事不同行业的企业，其市场营销组织的构成也有不同，如服务行业、银行、商业等，它们的市场营销重点之一是市场调查；而原材料行业(如木材和农产品初级加工企业)的市场营销重点则是储存和运输。

(5) 企业营销的任务与战略。一般来说，有什么样的任务与战略就应该有什么样的组织结构，组织结构是为战略服务的。因此，企业的营销组织设置必须同营销的任务与战略相协调、相一致。

(6) 集权化与分权化。集权化与分权化指的是企业内部管理权的分配问题。集权化与分权化对市场营销组织结构是有影响的，如集权化多采用直线型组织结构，分权化多采用矩阵型结构。但是，不管企业采用何种组织结构，在现代市场经济条件下都必须处理好管理权的合理划分问题，以便实现中层与基层管理部门的责权统一，提高决策速度。

(二) 企业市场营销组织设计的原则

在市场竞争越来越激烈的情况下，在企业规模不断扩张的过程中，在消费者需求差异化越来越突出的前提下，企业为了能根据外部环境的特点，最有效、最经济、最科学地组织和利用企业的各种资源，满足市场的需要，实现产品和服务的最大价值，通常需要遵循市场营销组织设计的以下原则。

(1) 整体协调原则。整体协调原则是指营销组织能够对企业与外部环境，尤其是与市场、顾客之间关系的协调发挥积极作用；能够与企业内部的其他机构相互协调，并能协调各个部门之间的关系；部门内部的人员机构及层次设置，也要相互协调，以充分发挥市场营销机构自身的整体效应。

(2) 精简原则。精简原则是指设计精简、适当的管理跨度与层次原则。"精简"包括两层意思：一是因事设职、因职设人，人员精干；二是内部层次不宜太多，确保整个企业的营销部门能够对市场进行快速反应。

(3) 有效性原则。有效性是指完成策划的活动和达到策划结果的程度。市场营销组织要有畅通的内部沟通和外部信息渠道，善于用人，使其各司其职。力求每个营销人员的工作效率都能够符合组织目标要求。

四、企业营销组织的变化

随着网络经济下企业营销组织的环境、战略、职能等变化，企业营销组织结构上必然有与之相适应的变化。企业营销组织结构的变化主要体现在管理层次与幅度、分工形式、关键职能、集分权程度、规范化程度、制度化程度、工业化程度以及人员结构等因素上。总的来说有以下几点。

(1) 企业营销管理信息化、网络化。在企业内部网或企业电子商务系统的平台上，构建企业营销管理子系统和营销数据库，并与互联网连接，各业务单元可以通过网络进行快捷的交流与沟通，组织结构处于网络化状态。同时，企业营销组织也借此与客户方便地实现双向沟通。

(2) 管理层级减少，企业营销结构扁平化。在网络环境下，高层管理人员可以通过网络及时准确地获得更多的直接信息。扁平化、网络状的组织则有利于抓住市场时机，更果断地决策。

(3) 组织结构无边界化。信息技术的广泛应用以及企业营销组织管理网络化，使人们能够跨越组织界限进行交流和工作转换，导致营销组织内部与企业内其他业务部门之间的界限逐渐被打破。

(4) 企业营销组织虚拟化。在网络环境下，企业营销组织更有条件在掌握营销核心能力的基础上，依靠其他组织来进行产品设计、制造、分销、物流等非核心营销业务。

(5) 企业营销组织管理分权化。为适应多变的市场需求，营销组织将过去高度集中的决策组织改变成分散的多中心决策组织，决策常由多部门、多组织单元共同参与制定，而网络技术的发展也为分权化发展提供了技术保障。

(6) 企业营销结构柔性化。在网络环境下，技术水平和人员素质的提高导致了工作单元的合并以及业务流程的并行处理。为了与动态的环境匹配，常常成立一些临时的、以任务为导向的团队式组织，以快速有效地合理配置各种资源，充分体现了企业营销组织的灵活性，并由此导致组织结构的柔性化。

第三节　市场营销执行

即使是最优秀的市场营销计划，如果得不到有效执行，对企业来说也是没有意义的。企业有了市场营销计划以后，就要积极地执行。执行市场营销计划是市场营销过程的一个关键环节。

一、市场营销执行的含义

市场营销执行是指将营销计划转化为行动和任务的部署过程，即对企业组织在达到营销目标的过程中所有影响最终结果的因素进行规范、控制以及整合运用的过程，以便实现营销计划的目标。

二、市场营销执行中产生问题的原因

企业在实施市场营销战略和计划过程中，市场营销计划得不到应有的业绩，主要有以下几个方面的原因。

(1) 计划脱离实际。企业的市场营销计划通常是由上层的专业计划人员制订的，而执行则要依靠市场营销管理人员，由于这两类人员之间缺少必要的沟通和协调，常导致以下情况：①专业计划人员只考虑总体战略而忽视执行中的细节，结果使计划过于笼统和流于形式；②专业计划人员往往不了解计划执行过程中的具体问题，所定计划脱离实际；③专业计划人员和市场营销管理人员之间没有充分的交流与沟通，致使市场营销管理人员在执行过程中经常遇到困难；④脱离实际的计划导致计划人员和市场营销管理人员相互对立和不信任。

(2) 长期目标和短期目标相矛盾。市场营销战略通常着眼于企业的长期目标，涉及企业今后的经营活动。但具体执行这些战略的市场营销人员通常会考虑他们的短期工作绩效，因此，市场营销人员常选择短期行为。美国大公司的一项调查表明，这种情况非常普遍。因此，许多公司正在采取适当措施，克服这种长期目标和短期目标之间的矛盾，设法求得两者的协调。

(3) 抵制变革，抵制创新。企业当前的经营活动往往是为了实现既定目标，但"计划不如变化快"，新计划如果不符合传统和习惯，就容易遭受抵制。新旧计划之间的差异越大，实施中可能遇到的阻力也就越大。企业要想实施与旧战略截然不同的新计划，常常需要打碎传统的组织结构和运行流程。例如，为了实施老产品开辟新市场的计划，企业就可能需要重新组建一个新的机构。

(4) 缺乏具体明确的执行方案。有些计划之所以失败，是因为没有制订明确、具体的行动方案，缺乏一个能使企业内部各有关部门及环节协调一致、共同努力的依据。企业的高层决策和管理人员不能有丝毫"想当然"的心理；相反，他们必须制订详尽的实施方案，规定和协调各部门的活动，编制详细周密的项目时间表，明确各部门经理应负的责任。只有这样，企业市场营销执行才有保障。

三、市场营销执行的过程

市场营销的执行是一个相当复杂的过程，大致包括如下步骤。

(1) 制订行动方案。为了有效地实施市场营销战略，企业必须制订详细的行动方案。这个方案应该明确市场营销战略实施的关键性决策和任务，并将执行这些决策和任务的责任落实到个人或小组。另外，还应制定具体的时间表，定出行动的确切时间。

(2) 建立相应组织结构。企业的正式组织在市场营销执行过程中有决定性的作用，组织将战略实施的任务分配给具体的部门和人员，规定明确的职权界限和信息沟通渠道，协调企业的内部各项决策和行动。具有不同战略的企业，需要建立不同的组织结构。组织结构具有两大职能：一是提供明确的分工，将全部工作分解成管理的几个部分，再将它们分配给各有关部门和人员；二是发挥协调作用，通过正式的组织联系沟通网络，协调各部门和人员的行动。

(3) 设计决策制度。从决策理论层面来看，决策者的决策行为受内外两类因素的影响。外部影响是指规章制度所给予成员的影响；内部影响是指通过教育培训对成员的思想和心理施加的影响。通过这些影响使成员的决策前提符合组织决策的要求，达到组织的目的。这里所说的设计决策制度，主要是指对决策成员的决策行为产生外部影响的各种制度，如决策程序、评价制度、报酬制度等，以使决策成员的决策与行为符合企业的根本利益和长远目标。

(4) 开发人力资源。市场营销战略最终是由企业内部的工作人员来执行的,所有人力资源的开发至关重要,这涉及人员的考核、选拔、安置、培训和激励等问题。在考核选拔管理人员时,企业要注意将适当的工作分配给适当的人,做到人尽其才。为了激励员工的积极性,企业必须建立完善的评价、报酬和奖惩制度。

(5) 建设企业文化。企业文化是指一个企业内部全体人员共同持有和遵循的价值标准、基本信念和行为准则。企业文化包括企业环境、价值观念、模范人物、仪式、文化网五个要素。企业文化对企业经营思想和领导风格、对职工的工作态度和作风均起着决定性的作用。因此,塑造和强化企业文化是执行企业战略过程中不容忽视的一环。

(6) 确定管理风格。与企业文化相关联的是企业的管理风格。有些管理者的管理风格属于"专权型",有些管理者的管理风格属于"参与型"。不同的战略要求不同的管理风格,这主要取决于企业的战略任务、组织结构、人员和环境。企业文化和管理风格一旦形成,就具有相对稳定性和连续性。因此,企业战略通常是按照企业文化和管理风格的要求来制定的。

综上所述,为了有效地实施市场营销战略,应积极协调市场营销战略实施系统各要素间的关系,即企业的行动方案、组织结构、决策制度、人力资源、企业文化和管理风格这六大要素必须协调一致,相互配合。

第四节 市场营销控制

任何企业在执行其预定的营销战略和计划时,都可能面临许多新问题、新情况。为了解决这些问题,预防和纠正营销计划执行过程中的偏差,并采取适当措施和正确行动保证市场营销计划的完成,就需要对市场营销活动进行控制。控制是管理的重要职能之一。如果把市场营销管理看作计划、执行、控制这样一个周而复始的过程,那么,控制既是前一个循环的结束,又孕育着新循环的开始。

一、市场营销控制的定义

市场营销控制是指市场营销管理者检查市场营销计划的执行情况,确保其按照期望目标运行而实施的一套工作程序或工作制度,以便使实际结果与期望目标一致,保证营销战略目标在动态变化的环境中得以实现而采取的必要措施。

从营销管理者制订目标到目标的实现通常需要一个过程,在这段时间里,企业营销环境有可能发生变化,各种变化都可能影响到企业预先制订的目标,甚至会重新修改或变动以符合新情况。企业建立高效的营销控制系统,能及时帮助营销管理者根据市场营销环境变化情况,对本企业的目标和行动计划做出必要的修正。一般来说,目标的时间跨度越大,企业市场营销控制越重要。

二、市场营销控制的基本步骤

控制并不是各种孤立活动和措施的简单堆砌,而是计划过程的进一步延伸。它能把计划实施过程中的信息反馈给管理者,帮助管理者调整现有的计划变量或编制出新的计划。因此有效的营销控制讲究科学、严格的工作程序或步骤。

(1) 确定控制对象。确定控制对象，即确定对哪些市场营销活动进行控制。这是营销控制过程的第一步，也是最重要的一步。从大的方面讲，营销控制对象包括销售收入、销售成本和销售利润三个方面；从小的方面讲，营销控制对象包括推销人员工作、广告、消费者服务、市场调研、新产品开发等营销活动。

(2) 设置控制目标。设置控制目标，即确定营销控制所要达到的目的。这是将控制与计划连接起来的主要环节。一般来说，企业的营销计划目标就是营销控制目标。如果企业在营销计划编制过程中已经设定了目标，那么在控制过程中就可以借用这一目标。

(3) 建立衡量尺度。建立衡量尺度，即确定以什么标准去衡量控制情况。当控制侧重点在于结果的时候，则结果本身就是衡量成败的尺度。在很多情况下，企业的营销目标就决定了它的控制衡量尺度，如目标销售收入、利润率、市场占有率、销售增长率等。由于大多数企业都有若干管理目标，所以在大多数情况下，营销控制的衡量尺度也有多种。

(4) 确立控制标准。确立控制标准，即以某种衡量尺度表示的控制对象的预期活动范围或可接受的活动范围。如果企业能以预期结果的形式对目标进行数量化表示，建立控制的标准可能会使目标比较简单而又明确。

(5) 比较实绩与标准。比较实绩与标准，即将控制标准与实际结果进行比较的环节。其工作重点在于决定比较工作的频率和数量。比较频率的高低应取决于控制对象的变动情况。对经常变动的控制对象，应多进行比较。数量是指比较的内容，即决定比较的范围是全部完成情况与计划进行比较，还是只对部分完成情况与计划进行比较。若比较的结果未能达到预期的绩效标准，就需要进行下一步工作。

(6) 分析偏差原因。分析偏差原因，即将计划与实际结果进行比较，如果没有达到预期标准，就需要分析产生偏差的原因。产生偏差的原因一般有两种：一种是计划决策本身存在问题，另一种是实施过程中存在问题。后者比较容易分析，而前者的确认比较难，而且容易出现差错。特别是这两种情况往往会交织在一起，更增加了分析偏差工作的难度。所以，在分析偏差时，首先要了解产生问题的背景，然后找到原因，否则就可能做出错误的判断。

(7) 采取改进措施。采取改进措施是控制过程的最后一个步骤。采取有效措施，弥补计划不足，保证计划目标和控制目标的实现，是企业营销控制管理的目标和任务。如果在制订正常计划的同时，还制订了应急计划，那么只要变换措施就能更好地实施计划。但是，在很多情况下，企业通常没有这类预定计划措施，这就必须根据实际情况，迅速制定补救措施加以改进或适当调整某些营销计划目标。

三、市场营销控制的方式

市场营销控制主要有年度计划控制、盈利能力控制、效率控制和战略控制四种方式。

(一) 年度计划控制

年度计划控制是指企业在本年度内采取控制步骤，检查实际绩效与目标绩效之间是否有偏差，并采取改变措施，以确保市场营销计划的实现与完成。年度营销计划控制的目的是确保企业达到年度计划规定的各项目标，如销售额、利润指标及其他指标。

1. 年度计划控制的主要步骤

(1) 建立目标：制定本年度各季度或各月的销售额、利润等目标。

(2) 绩效测量：将实际营销结果与预计的目标成果进行比较，随时掌握营销情况。
(3) 偏差分析：当营销实绩与计划发生偏差时，找出产生偏差的原因。
(4) 纠正措施：采取积极有效的措施，弥合目标与实际执行结果之间的差距。

2. 年度计划控制的内容

这一控制方式适用于企业及企业内各个层次，区别在于最高主管控制的是整个企业年度计划的执行结果，而企业内各部门控制的只是各个局部计划执行的结果。企业的经理人员可运用以下五种绩效工具核对年度计划目标的实现程度。

(1) 销售额分析。

销售额分析的目的在于衡量和评价企业所制订的计划销售目标与实际销售目标之间的关系。通过销售额分析，能掌握企业整体的销售状况以及各部门的销售状况，但分析的结果并不能说明企业在市场上竞争地位的变化情况。企业销售额增长并不一定说明企业营销水平提高了或经营状况改善了，因为企业的营销是在一定的环境下进行的，企业所处经济环境的发展必然会促进销售增长。也就是说，单纯考核销售额不能切实地反映企业的整体竞争状况。具体的分析方法有销售差异分析和微观销售分析两种。

① 销售差异分析。销售差异分析主要用于分析各种不同因素对于销售额变化的影响程度。

【例12-1】假设年度计划要求第一季度销售 4000 件产品，每件 10 元，即销售额 40 000 元。在该季度结束时，只销售了 3000 件，每件 8 元，即实际销售额 24 000 元。那么，这个销售绩效差异为 –16 000 元或预期销售额的 –40%。

问：绩效的降低有多少归因于价格下降？有多少归因于销售数量的下降？

我们可用如下计算来回答：

因价格下降的差异 $=(10-8)\times 3000=6000$(元)

售价下降的影响 $=6000\div 16 000=37.5\%$

因数量下降的差异 $=(4000-3000)\times 10=10 000$(元)

数量下降的影响 $=10 000\div 16 000=62.5\%$

可见，约有 2/3 的销售差异归因于未能实现预期的销售数量。由于销售数量通常较价格容易控制，企业应该仔细检查为什么不能达到预期的销售量。

② 微观销售分析。

微观销售分析可以决定未能达到预期销售额的特定产品、地区等。假设企业在三个地区进行销售，其预期销售额分别为 1500 元、500 元和 2000 元，总额 4000 元，而实际销售额分别为 1400 元、525 元和 1075 元。就预期销售额而言，第一个地区有 7%的未完成额，第二个地区有 5%的超出额，第三个地区有 46%的未完成额。主要问题显然在第三个地区。因此，应进一步查明第三个地区未完成的原因，加强对该地区营销工作的管理。

(2) 市场占有率分析。

市场占有率，又称市场份额，指一个企业在一定时期内的销售量(销售额)在市场同类产品中所占的比重，直接反映企业所提供的商品和劳务对消费者和用户的满足程度，表明企业的商品在市场上所处的地位。市场占有率是企业的产品在市场上所占的份额，即企业对市场的控制能力。市场占有率越高，表明企业经营、竞争能力越强。企业市场占有率的不断扩大可以使企业获得某种形式的垄断，这种垄断既能带来垄断利润，又能保持一定的竞争优势。在控制年度内，如果企业的市场占有率上升，说明与竞争对手相比，本企业的经营情况更好；如果企业的市场占有率下降，则说明与竞争对手相比，本企业的经营水平有所下降。

一般来讲，全部市场占有率资料最易获得，可直接从政府机构或一些专业咨询机构得到。而其他两个市场占有率资料由于涉及竞争对手的销售情况，所以难以得到。因此，全部市场占有率便成为企业最常用的分析指标。最后应根据所得资料，对市场占有率的变动情况做出正确的分析。

(3) 市场营销费用对销售额比率分析。

企业在进行年度计划控制时，不仅要检查营销计划活动完成情况，还要检查营销费用的支出情况，以确保企业不会为完成计划销售额指标而支出过多的费用。在一定时期内，企业营销费用占销售额的比例是一定的。所以，检查的关键是对其变动情况进行分析。假定某企业每销售 100 元货物须支付 12 元费用，即营销费用率为 12%。这 12 元又分别支出在五个方面：推销员费用 2 元，广告费用 4 元，其他促销费用 2 元，市场调研费用 1 元，营销管理费用 3 元。市场营销管理人员的工作就是密切注意这些比率，以发现是否有任何比例失去控制。当一项费用对销售额比例失去控制时，必须认真查找其原因。

(4) 财务分析。

营销费用与销售额之比应该放在组织总体财务框架之中进行分析，用来帮助组织如何支出以及在什么方面投资。现在营销管理者经常使用财务分析来发现更有价值的利润增长点。市场营销管理人员应就不同的费用对销售额的比例和其他的比例进行全面的财务分析，研究影响企业资本净值收益率的各种因素，以决定企业如何以及在何处展开活动，获得盈利。

(5) 顾客态度追踪。

管理层面的控制所采取的衡量标准大多是以财务分析和数量分析为特征的，但是它们却没有对市场营销的发展变化进行定性的描述和分析。因此，企业需要建立一套系统来追踪其顾客、经销商及其他市场营销系统参与者的态度。如果顾客对企业的产品或服务不满意，不仅自己会减少对产品的购买和使用，还会向其亲戚、朋友、邻居等抱怨，表达对产品和企业的不满，从而影响他们对产品的兴趣。也就是说，顾客态度的改变会反映在企业的销售报表上。因此，企业的年度营销计划控制必须对顾客的态度进行追踪调查。

企业来讲，主要利用以下系统来追踪顾客的态度：

① 抱怨和建议系统。企业对顾客书面的或口头的抱怨应该进行记录与分析，并做出适当的反应。对不同的抱怨应该分析归类，做成卡片，较严重的和经常发生的抱怨应及早予以注意。企业应该鼓励顾客提出批评和建议，使顾客有较多的机会发表意见。只有这样，企业才能收集到顾客对企业产品和服务所做反应的完整资料。

② 固定顾客样本。有些企业建立了由具有代表性的顾客组成的固定顾客样本，定期地由企业通过电话访问或邮寄问卷的方式了解其态度。这种做法有时比抱怨和建议系统更能代表顾客态度的变化及其分布范围。

③ 顾客调查。企业定期让一组随机顾客回答一组标准化的调查问卷，其中包括职员态度、服务质量等。通过对这些问卷的分析，企业可及时发现问题，并及时予以纠正。

通过上述分析，企业在发现实际绩效与年度计划发生较大偏差时，可考虑采取如下措施：削减产量、降低价格、对销售队伍施加更大的压力、削减杂项支出、裁减员工、调整企业簿记、削减投资、出售企业财产、出售整个企业。

(二) 盈利能力控制

除了年度计划控制外，企业还必须进行盈利能力控制。盈利能力控制是为了确定在各种产品地区最终顾客群和分销渠道等方面的实际获利能力。取得利润是所有公司最重要的目标，获利能力的不同将帮助管理者决策某种产品或市场营销活动是否需要扩大、减少或取消。盈利能力分析的主要步骤如下。

(1) 测定每一项活动需要多少费用，确定功能性费用。

(2) 测定通过每种渠道销售产品各需多少功能性费用，将功能性费用指定给各市场营销实体。

(3) 为每个营销实体编制一份损益表。

评价盈利能力的主要指标有销售利润率、资产收益率、净资产收益率、资产管理收益率。

(三) 效率控制

通过营销盈利能力分析，企业便可得知哪些地区盈利不好，哪些产品利润较低。营销效率控制就是要对上述问题采取对策，对整个营销活动进行有效的管理和控制。营销效率控制的对象是销售人员效率、广告效率、促销效率和分销效率四个方面。

企业对销售人员效率的考核是从销售人员每人每天平均访问顾客的次数、每次访问所费时间和成本、每百次访问的订货率以及新增的客户数等方面进行的。

考核广告效率的指标有媒体的成本、媒体的收视率、消费者对广告内容和效果的意见以及每次询问的成本等。

对促销效率的考察主要从商品陈列成本、以优惠价出售的商品比例等方面进行。分销效率的考核是对企业的存货水平、仓库位置、运输方式等进行分析和改进，以达到最佳配置。

(四) 战略控制

企业的市场营销战略，是指企业根据自己的市场营销目标，在特定的环境中，按照总体计划所拟订的一系列行动方案。市场营销环境是错综复杂、瞬息万变的，市场营销的目标、政策、策略和方针也应随机应变，不能以不变应万变。因此，在企业市场营销战略实施过程中必然会出现战略控制问题。战略控制是指市场营销管理者采取一系列行动，使实际市场营销工作与原计划尽可能一致，在控制中通过不断评审和信息反馈，对战略不断予以修正。它是对年度计划控制、利润控制等具体范畴以外的带有全局性的市场营销行动控制，也是对市场营销目标、政策、策略和方针的控制，是更高层次的控制。市场营销战略的控制既重要又难以准确。由于市场营销战略是企业长期的、全局的行动方案，对企业的发展有着重大影响，所以进行战略控制时，应注意控制未来，也就是必须根据最新的情况重新评估营销计划和进展。

四、市场营销审计

市场营销审计是指对一个企业市场营销环境、目标、战略、组织、方法、程序和业务等进行综合的、系统的、独立的和定期性的核查，以确定问题所在，发现机会，并提出行动计划的建议，以便提高企业的市场营销绩效。它是进行市场营销控制的有效工具。市场营销审计实际上是在一定时期对企业全部市场营销业务进行总体效果评价，其主要特点是不限于评价某些问题，而是对全部活动进行评价。

(一) 市场营销审计的步骤

市场营销审计一般具有以下步骤。

(1) 了解企业目标，确定审计范围。
(2) 检查企业各项目标的实现情况。
(3) 确定计划的执行是否够努力。
(4) 检查组织内信息沟通权责分配是否合理。
(5) 提出改进意见。

(二) 市场营销审计的主要内容

(1) 营销环境审计。营销环境审计主要是对经济、技术、政治、社会文化等宏观环境的审查，以及对直接影响企业营销的因素，如市场、顾客、竞争者、经销商等的检查分析。市场营销策略是在分析政治、经济、社会文化、科学技术、自然等宏观环境的基础上制定的。这种分析是否正确，需要经过市场营销审计的检验。由于市场营销环境的不断变化，原来制定的市场营销策略可能要相应改变，这也需要经过市场营销审计来进行修订。审计内容包括：市场规模，市场增长率，顾客与潜在顾客对企业的评价，竞争者的目标、策略、优势、劣势、规模、市场占有率，供应商的推销方式，经销商的贸易渠道，等等。

(2) 营销战略审计。营销战略审计的主要任务就是考察企业营销目标、战略以及当前及预期营销环境适应的程度。市场营销战略审计的主要内容是审计市场营销目标、市场营销环境和企业资源三者之间是否达到动态平衡，即市场营销目标能否全面地反映市场营销各个环节的正常运转，市场营销目标是否随着市场营销环境的改变而调整，企业资源是否得到了充分的利用。

(3) 营销组织审计。营销组织审计主要是评价企业的市场营销组织在执行市场营销策略方面的组织保证程度和对市场营销环境的应变能力，包括：企业是否有坚强有力的市场营销主管人员及其明确的职责与权利，能否按产品、用户、地区等有效地组织各项市场营销活动，是否有一支训练有素的销售队伍，对销售人员是否有健全的激励、监督机制和评价体系，市场营销部门与采购部门、生产部门、研究开发部门、财务部门及其他部门的沟通情况，以及是否有密切的合作关系等。

(4) 营销系统审计。营销系统审计包括对市场营销信息系统、市场营销计划系统、市场营销控制系统和新产品开发系统的审计。所谓市场营销信息系统审计，是指检查市场营销信息系统的有效性，即能否及时、正确地提供有关市场、顾客、经销商、竞争者、供应商以及社会舆论和各界公众对企业、产品、市场发展的信息。所谓市场营销计划系统审计，主要是指审计企业是否有周密的市场营销计划，计划的可行性、有效性以及执行情况如何，是否进行了销售潜量和市场潜量的科学预测，是否有长期的市场占有率增长计划，是否有适当的销售定额及其完成情况如何等。所谓对市场营销控制系统的审计，主要是审计企业对年度计划目标、盈利能力、市场营销成本等是否有准确的考核和有效的控制。所谓对新产品开发系统的审计，主要是指审计企业开发新产品的系统是否健全，是否组织了新产品创意的收集与筛选，新产品开发的成功率如何，新产品开发和程序是否健全，包括开发前的充分调查研究、开发过程中的测试以及投放市场的准备及效果等。

(5) 营销盈利能力审计。营销盈利能力审计是指企业衡量各种产品、地区、顾客群、分销渠道和订单规模等方面的获利能力，以帮助管理者决定哪些产品或者营销活动应该扩大、收缩或取消。盈利能力控制一般由企业内部负责监控营销支出和活动的营销主计人员负责，旨在测定企业不同产品、不同销售地区、不同顾客群、不同销售渠道以及不同规模订单的盈利情况的控制活动。它包括各营销渠道的营销成本控制、各营销渠道的营销净损益和营销活动贡献毛收益(销售收入－变动性费用)的分析,以及反映企业盈利水平的指标考察等内容。

(6) 营销职能审计。营销职能审计是指对企业的市场营销组合因素(产品、价格、渠道、促销)效率的审计,主要是审计企业的产品质量、特色、式样、品牌的顾客欢迎程度,企业定价目标和策略的有效性,市场覆盖率,企业分销商、经销商、代理商、供应商等渠道成员的效率,广告预算、媒体选择及广告效果,销售队伍的规模、素质以及能动性,等等。

思 考 题

一、简答题

1. 市场营销计划主要内容有哪些?它有哪些类型?
2. 市场营销计划的编制程序是什么?
3. 简述市场营销组织的演变及其在不同阶段的特征。
4. 调查一家企业,了解其营销组织结构,认真分析该组织结构的特点。
5. 简述市场营销执行过程。
6. 简述市场营销控制的主要方式。
7. 简述市场营销审计的主要内容。

二、案例分析题

再生稻

再生稻是指水稻收割留桩后,使用促芽肥补充足够养分,促稻桩节位上腋芽再生长成穗,增加一季收成。再生稻能够在传统水稻基础上,缩短生长周期,提高产量。再生稻模式具有节约资源、高经济效益、高生态效益等特点,符合当前市场、环境以及政策等方面的要求,具有广阔的市场前景。随着农村产业结构调整和人们生活水平的提高,再生稻具有米质优、省种、省工、省肥、省成本等特点,是提高水稻单位面积产量、增加农民收入、稳定粮食生产的重要途之一,发展再生稻生产具有重大意义。

农兴科技有限公司是一个拟筹建的以研究、生产、销售再生稻为主的新型农业科技有限公司,该公司基于科研院所对再生稻多年的研究技术基础,与荆州市某专业再生稻生产合作社进行合作,大面积推广再生稻的种植,提高再生稻的市场知名度。公司产品主要包括再生稻成熟稻米,稻米深加工衍生品,以及衍生产业等。公司成立于湖北省荆州市,主要设行政部、市场营销部、技术加工部、财务部四个部门。公司注册资本为500万,是一家专注于再生稻价值开发的有限责任公司。

本公司拥有高素质的管理和销售队伍、技术相关的高科技人才。公司管理人员受过管理专业知识的系统学习,具有丰富的管理经验和敏锐的市场捕捉能力。销售人员不仅具有丰富的营销经验,还接受过技术知识的培训学习以获得相关生物学知识。

公司当前处于成立初期,面临着来自各方面的竞争压力。在产品上市初期,这一时期往往对应着产品生命周期的投入期,市场存在高风险和不确定的因素,公司将采用产品单一集中化、小规模生产管理策略。占据部分规模的市场份额后得到较好的营销反响回应,并获得一定的知名度以及竞争力，为后续发展奠定坚实基础。在产品上市后期，公司产品将呈现多样化满足差异化需求，实施长期发展战略，扩充产品的市场占有率。

本再生稻米营养价值丰富，微量元素含量丰富，味道清香，口感细腻软糯，色泽白亮，主要为营养米、清洁米、抛光米，是煮饭的绝佳大米。但由于本产品稻米产量相对较低，前期投入较大，因此价格相对较高，所以公司定位高端市场，以孕妇、老年人的营养品为主。

(资料来源：作者教学案例)

问题： 目前公司需要制订一份一年的营销行动计划，请在收集相关市场信息的基础上，为企业制订一份切实可行的营销计划书。

第十三章

市场营销新概念

当前，经济全球化发展趋势日益明显，科技的发展日新月异，企业的营销环境也迎来了巨变。一方面，科技在企业营销领域得到了广泛的应用，以网络营销为代表的营销新技术、新手段、新理念正逐步被企业所采纳，在营销实践中得到了广泛应用；另一方面，人们的生活方式、消费理念正发生根本性的变革，人们在消费的过程中，更加注重环保、健康和消费体验。综上所述，人们对营销的认识和理解更为宽广，并以更为长远的眼光来看待营销在实践过程中的影响力。在本章中，我们将重点介绍四种营销新概念，掌握好这些营销新概念，不仅有利于企业制定科学的营销策略，开阔营销视野，拓宽企业的营销领域，增强企业的市场竞争优势，还有利于企业快速占领市场，提高顾客价值。

学习目标

1. 掌握绿色营销的含义和实施策略。
2. 掌握服务营销的含义和服务营销组合要素(7P)。
3. 掌握关系营销的含义及实施策略。
4. 掌握网络营销的含义和主要手段。

第一节 绿色营销

1998年英国出版了《绿色消费指南》一书，该书呼唤绿色消费意识，推介了一系列绿色标准，倡导开展绿色消费运动。随之，绿色消费成了一种环保浪潮。这种绿色消费意识带来了巨大的商机，很快绿色营销成为市场营销中的一个新亮点。

一、绿色营销的含义

英国威尔士大学肯·毕提教授在其所著的《绿色营销——化危机为商机的经营趋势》一书中指出："绿色营销是一种能辨识、预期及符合消费的社会需求，并且可带来利润及永续经营的管理过程。"随着时代的发展,绿色营销的含义主要有以下几种。

(1) 绿色营销是指企业在生产经营过程中,将企业自身利益、消费者利益和环境保护利益三者统一起来,以此为中心,对产品和服务进行构思、设计、销售和制造。

(2) 绿色营销是指企业以生态环境保护为经营指导思想、以绿色文化为价值观念、以消费者的绿色消费为中心和出发点的营销观念、营销方式和营销策略。

(3) 绿色营销是指社会和企业在充分意识到消费者日益提高的环保意识和由此产生的对清洁型无公害产品的需要的基础上,发现、创造并选择市场机会,通过一系列理性化的营销手段来满足消费者以及社会生态环境发展的需要,实现可持续发展的过程。

在总结他人关于绿色营销观点的基础上,本书对绿色营销的定义是:企业在营销活动中,以环境保护和生态发展观念作为经营哲学思想,顺应时代可持续发展战略和消费者绿色消费需求,以实现企业利益、消费者利益、社会利益及生态环境利益的协调统一。

二、绿色营销的特征

2013年9月7日习近平总书记在哈萨克斯坦纳扎尔巴耶夫大学发表演时阐述:"既要金山银山,又要绿水青山。宁可要绿水青山,不要金山银山,因为绿水青山就是金山银山。""绿水青山就是金山银山"这一科学论断,成为树立生态文明观、引领中国走向绿色发展之路的理论之基。企业需要做好绿色营销发展战略,提倡注重地球生态环境保护,促进经济与生态环境协调发展。绿色营销主要特征如下。

(1) 倡导绿色消费意识。绿色营销的核心是倡导绿色消费意识,让消费者意识到使用绿色产品、采用绿色生活方式,不仅能提高自身的生活质量和健康水平,而且能够改善生态环境,为子孙后代留下可持续发展的财富。在培养消费者绿色消费意识的同时,培养成熟的绿色市场。

(2) 实行绿色促销策略。由于绿色营销对企业提出了环保要求,促使企业的促销策略发生了重大转变,企业营销活动的注意力从过去单纯地追求利润增长,转变为在营销活动中注重生态环境保护,促进经济与生态协调发展。企业在进行促销时,应注重宣扬绿色产品的使用价值、社会价值和环境价值。

(3) 采用绿色标志。在绿色市场发展期,使用绿色标志是绿色营销的重要特点。在企业的产品上贴上绿色标志,便于消费者识别绿色产品,消费绿色产品,保护生产绿色产品的企业利益,保护消费者的合法权益;同时,对于非绿色产品生产企业形成市场压力,有利于绿色市场尽快成熟起来。

(4) 培育绿色文化。绿色营销的发展推动了企业绿色文化建设,绿色文化成了企业文化的核心内容。在绿色文化的建设中,企业目标与环境目标相融合,企业营销理念与生态理念相融合。在企业内部,要培养员工的绿色理念,建立绿色管理制度,形成"人人具有绿色理念、人人宣传绿色理念"的绿色文化氛围。

三、绿色营销的实施

在绿色理论和绿色意识的引导下,实施绿色营销的企业必须制定绿色营销战略和绿色营销组合策略。

(一)绿色营销战略

实施绿色营销战略是与企业的长期发展规划和战略分不开的。企业对于绿色营销的实施和开展必须有充足的准备,以便为绿色营销提供必要的条件。针对绿色营销的战略意义,要求企业有一个明确的绿色发展计划,作为绿色营销计划的实施基础。

(二)绿色营销组合战略

1. 绿色产品策略

绿色产品是指对社会或环境的改善有所贡献的产品,或指较少损害社会和环境的产品,或指对环境及社会生活品质的改善优于传统产品的产品。绿色产品除具有同传统产品相同的特点外,更重要的是其绿色表现。在产品开发过程中,企业要以环境和资源保护为核心,从产品设计开始,包括材料的选择、产品结构和功能、制造过程的确定、包装与运输方式、产品的使用及产品废弃物的处理等,都要考虑对环境的影响。

绿色营销中的绿色产品可分为两大类:一是绝对绿色产品,是指具有改进环境条件的产品,如用于清除污染的设备等;二是相对绿色产品,是指那些可以减少对社会和环境损害的产品,如可降解或可回收利用的塑料制品等。

一般来说,绿色产品应达到原料与能耗的节约化、对人体健康和生态环境的无害化、包装和使用寿命的合理化、易于处理回收的再生化等基本要求。无论是哪类绿色产品,在生产和销售过程中都需要体现绿色理念。也就是说,在产品设计时以保护环境和资源为核心理念,选择适合的产品类型和生产方式;在生产过程中,选择绿色资源,采用新技术和新型设备,提高资源利用率;在产品使用时尽量减少对环境的损害,实现回收利用和再循环使用。

2. 绿色价格策略

产品的绿化程度往往影响着企业产品的成本构成,致使价格也随之发生变动。造成绿色产品价格上升的因素主要包括:由于引进对环境有利的原材料使成本上升,由于使用有利于环境的设备替换造成环境污染的设备而增加的投资费用,实施环境保护法而增加了企业相关费用的支出,推行绿色营销而改变公司组织结构和管理方式所产生的费用,等等。这些因素都会增加绿色产品的成本而造成产品价格的上升。因此,绿色产品的价格必须反映环境成本。

(1) 在制定价格时要树立"污染者付费""环境有偿使用"和"资源节约使用"等观念,把企业用于环保方面的支出计入为绿色价格构成的一部分,通过征收环境补偿费的途径使被损害的生态环境得到必要的保护与重新建设。绿色产品在环保方面增加了投入,因而其产品的价格往往高于传统产品,如芬兰政府允许绿色食品的价格比一般食品价格高30%及以上。

(2) 注意绿色产品在消费者心目中的形象,利用人们求新、求异、崇尚自然的心理,采取消费者心目中的"觉察价值"来定价,从而提高效率。

实施绿色营销也可能降低产品的成本,如产品及包装材料的节约而降低产品成本;由于包装和运输的便捷而降低相关费用;随着消费者对绿色产品需求的增加,企业生产规模的扩大会带来成本及价格的下降。

3. 绿色营销渠道策略

绿色营销渠道具有一般分销渠道的所有特点,也具有一定的绿色标志。绿色营销渠道的起点是制造绿色商品的生产厂商、中间商或代理人具有很强的绿色观念,最终消费者为绿色消费者。所以,选择绿色营销渠道跟选择分销渠道的基本模式一样,只是多了一层"绿色意识"。分销渠道的建设必须考虑渠道自身的"绿化",即在绿色产品的包装、运输、储存、装卸过程中必须注意环境保护。因此,企业选择绿色营销渠道时,需要注意以下问题。

(1) 选择具有绿色信誉的中间商,这样可以借助该中间商本身的良好信誉推出绿色产品。
(2) 设立绿色产品专营机构,以回归自然的装饰为标志,招徕顾客。
(3) 所选择的中间商尽量不经营相互排斥的、相互竞争的非绿色产品,避免影响消费者的购买。
(4) 多采取直销模式。对于一些易腐烂变质或易丧失鲜活性的绿色商品,如蔬菜、水果等要尽量缩短流通渠道,以免遭受污染和损失,可以采取直销方式。

一般说来,绿色产品因生产成本较高,其价格已高于一般同类产品,所以要尽量使营销渠道扁平而高效。

4. 绿色促销策略

绿色促销是指通过绿色媒体,传递绿色产品及绿色企业的信息,从而引起消费者对绿色产品的需求及购买行为。绿色促销就是围绕绿色产品而开展的各项促销活动,其核心是通过充分的信息传递来树立企业和产品的绿色形象,使之与消费者的绿色需求相协调,巩固企业的市场地位。现实中,消费者对于绿色产品的认知往往是模糊的,营销人员必须有效地将绿色产品的信息传递给消费者,才能使消费者认识、了解绿色产品,从而吸引消费者购买。在绿色营销过程中,企业可以从人员推广、绿色广告宣传、绿色公共关系、营业推广四个方面来开展绿色促销活动。

(1) 人员推广可以直接宣传产品的功能、使用方法及对环境的保护作用,并能现场演示或回答用户的提问,让更多的消费者了解绿色产品。
(2) 绿色广告宣传可以通过媒介的传播实现企业的绿色诉求,宣传企业的绿色形象,把绿色产品信息传递给广大消费者,刺激消费需求。
(3) 绿色公共关系可以显示企业在绿色领域的努力,在公众心目中树立良好印象,还可以帮助企业更直接、更广泛地将绿色信息传递到广告无法到达的细分市场,给企业带来竞争优势。
(4) 营业推广比较适合价格弹性较大的绿色产品,通过"赠券""奖售"等手段来增加顾客的"回头率",有利于培养忠诚顾客和稳定企业的市场份额。

5. 绿色品牌策略

除此之外,企业只有对外树立起良好而健康的企业形象,才能够真正实现打造绿色品牌的任务。企业在进行品牌战略时,要切实抓紧绿色产品这一载体,赋予绿色品牌更多的内涵,体现绿色经营管理文化,灌输绿色经营管理观念,丰富品牌承载量,扩展品牌深度,从而实现品牌价值最优化、最大化。绿色品牌策略包括如下内容。

(1) 具有高度责任意识的绿色品牌定位。
(2) 精细而健康的绿色品牌维护。
(3) 科学系统的绿色品牌经营管理。
(4) 长期不懈的绿色品牌修正。

四、绿色营销的发展趋势

一方面，随着一系列的生态灾难的发生，人们开始对过去那种掠夺式采掘和无限制消耗的行为进行反思，各国政府保护环境的法律和各种贸易保护政策的相继出台使得作为经济运行主体的企业不得不做出保护环境的举动。另一方面，以满足顾客的需要为中心而取得盈利和发展的传统营销，已无法适应环保时代企业营销的特点和要求；以环境保护、绿色文化为其价值观念，以消费者的绿色消费为中心和出发点，力求满足消费者绿色消费需求的绿色营销已成为企业营销发展的必然趋势。

(1) 绿色营销发展成为世界产品市场营销新动向。据经济学家预言，环保问题将成为影响市场供求关系的重要因素，成为21世纪市场营销中的一项重要课题。以环保为主题的绿色营销在未来市场营销中地位将日益突出，并为企业带来许多市场机遇。另外，一些国家以环保为由，通过指定、发布和实施技术法规、标准和合格评定程序，形成限制其他国家产品进入该国市场的"绿色壁垒"。因此，越来越严重的"绿色壁垒"也成为当今产品国际营销必须面对的现实课题。

(2) 绿色营销被视为企业的长远发展战略。相对于企业自身而言，产品绿色营销有利于企业占有市场和扩大市场份额。道理很简单，一方面，消费者绿色意识增强，产品绿色消费成为一种时尚，从而形成市场潜力巨大的绿色产品消费市场，吸引企业进入；另一方面，面对众多竞争对手的压力，企业抢占绿色商机，有利于增强自身的竞争力和树立企业的绿色形象，对企业的长远发展是十分有利的。

(3) 在产品国际贸易中，绿色贸易壁垒将更多地取代传统的非关税壁垒。环保作为一种服务于各国贸易保护的有力武器，正逐渐成为国际贸易谈判中举足轻重的一条具体措施，进而发展为新的非关税壁垒——绿色贸易壁垒。各国可以利用绿色贸易壁垒来保护本国市场免受进口产品的冲击。例如，欧盟在2001年1月对中国茶叶的农药残留的检测项目，从原来的6项增加到62项。环保措施作为一种新兴的非关税壁垒，以其隐蔽性强、技术要求高、灵活多变等特点日益受到贸易保护主义者的青睐，这也提高了产品绿色营销在国际市场营销中的地位。

第二节　服务营销

现代科学日新月异，企业不断将新科技应用于产品开发中，产品质量的竞争已经达到白热化程度。在同类产品中，消费者已经很难在产品质量方面对产品进行区别和挑选。人们现在越来越多地关注购买产品时给自己带来的另外的各种利益——服务。服务一般是以无形的方式在顾客与服务职员、有形资源商品或服务系统之间发生的，它可以解决顾客问题的一种或一系列行为。现代化企业越来越重视服务营销在企业整个营销体系中发挥的重要作用。

一、服务营销的概念

1966年，美国拉斯摩教授首次对无形服务同有形实体产品进行区分，提出以非传统的方法研究服务的市场营销问题。1974年，他的第一部论述服务市场营销的专著出版，标志着服务市场营销学的产生。从此，人们开始认识服务在产品价值链上的重要地位和作用，并在不同的领域和不同的层次对服务营销进行了深入的研究与探索，取得了丰硕的成果，使服务营销成为市场营销学的主要分支之一。

目前，学术界普遍公认的关于服务的定义是由美国学者科特勒给出的："服务是一方能够向另一方提供的本质上无形的任何行动或利益，并且不会导致任何所有权的产生。它的产生可能与某种物质相联系，也可能毫无联系。"

二、服务及服务营销的特点

我们要想认识服务营销的特点，首先得认识服务的特点。

(一) 服务的特点

服务是一种与实体产品有着本质区别的特殊商品。其特殊性表现为无形性、生产与消费的同时性、服务品质的差异性、服务的不可储存性、缺乏所有权，如图 13-1 所示。

(1) 无形性。这是服务最显著的特点。服务的特质及组成服务的元素往往是无形无质的，很难凭借触摸或肉眼去感受它的存在，甚至在许多情况下，服务后所享受的利益也很难被察觉，要等一段时间后才能感觉到利益的存在。

(2) 生产与消费的同时性。生产与消费的同时性是指服务的生产过程与消费过程同时进行，二者在时间上不可分离。服务人员向顾客提供服务之时，也正是顾客消

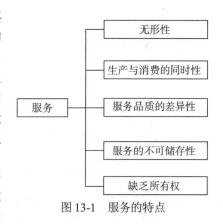

图 13-1　服务的特点

费、享用服务的过程。提供者和服务者都会影响服务结果。在某种意义上讲，消费者实际上是服务产品的一部分，或者说是服务产品的载体。

(3) 服务品质的差异性。服务品质的差异性是指服务的构成成分及其质量水平经常变化，很难界定一个统一的标准。一方面，由于服务人员自身因素的影响，即使由同一服务人员所提供的服务，也可能有不同的水准；另一方面，由于顾客直接参与服务的生产与消费过程，因此顾客的自身因素(如知识水平、兴趣和爱好等)对服务的质量与效果也会产生直接的影响。

(4) 服务的不可储存性。服务的不可储存性是指服务不能像有形产品那样可以储存起来，以备未来使用，而必须是即刻生产、即刻使用，否则就会造成不可弥补的损失(如车、船的空位等)。不过，这种损失不像有形产品那样明显，它仅表现为机会的丧失和折旧的发生。

(5) 缺乏所有权。服务在交易过程结束后便消失了，消费者所拥有的对服务消费的权利并未因服务交易的结束而获得具体的有形产品。换句话讲，消费者在整个的消费服务过程中只拥有对服务产品的消费权或使用权，并未获得所有权，因为服务产品的所有权是无法转让的。

(二) 服务营销的特点

服务是无形产品，它与有形产品有着明显的不同。我们可以从上述服务的特点进一步服务营销的特点。服务营销的特点主要表现为以下三个方面。

(1) 营销对象复杂多变。针对同样的服务，不同的消费者的购买动机和购买目的是不同

的，因为消费者可能来自不同的社会阶层，每个消费者的生活方式有较大的差异性。企业服务营销实施的效果好坏不仅取决于服务者自身的综合素质，也与消费者个人的行为密切相关，这就使得服务营销工作具有较大的复杂性和挑战性。服务营销者不仅要努力提高自己的服务意识和服务能力，注重创建良好信誉，还要有针对性地为不同消费者群体开展服务营销工作，提高消费者的消费体验。

(2) 服务消费者需求不断提高。马斯洛需求层次理论指出，人的需求结构是多层次的。人类在低层次的生理和安全上的需求，可以通过有形产品来满足。但是，对高层次的精神文化的需求不仅依靠有形的产品，还需要通过消费获得心理上的满足和愉悦，现代人在追求生活质量时，更多的是看购买产品(无形或有形)时所获得的利益。随着经济的发展和社会的进步，人们在追求美好生活的过程中对服务的需求会不断地提高。

(3) 营销方式的单一性。有形产品有经销、代销和直销等多种营销方式，无形产品则没有这些方式。服务过程是在产品的生产与消费的同一时点发生的，服务的这一特点决定了服务营销方式只能是单一的，即生产者与消费者面对面地、直接地营销的方式。服务营销方式的单一性使得服务产品的生产者不可能同时在多个市场上出售自己的产品。

三、服务营销组合要素

越来越多的证据显示，产品营销组合要素构成并不完全适用于服务营销。因此，有必要重新调整市场营销组合以适应服务市场营销。有学者将服务市场营销组合修改和扩充成为七个要素，即 7P——产品(product)、定价(price)、地点或渠道(place)、促销(promotion)、人员(people)、有形展示(physical evidence)和过程(process)。

(1) 产品。服务产品所必须考虑的是提供服务的范围、服务质量、服务水平、品牌以及售后服务等。服务产品的这些要素组合的差异相当大，同时服务环境的装修、色彩、氛围、布置、服务设施用品和有形线索等，直接影响到顾客对服务质量的评价。因此，良好的服务产品有形展示是提高顾客感知服务质量的有效途径。例如，干净整洁的用餐环境和精美的菜品展示，更加容易获得消费者的好感，提升消费者的价值。

(2) 定价。价格方面要考虑的要素包括价格水平、折扣、折让和佣金、付款方式和信用等。在区别一项服务和另一项服务时，价格是一种识别方式。消费者可以从一项服务的价格感受其价值的高低。价格和质量之间的相互关系，也是服务定价的重要考虑因素，企业制定服务产品的价格，除了考虑成本、需求、竞争因素之外，还必须考虑服务业的特征。

(3) 渠道。提供服务者所在地以及其产品线的可达性都是影响服务市场营销效益的重要因素，所以分销渠道的类型以及其涵盖的地区范围都与服务可达性密切相关。渠道位置的选择作为服务业的分销渠道，在策划时应特别注重服务位置的选择。位置的重要性根据营销的服务性质和服务对象的不同而有所差异。

(4) 促销。服务促销包括广告宣传、人员推销、销售促进、公共关系等各种市场营销沟通方式。服务促销的特点：①无法批量生产"服务"以备消费需求的激增；②中间商的力量减弱；③服务人员的重要性十分明显。

(5) 人员。大多数服务企业的特点是操作人员可能担任服务表现和服务销售的双重任务，因此，企业工作人员的任务极为重要，尤其是那些经营"高接触度"的服务业务的企业。所以，市场营销管理者还必须重视雇佣人员的甄选、训练、激励和控制。

(6) 有形展示。有形展示会影响消费者和顾客对于一家服务企业的评价。有形展示包含的要素有实体环境(如装潢、颜色、陈设、声音等)、服务提供时所需用的装备实物(如汽车租赁公司所需要的汽车)以及其他实体性线索(如航空公司所使用的标示、干洗店将洗好衣物加上的包装等)。

(7) 服务过程。人的行为在服务企业很重要，过程(服务的递送过程)也同样重要。表情愉悦、专注和关切的工作人员，不仅可以减轻必须排队等待服务的顾客的不耐烦感，还可以平息顾客在技术上出现问题时的怨言或不满。

服务业的营销组合要素及其内涵详见表 13-1。

表 13-1 服务业的营销组合要素及其内涵

要 素	内 涵
产品	(1) 领域； (2) 质量； (3) 水准； (4) 品牌名牌； (5) 服务项目； (6) 保证； (7) 售后服务
定价	(1) 水准； (2) 折扣(包括折让及佣金)； (3) 付款条件； (4) 顾客的认知价值； (5) 质量、定价； (6) 差异化
渠道	(1) 所在地； (2) 可及性； (3) 分销渠道； (4) 分销领域
促销	(1) 广告宣传； (2) 人员推销； (3) 销售促销； (4) 分销领域
人员	(1) 人力配备： ① 训练； ② 选用； ③ 投入； ④ 激励； ⑤ 外观； ⑥ 人际行为；

续表

要　素	内　涵
人员	(2) 态度； (3) 其他顾客： ① 行为； ② 参与程度； ③ 顾客、顾客的接触度
有形展示	(1) 环境： ① 装潢； ② 色彩； ③ 陈设； ④ 噪声水准； (2) 装备实物； (3) 实体性线索
过程	(1) 政策； (2) 手续； (3) 器械化； (4) 顾客参与度； (5) 顾客取向； (6) 活动流程

四、服务营销 7P 策略

服务营销已进入整合时代，缺乏规划的服务营销，全面整合，只会增加运营成本，降低服务效率。针对服务营销 7P 要素，要做好服务营销，需要制定服务营销 7P 策略。

(一) 产品策略

(1) 由于服务是以行为方式存在的，这就使消费者对有关服务的有形线索格外注意。所以服务产品策略的重点是尽可能为消费者提供多一些有关服务的有形线索，刺激消费者购买本企业服务的欲望。

(2) 由于服务的无形性，人们除了根据一些有形线索来鉴别一项服务水平的高低外，往往也根据服务的商标来判断一项服务的质量和可靠性。所以，服务产品策略的另一重点就是做好服务商标的注册、保护、宣传等工作，争创名牌商标。

(3) 在服务产品的研制、开发与产品组合时，应尽可能考虑服务特点，避免其负面影响带来的限制性，灵活地为服务提供有形化组合空间和方式，赋予其独特的卖点，可以让顾客注意到产品。

(4) 在产品核心利益或功能方面应重视开发，引导行业潮流；在产品的附加层方面应注重品牌、特色、品质、有形资源展示；重视品牌建设，赋予企业品牌以独特理念、价值观与独特主张，赋予产品品牌以独特卖点、独特文化。

(二) 价格策略

在服务市场上，企业同顾客之间的关系通常比较复杂，企业为服务开出的价格不仅是一个价格标签，还是向顾客发出的、顾客可能得到的某种服务质量的信号。企业应灵活运用定价策略，保证价格策略取得成功。

(1) 在新服务产品定价时，如果服务产品暂时不易被其他商家模仿时可以采用撇脂定价策略，以高价格出售服务，迅速补偿全部固定成本并取得高额利润；为了提高市场占有率，树立良好的企业形象，企业可以利用顾客求廉心理，以低价政策刺激其购买行为；在不明确自身价格是否具有竞争优势时，企业可以向中间商或消费者反向调查和咨询，在符合自身利益的同时，提出满意各方的合理价格，即满意定价。

(2) 利用顾客心理寻找商机，利用心理因素趋向相对应的有求廉心理、质量对等心理、品位安全心理、大众印象心理、投机心理。

(3) 利用折扣和让价刺激消费，如以购买服务的多少给予折扣，以是否一次性支付购买款项给予折扣，以淡旺季节采用浮动价格。

(4) 由于服务产品具有空间和时间的限制性，因此商家须考虑如何以质量和价格为基础，尽可能吸引异地客源来增大自身的销售量或建立网络营销渠道吸引顾客。

(三) 渠道策略

传统观点认为，由于服务产品的生产与消费同时进行，服务产品一般都是通过直销方式提供给消费者，不需要经过中间商，不涉及分销渠道决策问题。但是随着服务业的不断发展，服务产品范围的扩大，服务产品的无形性、不可分离性、不可储存性等特征并非如此。在通常情况下，多数服务产品是不需经过中间商销售的，但也有相当多的服务需要中间商或中间经纪人来帮助流通，如投资公司的股票买卖、职业球队的篮球比赛以及旅游等往往使用中间商或中间经纪人。由于服务在空间上具有一定的不可转移性，因此在开发销售渠道时，商家须考虑如何最佳化利用渠道和中间商的特长，展开服务的有形化传播，并节省中间环节，将价格优惠给顾客，从而大批量地吸引异地顾客的光临，将服务的空间转移限制性降到最低。

(四) 促销策略

由于服务具有无形性、不可储存性，在强调利用多种方式和手段来支持营销的各种活动，进而辅助和促进消费者对商品或服务的购买与使用时，应注重与顾客之间的互动沟通，通过鲜明生动的有形展示集中普通媒体和大众的目光，同时将不可能转化或储存的滞留服务产品，以附加或变向出售的"打包方式"从整体上吸引顾客。为了更好地达到既定目标，企业可以合理选择和搭配广告宣传、人员推销、销售促进和公共关系等促销方式。

(五) 人员策略

服务具有不一致性，在不同的环境下，服务标准会因提供者或消费者的不同而有所变化，因此，在营销当中人的因素就变得更为重要。因此，在服务营销中要做好人的工作，以促进服务绩效的提高。

(1) "以人为本，员工第一"的原则是服务业公认的原则。员工是企业资本的一部分，合理的工作方式可以提高生产力，减少企业资本浪费，配合企业能动性地完成营销目标。

(2) 内部营销的目的是"激励雇员,使其具有顾客导向观念"。内部营销是把员工看成内部顾客,通过一系列类似市场营销的活动为内部顾客提供优质的服务,调动员工的积极性并促进各部门人员之间的协调与合作,激发他们为外部顾客提供优质的服务。

(3) 在服务营销组合中,处理好人的因素,就要求企业必须根据服务的特点和服务过程的需要,合理进行企业内部人力资源整合,合理调配好一线队伍和后勤工作人员,提供良好、合理的工作平台,以向顾客提供一流的服务为目的,开展营销工作。

(4) 以物质激励和非物质激励等方法激发员工的热情,提高人力资源的利用率和输出的质量,从而降低企业经营活动的成本,创造多元效益,提高企业整体形象和信誉,从而提高企业和服务产品的竞争力。

(六) 过程策略

过程是服务营销组合中的一个重要因素。过程是指与服务生产、交易和消费有关的程序、操作方针、组织机制、管理规则、对顾客参与的规定与指导原则、流程等。

(1) 服务产生和交付给顾客的过程是服务营销组合中一个主要因素,因为顾客通常把服务交付系统感知当成服务本身的一个部分。在现实服务产品的提供过程中,服务的满意度并非依靠单独的环节就能满足的,因此,过程管理对服务营销的成功是十分重要的。

(2) 由于服务具有易变形性,服务人员及消费者的心理状态也会受到社会因素和环境因素的变化而产生不稳定性,因此我们需要对其过程进行规范化处理。

(七) 有形展示策略

美国服务营销专家 Shotstack 指出,顾客看不见服务,但能看见服务环境、服务工具、服务设施、服务人员、服务信息资料、服务价目表、服务中的其他顾客等有形物,这些有形物就是顾客了解无形服务的有形线索。这些有形展示,若企业善于管理和利用,则可帮助顾客感觉服务产品的特点以及提高享用服务时所获得的利益,有助于建立服务产品和服务企业的形象,支持有关营销策略的推行;反之,若企业不善于管理和运用,则可能会把错误信息传达给顾客,影响顾客对产品的期望和判断,进而破坏服务产品及企业的形象。

第三节 关系营销

随着市场经济的发展,市场营销活动范围日益扩大,市场竞争更加激烈,传统营销理论越来越难以适应复杂多变的市场营销环境。进入 20 世纪 70 年代后,西方国家一些营销学者积极研究和探索出了适应当代企业竞争要求的新型营销理论——关系营销理论,并成为 21 世纪企业营销的指导思想。

一、关系营销的概念及特征

(一) 关系营销的概念

1983 年,美国得克萨斯州 A&M 大学的伦纳德·L. 贝瑞(Leonard L. Berry)教授在美国市场营销学会的一份报告中最早对关系营销做出了如下定义:"关系营销是吸引、维持和增强客户关系。"

1985年，工业市场营销专家巴巴拉·本德.杰克逊(Barbara B. Jackson)从工业营销的角度将关系营销描述为："关系营销关注于吸引、发展和保留客户关系。"

1990年，顾曼森(Gummesson)从企业竞争网络化的角度来定义关系营销，认为："关系营销就是市场被看作关系、互动与网络。"

1994年，摩根和亨特(Morgan and Hunt)从经济交换与社会交换的差异角度来认识关系营销，认为关系营销是"旨在建立、发展和维持成功关系交换的营销活动"。

1996年，伦纳德·L. 贝瑞(Leonard L. Berry)教授又给出更为全面的定义："关系营销是为了满足企业和相关利益者的目标而进行的识别、建立、维持、促进同消费者的关系并在必要时终止关系的过程，这只有通过交换和承诺才能实现。"

本书对关系营销所下的定义：所谓关系营销，是把营销活动看成一个企业与消费者、供应商、分销商、竞争者、政府机构及其他公众发生互动作用的过程，其核心是建立和发展与这些公众的良好关系。

（二）关系营销的特征

关系营销的特征可以概括为以下几个方面。

(1) 双向信息沟通交流。在关系营销中，交流是双向的，既可以由企业开始，也可以由顾客或其他方开始。由企业主动和顾客联系进行双方交流，对于加深顾客对企业的认识、企业察觉需求的变化、满足顾客的特殊需求以及维系顾客等方面有重要意义。广泛的信息交流与信息共享，可以使企业赢得支持与合作。

(2) 协同合作的战略过程。在关系营销中，企业营销的宗旨从追求每一笔交易的利润最大化转向追求各方利益的最优化，通过与企业营销网络中成员建立长期、良好、稳定的伙伴关系，保证销售额和利润的稳定增长。不仅是企业与顾客之间需要保持良好的合作关系，而且企业与企业之间也要保持长期合作关系。

(3) 互惠互利的营销活动。关系营销的基础，在于交易双方之间有利益上的互补。如果没有各自利益的实现和满足，双方都不会建立良好的关系。关系建立在互利的基础上，要求互相了解对方的利益要求，寻求双方利益的共同点，并努力使双方的共同利益得到实现。真正的关系营销是达到关系双方互利互惠。

(4) 信息反馈的及时性。关系营销要求建立专门的部门，用于追踪利益相关者的态度。关系营销应具备一个反馈的循环，连接关系双方，企业由此了解到环境的动态变化，根据合作方提供的信息改进产品和技术。信息的及时反馈，使关系营销具有动态的应变性，有利于挖掘新的市场机会。

二、关系营销的类型

关系营销的类型概括了关系营销的市场活动范围。在关系营销的概念里，一个企业必须处理好下面五个类型的关系营销。

(1) 顾客关系营销。以营利为目的的企业必须依赖顾客。企业需要通过收集和积累大量市场信息，预测目标市场购买潜力；采取适当的方式与顾客沟通，变潜在顾客为现实顾客；同时，企业要致力于建立数据库或其他方式，密切与顾客的关系。例如，对老顾客要更多地提供产品信息,定期举行联谊活动,加深信任,争取使其成为长期顾客。

(2) 内部关系营销。明智的企业高层领导心中装有两个"上帝":一个是顾客,另一个是员工。企业要进行有效的营销,首先要有具备营销观念的员工,他们能够正确理解和实施企业的战略目标与营销组合策略,并能自觉地以顾客导向的方式进行工作。企业要尽力满足员工的合理要求,为关系营销奠定良好基础。

(3) 供应商、经销商关系营销。因分工而产生的渠道成员之间的关系,是由协作而形成的共同利益关系。合作伙伴虽难免存在矛盾,但相互依赖性更为明显。企业必须广泛地建立与供应商、经销商之间的密切合作的伙伴关系,以便获得来自供、销两方面的有力支持。

(4) 竞争者关系营销。企业所拥有的资源条件不尽相同,与竞争者相比各有所长、各有所短。为了有效地通过资源共享实现发展目标,企业要善于与竞争对手和睦共处,并和有实力的、有良好营销经验的竞争者进行合作。

(5) 外部影响者关系营销。金融机构、新闻媒体、政府、社区以及诸如消费者权益保护组织、环保组织等各种各样的社会压力团体,对于企业的生存和发展都会产生重要的影响。因此,企业有必要把它们作为一个重要关系来对待,并制定以公共关系为主要手段的营销策略。

三、关系营销的原则

关系营销的实质是在市场营销中与各关系方建立长期稳定的、相互依存的营销关系,以求彼此协调发展,因而必须遵循以下原则。

(1) 互惠原则。在与关系方交往的过程中必须做到相互满足关系方的经济利益,并通过在公平、公正、公开的条件下进行成熟、高质量的产品或价值交换,使关系方都能得到实惠。

(2) 主动沟通原则。在关系营销中,各关系方都应主动与其他关系方接触和联系,相互沟通信息,了解情况,形成制度或合同形式,相互交流各关系方需求变化情况,主动为关系方服务或为关系方解决困难和问题,增强伙伴合作关系。

(3) 承诺信任原则。在关系营销中,各关系方相互之间都应做出一系列书面或口头承诺,并以自己的行为履行承诺,以赢得关系方的信任。承诺的实质是维护和尊重关系方利益的体现,也是获得关系方信任的关键,是企业(公司)与关系方保持融洽伙伴关系的基础。

四、关系营销的实施策略

(一) 设立顾客关系管理机构

企业应建立专门从事管理顾客关系的机构,选派业务能力强的人任部门总经理,下设若干关系经理。总经理负责确定关系经理的职责、工作内容、行为规范和评价标准,考核工作绩效。关系经理负责一个或若干个主要客户,是客户所有信息的集中点,是协调企业各部门做好顾客服务的沟通者。关系经理要经过专业训练,具有专业水准,对客户负责,其职责是制订长期的和年度的客户关系营销计划,制定沟通策略,定期提交报告,落实公司向客户提供的各项利益,处理可能发生的问题,维持同客户的良好业务关系。建立高效的管理机构,是企业关系营销取得成效的组织保证。

(二) 个人联系

个人联系，即通过营销人员与顾客的密切交流增进友情，强化关系。例如，经常邀请客户的主管经理参加各种娱乐活动，使双方关系逐步密切；记住主要顾客及其夫人、孩子的生日，并在生日当天赠送鲜花或礼品以示祝贺；设法为爱养花的顾客弄来优良花种和花肥；利用自己的社会关系帮助顾客解决孩子入托、升学、就业等问题。通过个人联系开展关系营销的缺点是：易造成企业过分依赖长期接触顾客的营销人员，增加管理的难度。因此，运用该策略时应注意适时地将企业联系建立在个人联系之上，通过长期的个人联系达到企业亲密度的增强，最终建立企业间的战略伙伴关系。

(三) 频繁市场营销计划

频繁市场营销规划，也称为老主顾营销规划，指设计规划向经常购买或大量购买的顾客提供奖励。奖励的形式有折扣、赠送商品、奖品等。通过长期的、相互影响的、增加价值的关系，确定、保持和增加来自最佳顾客的产出。

频繁市场营销计划的缺点是：①竞争者容易模仿，频繁市场营销计划只具有先动优势，尤其是当竞争者反应迟钝时，如果多数竞争者进行仿效，就会成为所有实施者的负担；②顾客容易转移，由于只是单纯价格折扣的吸引，顾客易于受到竞争者类似促销方式的影响而转移购买；③可能降低服务水平，单纯价格竞争容易忽视顾客的其他需求。

(四) 俱乐部营销规划

俱乐部营销规划指建立顾客俱乐部，吸收购买一定数量产品或支付会费的顾客成为会员。企业不仅可以借此赢得市场占有率和顾客忠诚度，还可以提高企业的美誉度。例如，海尔俱乐部为会员提供各种亲情化、个性化服务，广受欢迎。2000年底，该俱乐部已拥有7万名会员和800万名准会员，为企业建立了庞大的顾客网。

(五) 顾客化营销

顾客化营销，也称为定制营销，是指根据每个顾客的不同需求制造产品并开展相应的营销活动。其优越性是通过提供特色产品、优异质量和超值服务满足顾客需求，提高顾客忠诚度。依托现代最新科学技术建立的柔性生产系统，可以大规模、高效率地生产非标准化或非完全标准化的顾客化产品，成本增加不多，使得企业能够同时接受大批顾客的不同订单，并分别提供不同的产品和服务，在更高的层次实现"产销见面"和"以销定产"。实行顾客化营销的企业不仅要高度重视科学研究、技术发展、设备更新和产品开发，还要建立完整的顾客购物档案，加强与顾客的联系，合理设置售后服务网点，提高服务质量。

(六) 数据库营销

数据库营销就是企业通过收集和积累会员(用户或消费者)信息，经过分析筛选后，针对性地使用电子邮件、短信、电话、信件等方式进行客户深度挖掘与关系维护的营销方式。也可以说，数据库营销，是以与顾客建立一对一的互动沟通关系为目标，并依赖庞大的顾客信息库进行长期促销活动的一种全新的销售手段；是一套内容涵盖现有顾客和潜在顾客，可以随时更新的动态数据库管理系统。数据库营销的核心是数据挖掘。

(七) 顾客退出管理

顾客退出指顾客不再购买企业的产品或服务，终止与企业的业务关系。顾客退出管理指分析顾客退出的原因，改进产品和服务以降低顾客流失率。顾客退出管理可按照以下步骤进行。

(1) 测定顾客流失率。
(2) 找出顾客流失的原因。
(3) 测算流失顾客造成的公司利润损失。
(4) 确定降低流失率所需的费用。
(5) 制定留住顾客的措施。

企业应经常性地测试各种关系营销策略的效果、营销计划的长处与缺陷、执行过程中的成绩与问题等，持续不断地改进计划，在高度竞争的市场中建立和加强顾客忠诚度。

第四节　网络营销

互联网起源于 20 世纪 60 年代的美国，几十年来，在全球范围内以一种不可阻挡的势头迅猛发展，整个社会步入了全新的网络经济时代。互联网的出现深刻地影响了人类生活的各个角落，改变了人们的生活方式和消费习惯。每一个企业都面临着网络营销的问题，因此，在网络、科技和全球化迅猛发展的今天，企业要成功地实现自己的目标，就必须重视开展网络营销。

一、网络营销的含义

网络营销是以现代营销理论为基础，借助网络、通信和数字媒体技术实现营销目标的商务活动；是科技进步、顾客价值变革、市场竞争等综合因素促成的；是信息化社会的必然产物。网络营销根据其实现方式有广义和狭义之分，广义的网络营销指企业利用一切计算机网络进行营销活动，而狭义的网络营销专指国际互联网营销。

根据国内外学者的研究，结合市场营销的实践，我们对网络营销做如下定义：网络营销是指企业以电子信息技术为基础，以计算机网络为媒介和手段，为实现一定营销目标而进行的各种营销活动的总称。

二、网络营销的主要内容

网络营销作为新的营销方式和营销手段，内容非常丰富。一方面，网络营销要及时了解和把握网上消费者的特征和行为，为企业在网上进行营销活动提供可靠的数据分析和营销依据；另一方面，网络营销通过在网上开展营销活动来实现企业目标。下面主要介绍网络营销中一些主要内容。

(1) 网络市场调查。它主要包括网上问卷调查和通过网络来收集市场调查中需要的一些二手资料。利用网上调查工具，可以提高调查效率和调查效果。但是现如今，网上信息量非常大，我们需要注意的是如何在复杂多样的信息中获取想要的可靠资料和真实资料。

(2) 网络消费者行为分析。有效的网络营销活动可以深入了解网上用户群体的需求特征、购买动机和购买行为，进一步帮助企业对消费者市场和消费者行为做出完善的分析。

(3) 网络营销策略制定。不同企业在市场中处于不同地位，在采取网络营销实现企业营销目标时，必须采取与企业相适应的营销策略。同时，企业在制定网络营销策略时，还应该考虑到产品周期对网络营销策略制定的影响。

(4) 网络产品和服务策略。网络作为信息有效的沟通渠道，可以成为一些无形产品的载体，改变了传统产品的营销策略，特别是渠道的选择。作为网上产品和服务营销，必须结合网络特点重新考虑产品的设计、开发、包装和品牌等。

(5) 网络价格营销策略。网络作为信息交流和传播工具，一直实行自由、平等和信息免费的策略，因此网上市场大多采取免费或者低价策略。因此，企业在制定网上价格营销策略时，必须考虑到网络对企业定价的影响和网络本身独特的免费思想。

(6) 网络渠道选择与直销。网络对企业的营销渠道产生了巨大的影响，改变了传统渠道中多层次的选择和管理与控制问题，最大限度地降低了渠道中的营销费用。

(7) 网络促销与网络广告。网络营销的最大优势是可以实现沟通双方突破时空限制直接进行交流，而且简单、高效和费用低廉。因此，在网上开展促销活动是最有效的沟通渠道。

(8) 网络营销管理与控制。网络营销作为在网络上开展的营销活动，必将面临许多产品质量问题、消费者隐私保护问题、信息安全与保护问题等，这些都是网络营销必须重视和进行有效控制的问题，否则网络营销效果会适得其反，甚至产生很大的负面效应。

三、网络营销的特征

互联网具有促进信息传播和交换的作用。与传统营销相比，网络营销具有许多独特的特点，包括如下。

(1) 时域性。营销的最终目的是占有市场份额，由于互联网能够超越时间约束和空间限制进行信息交换，营销脱离时空限制进行交易变成可能，企业有了更多的时间和更大的空间进行营销，可每周7天、每天24小时随时随地地提供全球性营销服务。

(2) 富媒体。互联网被设计成可以传输多种媒体的信息，如文字、声音、图像等，使得为达成交易进行的信息交换能以多种形式存在，可以充分发挥营销人员的创造性和能动性。

(3) 交互式。互联网通过展示商品图像，商品信息资料库提供有关的查询，不仅可以实现供需互动与双向沟通，还可以进行产品测试与消费者满意调查等活动。互联网为产品联合设计、商品信息发布以及各项技术服务提供最佳工具。

(4) 个性化。互联网上的促销是一对一的、理性的、消费者主导的、非强迫性的、循序渐进式的，而且是一种低成本与人性化的促销，可避免推销员强势推销的干扰，并通过信息提供与交互式交谈与消费者建立长期良好的关系。

(5) 成长性。互联网使用者数量快速成长并遍及全球，使用者多属年轻、中产阶级、高教育水准，这部分群体购买力强而且具有很强的市场影响力，因此这是一项极具开发潜力的市场渠道。

(6) 整合性。互联网上的营销可由商品信息至收款、售后服务一气呵成，因此是一种全程的营销渠道。以统一的传播资讯向消费者传达信息，避免不同传播中不一致性产生的消极影响。

(7) 超前性。互联网是一种功能强大的营销工具，它兼具渠道、促销、电子交易、互动顾客服务以及市场信息分析与提供的多种功能。它所具备的一对一营销能力，符合定制营销与直复营销的未来趋势。

(8) 高效性。计算机可储存大量的信息，可传送的信息数量与精确度远超过其他媒体，并能应市场需求及时更新产品或调整价格，因此能及时有效地了解并满足顾客的需求。

(9) 经济性。通过互联网进行信息交换，代替以前的实物交换，一方面可以减少印刷与邮递成本，可以无店面销售，免交租金，节约水电与人工成本；另一方面可以减少由于迂回多次交换带来的损耗。

(10) 技术性。网络营销大部分是通过网上工作者(如威客等)进行宣传、推广，这其中的技术含量相对较低，对于客户来说是小成本、大产出的经营活动。

四、网络营销的主要手段

(一) 搜索引擎营销

搜索引擎营销主要由搜索引擎优化和付费搜索引擎广告两部分构成。在网络时代，搜索引擎是互联网用户寻找信息的重要手段。因此，搜索引擎也成为互联网条件下企业传播推广的重要方式。一般情况下，大部分互联网用户都喜欢选择位于搜索结果前列的网站。鉴于此，对于企业来说，简单地进行搜索引擎注册是远远不够的，它们还必须优化自己在搜索结果中的位置。搜索引擎的优化技术有很多，包括关键词、链接、页面、元标记、出现的频率和创意等。所以，企业排名会不断波动。

(二) 交换链接

交换链接，又称互惠链接、友情链接、互换链接等，是具有一定互补优势的网站之间的简单合作形式。具体地说，交换链接是指网站分别在自己的网站上放置对方网站的 Logo 或网站名称并设置对方网站的超链接，使得用户可以从合作网站中发现自己的网站，达到互相推广的目的。交换链接的作用主要表现在以下几个方面：获得访问量，增加用户浏览时的印象，在搜索引擎排名中增加优势，通过合作网站的推荐增加访问者的可信度，等等。更重要的是，交换链接的意义已经超越了可以增加访问量本身，比直接效果更重要的在于企业可以获得业内的认知和认可。

(三) 病毒式营销

病毒式营销是一种常用的网络营销方法，并非真的以传播病毒的方式开展营销，而是一种形象的比喻，常用于进行网站推广、品牌推广等，利用的是用户口碑传播的原理。在互联网上，这种"口碑传播"更为方便，就像病毒一样可以迅速蔓延。病毒式营销已成为一种高效的信息传播方式，由于这种传播是用户之间自发进行的，因此它几乎是不需要费用的网络营销手段。

为提高病毒式营销的效果，企业应该进行病毒式营销方案的整体规划，确认病毒式营销方案符合病毒式营销的基本思想，即传播的信息和服务对用户是有价值的，切不可违反社会公众道德，或者引起消费者的反感，同时要加强对病毒式营销的效果进行跟踪和管理。

(四) 微博营销

博客，又译为网络日志、部落格或部落阁等，是一种通常由个人管理、不定期张贴新的文章的网站。微博营销作为一种新兴的营销方式，具有便利、实时、传播和互动的特性，因此获得了许多企业的青睐。

在进行微博营销时，企业应该选择口碑好、竞争力强的微博门户网站作为主要营销平台。制定微博营销策略时，一定要结合企业的实际情况。另外，微博营销并不是孤立的，也不可能解决所有的营销问题，只有把微博营销与其他营销方式有效地结合起来，才能充分发挥微博营销的优势，避免微博营销的劣势，从而降低微博营销的风险。

(五) 微信营销

微信营销是网络经济时代企业营销模式的一种创新，是伴随着微信的火热而兴起的一种网络营销方式。微信营销主要体现在安卓系统、苹果系统的手机或者平板电脑中的移动客户端进行的区域定位营销，商家通过微信公众平台，结合转介率微信会员卡管理系统展示商家微官网、微会员、微推送、微支付、微活动，已经形成一种主流的线上线下微信互动营销方式。庞大的腾讯用户基数是微信营销能够迅速被社会或企业采纳的重要原因。

企业进行微信营销时，首先要利用好微信本身的功能。微信本身的很多功能都能成为微信营销比较好的方法，像漂流瓶、朋友圈、二维码、个性签名、摇一摇等。此外，企业也可以利用企业自身公众账号或者微信第三方平台开展网络营销活动。

(六) 网络广告

作为网络促销的主要形式，网络广告的发展蒸蒸日上、绚丽多彩。一般而言，网络广告包括以下几种具体的表现形式。

(1) 旗帜广告。旗帜广告又叫横幅式广告，其尺寸和类型是多种多样的，可以是静态的，也可以是动画的或交互性的，它们大都置于网站页面的顶端或两侧。

(2) 分类广告。分类广告一般都出现在各大门户网站和专门的分类资讯网站。

(3) 空隙广告。空隙广告泛指在网页之间播放的广告。其中，弹出广告是空隙广告最常见的类型。

(4) 富媒体广告。富媒体广告将动画、Flash、视频和流媒体等多种元素结合起来，使广告形式更生动活泼，表现力更强。

(七) 信息发布

信息发布既是网络营销的基本职能，又是一种实用的操作手段。通过互联网，企业不仅可以浏览到大量商业信息，还可以自己发布信息。最重要的是，企业可以将有价值的信息及时发布在自己的网站上，以充分发挥网站的功能，如新产品信息、优惠促销信息等。

(八) 许可 E-mail 营销

基于用户许可的 E-mail 营销与滥发邮件(spam)不同，许可 E-mail 营销比传统的推广方式或未经许可的 E-mail 营销具有显著的优势，如可以减少广告对用户的滋扰，增加潜在客户定位的准确度，增强与客户的关系，提高品牌忠诚度，等等。开展许可 E-mail 营销的前提是拥有潜在用户的 E-mail 地址，这些地址可以是企业从用户、潜在用户资料中自行收集整理，也可以利用第三方的潜在用户资源。许可 E-mail 营销是网络营销方法体系中相对独立的一种，既可以与其他网络营销方法相结合，也可以独立应用。

(九) 邮件列表

邮件列表实际上也是一种 E-mail 营销形式，内部列表 E-mail 营销就是通常所说的邮件列表营销，它是利用网站的注册用户资料开展 E-mai 营销的方式，常见的形式有新闻邮件、会员通信、电子刊物等。邮件列表也是基于用户许可的原则，用户自愿加入、自由退出，企业通过为用户提供有价值的信息，在邮件内容中加入适量促销信息，实现营销的目的。邮件列表的主要价值表现在四个方面，即作为公司产品或服务的促销工具、方便和用户交流、获得资助或者出售广告空间、收费信息服务。

(十) 个性化营销

所谓个性化营销，最简单的理解就是量体裁衣；具体来说，就是企业面向消费者，直接服务于消费者，并按照消费者的特殊要求制作个性化产品的新型营销方式。它避开了中间环节，注重产品设计创新、服务管理、企业资源的整合经营效率，实现了市场的快速形成和裂变发展，是企业制胜的有力武器。特别是随着信息技术的发展，个性化营销的重要性日益凸显。

(十一) 会员制营销

会员制营销是通过在会员网站放置广告链接以增加站点访问量并提高销售额，同时根据点击率或销售额向会员网站支付佣金的一种网络营销方法。会员制营销已经被证实是电子商务网站的有效营销手段，国外许多网上零售型网站都实施了会员制计划。会员制营销几乎已经覆盖了所有行业。国内的会员制营销还处在发展初期，不过电子商务企业已经对此表现出了浓厚兴趣，会员制营销正呈现出日益旺盛的发展势头。

(十二) 网上商店

建立在第三方提供的电子商务平台上、由商家自行经营的网上商店，如同在大型商场中租用场地开设商家的专卖店一样，是一种比较简单的电子商务形式。网上商店除了具有通过网络间接销售产品这一基本功能之外，还是一种有效的网络营销手段。从企业整体营销策略和顾客的角度考虑，网上商店的作用主要表现在两个方面：一方面，网上商店为企业扩展网上销售渠道提供了便利的条件；另一方面，建立在知名电子商务平台上的网上商店增加了顾客的信任度。从功能上来说，网上商店对不具备电子商务功能的企业网站是一种有效的补充，对提升企业形象并直接增加销售具有良好效果，尤其是将企业网站与网上商店相结合，效果更为明显。

(十二) 网络视频营销

通过数码技术将产品营销现场实时视频图像信号和企业形象视频信号传输至互联网。客户只需登录企业网站就能看到对企业产品和企业形象进行展示的电视现场直播。这一形式是遥瞰网络监控发展科技有限公司在网站建设和网站推广中为加强浏览者对网站内容的可信性、可靠性而独家创造的。

(十三) 网络营销联盟

网络营销联盟目前在我国还处于萌芽阶段，在国外已经很成熟，1996 年亚马逊通过这种新方式取得了成功。网络营销联盟包括广告主、网站主和广告联盟平台三要素。广告主按照网络广告的实际效果(如销售额、引导数等)向网站主支付合理的广告费用，节约营销开支，提高企业知名度，扩大企业产品的影响，提高网络营销质量。

思 考 题

一、简答题

1. 什么是绿色营销？绿色营销具有哪些特点？
2. 简述绿色营销的实施策略。
3. 简述服务营销的含义和服务营销组合要素(7P)。
4. 简述关系营销的含义和特征。
5. 如何正确实施关系营销策略？
6. 网络营销的含义及特点是什么？
7. 简述网络营销的主要手段。

二、案例分析题

[案例一] 绿色餐饮

当你步入三星级旅游涉外饭店——南京华东饭店的瞬间，首先映入眼帘的便是"全国绿色餐饮企业"的匾额，该店围绕餐饮绿色营销开展了一系列改革，并初步取得成绩。

在多方考察咨询的基础上，南京华东饭店拉开了创建餐饮绿色饭店活动的序幕。南京华东饭店在南京近郊选择了自己的蔬菜基地，设置了绿色餐厅，并在餐厅设无烟区，在餐桌上放置无烟标志和绿色食谱；制定了与之配套的绿色饭店餐饮服务规程；根据季节的不同，饭店在凉、热菜上严把卫生质量关，对海鲜菜、湖鱼类各有一系列质检标准。

南京华东饭店严把食品进货渠道，畜禽产品有防疫部门的检测证明，严格按照绿色食品要求加工原材料，推出"绿色食品美食节"等宣传绿色菜肴，并在餐室内设置"能吃是福气，节约是美德"的提示卡，引导客人适量点菜，并主动征求客人意见为其提供打包和存酒服务，让客人吃上放心菜。南京华东饭店也因此得到客人的好评。

作为南京饭店业的"排头兵"之一，南京华东饭店还在各餐厅推出了"绿色食品"精选，深受中外宾客喜爱。据了解，南京华东饭店推出的绿色食品均选用国家专门等级评定机构认证的无公害农产品、绿色农产品和有机农产品，这些产品均出自良好的生态环境，优质的原材料经过南京华东饭店大厨的生花妙手，烹制出的菜肴自然更加锦上添花，为宾客津津乐道。例如，深受宾客喜爱的"华东盐水鸭"采用的鸭原料，就选用"南京绿色农业基地"的产品，菜肴香味浓郁，富含金陵地方特色。

与此同时，南京华东饭店还对员工的思想观念进行"绿化"。首先要树立"绿色营销"的观念，就是要从基层服务人员到高层领导者的全体员工树立节约能源、保护环境的意识，从而进一步形成"绿色营销"观念。近期，南京华东饭店还投入近千万元，对饭店的餐饮设施设备进行绿化改造，进一步扩大其"绿色饭店"的内涵。

(资料来源：https://www.docin.com/p-622352408.html)

问题： 结合上述案例，谈谈南京华东饭店是如何实施绿色营销策略的。

[案例二] 用友软件公司的服务标准化

为了规范服务网络，提高服务网络的支持效率，中国管理软件厂商——用友软件股份有限公司(以下简称用友公司)——推出了四项规范化建设举措，在标准化建设方面取得了卓越的成绩。

他们首先进行的是"服务人员规范化建设"，服务人员形象标准统一。其中对服务人员的形象提出了近50项的行为、形象标准，如用友公司规定服务人员在接听电话时的具体要求："接听电话运用标准语，接听电话必须使用敬语，比如'您''您好''您请讲'等，要求语调亲切、清晰。让客户明白、清楚地了解服务流程……"公司并将相关内容写进了ISO9002质量体系文件中。

用友公司在对服务人员形象进行标准化建设的同时，还提出"上门服务统一程序"。服务人员上门服务流程规定了10项服务内容。例如，如何敲门、如何递送名片、如何告辞等，全部都是标准化、统一、有章可循的。服务人员统一按照ISO9002质量体系规定内容为用户提供服务。服务人员统一进行培训，持证上岗。对服务人员每年都统一进行一次资格认证考试，只有通过相关的资格认证考试，才可以上门为用户服务。

用友公司推出的第二项标准化建设就是他们的"服务产品规范化"：统一教育培训内容；课件建设标准化；培训证书管理，实现网络化信息管理；教材规范化；统一运行维护内容；技术手册编写规范化；推行客户维护服务卡；网站建设规范化；统一快速实施内容；运用快速实施方法论；实施流程规范化。其中，证书的标准化建设实现了网上信息化管理，凡是参加用友培训的用户，在网上都有相关的注册信息，在全国范围实现统一管理、统一注册，同时有力地打击了假冒社会上用友培训证书的行为。

用友公司的规范化建设还有"服务内容规范化"建设和"服务收费标准规范化"建设，这两项建设也正是管理软件行业亟须的内容。最值得一提的是，服务收费的标准化建设是软件行业对服务收费问题的重大突破，同时为管理软件服务的产业化建设规划出了建设性的蓝图。

(资料来源：张昊民. 营销策划[M]. 北京：电子工业出版社，2020.)

问题： 请查阅相关资料，结合用友公司成功的案例，谈谈为什么许多知名企业会实施服务标准化策略。